ARKANA

Buch

Allzu oft unterschätzen wir die alltäglichen Vorkommnisse im Leben oder werden uns erst zu spät ihrer Bedeutung bewusst. Und dann sind sie unwiederbringlich vorbei. Edward Hallowell erinnert uns daran, uns dieser einfachen Ereignisse bewusst zu werden und sie zu bewahren, in unserem Herzen und auf dem Papier. »Augenblicke der Menschlichkeit« nennt er diese Begegnungen, bei denen wir uns dem anderen ganz nahe fühlen. Sie sind es, die das Leben lebenswert machen. Für sein Buch hat er eine Reihe solcher Momente festgehalten und nach den einzelnen Stadien des Lebens von der Kindheit über die Schulzeit bis zum Erwachsenenalter geordnet. Entstanden ist eine Sammlung herzerwärmender Geschichten, die nicht nur Freude für viele Lesestunden bietet, sondern an deren beglückendem Inhalt wir auch in trüben Stunden noch lange zehren können.

Autor

Edward M. Hallowell, M. D., ist Dozent an der Harvard Medical School und Direktor des Hallowell Center for Cognitive and Emotional Health in Sudbury, Massachusetts. Er ist Herausgeber eines monatlich erscheinenden Newsletters über geistiges Wohlbefinden und Autor mehrerer Bücher. Mit seiner Frau und seinen drei Kindern lebt er in Arlington, Massachusetts.

EDWARD HALLOWELL

WAS WIRKLICH ZÄHLT

Wie wir Liebe und Bedeutung im täglichen Leben finden

Wahre Geschichten

Aus dem Amerikanischen von Andrea Panster

ARKANA
GOLDMANN

Die amerikanische Originalausgabe erschien 2001
unter dem Titel »Human Moments«
bei Health Communications, Deerfield Beach, Florida.

Umwelthinweis:
Alle bedruckten Materialien dieses Taschenbuches
sind chlorfrei und umweltschonend.

Deutsche Erstausgabe September 2003

Umschlaggestaltung: Design Team München
Umschlagfoto: Premium/Sekai Bunka
Satz: Uhl+Massopust, Aalen
Druck: Elsnerdruck, Berlin
Verlagsnummer: 21643
Redaktion: Ralf Lay, Mönchengladbach
WL · Herstellung: WM
Made in Germany
ISBN: 3-442-21643-5
www.goldmann-verlag.de

1. Auflage

Dieses Buch ist Eileen, Louise und Robin gewidmet,
drei Damen aus der Norfolk Library in Norfolk,
Connecticut, als Dank für ihre großzügige Unterstützung
bei diesem und früheren Büchern.

Glück ist nicht, zu haben, was man will,
sondern zu wollen, was man hat.

RABBI H. SCHACHTEL

The Real Enjoyment of Living

Sicher bin ich mir nur der Heiligkeit
der Neigungen des Herzens
und der Wahrheit der Imagination.

JOHN KEATS

Brief an Benjamin Bailey, 22. November 1817

Inhalt

Einleitung: Wo Sinn und Liebe zu Hause sind

Das Leben ist lediglich eine Aneinanderreihung meist unbedeutender Augenblicke. Es sei denn, wir lieben, lieben auf so vielfältige Art und Weise, wie wir nur können. Angefangen damit, dass wir einen Menschen, ein Buch, einen Gedanken, einen Ort, eine Vorstellung oder einen Hund lieben – bis dahin, dass wir schließlich nahezu alles lieben. Wenn wir lieben, verleihen wir bestimmten Augenblicken eine besondere Macht und eine besondere Bedeutung. Mit der Liebe und ihrer Schwester, der Phantasie, beschwören wir die Reichtümer und die Macht herauf, die sich sogar in den banalsten Sekunden unseres Lebens unter der Oberfläche verbergen. Mit der Kraft der Liebe und der Phantasie verwandeln wir graue Alltagsmomente in Augenblicke der Menschlichkeit, wie ich sie nenne. In jene Augenblicke, in denen wir uns mit jemandem oder etwas außerhalb unserer selbst verbunden fühlen und die Gegenwart dessen spüren, was zählt; dessen, was wir »Sinn« nennen.

Am verlässlichsten findet man Augenblicke der Menschlichkeit in den Beziehungen, die man knüpft. Natürlich meine ich damit nicht Geschäftsbeziehungen, sondern Herzensbindungen. Die Menschen und Orte, die Sie lieben. Den Teil Ihrer Arbeit, der Ihnen wirklich etwas bedeutet. Die Kinder, die Sie aufziehen, und die Enkel, die sie Ihnen vielleicht schenken werden. Die Freunde, denen Sie vertrauen. Die Haustiere, die Sie umsorgen. Den Garten, um den Sie sich hingebungsvoll kümmern (oder jede andere Freizeitbeschäftigung). Sogar die Sportmannschaften, mit denen Sie mitfiebern.

All diese Beziehungen bringen Augenblicke der Menschlichkeit hervor. Wir bewahren diese Augenblicke in unseren Herzen, wenn sie schon lange vorüber sind, und zehren davon, wenn eine Aufmunterung nötig ist oder wir einfach etwas brauchen, an das wir glauben können und das uns etwas bedeutet. Ich habe mir zur Maxime gemacht, was der Dichter John Keats vor beinahe zweihundert Jahren schrieb: »Sicher bin ich mir nur der Heiligkeit der Neigungen des Herzens und der Wahrheit der Imagination.« Sie sind der Gegenstand dieses Buches: die heiligen Neigungen des Herzens, die Bedeutung unserer zutiefst empfundenen Beziehungen und die Augenblicke der Menschlichkeit, die sich daraus jeden Tag auf so vielfältige und wunderbare Weise ergeben.

Tief empfundene Beziehungen und die Augenblicke der Menschlichkeit, die sich daran entzünden, machen das Leben schön. Natürlich verändert sich mit der Zeit die Bedeutung, die wir ihnen beimessen. In der High School war der Himmel für mich das dritte Base in Fenway Park, kurz vor Ende eines endlosen Baseballspiels, das die Red Sox schließlich gewinnen würden. Inzwischen stelle ich mir den Himmel als einen Tisch in einem Restaurant vor, an dem sich meine Frau Sue, meine drei Kinder (für sie ist die Zeit stehen geblieben, und sie sind so alt wie jetzt: elf, acht und fünf) sowie meine nächsten Verwandten und engsten Freunde zu einem Abendessen versammelt haben, das bis in alle Ewigkeit dauert.

Aber bis wir in den Himmel kommen, ist nichts von Dauer. Wir haben keine Zeit zu verschenken. Wir müssen diesen Beziehungen – diesen Menschen, Leidenschaften und Interessen – jetzt Bedeutung verleihen, wenn wir sie bis zur Neige auskosten wollen.

In den Vereinigten Staaten wie auch in anderen westlichen Gesellschaften verfügen die meisten Menschen über alles, was sie zum Glücklichsein brauchen. Unsere Aufgabe ist es, zu schätzen, was wir haben – jetzt, heute –, und es *genug* zu schätzen.

Die Grundzutaten für ein glückliches Leben sind einfach. Freunde und Nachbarn, Verwandte, eine Arbeit, die Ihnen gefällt, vielleicht ein Haustier, ein Verein, eine religiöse Gemeinschaft oder eine Sportmannschaft, ein Garten oder eine andere geliebte Freizeitbeschäftigung oder ein Hobby; ein gutes Buch oder ein guter Film, ein paar Erinnerungen und Hoffnungen gehören auch dazu. Um die Freude, die uns diese Beziehungen schenken, genießen zu können, müssen wir tief in sie eintauchen und das Beste aus ihnen machen. Wir müssen sie liebevoll hegen und pflegen, damit sie so stark werden wie nur möglich.

Aber wie? Darüber zu sprechen ist das eine, es zu tun etwas anderes. Ich halte oft inne und überlege, ob es mir in meinem eigenen Leben gelingt. Als Vater widme ich zum Beispiel meinen Kindern viel Zeit, aber eines Tages werde ich mir wünschen, es wäre mehr gewesen. Wer hat schon so viel Zeit für seine Kinder, wie er möchte? Die Zeit ist begrenzt, selbst für reiche Müßiggänger (zu denen ich nicht gehöre), denn die Kindheit ist kurz. Und wenn die Kinderzeit der Kleinen vorüber ist, wer würde sich da nicht noch einen einzigen Tag – einen sonnigen Nachmittag im Park – mit seinen Kindern wünschen, als sie noch klein waren?

Anna Quindlen schrieb in einem *Newsweek*-Artikel, der größte Fehler, den sie als Mutter je gemacht habe,

> »... ist der, den die meisten Eltern machen. Ich lebte nicht genug im Augenblick. Jetzt, da der Augenblick vorüber und

nur noch auf Fotos festgehalten ist, wird das besonders deutlich. Es gibt ein Foto von meinen drei, wie sie an einem Sommertag im Schatten der Schaukel auf einer Steppdecke im Gras sitzen. Sie sind sechs, vier und ein Jahr alt. Und ich wünschte, ich könnte mich daran erinnern, was wir gegessen und worüber wir gesprochen haben, wie ihre Stimmen klangen und wie sie aussahen, als sie an jenem Abend schlafend im Bett lagen. Ich wünschte, ich hätte mir mehr Zeit mit dem nächsten Schritt gelassen – mit Abendessen, Bad, Buch und Bett. Ich wünschte, ich hätte das Tun etwas mehr und das Fertigwerden etwas weniger geschätzt.«

Ich möchte Ihnen – und mir – dringend raten, aus Anna Quindlens Worten zu lernen. Ich möchte uns auffordern, nicht nur zustimmend und wehmütig zu nicken, sondern zur Tat zu schreiten. Ich möchte, dass dieses Buch uns dazu anregt, unserem Leben mehr Tiefe zu geben, und zwar indem wir nutzen, was wir bereits haben, und nicht auf das sagenumwitterte »Mehr« warten – mehr Geld, mehr Zeit oder mehr Freiheit.

Was wir bereits besitzen, das haben wir jetzt, in diesem Augenblick, und es sehnt sich danach, dass wir Notiz davon nehmen.

Wir müssen uns für all die Menschen, Orte und Vorhaben Zeit nehmen, an denen unser Herz hängt. Damit uns das gelingt, müssen wir uns von allem Unwichtigen trennen. Wir müssen uns so weit wie möglich von allem befreien, was uns verletzt oder womit wir unsere wertvolle Zeit vergeuden, um uns ganz und gar den Dingen und Menschen widmen zu können, die wir lieben. Ich glaube, darin liegt das Geheimnis eines glücklichen Lebens.

Liebevolle Beziehungen bringen sinnerfüllte Augenblicke hervor, wie eine magische Pflanze, die das ganze Jahr über blüht. Die Blüten dieser gesunden Beziehungen sind die Augenblicke der Menschlichkeit. Sie wachsen vor unseren Augen, ein jeder davon anders und einzigartig, und blühen Tag für Tag.

Es gibt so viele verschiedene Augenblicke der Menschlichkeit. Sie unterscheiden sich so sehr, dass es schwer fällt, sie noch genauer zu beschreiben, als ich es bereits getan habe, ohne ihnen dabei ihre Vielfalt zu nehmen. Ich werde deshalb keine weiteren Erklärungen geben, wie das in einem Lehrbuch der Fall wäre. Stattdessen werde ich Ihnen anhand der in diesem Buch aufgeführten Beispiele aus dem Leben nicht nur zeigen, was Augenblicke der Menschlichkeit ausmacht, sondern auch, welche Macht ihnen innewohnt. Lassen Sie mich nun ein paar aus meinem eigenen Leben gegriffene Beispiele für Augenblicke der Menschlichkeit geben.

Ich war seit sechs Stunden mit meiner Familie unterwegs, das Wetter war schlecht, und wir hatten noch ungefähr eine Stunde Fahrt vor uns, als Tucker, unser Jüngster, verkündete: »Ich muss mal.«

Ich war gereizt, müde und hatte keine Lust anzuhalten. Tags zuvor hatte ich mich zehn Stunden mit dem Urlaubsverkehr herumgeschlagen, dann verbrachte ich die Nacht in einem Motel, und am frühen Morgen war ich zur zweiten Etappe unserer langen Reise von Boston nach West Virginia aufgebrochen. Ich wollte endlich bei meiner Schwägerin ankommen. Ich stellte mir vor, wie ich sanft in einen Sessel plumpste, wie ein Fallschirm, dessen Fracht Bodenkontakt bekam. In der Hand ein Glas, das, wie ich hoffte, mit einem überwiegend aus Alkohol bestehenden Getränk gefüllt war. Ich wollte nicht anhalten – um nichts in der Welt. Aber Tucker drängelte: »Ich muss echt gaaanz dringend!«

Verärgert hielt ich auf dem schneebedeckten Standstreifen

des Highways hoch oben in den Hügeln West Virginias. Tucker, fünf, stieg aus. Der Rest der Familie wartete. Und wartete.

Schließlich kletterte Tucker wieder in den Wagen.

»Warum hat das so lange gedauert?«, fragte ich muffig.

»Ich habe mit meinem Pipi deinen Namen in den Schnee geschrieben!«, erwiderte Tucker stolz. »P-A-P-A.«

In Sekundenschnelle veränderte sich meine Stimmung. »Danke, Tucker«, sagte ich lächelnd, als ich mir vorstellte, wie ein kleiner Junge tat, was kleine Jungs schon immer getan haben. Diese Inschrift aus warmem Wasser würde zwar bald wieder verschwinden, aber sie bedeutete mir mehr, als es unvergängliche, in kalten Stein gehauene Worte je könnten.

Augenblicke der Menschlichkeit kommen ohne Vorwarnung, und sie verschwinden wie Namen im Schnee. Aber wenn wir sie einfangen, indem wir sie bemerken, und ihnen Bedeutung zumessen, können sie unseren Alltag mit Liebe und Sinn erfüllen.

So schätzen wir, was wir haben – indem wir nicht darüber hinweggehen, indem wir *nicht* sagen: »Eigentlich ist es nicht das, was ich will. Es ist nicht das, worauf ich mein ganzes Leben gewartet habe.«

Hatte ich mein ganzes Leben darauf gewartet, dass Tucker meinen Namen in den Schnee pinkelt? Nun ja, irgendwie schon. Wenn ich je ein glücklicher Mensch sein wollte, musste ich das verstehen. Ich musste diesen Augenblick genießen, ihn schätzen und in Erinnerung behalten – ihn zu mir nehmen wie spirituelle Nahrung, was er ja auch war –, während ich durch die Hügel West Virginias und dem Rest meines Lebens entgegenfuhr.

Was ist mit den vielen Millionen Dollar, die ich gern gehabt hätte? Mit der perfekten Ehe, den perfekten Kindern, Ruhm, Macht und wer weiß was noch allem, vielleicht perfekten Zähnen? Perfektion gibt es nicht. Dafür gibt es das, was wir »Leben« nennen. Das Leben wünscht sich so sehnlich wie ein vernachlässigtes Kind, dass wir ihm Beachtung schenken. Wenn wir das tun, schenkt es uns mehr, als wir uns je hätten erträumen können – genau wie ein Kind es täte. Es macht uns den Schatz von Augenblicken der Menschlichkeit, von Blüten der Verbundenheit, zum Geschenk.

Wenn wir *miteinander verbunden sind,* fühlen wir uns am erfülltesten. Dieses Gefühl der Verbundenheit begleitet uns überall hin. Es ist das tröstlichste Gefühl, das es gibt.

Die moderne Welt fördert und bedroht die Verbundenheit gleichzeitig. Dank der Technik ist es heute leichter als je zuvor in der Geschichte der Menschheit, mit anderen in Verbindung zu treten. Die Technik eröffnet uns wunderbare Kontaktmöglichkeiten. Doch seltsamerweise reißen im Leben vieler Menschen allmählich die Verbindungen ab, die sie brauchen, um Herz und Seele zu nähren. Wir verbringen nicht mehr ausreichend wertvolle Zeit miteinander. Wenn wir nicht Acht geben, laufen wir Gefahr, den Augenblick der Menschlichkeit zu verlieren, und wir *brauchen* Augenblicke der Menschlichkeit ebenso sehr, wie wir Vitamine brauchen.

Als Arzt betrachte ich den zwischenmenschlichen Kontakt als eigenes »Vitamin«. Es ist das andere Vitamin B. Nicht Thiamin oder Riboflavin, sondern das »*B*eziehungsvitamin« im positiven Sinne. Jeder braucht es – nicht nur, damit wir glücklich sind und uns erfüllt fühlen, sondern auch, damit wir gesund bleiben.

Zahlreiche Studien zeigen, dass sozial eingebundene Menschen länger leben als solche, die allein sind. Sie leiden seltener unter Herzkrankheiten, Erkältungen oder Grippe wie auch an seelischen Erkrankungen, zum Beispiel Depressionen oder Ängsten. Darüber hinaus berichten sie öfter, dass sie sich im

Großen und Ganzen wohl fühlen und mit ihrem Leben zufrieden sind. Verbundenheit und positive menschliche Kontakte geben uns nicht nur ein gutes Gefühl, sie tun tatsächlich gut – in jeder Hinsicht. Es ist wissenschaftlich *erwiesen*, dass sie das Leben verlängern, die Gesundheit stärken und unsere Freude an und die Anerkennung für die Dinge und Menschen in unserem Leben vertiefen.

Aber in der heutigen Welt müssen wir uns durch Terminpläne hacken, die wie Brombeersträucher wuchern, um Zeit füreinander zu finden. Wenn wir sie nicht zurückschneiden und auslichten, wird aus den Sträuchern ein Dickicht. Eine Frau sagte einmal zu mir: »Ich schaffe es gerade mal, zur Arbeit zu gehen, für meine Kinder zu kochen und die Wäsche zu waschen. Woher soll ich die Zeit nehmen, um *Kontakte zu knüpfen?*« Wenn wir uns unsere wichtigsten Kontakte bewahren möchten, müssen wir die Zahl unserer Termine verringern. Wir müssen uns aus dem Dickicht befreien, bevor es uns ganz und gar umgibt. Wir müssen uns *Zeit nehmen*.

Wir stehen miteinander in elektronischer Verbindung – über Fernsehen, Internet, E-Mail, Mailboxen und Handys. Wenn wir die Elektronik klug nutzen, kann sie uns von Mensch zu Mensch miteinander verbinden. Lassen wir uns aber von ihr beherrschen, verbringen wir möglicherweise den ganzen Tag damit, auf einen Bildschirm zu starren, Nachrichten zu beantworten oder in ein Handy zu sprechen. Wir hetzen durch unsere Tage und sehnen uns nach dem einen Gespräch, das uns wirklich etwas bedeutet.

Lassen Sie mich ein weiteres Beispiel für einen Augenblick der Menschlichkeit aus meinem Leben anführen. Mein Kosename für den Großvater mütterlicherseits war »Skipper«. Er hatte nie viel Geld, aber er war reich an allem, was zählt. Er war ein wahrer Gentleman. Ich hätte keinen besseren Experten finden können, um eine der wichtigsten Fertigkeiten im Leben zu lernen: wie man jemandem die Hand schüttelt.

Skipper sagte immer: »Sieh dem anderen gerade in die Augen und drück seine Hand ganz fest. Als ob es dir ernst ist.« Wir haben das oft geübt. Wenn ich es dann ein paarmal versucht und Skipper meinen Händedruck jedes Mal für nicht kräftig genug befunden hatte, drückte ich seine Hand schließlich, so fest ich konnte. Zu meiner Verwunderung zauberte mein kräftigster Händedruck ein Lächeln auf sein Gesicht und ein Leuchten in seine Augen. »So ist's richtig!«, rief er dann. »*So* muss ein Händedruck sein!« Noch heute zucken die Menschen manchmal zusammen, wenn ich ihnen die Hand schüttle.

Skipper war in der Finanzbranche tätig und fuhr häufig von seinem Wohnort Newton in Massachusetts nach New York, wo er mit seiner Tochter (meiner Tante Duckie) zahlreiche Walzer-Wettbewerbe gewann, bei denen Guy Lombardo Musik machte. (Die Leute behaupteten, sie hätten ausgesehen wie Ginger Rogers und Fred Astaire.) Er freundete sich mit Guy Lombardo an, wie mit fast allen Menschen, denen er begegnete. Skipper – die Welt kannte ihn unter dem Namen John McKey – war mein erstes großes Vorbild. Sogar seine Erscheinung war elegant und ehrlich: Weißes Haar, Hornbrille, abgetragene dreiteilige Anzüge und Strickkrawatten zierten die hagere, 1,88 Meter große Gestalt dieses Gentlemans. Skipper liebte seine Freunde, er liebte das Tanzen, er liebte Baseball, er liebte es, mit dem Zug nach New York zu fahren, und er liebte seinen »Coup«.

So nannte er die Mischung aus schottischem Whisky und Wasser, die er oft und zur Freude aller Anwesenden zu sich nahm. Im Nachhinein denke ich, dass er wohl mehr trank, als der Arzt erlaubte, aber niemand störte sich daran. Er war einer der liebenswürdigsten und würdevollsten Männer, die ich kenne.

Skipper starb langsam, und es war kein leichter Tod. Er hatte ein Lungenemphysem, das Atmen fiel ihm schwer. Aber er blieb bis zum Schluss ein Gentleman. Als ich ihn zum letzten Mal sah, war ich noch ein kleiner Junge. Skipper lag auf dem Sofa und war an ein Sauerstoffgerät angeschlossen. Ich umarmte ihn, aber dann streckte er mir seine Hand entgegen, damit ich sie ein letztes Mal drücken konnte. Ich sah ihm gerade in die Augen, wie er es mich gelehrt hatte. Seine Hand zitterte, als er die meine drückte – fest. Ich erwiderte den Händedruck, so fest ich konnte, und für ein paar Sekunden leuchteten seine Augen auf, und das alte Zwinkern, das ich so gut kannte, kehrte zurück, als hätte der Händedruck es magisch aufgeladen. Damals sagte ich Skipper Lebewohl.

Augenblicke der Menschlichkeit sind nicht nur unsere Verbindung zu allem, was zählt, sondern auch zu allem, was uns Freude bereitet. Aber wenn Sie nicht Acht geben, können die Quellen Ihrer Freude versiegen. Erst kürzlich habe ich mich in meinem Büro mit einem Mann unterhalten, der sagte, sein Leben sei eindimensional geworden. »Ich bin sehr erfolgreich«, meinte er. »Ich verdiene eine Menge Geld, und ich bin froh, dass das so ist. Aber das war's offenbar auch schon. Ich rackere mich ab, komme oft müde und schlecht gelaunt nach Hause, schaue fern, wechsle ein paar Worte mit meinen Kindern und meiner Frau, gehe schlafen – und am nächsten Tag geht alles wieder von vorne los. Das soll schon alles gewesen sein?«

Auch wenn man erfolgreich ist, stellt man manchmal fest, dass man sich nach mehr Tiefgang sehnt. Nach etwas, was wir »Sinn« nennen. Sogar wenn man wohlhabend ist, kann es Zeiten geben, in denen man sich verloren oder müde fühlt oder einfach nicht weiß, welchen Sinn das eigene Leben eigentlich hat.

Augenblicke der Menschlichkeit können die Antwort sein. Wenn Sie anfangen, nach Augenblicken der Menschlichkeit in Ihrem Leben zu suchen, werden Sie sie überall finden. Sogar wenn Sie allein sind und es am wenigsten erwarten.

Vor einiger Zeit fuhr ich zum Beispiel zur Arbeit, als das alte, kitschige Lied »Climb Every Mountain« im Radio kam. Ehe ich mich's versah, rollten mir beim Gedanken an meine Mutter, die nun schon seit über zehn Jahren tot ist, und an ihr von vielen Kämpfen gezeichnetes Leben die Tränen die Wangen hinunter. Sie hatte stets versucht, sich diesen Kämpfen mutig zu stellen, wie uns der Song ermahnt. Während ich so weinte und fuhr, erinnerte ich mich daran, dass ich »The Sound of Music« (den Film, der das Lied berühmt machte) mit meiner Mutter gesehen hatte, als er gerade in die Kinos gekommen war. Kitschig und albern? Sicher. Aber meine Tränen und meine Gefühle waren echt. In diesem Augenblick war ich wieder mit meiner Mutter verbunden und spürte noch einmal, wie bedingungslos ich sie liebte. Plötzlich strahlte etwas, was mir zuvor banal erschienen war – ein altes Lied im Radio –, Wärme aus, als ich die Kraft des Augenblicks spürte, die nur darauf wartete, dass ich sie einfing und in mich aufnahm. Ich musste lediglich den kritischen, zynischen Anteil meiner Persönlichkeit ausschalten und dem Augenblick der Menschlichkeit Zeit geben, sich zu entfalten. Ich musste ihn nur zulassen.

Es wird sich niemand neben Sie stellen und zu Ihnen sagen: »Aufgepasst, das ist ein Augenblick der Menschlichkeit! Schätzen Sie ihn! Kosten Sie ihn aus! Wenn Sie das tun, werden Sie ein glücklicher Mensch!« Das müssen Sie schon selbst erledigen. Dieses Buch wird Ihnen viele Beispiele geben, damit

Sie im Laufe der Lektüre allmählich immer mehr Augenblicke der Menschlichkeit in Ihrem eigenen Leben erkennen.

Ich beobachte oft und in den unterschiedlichsten Ausprägungen, dass weder mehr Geld noch mehr Ruhm oder mehr Trophäen bzw. weniger Pfunde, eine neue Geliebte oder eine Reise nach Timbuktu die Leere füllen können, die in der Frage »Das soll schon alles gewesen sein?« zum Ausdruck kommt.

Die Lösung liegt darin, dass wir das, was wir haben, aufrichtig schätzen lernen. Was dem Leben seinen Zauber verleiht, ist unsichtbar, aber es ist nicht schwer aufzuspüren. Es sind die Gefühle, die wir in engen Beziehungen finden. Diese Gefühle entriegeln die Tür zu unserem Herzen und öffnen uns für das, was am meisten zählt.

Kürzlich kam ich abends spät von der Arbeit nach Hause. Als ich die Treppe hinaufging, rief Jack nach mir, der eigentlich schon hätte schlafen sollen. Ich war müde, darum schaute ich kurz in sein Zimmer, sagte schnell: »Gute Nacht«, und ging. Jack rief: »Komm noch mal her, Dad.« Ich hätte sagen können: »Nein, schlaf jetzt«, aber zum Glück ging ich noch einmal zu ihm. Dort im Mondlicht sah ich Jack, der auf seinem Bett einen Kopfstand machte. »Ich schlafe verkehrt herum, Papa!«

Was ist so toll daran? Wenn ich mir die zehn Sekunden nicht genommen und nicht noch einmal zu ihm gegangen wäre, hätte ich diesen Augenblick mit Jack verpasst. Und was noch wichtiger ist, Jack wäre der Augenblick entgangen, in dem er mir freudig und stolz seine neue »Schlafstellung« präsentieren konnte. Er wäre mit dem Gedanken eingeschlafen: »Papa hatte keine Zeit für mich.« Ich bin mir sicher, dass er an so manchem Abend mit diesem Gedanken eingeschlafen ist, aber ich hoffe, es waren nicht zu viele, denn solche Augenblicke mit Jack geben uns beiden, was wir am dringendsten brauchen.

Alle Geschichten in diesem Buch haben sich tatsächlich ereignet. Sie versorgen uns mit Dosen von jenem anderen »Vitamin B«, dem Beziehungsvitamin für unsere Gefühle. Wenn wir genügend von diesem »Vitamin B« im Körper haben, können wir schaffen, was andernfalls unüberwindbar gewesen wäre.

Der Aufbau dieses Buchs: Meine Geschichte und die Geschichten anderer

Ich habe dieses Buch als eine Reihe autobiographischer Geschichten angelegt. Sie führen mich von der Kindheit in das Leben, das ich jetzt als Erwachsener führe, vom gequälten Kind zum (weniger gequälten) Erwachsenen. Mein Leben – und auch das Leben anderer Menschen – soll zeigen, welche Macht Augenblicke der Menschlichkeit im Alltag haben.

Das 1. Kapitel beginnt mit einem Rückblick auf das, was mich davor bewahrte, als gebrochener Mann zu enden, was bei meinem wackeligen Start ins Leben unvermeidlich schien. Dann mache ich einen Sprung nach vorn und erzähle von zwei unterschiedlichen Momenten in meinem Leben als Erwachsener. Im Anschluss folgen ein paar Geschichten von anderen Menschen, die sie in eigenen Worten erzählen, um dem Kapitel Vielfalt und Kraft zu geben. Die Geschichten anderer Autoren bezeichne ich im Verlauf des Buches als »Echos«.

Nach dem 1. Kapitel werden die verschiedenen Lebensabschnitte in chronologischer Reihenfolge durchschritten. Alle Kapitel sind so aufgebaut, dass sie eine Mischung aus autobiographischen Erinnerungen und den Geschichten anderer sind. Dahinter steht der Gedanke, innerhalb des Buches eine Art Dialog herzustellen, indem ich auch andere zu Wort kommen lasse. Mit meinen autobiographischen Geschichten schneide ich ein Thema an, zum Beispiel die Kindheit. Dann kommt eine weitere Stimme hinzu und variiert das Thema oder wirft ein »Echo« zurück. Schließlich vervollständigen einige abschließende Stimmen mit ihren »Echos« den Dialog zum Kernthema eines Kapitels.

Zu allen Abschnitten, die nicht von mir geschrieben wurden, habe ich kurze Einführungen verfasst, die kursiv (in Schrägschrift) gedruckt sind.

Um die persönlichen Erzählungen abzurunden, schließt jedes Kapitel mit einem Abschnitt, der mit dem Titel »Wege zur Verbundenheit« überschrieben ist. Darin lade ich Sie ein, innezuhalten und über Ihr eigenes Leben nachzudenken. Es ist, wenn Sie so möchten, eine Gelegenheit, Ihre eigene Geschichte zu schreiben.

Ich gehe davon aus, dass Sie bei der Lektüre den Wunsch verspüren werden, den einen oder anderen Menschen oder Ort wieder zu sehen. Vielleicht machen Sie sich auch eine kurze Notiz – etwa »Marie anrufen« oder »Erinnert mich an Hans« –, damit Sie später nicht vergessen nachzuhaken und das Gefühl ungenutzt verblassen lassen. Am Ende jedes Kapitels schafft der Abschnitt »Wege zur Verbundenheit« Raum für konkrete, praktische Überlegungen, wie Sie die Anregungen in Ihrem Leben umsetzen können. Jeder dieser Abschnitte besteht aus drei Teilen.

Zuerst lade ich Sie ein, über den Bereich Ihres Lebens nachzudenken, der mit dem Inhalt des vorangegangenen Kapitels zu tun hat.

Dann mache ich auf Hindernisse aufmerksam, die die Beziehungen in diesem speziellen Lebensbereich erschweren können.

Zuletzt gebe ich Ihnen ein paar praktische Tipps, wie Sie diese Hindernisse überwinden können.

Ich weiß noch, wie meine Großmutter – ich nannte sie »Grammy« – zur Gartenschere griff, um die Rosen zu schneiden, und wie bei jedem Schnipp das Bettelarmband an ihrem Handgelenk klingelte. Acht Anhänger waren an dem Armband, für jeden Enkel einer, und die einzelnen Anhänger waren mit unseren Namen versehen. Mit diesem Armband trug Grammy ihre Enkel immer bei sich – nicht nur in Gedanken, sondern im wahrsten Sinne des Wortes. Sie ist seit 35 Jahren tot, aber noch immer kann ich das leise Klingeln ihres Armbands hören, das mich zurück in Grammys Garten und einen längst vergangenen Abschnitt meines Lebens führt.

Ich hoffe, auch Sie werden bei der Lektüre dieses Buches ein leises Klingeln aus Ihrer Vergangenheit vernehmen.

KAPITEL 1

Die Macht von Augenblicken der Menschlichkeit

Meine Rettung

Ich entstamme einer verrückten Familie aus Neuengland. Auf ihr lastet ein Fluch, der in mancher Hinsicht auch ein Segen ist und den ich »die drei Plagen der privilegierten weißen Mittelschicht« nenne: Alkoholismus, Geisteskrankheit und Höflichkeit. Meine Eltern, deren Eltern, die Eltern ihrer Eltern und immer weiter den Stammbaum hinauf wurden allesamt gewaltig von diesen drei Plagen gequält.

Meine liebe, sanfte, aber alkoholkranke Mutter war zweimal geschieden. Mein Vater befand sich wegen seiner manischen Depression häufig in stationärer Behandlung. Mein Stiefvater war ein sadistischer Alkoholiker. Zu alledem hatte ich – und habe natürlich noch immer – zwei Lernbehinderungen: Legasthenie und Aufmerksamkeitsdefizit/Hyperaktivitätsstörung (ADHS). Weil zu Hause niemand mit mir umzugehen wusste, wurde ich mit zehn Jahren, als ich in die fünfte Klasse kam, auf ein Internat geschickt. Ich wuchs überwiegend in solchen Einrichtungen auf.

Wie Sie sehen, lag das Glücklichsein bei uns nicht in der Familie. Die Hallowells bemühen sich zwar um Optimismus, aber hinter der fröhlichen Fassade kriselte es gewaltig.

So etwa in der zehnten oder elften Klasse – wenn man anfängt, ernsthaft darüber nachzudenken, was man einmal werden will – gelangte ich zu der Überzeugung, dass ich vermutlich nie das sein würde, was man einen glücklichen Menschen nennt. Ich hoffte zwar, mein Glück zu finden, aber ich glaubte nicht, dass es mir bestimmt war – oder besser gesagt, dass ich die genetische Veranlagung dazu besaß.

Ich kam zu dem Schluss, die einzig realistische Möglichkeit bestehe darin, das Beste aus dem zu machen, was ich hatte, zu lernen, andere nicht mit meinen Problemen zu belasten, und einen Weg zu finden, mein melancholisches Inneres an eine, wie ich fand, alles in allem recht unverständige Welt anzupassen.

Ich weiß noch, wie ich im Internat im Bett lag, an die Decke starrte und mich fragte: »Werde ich jemals glücklich sein?« Die Chancen standen schlecht.

Jetzt, ungefähr 35 Jahre später und im Alter von fünfzig Jahren, kann ich diese Frage beantworten. Erstaunlicherweise führe ich ein gutes Leben. (Wäre es nicht wunderbar, wenn mein gealtertes Ich eine Zeitreise machen und meinem fünfzehnjährigen Ich ins Ohr flüstern könnte: »Keine Sorge, es wird alles gut«? Aber ich schätze, das verstößt gegen die Regeln des Lebens.) Ich bin nicht ununterbrochen außer mir vor Freude – wie der eine oder andere, den ich kenne. Ich gehöre nicht zu den Glücklichen, die offenbar stets vergnügt sind, obwohl ich ein paar dieser begnadeten Seelen kenne. Sie sind wahre Schätze. Ich wünschte, ich wäre einer von ihnen. Aber ich bin es nicht.

Dennoch bin ich im Grunde ein glücklicher Mensch. Viel glücklicher als damals auf der High School, wenn ich in jenem Bett lag und trüben Gedanken über mein Schicksal nachhing. Und sehr viel glücklicher, als es aufgrund meiner genetischen Ausstattung und der Erlebnisse in meiner Kindheit absehbar gewesen wäre.

Statistisch gesehen – und es gibt tatsächlich Menschen, die

Nachforschungen zur Erstellung entsprechender Statistiken betreiben – nehmen Kinder, die mit so vielen Widerständen zu kämpfen haben wie ich, meist ein schlechtes Ende. Sie landen im Gefängnis, müssen immer wieder in Nervenheilanstalten, sind ständig besoffen oder fühlen sich einfach nur chronisch elend. Was mich gerettet hat? Ich werde Ihnen diese Frage gleich beantworten.

Zuerst möchte ich Ihnen eine genauere Vorstellung von den Umständen geben, vor denen ich gerettet werden musste. Mit der zweiten Ehe meiner Mutter begannen für mich die schlimmsten Jahre meines Lebens. Jahre, von denen ich mich wohl niemals erholt hätte, wenn mir nicht Menschen außerhalb der Familie beigestanden hätten.

Meine Mutter und mein Vater ließen sich scheiden, als ich vier Jahre alt war. Wenig später verliebte sich meine Mutter in Noble Cathcart, einen älteren Herrn, der wie wir in Chatham wohnte, einer kleinen Stadt in der Biegung von Cape Cod. Ursprünglich stammte Mr. Cathcart aus dem Süden, aber er wohnte schon seit ein paar Jahren in Chatham.

Als ich ihn kennen lernte, lebte ich glücklich und zufrieden mit meiner Mama, meiner Cousine Lyn, meinem Cousin Jamie, meiner Tante, zu der ich »Duckie« sagte, und meinem Onkel Jim zusammen. Meine Eltern waren geschieden, aber ich hatte mich ohne allzu viel Aufhebens damit abgefunden. Ich liebte meinen Vater, doch ich hatte nichts dagegen, dass sich meine Mutter mit Noble Cathcart traf. Eigentlich mochte ich Mr. Cathcart sogar ziemlich gern. Ich fing an, »Onkel Noble« zu ihm zu sagen, und ich freute mich auf die Besuche bei ihm. Einmal musste ich zum Zahnarzt, weil ich ein Loch hatte, und ich weiß noch, wie Mama mich damit köderte, dass wir danach zur Belohnung zu Onkel Noble gehen würden.

Ich war sieben und ging in die zweite Klasse der staatlichen Schule in Chatham, als meine Mutter mich eines Tages fragte, was ich dazu sagen würde, wenn sie Onkel Noble heiratete. Sie fügte hinzu, im Falle einer Heirat zögen wir nach Charleston, South Carolina. Sosehr ich Onkel Noble auch mochte, die Vorstellung, Chatham – und meinen Cousin Jamie und meine Cousine Lyn – verlassen zu müssen, fand ich grässlich. Also sagte ich meiner Mutter, ich würde der Hochzeit mit diesem Kerl nur unter der Bedingung zustimmen, dass ich in Chatham bleiben durfte.

Onkel Noble gewann. Mama heiratete ihn, und wir drei zogen geschlossen nach Charleston.

Allmählich zeigte Onkel Noble sein wahres Gesicht. Gewöhnlich war er betrunken, wenn ich von der Schule kam. Die Schule war gegen zwei Uhr aus, und bis ich mit dem Fahrrad nach Hause geradelt kam, war es halb drei. Wie es damals in Charleston üblich war, aßen wir dann gegen drei Uhr zusammen zu Mittag. Das war die Hauptmahlzeit des Tages.

Beim Mittagessen führten Onkel Noble und ich Krieg.

Ich hörte auf, ihn zu lieben, und fing an, ihn zu hassen. Nicht nur, weil ich seinetwegen aus Chatham und von meinen geliebten Cousins, meiner Tante und meinem Onkel hatte wegziehen müssen, sondern auch, weil er meine Mutter misshandelte. Onkel Noble spielte mit Mama zum Beispiel ein Kinderspiel – »Papier, Steine, Schere«. Wie Kinder es spielen, ist es normalerweise harmlos. Aber wenn Onkel Noble es spielte, wurde es grausam. Manchmal ergibt sich im Verlauf die Gelegenheit, den Gegner mit zwei Fingern mehr symbolisch zu ohrfeigen (das ist die Handhaltung, wenn die Finger wie eine Schere aussehen). Bei Onkel Noble wurde die Zwei-Finger-Ohrfeige zu einem schmerzhaften Schlag, von dem meine Mutter tagelang gezeichnet war. Er zwang sie unaufhörlich, dieses Spiel zu spielen.

Ich war jedes Mal entsetzt über das Entzücken, das ich in Onkel Nobles Augen sah, wenn er meine Mutter ohrfeigen durfte. Ich weiß nicht, warum sie ihn nicht auf der Stelle verlassen hat.

Einmal, ich war ungefähr acht, ging ich auf seine Fußknöchel los. Er hatte meine Mutter mit dem Handrücken geschlagen, nachdem sie ihm eine Zigarette angezündet hatte, wie es seiner Meinung nach nicht richtig war. Statt sich mit mir herumzuschlagen, setzte er sich wieder zu seinem Martini und stieß mich weg, ließ aber wenigstens meine Mutter in Frieden. An einem anderen Abend kam ich ins Wohnzimmer und sah, wie meine Mutter versuchte, sich Onkel Noble vom Leibe zu halten, der mit einem Schürhaken auf sie losging. Als er mich bemerkte, stellte er den Schürhaken zu den anderen Kaminwerkzeugen zurück und stieß einen seiner Lieblingssprüche hervor: »Hau ab!« Häufig gingen dem noch die Worte voraus: »Wenn dir was nicht passt, dann… hau doch ab!«

Es dauerte nicht lange, bis ich nichts lieber wollte als das. Meine Mutter leistete Onkel Noble beim Trinken Gesellschaft, sodass die beiden so gut wie nichts von dem taten, was Eltern eben tun – etwa Kindern bei den Hausaufgaben helfen, mit ihnen zu Sportveranstaltungen gehen, zum Angeln fahren oder mit ihnen Ball spielen. Bald bestand mein Leben nur noch aus Schule, gefolgt von Auseinandersetzungen mit Onkel Noble. Anschließend saß ich allein vor dem Fernseher, und irgendwann ging ich zu Bett.

Die Situation wurde noch dadurch erschwert, dass Onkel Noble auch nett sein konnte. Das Leben ist selten nur schwarz oder weiß. Ab und zu war er gut zu mir, sogar nachdem wir einander den Krieg erklärt hatten. Als ich beispielsweise mit neun die Masern bekam, wurde ich sehr krank. Ich hatte 40,5 Grad Fieber, Fieberträume und schreckte immer wieder daraus auf. Ich schwitzte so stark, dass die Bettwäsche pitschnass war, und ich hatte Angst. Vielleicht erinnere ich mich deshalb so lebhaft daran, wie Onkel Noble sich um mich kümmerte und darauf wartete, dass das Fieber zurückging, weil veränderte Bewusstseinszustände besser im Gedächtnis bleiben. Er blieb bis in die Nacht bei mir, tupfte mir im Mondlicht die Stirn mit einem kühlen Waschlappen ab, und wenn ich so weit bei Bewusstsein war, dass ich ihm folgen konnte, erzählte er mir Geschichten aus seiner Zeit als Spion. Die Storys waren abenteuerlich. Bis heute weiß ich nicht, ob sie der Wahrheit entsprachen, aber in meinem fiebrigen Zustand waren sie wunderbar anzuhören. Dann tauchte mitten in der Nacht der Arzt auf, gab mir ein Zäpfchen, und bald ging das Fieber zurück. Am nächsten Tag war Onkel Noble wieder ganz der – betrunkene – Alte.

Ich rang mit ihm und er mit mir. Wir kämpften mit Worten, und wir kämpften mit Taten. Von Zeit zu Zeit schlug er mich, aber er prügelte niemals auf mich ein oder fügte mir körperlichen Schaden zu wie meiner Mutter. Ich wollte ihn lieben, und ich glaube, er wollte mich ebenfalls lieben, aber letzten Endes quälten wir einander nur. Ich beschützte meine Mutter, und ich war wütend, weil wir nicht in Chatham wohnten, und er war … was tat er? Warum war er so gemein zu meiner Mutter und mir? Warum wandte er sich nach der Heirat gegen meine Mutter? Und warum schloss er den kleinen Jungen, der ihn bei der ersten Begegnung mit offenen Armen willkommen geheißen hatte, nicht in sein Herz?

Er würde vermutlich sagen, es habe daran gelegen, dass ich mich zu einem Rotzlöffel entwickelt hatte, und ich würde sagen, es habe daran gelegen, dass er zu einem gemeinen Trunkenbold geworden war. Er ist tot, ich kann ihn also nicht mehr nach dem Grund fragen. Aber ich grüble noch immer. Dass ich ein Rotzlöffel war und er trank, erklärt nicht gänzlich, warum wir uns etwas entgehen ließen, was für uns beide wundervoll hätte sein können. Ich hätte einen zweiten Vater und er den Sohn finden können, den er niemals hatte. Stattdessen wurden wir Feinde. Als ich zehn war, beschloss meine Mutter schließlich, mich aus Charleston und Onkel Nobles Welt fort- und nach Massachusetts zurückzuschicken, wo ich in der Nähe von Boston auf ein Internat namens »The Fesseden School« ging.

Das war das Ende der Kämpfe. Ich war fort. Die Chance, die Dinge zwischen Onkel Noble und mir doch noch zum Guten zu wenden, war vertan. Die Gefahr, dass noch mehr Schlimmes geschehen konnte, war gebannt. Meine Mutter ließ sich ein paar Jahre später von ihm scheiden, aber sie erholte sich nie mehr von dieser Ehe. Sie verbrachte die letzten Jahre allein in Chatham, stets um Fröhlichkeit bemüht – eine liebe, gebrochene, alkoholkranke Frau.

Das ist das Rätsel der Familien: Warum geht so vieles, was so gut hätte sein können, oft so schief?

Und was noch rätselhafter ist: Warum wendet sich trotz der vielen schlechten Erfahrungen im Leben manchmal dennoch alles zum Guten, wie das bei mir so weit der Fall ist?

Es gelang Onkel Noble nicht, mich zugrunde zu richten. Ich überlebte mithilfe vieler guter Menschen, hatte sogar Erfolg. Nach der Scheidung sah oder sprach ich Onkel Noble nie wieder – bis auf ein einziges Mal. Ich rief ihn 1987 an. Ich war 38, er war um die neunzig. Gerade hatte ich mein erstes Buch verkauft. Dieser Mann, der meiner Mutter so wehgetan hatte, sollte wissen, dass seine Bösartigkeit mich nicht zerstört hatte.

Also ließ ich mir von der Auskunft in South Carolina seine Nummer geben und rief den alten Bock an. Er ging tatsächlich ans Telefon. Bestimmt wurde ihm übel, als ich ihm sagte, wer am Apparat war, aber zu seiner Ehrenrettung sei gesagt, dass er nicht auflegte. »Was willst du von mir, Junge?«, fragte er.

Sie können sich denken, was ich gern gesagt hätte. Stattdessen erzählte ich ihm einfach, dass ich seit unserer letzten Begegnung in Harvard studiert (einer Universität, die er vorzeitig und ohne Abschluss verlassen hatte), ein Medizinstudium abgeschlossen, meine Facharztausbildung und die weitere Spezialisierung beendet und soeben ein Buch verkauft hatte.

Seine Antwort ist nicht druckreif. Er verfluchte mich und nannte mich einen Lügner. Ich konnte die vertraute Reibeisenstimme hören. Ich konnte ihn vor mir sehen, wie er in seinem Lieblingssessel saß, einen Drink in der Hand. Dann sagte ich, dass er meine Mutter und mich zwar verletzt, uns aber nicht vernichtet hatte. Ich sagte ihm, dass die besten Eigenschaften meiner Mutter in mir weiterlebten. Ich sagte ihm, dass ich in meinen 38 Jahren mehr Menschen Gutes getan hatte als er in seinen neunzig. Mit jedem wohlgesetzten Satz war mir, als brächte ich die Waagschalen der Gerechtigkeit ins Gleichgewicht, was ich als Kind nicht gekonnt hatte. Vielleicht half es Onkel Noble sogar, zu hören, was ich zu sagen hatte. Vielleicht tat es diesem alten Mann gut, noch vor seinem Tod zu erfahren, dass das Böse in ihm nicht gesiegt hatte.

Wer weiß, vielleicht half ihm dieses Wissen sogar, seine alte zynische Seele zumindest so weit in Form zu bringen, dass ihn der heilige Petrus eines zweiten Blickes würdigte.

Aber an jenem Tag am Telefon hatte Onkel Noble nicht vor, mir Genugtuung – welcher Art auch immer – zu geben. Er verfluchte mich noch einmal und wiederholte, ich sei ein Lügner. Ich wusste, dass er betrunken war, aber ich stelle mir gern vor, dass er nüchtern genug war, um zu verstehen.

Ich weiß noch, was ich zum Abschied sagte. Es waren die letzten Worte, die ich mit ihm wechselte. »Ich weiß, dass du weißt, dass ich die Wahrheit sage. Jetzt können wir beide endgültig abhauen!« Am anderen Ende der Leitung entstand eine lange Pause. Die Schlange hatte ihr Gift versprüht. Ich konnte seinen rasselnden, emphysematösen Atem hören, während er den Telefonhörer umklammert hielt. Ich konnte hören, wie er versuchte, etwas darauf zu sagen. Aber dieses eine Mal blieben ihm die Worte im Halse stecken, war sein Mund so ausgetrocknet wie sein Herz. Es war an der Zeit, den Kampf zu beenden. Ich legte auf.

In diesem Augenblick war ich erfüllt von dem großartigen Gefühl, dass – »*Ja!*« – die Guten im Leben gegen alle Widerstände gesiegt hatten. All die Menschen, die dem Einfluss dieses Mannes auf mich entgegengearbeitet hatten, waren als Sieger hervorgegangen.

Trotz alledem muss ich sagen, ich wünschte, ich könnte die Zeit zurückdrehen und meinen Frieden mit ihm machen. Ich wünschte, ich könnte die Zeit zurückdrehen und aus Onkel Noble den lieben Stiefvater und guten Ehemann machen, der er hätte sein können, wären nicht der Alkohol und wer weiß was noch alles gewesen. Ich wünschte, wir hätten irgendwie die Liebe entdeckt, die wir füreinander hätten empfinden sollen. Sie war da. Irgendwo. Wir haben ihr nur niemals die Möglichkeit gegeben zu wachsen.

Obwohl Onkel Noble so viel Schlimmes tat, hasste ich ihn niemals aus tiefstem Herzen. Vielleicht ist das sein Geschenk an mich. Er lehrte mich, dass sogar inmitten eines Gefühls wie Hass so etwas wie Liebe – nennen wir es »Hoffnung« – keimen kann.

Ihn habe ich mein Leben lang am meisten gehasst – und das mit gutem Grund. Aber trotzdem weiß ich, dass es nicht ganz allein seine Schuld war.

Er sorgte dafür, dass ich einen schlechten Start ins Leben hatte. Was also bewahrte mich vor der drohenden Katastrophe?

Die Antwort lautet: gute Menschen.

Was mich rettete, rettet Millionen Menschen jeden Tag. Es waren Augenblicke der Menschlichkeit – Augenblicke, in denen Verbundenheit blühte und mir ein Gefühl von Stärke, Sicherheit, Macht und Hoffnung gab.

Was mich rettete, ist vermutlich das, was uns alle rettet.

Damals hatte ich meinen Freund Bobby Hitt. Er ging unten in Charleston mit mir zur Schule. Wenn ich ihn zum Essen einlud, bekam er Onkel Noble aus der Nähe zu sehen. Auch Bobby hasste ihn. Es half mir, dass Bobby verstand, was für ein Blödmann Onkel Noble war und warum ich den Kerl hasste. Außerdem lud mich Bobby ebenfalls zu sich ein, und dann aß ich mit einer normalen Familie zu Mittag. Sein Vater schrieb für die Zeitung in Charleston. Bobby hatte eine laute Familie mit Geschwistern und Haustieren und einer Mutter, die abgekämpft aussah. Aber die meiste Zeit waren alle ziemlich nett, und niemand war betrunken – zumindest, so weit ich das mitbekam.

Bobby und ich radelten durch ganz Charleston und unterhielten uns dabei. Er erklärte mir, was ein Bordell ist, noch bevor ich über die Grundlagen der Sexualität Bescheid wusste, und so war mir ein Bordell ein völliges Rätsel. Als Bobby mir erzählte, was in einem Bordell vor sich ging, traute ich mich nicht, ihm zu sagen, dass ich nicht wusste, wovon er sprach. Ich vermutete sogar fast, er habe sich die ganze Sache nur ausgedacht, aber da er für gewöhnlich vertrauenswürdig war, glaubte ich ihm. Nun, rund vierzig Jahre später, weiß ich, dass es die Wahrheit gewesen war, aber ich frage mich, woher er die Informationen gehabt hatte.

Wir spielten oft »Schießen«. So sagten wir zu Spielen mit Spielzeugwaffen aller Art. Wir hatten keine richtigen Gewehre, aber ein paar Kinder in unserem Alter besaßen welche.

Einmal liefen wir im Herbst ins Watt hinaus und bauten uns ein Fort aus einem alten Fischerboot, das zur Seite gekippt war. Wir bastelten eine »Beleuchtung«, die eigentlich nichts weiter war als Taschenlampen, die wir mit einem Stück Seil an den Nägeln in den Wänden befestigt hatten. Wir bauten »Kojen« aus Schachteln und Lumpen, die wir von zu Hause mitgebracht, und »Stühle« aus Holzstücken, die wir rund um das Boot gefunden hatten. Dort draußen in unserem Fort tranken wir Pepsi und lasen Comics, und wir gingen erst nach Hause, wenn es dunkel wurde.

Bobby ließ mich das Chaos vergessen, in dem ich lebte. Bobby zeigte mir, wie groß die Kraft der Freundschaft ist.

Aber was ist mit Geld? Ist es nicht der verlässlichste »Freund«, den man haben kann, wenn man sich den größten Schwierigkeiten im Leben stellen muss? Sind nicht das Geld und die damit verbundenen Vorteile nützlichere und vertrauenswürdigere Verbündete als jede »Verbundenheit«, jeder »Augenblick der Menschlichkeit«? Verbundenheit und Augenblicke der Menschlichkeit mögen ja für angenehme Gefühle sorgen, spottet der Zyniker, aber gib mir Geld, wenn die Zeiten hart sind, und Freunde finden sich zuhauf.

Ich lernte schon früh, dass dies nicht so ist. Geld war mir in Charleston keine Hilfe. Onkel Noble hatte einen Haufen Geld, und er war willens, es auszugeben – sogar für mich. Aber ich brauchte kein Geld. Ich brauchte Bobby Hitt und seine Familie und andere gesunde Beziehungen.

Die meisten Menschen vergessen die Lektionen ihrer Kindheit oder sie tun sie als reine Märchen ab. Schließlich ist das Leben hart, und das Haus muss abbezahlt werden. Aber ich weiß noch, wie viel es mir damals bedeutete, einen Freund zu haben, und wie viel es mir jetzt bedeutet. Wenn ich mich dabei ertappe, dass ich mir mehr wünsche – mehr Geld, Macht, Einfluss, egal –, versuche ich, mir ins Gedächtnis zu rufen, dass ich bereits alles habe, was ich brauche, wenn ich mir dessen nur bewusst bin und es zu schätzen weiß, wie ich damals Bobby Hitt zu schätzen wusste.

Offenbar fällt es Erwachsenen schwerer, Kontakt zu halten, als Kindern. Einige meiner Freunde sind inzwischen zu beschäftigt, um unserer Freundschaft Priorität einzuräumen. Ich habe den Kontakt zu ihnen gesucht und höfliche Rückmeldungen auf meine Nachrichten bekommen. Die tiefe Freundschaft aber wurde nicht wieder aufgenommen. Man sagt mir, wenn wir älter werden, ist das unvermeidlich. Die Menschen driften auseinander, kümmern sich um ihre Familien und ihre Karriere, aber ich versuche trotzdem, an meinen Freunden so fest wie möglich zu halten.

Meiner Ansicht nach ist die einzige Alternative dazu Leere.

Es war klar, dass ich das so empfinden würde. Ich lebe ein Leben, in dem ich von anderen Menschen vor der Katastrophe gerettet wurde.

Haben Sie sich je gefragt, wer – oder was – Ihnen das Leben gerettet hat? Die Frage überrascht Sie vielleicht. Gerade wenn Sie keine großen Hindernisse überwinden mussten. Möglicherweise sagen Sie: »Ich bin nicht wie Sie. Ich musste nicht gerettet werden.«

Aber ich wette, es gab einen oder sogar viele Menschen – oder eine Sache, einen Ort, vielleicht ein Haustier oder eine Fußballmannschaft –, die Ihnen halfen, dorthin zu gelangen, wo Sie jetzt sind.

Vielleicht war es ein Lehrer oder auch mehrere Lehrer – wie bei mir. Oder etwa Ihre Mutter. Mag sein, Sie wurden von einem Geschäftspartner gerettet oder von einem Arzt, der im richtigen Augenblick die richtige Diagnose stellte.

Nicht immer sind wir willens, das so zu sehen. Wir denken

gern, dass wir uns selbst retten, dass wir alles allein schaffen, dass wir unabhängig sind. Aber das ist niemand.

Manche Augenblicke bleiben mir im Gedächtnis hängen wie wertvolle Gemälde. Momente, zu denen ich in Gedanken immer wieder zurückkehre: Kuscheln mit meiner Großmutter. Das Bier mit meinem Freund Peter Metz nach dem Squashspielen zweimal die Woche. Mein jüngster Sohn Tucker, wie er tief schlafend in seinem Bett liegt, das kleine Gesicht vom Mondlicht versilbert. Tom, der Mann meiner Cousine, wie er mich ermutigt, Medizin zu studieren, als ich glaube, weder beharrlich noch schlau genug dafür zu sein. Der Heiratsantrag, den ich Sue, die inzwischen meine Frau ist, in einem Pariser Restaurant mache, während der ungeduldige französische Kellner, der mehr fürs Essen als für die Romantik übrig hat, Sue drängt, mit dem Weinen aufzuhören und zu essen, bevor das Essen kalt wird. Unser erstes Kind, unsere einzige Tochter Lucy, wie sie nach ihrer Geburt in meinen Armen liegt. Jack, den ich drei Jahre später, und Tucker, den ich noch einmal drei Jahre später im Arm halte. Diese und viele andere Augenblicke sind die Meisterwerke meines Lebens, meine Augenblicke der Menschlichkeit. Meisterwerke, die uns allen in dieser oder ähnlicher Form zuteil werden, auch wenn wir keine Kunsthändler sind.

Manche Meisterwerke zeigen auch schmerzliche Szenen. Früher oder später lernt jeder den Schmerz kennen. Dann braucht es mehr als Geld. Mag sein, dass die großen Industriebosse die Helden unseres Alltags sind – heute sind das Menschen wie Bill Gates und Michael Dell, ein paar Generationen zuvor waren es J. P. Morgan und Andrew Carnegie. Aber sie können uns nicht helfen, wenn es darum geht, sich den letzten Fragen des menschlichen Daseins zu stellen.

Hilfe im Umgang mit dem Schmerz des Lebens suchen wir

woanders. Wir suchen sie im anderen. Und wir suchen sie in der ewigen Weisheit, wenn wir sie dort finden können. Ich finde sie in den Worten des heiligen Paulus (1. Kor., 13, 8–13):

> »Die Liebe höret nimmer auf, so doch die Weissagungen aufhören werden und das Zungenreden aufhören wird und die Erkenntnis aufhören wird. Denn unser Wissen ist Stückwerk, und unser Weissagen ist Stückwerk. Wenn aber kommen wird das Vollkommene, so wird das Stückwerk aufhören … Wir sehen jetzt durch einen Spiegel in einem dunklen Wort; dann aber von Angesicht zu Angesicht. Jetzt erkenne ich stückweise; dann aber werde ich erkennen, gleichwie ich erkannt bin. Nun aber bleiben Glaube, Hoffnung, Liebe, diese drei; aber die Liebe ist die größte unter ihnen.«

Vielen Christen sind diese Worte des heiligen Paulus vertraut, aber sie sprechen alle Menschen an, welcher Konfession sie auch angehören mögen. Was rettet uns, wenn nicht Glaube, Hoffnung und Liebe? Selbst wenn wir nicht an Gott glauben, so sind wir davon überzeugt, dass jemand da sein wird, wenn wir nach Hause kommen, oder wir glauben, dass ein geliebter Mensch uns immer treu sein wird, oder wir sind sicher, dass das Dach, unter dem wir sitzen, nicht einstürzen wird!

Das »Dach« über mir ist nicht eingestürzt, obwohl es nie besonders stabil war! Bis jetzt jedenfalls. Was mir das Leben gerettet hat, waren wie gesagt andere Menschen – ihre Liebe – und der Glaube und die Hoffnung, die sich in mir entzündeten.

Wissen Sie, was Ihnen das Leben rettet?

Verrücktes Gerede

Als Arzt – besser gesagt, als Psychiater – ist es meine Aufgabe, dass ich versuche, Menschen zu retten. Oder dass ich ihnen dabei helfe, sich selbst zu retten. Zu Beginn dieses Kapitels habe ich Ihnen erzählt, was mich vor dem Untergang bewahrte. Nun möchte ich an einem Beispiel zeigen, wie ich – zumindest einen kurzen Augenblick lang – zur Rettung eines anderen Menschen beigetragen habe.

Ich hatte eines Sonntagnachmittags Dienst in der Nervenklinik, als eine junge Frau zur Tür hereinspazierte und verkündete, sie wolle sich umbringen. An und für sich war so etwas nicht weiter ungewöhnlich. Menschen, die in eine Nervenklinik kommen, denken oft an Selbstmord. Was diese Frau so außergewöhnlich machte – und weshalb sie mir bis zum heutigen Tag, ungefähr zwanzig Jahre später, im Gedächtnis geblieben ist –, waren die Ereignisse in der Stunde, *nachdem* sie zur Tür hereingekommen war.

Sie hieß Ruby, oder zumindest behauptete sie das. Als ich sie nach ihrem Alter fragte, forderte sie mich auf, zwei Quadrat mit zwei hoch drei zu multiplizieren. Ich dachte kurz nach und fragte sie, ob sie 32 sei. Sie nickte bestätigend, während sie mich um eine Zigarette bat. Wir haben einen Zigarettenvorrat für Menschen, die spontan zu uns kommen, also gab ich ihr eine. Sie saß in einem Sessel auf der anderen Seite meines Schreibtischs, paffte ihre Zigarette, schlug ein Bein über das andere und fing an, mit dem oberen schnell auf und ab zu wippen.

Ich war in der Ausbildung und noch grün hinter den Ohren. Ich hatte keine Erfahrung mit der Beurteilung von selbstmordgefährdeten Menschen – eigentlich hatte ich mit Beurteilungen im Allgemeinen keine Erfahrung. Ruby sollte sich bald als eine meiner einprägsamsten Lehrerinnen erweisen.

»Also, können Sie mir sagen, warum Sie sich umbringen möchten?«, fragte ich so beiläufig, wie man diese Frage nur stellen kann.

»Alle Achtung«, spottete sie, »was für eine Schwachsinnsfrage! Was wissen Sie Schnösel von einem Seelenklempner schon vom Leben?«

Auf Dialoge dieser Art wird man im Studium nicht vorbereitet. Dafür gibt es den praktischen Teil der Ausbildung. Niemand außer Ruby sah mir zu. Niemand war da, um mir zu helfen, mich zu kritisieren oder mir einen Stups in die richtige Richtung zu geben, wenn ich es verpatzte. Ich blinzelte ein paarmal und biss mich auf die Zunge. Dann sprach ich weiter: »Nun, das hier ist ziemlich neu für mich, aber ich möchte Ihnen wirklich helfen, wenn ich kann.«

Ruby stieß einen Pfiff spöttischer Bewunderung aus. Dann sah sie mir direkt in die Augen. »Glauben Sie wirklich, dass es das bringt? Glauben Sie wirklich, Sie können mir heute das Leben retten, indem Sie schwachsinniges Zeug daherplappern, dass Sie mir helfen wollen?« Sie knurrte und wiederholte spöttisch: »Sie möchten mir also wirklich helfen? Nein, wie süß!« Dann verkündete sie, als spräche sie zu einem Publikum: »Er will mir wirklich helfen. Dem Himmel sei Dank! Ich bin gerettet.« Sie zog an ihrer Zigarette, sog den Rauch tief ein, dann warf sie sie auf den Boden und drückte sie mit ihrem Schuh aus.

»Krieg ich noch eine?«, fragte sie.

»Ja«, antwortete ich und gab ihr eine Zigarette, in der Hoffnung, sie damit für mich zu gewinnen.

»Was wissen Sie schon von meinem Leben oder wie Sie mir helfen können?«, wollte sie wissen.

Meine Aufgabe bestand darin, mir alle Leute anzusehen, die

von selbst zu uns kamen und von der Polizei oder dem Krankenwagen gebracht wurden. Ich musste sie beurteilen und dann entscheiden, ob ich die Betreffenden dorthin zurückschicken wollte, wo sie hergekommen waren, oder ob ich sie in der Klinik behalten wollte. Unsere Klinik war ein Ausbildungskrankenhaus, in dem ich als Assistenzarzt in der Psychiatrie arbeitete, aber es war auch eine staatliche Einrichtung und folglich ziemlich heruntergekommen. Wer hierher kam, war meist arm und obdachlos. Diese Menschen unterschieden sich erheblich von den jungen Ärzten (wie mir), die sie »beurteilen« sollten. Es leuchtete durchaus ein, dass Ruby mich fragte, was ich vom Leben, von *ihrem* Leben, wüsste.

Die zweite Zigarette unangezündet zwischen den Fingern, wagte Ruby ihren nächsten Vorstoß. »Ich weiß, dass Sie mir helfen *wollen*. Das ist schon klar. Aber *können* Sie mir helfen? Das ist die Frage.«

»Werden Sie mir eine Chance geben?«, fragte ich.

»Habe ich eine Wahl?«, schoss Ruby zurück. »Sie sind das einzige Pferd im Stall, *n'est-ce pas*?«

»Hören Sie, Ruby«, sagte ich. »Sie sind sehr viel schlauer als ich. Das ist uns wohl beiden klar. Ich kann Ihnen also nur helfen, sofern Sie sich von mir helfen lassen *wollen*. Wenn Sie Spielchen mit mir spielen möchten, können Sie mich weiter an der Nase herumführen, wie Sie es gerade tun.«

»*Na, na, na!*«, rief Ruby. »Sie dürfen sich niemals so weit herablassen. Ich bin nur eine Verrückte, der Abschaum der Gesellschaft, aber Sie sind ein erlauchter Arzt und machen Ihre Ausbildung in diesem berühmten Krankenhaus, das zur Harvard Medical School gehört. Ich sollte Ihnen Respekt bezeugen, nicht umgekehrt.« Es war klar, dass Ruby über dieses Krankenhaus Bescheid wusste. Vermutlich war sie ein alter Hase und schon oft hier behandelt worden. Ich wollte den Sicherheitsdienst anrufen, um zu sehen, ob sie ein Krankenblatt von ihr auftreiben konnten, solange wir redeten.

»Waren Sie schon einmal hier?«, fragte ich.

»Natürlich«, erwiderte sie. »Die da oben kennen mich schon. Steht alles in meiner Akte. Aber darum geht es jetzt nicht. Jetzt müssen wir uns erst mal darüber klar werden, ob ich mich mit diesem keinen Ding hier umbringen soll.« In diesem Augenblick zog sie eine Pistole aus ihrem BH.

Das passierte mir in meiner Karriere zum ersten Mal. Noch nie hatte ein Patient eine Pistole auf mich gerichtet. »Ist das eine Pistole?«, fragte ich.

»Aber Doktor. Eine Stange Rolo ist es sicher nicht.«

Unter dem Schreibtisch befand sich ein Notfallknopf. Auf Knopfdruck käme der Sicherheitsdienst hereingestürmt – sofern ich das wollte. Aber ich hielt das für keine gute Idee. »Ist das wirklich eine Pistole?«, fragte ich. Ich wollte meinen Augen einfach nicht trauen.

»Na, Kleiner, willst du's drauf ankommen lassen?«, knurrte sie wie Clint Eastwood zu seiner besten Zeit. Dann lächelte sie und drückte ab. Aus der Pistole schoss keine Kugel, sondern eine kleine Flamme. »Das ist mein Feuerzeug. Habe ich Sie erschreckt, Doktor? Tut mir wirklich schrecklich Leid.«

»Okay, Ruby«, sagte ich, »ich denke, ich habe genug gehört. Ich kann Sie gehen lassen.«

»Aber, aber. Sie wollen mich auf die Straße zurückschicken und zulassen, dass ich mich umbringe, nur weil ich Sie mit meinem kleinen Feuerzeug erschreckt habe? Ist das nicht ziemlich unprofessionell?«

»Ruby, ich glaube, Sie spielen Katz und Maus mit mir. Ich glaube, Sie sind heute hier hereinspaziert, weil Sie sich langweilen, und nicht, weil es Ihnen schlecht geht. Außerdem glaube ich, dass Sie Drogen genommen haben.«

Unvermittelt warf sie das Feuerzeug nach mir. Es verfehlte meinen Kopf um Haaresbreite, krachte gegen die Wand und zerbrach. »Was wissen Sie schon vom Leben?«, fuhr sie mich an. »Haben Sie überhaupt von *irgendwas* eine Ahnung? Sehen Sie diese Narben?«, kreischte sie. Sie schob ihre Ärmel zurück und enthüllte ein Netz blasser bläulicher Linien auf beiden Unterarmen. »Ich ritze mich zum Spaß. Das ist besser als der Schmerz, den ich sonst fühle. Ich kann einfach nicht damit aufhören. Verstehen Sie das? Natürlich nicht. Also erzählen Sie mir nicht, warum ich hier bin oder was ich Ihrer Meinung nach heute gemacht habe. Ich war dort draußen, und ich habe versucht, gut zu sein, und irgendwann bin ich hierher gekommen, weil einfach alles zu viel war. Aber Ihnen, Sie aufgeblasener, selbstgefälliger Schnösel, ist es doch noch keinen einzigen Tag in Ihrem privilegierten Leben schlecht gegangen. Also sagen Sie lieber nicht, dass ich nur hier bin, weil ich mich langweile. Einen Scheißdreck wissen Sie!«

Ich saß schweigend da. Mir wurde klar, dass aus mir der Zorn gesprochen hatte und dass das ein Fehler war. Außerdem wurde mir klar, dass sie verdammt schlau war und sicher mehr wusste als ich. Ich ärgerte mich zwar ein wenig über die Sache mit dem privilegierten Schnösel, aber ich kam zu dem Schluss, dass es nicht angemessen wäre, ihr von meinen Schwierigkeiten zu erzählen. Allmählich verstand ich, warum manche Menschen die Psychiatrie als unmöglichen Beruf bezeichneten. »Sie haben Recht«, sagte ich. »Ich weiß nicht viel.«

»Dann sollten Sie verdammt schnell dazulernen. Allein schaffe ich es nämlich nicht«, flehte Ruby. Dann fing sie an zu weinen.

In diesem Augenblick klingelte das Telefon auf meinem Schreibtisch. Am Apparat war Barney, der Mann aus der Telefonzentrale, er teilte mir mit, er habe sehr starke Kopfschmerzen. Ich erklärte ihm, ich sei gerade mitten in der Beurteilung eines Patienten. Er sagte, der Schmerz sei so stark, dass er nicht glaube, noch länger Telefondienst machen zu können. Es seien die schlimmsten Kopfschmerzen seines Lebens. Er habe seine Vorgesetzte angerufen, die ihm versprochen habe, ihn abzulösen. Bis dahin solle er mich um Hilfe bitten. Ich sagte, ich würde sofort zurückrufen.

Als ich auflegte, sah mich Ruby fragend an.

»Der Mann in der Telefonzentrale hat Kopfschmerzen«, berichtete ich.

»Also die habe ich auch«, erwiderte Ruby.

»Aber er sagt, es seien die schlimmsten Kopfschmerzen seines Lebens. Das ist ein klassisches Anzeichen für eine Hirnblutung, also einen Schlaganfall. Ich sehe ihn mir lieber einmal an. Sein Leben könnte davon abhängen. Sie werden wohl mitkommen müssen. Solange nur die Leute vom Sicherheitsdienst da sind, will ich Sie hier nicht allein lassen.«

»Warum? Haben Sie Angst, ich könnte mir etwas antun?«, fragte Ruby unschuldig.

»Kommen Sie, gehen wir«, sagte ich und schnappte mir Stethoskop und Blutdruckmanschette aus dem Metallschrank im Behandlungszimmer.

Die Telefonzentrale dieses Krankenhauses war völlig veraltet. Der Mann in der Vermittlung trug Kopfhörer und musste eine Tafel mit Hunderten von Stöpseln im Auge behalten, die alle mit langen Kabeln versehen waren, genau wie in alten Schwarzweißfilmen. Als ich bei Barney eintraf, schwitzte er stark und litt offensichtlich unter großen Schmerzen. Trotzdem hatte er die Kopfhörer auf und nahm Anrufe entgegen. »Ich kann diese Kopfhörer erst abnehmen, wenn sie ein anderer aufsetzt«, erklärte er mir. »So lautet die Vorschrift. Die Zentrale muss immer besetzt sein.«

Immer wenn jemand über die Beamten spottet und schimpft, was das für Drückeberger sind, denke ich daran, wie Barney sich weigerte, seinen Posten zu verlassen, obwohl sein Leben in Gefahr war. »Barney, nehmen Sie die Kopfhörer ab. Ich übernehme die Verantwortung.«

Aber Barney blieb hart. »Sie müssen Sie aufsetzen, Doktor. Ich kann sie erst abnehmen, wenn sie ein anderer aufsetzt.«

»Aber ich weiß nicht, was ich tun soll«, protestierte ich.

»Das macht nichts«, erwiderte Barney. »Ich zeige es Ihnen.«

»Okay, Barney«, willigte ich ein, »aber zuerst kümmern wir uns um Sie.« Ich machte eine kurze Anamnese, dann prüfte ich seinen Blutdruck. Er war himmelhoch, weit im gefährlichen Bereich. Das war ein medizinischer Notfall.

»Barney, rufen Sie einen Krankenwagen. Sagen Sie, wir haben einen Notfall.«

»Das ist ein Notfall?«, fragte Barney.

»Ja, Barney, das ist ein Notfall«, antwortete ich. »Halten Sie sich an die Standardprozedur.«

Wie der Blitz war Barney am Telefon und rief den Krankenwagen. Anschließend benachrichtigte er den Dienst habenden Arzt – mich. Nachdem er die Standardprozedur befolgt hatte, sah er zu mir auf, als wolle er sagen: »Was jetzt, Doktor?«

»Nehmen Sie die Kopfhörer ab und geben Sie sie mir«, forderte ich ihn auf. Zögernd gehorchte Barney. Die Notaufnahme des Krankenhauses war nur ein Stück die Straße hinunter, und eine knappe Minute nach Barneys Anruf traf der Krankenwagen ein. Als die Sanitäter die Stufen zu der Telefonzentrale hinaufeilten, lauschte ich Barneys Anweisungen, wie man mit einem Schaltbrett umgeht. Ich bin mir ziemlich sicher, wenn ich mir seine Anweisungen nicht angehört hätte, wäre er nicht mit den Sanitätern gegangen. Ich hörte zu, aber es war klar, dass ich kein besonders guter Schüler war.

Plötzlich legte sich eine Hand auf Barneys Arm. Rubys Hand. »Sie müssen los, Mann. Ich kümmere mich schon darum. Wäre nicht das erste Mal. Ich kenne mich aus. Keine Sorge.«

Barney lächelte, als sei soeben der Kinderarzt eingetroffen, um sich seines Babys anzunehmen. Jetzt war er bereit, zu gehen. Er legte sich auf die Trage und ließ sich zum Krankenwagen bringen.

Während ich zusah, wie er verschwand, saß ich da, Kopfhörer auf dem Kopf, die Lichter auf der Schalttafel blinkten, und sie gab hupende Laute von sich, die mich zum Handeln drängten. Aber was war zu tun? Die Beurteilung einer Selbstmordgefährdung war neu für mich, doch die Bedienung der Telefonzentrale war es erst recht.

Ruby brüllte. Nicht vor Wut, sondern vor Lachen. Sie schlug sich aufs Knie, hielt sich den Bauch, bog sich und stöhnte, so sehr lachte sie. Sie stand neben mir und amüsierte sich prächtig, während sie beobachtete, wie ich herumfummelte.

»Freut mich, dass Sie sich amüsieren«, sagte ich und versuchte vergeblich, den richtigen Stöpsel in die richtige Buchse zu stecken.

Aber ich bekam nur noch mehr quietschendes Gelächter zur Antwort. Sie war völlig außer sich. Ich spielte mit. Teils, weil ich keine andere Wahl hatte, teils, weil es Ruby offensichtlich sehr viel mehr half als alle Worte, die wir bis dahin miteinander gewechselt hatten.

»Soll ich Ihnen helfen?«, fragte sie und schnaubte bei dem Versuch, das Lachen zu unterdrücken. Sie hustete und prustete, als ich erwiderte: »Ja. Helfen Sie mir.«

»Wie fühlen Sie sich dabei, Doktor, auf meine Hilfe angewiesen zu sein? Ich kann mir die Frage nicht verkneifen.« Ich drückte einen Knopf, der aussah, als könne man damit eine Leitung freischalten, um einen der vielen eingehenden Anrufe entgegenzunehmen.

»Gerade haben Sie jemanden aus der Leitung geworfen«, sagte Ruby und brach erneut in schallendes Gelächter aus.

»Bitte, Ruby, helfen Sie mir«, bat ich und sah zu ihr auf. »Diese Anrufe könnten wichtig sein.«

Sie nahm mir die Kopfhörer ab und stupste mich an. Als ich aufstand, schlüpfte sie auf den Stuhl und fing an, Anrufe entgegenzunehmen und zu den Anschlüssen zu verbinden, die aufleuchteten. Im Nu hatte sie das ganze Schaltbrett unter Kontrolle. Ein paar Minuten später kam Barneys Vorgesetzte atemlos angelaufen und dankte mir dafür, dass ich eingesprungen war. Sie fragte, wer sich so gut für mich um die Zentrale gekümmert hatte, und ich erzählte ihr, es handle sich um eine Freundin, die mich im Dienst besucht und zum Glück Erfahrung im Umgang mit Telefonanlagen hatte.

Ich erzählte Barneys Vorgesetzter auch, wie tapfer er sich geschlagen hatte und dass er erst bereit gewesen sei, seinen Posten zu verlassen, als er die Zentrale in guten Händen wusste. Obwohl die Geschichte auch eine komische Seite gehabt hatte, ging es immerhin um Barneys Leben. Später riefen wir im Krankenhaus an, und man teilte uns mit, dass Barney noch rechtzeitig gekommen war, der plötzliche Anstieg seines Blutdrucks in Behandlung und unter Kontrolle sei. Er würde wieder gesund werden.

Ruby und ich überließen die Telefonzentrale Barneys Vorgesetzter und gingen ins Behandlungszimmer zurück, das wir, wie es schien, vor Stunden verlassen hatten. In Wirklichkeit waren gerade mal fünfzehn oder zwanzig Minuten vergangen.

Ruby setzte sich, und ich nahm ebenfalls Platz. »Sie haben mich geheilt, Doktor. Das war besser als ritzen.«

»Wie fühlen Sie sich jetzt?«, fragte ich.

»Sehr viel besser. Das war genau das Richtige für mich.«

Wir plauderten noch ein wenig, damit ich sicher sein konnte, dass Ruby sich wieder gefangen hatte. Dann kamen wir gemeinsam zu dem Schluss, dass es ungefährlich für sie war, wieder zu gehen.

An jenem Tag lehrten mich Ruby und die Geschichte mit der Telefonzentrale, welche Macht dem Gefühl innewohnte, zu etwas nütze zu sein. Wenn Menschen sich schlecht fühlen, dann hilft es ihnen, das Gefühl bekommen, dass sie einen Wert haben. Das funktioniert am besten, falls ein anderer auf ihre Hilfe angewiesen ist. Als Ruby an jenem Tag zur Tür hereingekommen war, befand sich ihr Selbstwertgefühl im Keller. Unser anfängliches Gespräch hatte ihren Eindruck, weniger wert zu sein als andere, nur noch verstärkt. Ich besaß die Kontrolle über die Zigaretten, ich verfügte über die Macht, sie ins Krankenhaus einzuweisen (oder auch nicht), ich würde sie »beurteilen«, ich war der Arzt, sie war die Patientin. Sie konnte lediglich protestieren – was sie ja auch ebenso klug wie lauthals tat. Oder sie konnte sich selbst verletzen, wenn sie mit ihrer Weisheit am Ende war, was sie schon oft zuvor getan hatte, um mehr als nur die eigene Wertlosigkeit zu spüren.

Aber als ich aus heiterem Himmel zum Hilflosen wurde, als ich den Boden unter den Füßen verlor und verzweifelt auf die Hilfe ebenjenes Menschen angewiesen war, der gekommen war, weil er mich um Hilfe bitten wollte, war – ruck, zuck! – ein Heilmittel gefunden, zumindest fürs Erste.

In diesem einen mächtigen Augenblick der Menschlichkeit lehrte mich Ruby ein Prinzip, das ich seither unzählige Male angewandt habe. Wenn jemand – wer es auch sein mag, einer meiner Patienten oder ein Freund, eines meiner Kinder, ja sogar ein Fremder – mit seinem Leben unzufrieden ist, hilft es oft, demjenigen eine unterstützende Rolle zuzuweisen. Das gibt ihm nicht nur ein Gefühl von Macht und Kontrolle, sondern auch der Würde und des menschlichen Werts.

Flugblätter

In der letzten Geschichte hat mich Ruby daran erinnert, dass es nicht leicht ist, andere Menschen um Hilfe zu bitten. Das Helfen kann ebenfalls schwer fallen, wenn man darum gebeten wird. Sosehr der Mensch auch beteuert, dass er anderen gern hilft, ist es ihm doch manchmal außerordentlich peinlich, wenn er tatsächlich dazu aufgefordert wird. Mir selbst begegnete dieses Phänomen an einem Wintertag mit meiner Tochter Lucy.

Es war Anfang Dezember, Lucy war zwölf Jahre alt, und zusammen taten wir, was keiner von uns je zuvor getan hatte: Wir verteilten Flugblätter im Stadtteil Harvard Square.

Ich hatte Flugblätter stets gehasst, denn bis zu jenem Tag war ich immer nur ihr Empfänger. Sie waren mir von aggressiven Verteilern in Harvard Square und so gut wie überall sonst, wo ich je gewesen war, in die Hand gedrückt worden. Man hatte sie mir hinter die Scheibenwischer geklemmt, während ich mir arglos einen Film ansah. Des Öfteren verstopften sie meinen Briefkasten und lagen auf meiner Veranda herum. Manche waren sogar in den Garten hinter dem Haus geflattert. Ich verabscheute Flugblätter und die Menschen, die sie fabrizierten, verschickten, und vor allem diejenigen, die sie verteilten. Mir ein Flugblatt unter die Nase zu halten kam für mich dem Eindringen in meine Privatsphäre gleich. Ein Flugblatt, das einen Missstand beklagte, von dem ich bereits wusste, oder eine Dienstleistung anbot, die ich nicht brauchte, oder für ein neues Geschäft warb, das mich nicht interessierte. Flugblätter und diejenigen, die sie verteilten, rangierten ganz oben – oder sollte ich sagen: unten? – auf meiner persönlichen Hitliste unliebsamer Alltagsplagen, zusammen mit Abonnementskarten, die aus Zeitschriften herausfallen, und Teleshopping beim Essen.

Bis zu jenem Tag mit Lucy.

In unserer Pfarrei war Handwerkermarkt. Kunsthandwerker boten ihre Waren an, Gemeindemitglieder verkauften Gebäck, belegte Brötchen und große Schalen mit scharfem Chili, und der Chor sang Weihnachtslieder, um Geld für die Hilfsaktionen unserer Kirche aufzutreiben. Es war ein guter Zweck, aber als man mich bat, ihn durch das Verteilen von Flugblättern zu unterstützen, zuckte ich zusammen. Ich glaubte, in der Falle zu sitzen. Schließlich hatte ich ein Buch darüber geschrieben, wie wichtig der Kontakt zu anderen Menschen ist. Nun verlangte man von mir, das zu tun, was ich predigte, und zwar etwas, was ich mir als höchst unangenehm vorstellte.

Aber es kam noch schlimmer. Man bat mich nicht nur, Flugblätter zu verteilen, man verlangte auch noch, Werbetafeln um den Hals zu tragen! Ich hatte noch nie eine Werbetafel getragen und war mir sicher gewesen, dass es niemals so weit kommen würde. Und nun bat man mich, in Harvard Square herumzuspazieren, Werbung für den Kunsthandwerkermarkt der Christ Church zu machen, nichts ahnenden Passanten Flugblätter in die Hand zu drücken – und die ganze Zeit über sollte ich groteske Werbetafeln um den Hals tragen, auf denen es vor Ausrufezeichen, Glitzerfarbe und anderen Aufmerksamkeit heischenden Details nur so wimmelte. Nicht genug damit, dass man all das von mir erwartete. Man erwartete auch noch, dass ich es voll Freude und Begeisterung tat, um in den anderen Menschen ein flüchtiges Gefühl von Großzügigkeit und gutem Willen zu wecken. Und ich sollte es mit meiner Tochter tun.

Als ich es Lucy erzählte, sah sie mich genauso an, wie ich die Frau in der Kirche angestarrt hatte, die den Vorschlag an mich herantrug. »Du machst wohl Witze, Papa«, erwiderte sie missmutig. Lucy war aus dem Alter heraus, in dem man sich bereitwillig in der Öffentlichkeit zum Narren macht, und hatte angefangen, wie eine Erwachsene jede Situation auf einer ganz besonderen sozialen Skala einzustufen.

»Vielleicht macht es ja Spaß«, flehte ich, obwohl mich die Aussicht darauf, es tatsächlich zu tun, tief drinnen noch mehr entsetzte als sie.

Wie gewöhnlich überraschte mich Lucy. Nach einer langen Pause sagte sie: »Du hast Recht, Papa. Wir machen mit.« Und so hatte mir der Mensch, auf dessen Unterstützung ich mich im Kampf gegen dieses peinliche Unterfangen fest verlassen hatte, die Suppe versalzen.

Der Tag des Kunsthandwerkermarktes war sonnig und kalt. Als sie uns die Werbetafeln über die Schultern hängten und mit einem Band befestigten, fing Lucy an zu kichern. Während ich sie mir so ansah, regte sich ein neues Gefühl in mir. Ich wurde allmählich tapferer, ja, ich freute mich sogar. Ich war ein Mann, der mit seiner Tochter eine Mission zu erfüllen hatte. Wir waren auf Kreuzzug. »Los geht's!«, rief ich mir zu, als wir unsere Flugblätter in die Hand nahmen und Kurs auf die Gehsteige von Harvard Square nahmen.

Lucy hatte ihren taubenblauen Anorak an, der vorn und hinten von den Werbetafeln verdeckt war, und ihr blondes Haar wurde von einem rosafarbenen Federdings zusammengehalten. (Wie heißen diese Dinger eigentlich? Weil wir das nicht wissen, stehen wir Väter immer so dämlich da!) Die kalte

Luft rötete ihre Wangen, und sie sah sehr niedlich aus, wenn ich das so sagen darf. Freilich vermied ich tunlichst jeden Gedanken daran, wie ich in meiner Footballjacke der New England Patriots und mit den Werbetafeln wohl aussah.

Als wir in Harvard Square angekommen waren, fingen wir an, unsere Flugblätter an die Leute auf den Gehsteigen zu verteilen. Die einen nahmen sie bereitwillig an, die anderen verschmähten sie, als wären sie radioaktiv. Die Ereignisse der nächsten Stunde lehrten mich eine der wichtigsten Lektionen des Lebens.

Ich wollte dem Mann, der die Obdachlosenzeitung *Spare Change* verkaufte, ein Flugblatt geben. Vermutlich dachte ich, er hätte Verständnis für einen guten Zweck und würde nach der Arbeit beim Kunsthandwerkermarkt vorbeischauen. Er sah sich das Flugblatt an, warf dann einen kurzen Blick auf mich und meinte: »Das ist nicht Ihr Ernst, oder?« Ich schätze, er hielt mich für die Konkurrenz.

Dann streckte ich meine Flugblätter zwei älteren Damen entgegen, die die Straße entlanggingen und sich unterhielten wie Menschen, die sich schon lange kennen. »Vielen herzlichen Dank«, sagte die eine, als hätte ich ihr ein Häppchen zum Tee angeboten. »Wir werden ganz bestimmt vorbeikommen.« In ihre Unterhaltung vertieft, gingen die Damen weiter, doch nun lugten meine roten Flugblätter zwischen ihren schwarzen Handschuhen hervor.

Anschließend versuchte ich es bei einem jungen Mann asiatischer Herkunft, der aussah wie ein Harvard-Student. Er war gepflegt, trug Jeans und Lederjacke und lehnte mein Flugblatt ab, als wäre es ein unwichtiges Detail in einem Experiment, das er so schnell wie möglich zum Abschluss bringen wollte. Ehe ich auf seine Abfuhr reagieren konnte, war er aus meinem Blickfeld verschwunden.

Dann kam Lucy angelaufen und teilte mir aufgeregt mit: »Ich habe schon drei verkauft, und du?«

Wir hatten tatsächlich den Eindruck, die Flugblätter zu verkaufen, obwohl wir sie natürlich einfach nur verteilten. Das lag daran, dass viele unserer »Kunden« so effiziente Menschen waren wie ich: Leute, die zu sehr in Eile und zu sehr mit sich selbst beschäftigt waren, um sich Zeit für ein kleines Mädchen mit einem rosafarbenen Haardings oder einen Kerl mit einer Werbetafel zu nehmen, die Flugblätter für einen Kirchenbasar verteilten. Für diese Menschen waren Lucy und ich nur Hindernisse, die sie auf dem Weg zu ihren wichtigen Zielen umschiffen mussten. Diesen dynamischen Menschen waren Lucy und ich einfach im Weg.

Wenn ich einem kultivierten Herrn – einem Harvard-Professor, »stolzen Bürger« oder »aufstrebenden Geschäftsmann« – ein Flugblatt entgegenstreckte, sah er mich nicht an, sondern gekonnt durch mich hindurch. Sogar wenn ich mich aggressiv in das Gesichtsfeld eines dieser »eiligen Menschen« zu drängen versuchte, gelang es ihm nicht nur irgendwie, mir aus dem Weg zu gehen, sondern auch, an mir vorbeizulaufen, als hätte er mich gar nicht gesehen. Ich hatte das Gefühl, diese Leute wussten gar nicht, dass es mich gab. Und falls sie es wussten – was der Fall gewesen sein muss, sonst hätten sie mich nicht so geschickt gemieden –, dann wollten sie mir genau das sagen, was ich all den Menschen hatte sagen wollen, die je versucht hatten, mir ein Flugblatt in die Hand zu drücken, und denen ich früher aus dem Weg gegangen war: wie sehr sie sich wünschten, es gäbe mich nicht, und dass sie ihr Bestes tun würden, um mir genau dieses Gefühl zu vermitteln. Ohhhhh, wie ich sie hasste! Was vermutlich bedeutet, dass ich zum ersten Mal diesen Teil meiner Persönlichkeit erkannte und hasste.

Lucy hatte unterdessen einen Riesenspaß. Sie »verkaufte«

ihre Flugblätter inzwischen an fast jeden. Fröhlich streckte sie ihre Hand aus. Wenn ein »eiliger Mensch« sie ignorierte, kümmerte sie sich nicht weiter um ihn und hielt ihr Flugblatt eifrig dem nächsten Passanten hin. Schnell wie der Blitz schöpfte sie neue Hoffnung.

Ich dagegen hatte anfangs Schwierigkeiten. Die ganze Sache war demütigend. Einmal kamen wir bei unserer Wanderung durch Harvard Square an einem Mülleimer vorbei. Aha! Mit einem Mal stellte ich mir vor, wie ich alle meine Flugblätter wegwarf, Lucy erzählte, ich hätte sie »verkauft«, und sie einlud, auf eine heiße Schokolade zurück zur Kirche zu gehen. Dann könnte ich wieder in meine Rolle als effizienter »eiliger Mensch« schlüpfen und die verfluchten Werbetafeln ablegen.

Aber nein. Ich machte weiter. Und es waren nicht nur meine Schuldgefühle, die mich bei der Stange hielten. Zu meinem Erstaunen fand ich allmählich Gefallen an meiner Aufgabe. Ich hatte die andere Seite des Flugblätterverteilens kennen gelernt, und sie übte einen sonderbaren Reiz auf mich aus. Sie gestattete mir eine Art Blick in das Innere der Menschen, gab mir einen kurzen Hinweis darauf, wie sie waren, wenn sie sich unbeobachtet fühlten. Ich lernte etwas über sie, und ich lernte etwas über mich.

Nachdem ich mich von meinem Zorn auf die »wichtigen Leute« frei gemacht hatte, die keine Zeit für Lucy und mich oder unsere Flugblätter hatten – weil sie dachten, die Blätter seien nichts sagend und wertlos, obwohl sie wunderbar und wertvoll waren –, musste ich mir eingestehen, dass sie sich keineswegs von mir unterschieden (außer vielleicht darin, dass sie reicher und mächtiger waren). Ich musste zugeben, dass ich genau wie sie durch zahllose Menschenmengen gehetzt war, dass ich genau wie sie die Flugblätter niedlicher kleiner Mädchen zurückgewiesen und dabei immer das Gefühl gehabt hatte, meine Pläne hätten absoluten Vorrang vor Menschen, die in Harvard Square oder sonst wo Flugblätter verteilten.

Ich begann, mir die Menschen genauer anzusehen. Lucy sagte, ihr sei kalt, und sie wolle ein paar Flugblätter in einem Kinderbuchladen verkaufen, und so stand ich derweil allein draußen am Straßenrand. Als ich Spuren von Leid in den Gesichtern der »eiligen Menschen« entdeckte, verloren sie etwas von ihrer Bösartigkeit. (Es gab zwar auch ein paar »eilige Menschen« weiblichen Geschlechts, doch meist waren es Männer.)

Und ich begann, die Menschen, die meine Flugblätter annahmen, noch mehr zu schätzen. Sie schlängelten sich durch die Menge wie Agenten der Verbundenheit. Als ich nach ihnen Ausschau hielt und mich auf sie statt auf die »eiligen Menschen« konzentrierte, entdeckte ich immer mehr von ihnen. Ich bemerkte das kleine Lächeln in ihren Augen. Ich genoss den flüchtigen Blickkontakt, wenn sie mein Flugblatt entgegennahmen. In dieser Millisekunde tauschten wir blitzschnell Energie aus, erlebten einen Augenblick der Bestätigung – als wären wir Teil eines Geheimbundes, der entschlossen verhindern will, dass die Hektik des Lebens unsere Seelen verschlingt.

Ich bemerkte Kleinigkeiten wie die glitzernde Brosche auf dem zu großen Mantel einer Frau oder die Art, wie ein Mann seinen Schal gekonnt in die Jacke gesteckt hatte, sodass er elegant aussah und zugleich warm hielt. Ich begann, mich auf jede Begegnung zu freuen, auf jede Chance, herauszufinden, was für einen Menschen ich wohl als nächsten kennen lernen würde. Ich begann zu begreifen, wie sehr die Menschen, die stehen blieben, selbst die banale Millisekunde zu genießen schienen, in der sie ein Flugblatt von einem Mann oder einem kleinen Mädchen mit Werbetafeln um den Hals entgegennahmen.

Offensichtlich stellte sie das Flugblatt nicht vor ein Hindernis, sondern gab ihnen einen Vorwand, um stehen zu bleiben. Der eine oder andere verwickelte mich sogar in ein Gespräch. »Oh, wo ist die Kirche denn?« Oder: »Ist das Ihre Tochter?« Oder: »Ist es nicht schön, wie weihnachtlich Harvard Square heute aussieht?«

Andere schürften ein wenig tiefer, unter anderem ein Mann, der wie ein gealterter William Holden aussah. Seine Kleider waren abgetragen und zerlumpt, aber geschmackvoll. Eine Rasur hätte Not getan, und sein Haar war schon so lange nicht mehr gewaschen worden, dass es völlig verfilzt war. Er schlenderte entspannt auf mich zu, nahm ein Flugblatt und schüttelte mir die Hand – was an und für sich schon ungewöhnlich genug für jemanden ist, der ein Flugblatt bekommt. »So, so«, sagte er und begrüßte mich, als sei er der König aller Menschen, die stehen bleiben. »Sie sehen ein wenig verloren aus. Ich habe Sie beobachtet. Aber langsam kriegen Sie den Bogen raus. Der Trick ist, sich einfach treiben zu lassen. Lassen Sie sich von den unangenehmen Typen nicht unterkriegen. Die meisten Leute hier sind nett, Sie müssen sie nur zu nehmen wissen. Das ist fast wie beim Angeln.«

Wir plauderten ein Weilchen. Dieser Mann war ein erfahrener Bettler. Aber er war auch Philosoph und Psychologe, und er schätzte gutes Essen, das er sich nicht leisten konnte. Nach seinem Wissensschatz und seiner Ausdrucksweise zu urteilen, hätte er ebenso gut Absolvent der Harvard-Universität wie Bettler in Harvard Square sein können. »Ich mag das Leben auf der Straße«, erzählte er mir. »Mir gefällt, was ich tue, und ich bin gern hier draußen. Jeder Tag bringt neue Überraschungen. Ich langweile mich nie, und ich bin nie gestresst.«

»Aber wie halten Sie sich über Wasser?«, fragte ich diesen Mann, den ich im Geiste »Happy« getauft hatte.

»Mit Gelegenheitsarbeiten. Die Leute in den Geschäften kennen mich. Es gibt viele Arbeiten, die niemand machen will. Botengänge, Unkraut jäten, Fenster putzen, den Gehsteig kehren. Ich sorge dafür, dass ich immer etwas zu tun habe. Ich verdiene mehr, als ich ausgebe. Sie wären überrascht, wenn Sie wüssten, wie viel Geld ich auf der Bank habe. Für meinen Ruhestand, wissen Sie?«, fügte er augenzwinkernd hinzu.

Dann war er verschwunden, schnell wie der Blitz. Es schien fast, als wäre er ein Geist. Ich hatte nicht einmal Gelegenheit, ihm etwas Geld zu geben. Seine letzten Worte waren: »Machen Sie weiter so. Wir sind da, wenn Sie uns brauchen. Cheerio!« Cheerio? War das der Wortschatz eines Bettlers? Ich hatte das Gefühl, soeben von einem Mentor mit einer Botschaft bedacht worden zu sein. Ich schwor mir, von Happy zu lernen. Und von den Frauen mit den schwarzen Handschuhen. Und von den anderen Menschen, die stehen bleiben. Ich schwor mir, ich würde lernen, stehen zu bleiben. Und ich würde versuchen, »weiter so« zu machen, wie Happy gesagt hatte. Ich ärgerte mich, dass ich mich anfangs so sehr gegen das Verteilen der Flugblätter gesträubt hatte.

Während ich weiter meine Flugblätter verteilte, überlegte ich, was Happy wohl mit »Wir sind da, wenn Sie uns brauchen« gemeint hatte. Sollte es nicht umgekehrt sein? Was brauchte ich von ihm?

Als ich so gedankenverloren und ein wenig benommen dastand, wurde mir klar, dass ich sein Vorbild brauchte. Zuallererst musste ich an ihn glauben können und durfte ihn nicht als durchgeknallten Späthippie abtun. Dann musste ich ihn ernst nehmen. So ernst, wie ich Thoreau oder Johannes den Täufer nehmen musste. Menschen, die am Rande lebten und zum Herzen des Lebens sprachen.

Die Ironie liegt darin, dass diejenigen, die wie ich mitten im

Strom des Lebens schwimmen, von denjenigen lernen können, die am Rande stehen – von Happy oder Thoreau oder Johannes dem Täufer. Wir verdienen Geld, ziehen Kinder groß, halten uns fit und leben »verantwortungsbewusst«. Sie arbeiten auf einer anderen Ebene. Happy erinnerte mich daran, dass sie – Gott sei Dank! – da sind, wenn wir sie brauchen.

Bald kam Lucy aus dem Buchladen heraus und tänzelte auf mich zu. Sie war stolz darauf, als Erste alle ihre Flugblätter »verkauft« zu haben. Ich gab ihr die Hälfte der restlichen Blätter, und wir verteilten sie gemeinsam.

Als wir zur Kirche und zu der heißen Schokolade zurückschlenderten, die auf uns wartete, hatte ich das Gefühl, mich verändert zu haben. Oh, natürlich verändert man sich in meinem Alter nicht mehr großartig. Aber potztausend! (Wenn Sie gestatten, leihe ich mir diesen Ausdruck, den mein Großvater so gern verwendete.) Ich hatte gerade etwas ganz Besonderes erlebt. Ich würde an diesen Tag in Harvard Square denken und versuchen, ihn in Erinnerung zu behalten, als wäre ich Scrooge und hätte gerade Besuch von den Geistern der Weihnacht gehabt.

Ich hatte das Leben aus einem neuen Blickwinkel betrachtet. Ich konnte es mit Happys Augen sehen. Mit den Augen eines Mannes, der für die Welt nur ein Penner ist, der für mich nun aber ein Bote, ein Prophet war. Außerdem führten mir die anderen Menschen meine schlimmste Seite vor Augen: den »eiligen Menschen«. Aber mir waren auch Leute begegnet, die gelernt hatten, lange genug stehen zu bleiben, um für die unerwarteten Augenblicke des Lebens offen zu sein.

Kurz gesagt, ich hatte in aller Öffentlichkeit einen Augenblick der Menschlichkeit erlebt. Dieser Augenblick ist jetzt. Er ist hier und dort. Er ist überall. Sinn und Liebe erfüllen jeden

Augenblick, immer und überall, wie der Saft einen Baum – und warten nur darauf, entdeckt zu werden. Boten wie unsere Kinder und Happy versuchen, uns zu sagen, wie wir ständigen Zugang zu diesen Augenblicken bekommen können. Wenn wir zuzuhören vermögen, können wir lernen. Wir sind in der Lage zu lernen, alle Augenblicke der Menschlichkeit auszukosten. Dann können wir das Leben so leben, wie es sich gehört.

Manchmal, oft, stets

Boten wie Happy und Ruby treten regelmäßig in unser Leben. Wir müssen nur ihre Tarnung durchschauen. In der Regel tragen sie kein Schild mit der Aufschrift »Prophet« oder »Mensch, der Ihrem Leben Sinn geben kann« um den Hals.

Die Autorin der folgenden Geschichte ist eine der führenden internationalen Kapazitäten auf dem Gebiet der Lernunterschiede, und sie hält überall auf der Welt anschauliche, einprägsame und informative Vorträge zu diesem Thema. In ihrem Beitrag erzählt sie eine Geschichte, die sich vor einem ihrer Vorträge zutrug. In diesem Fall war der Bote ein Mensch in Not. Weil sie ihre Hilfe anbot, wurde auch der Autorin ein Geschenk zuteil.

Bevor Sie diese Geschichte lesen, sollten Sie wissen, dass die Autorin, die ich Anne nennen werde, Anfang siebzig ist, an Brustkrebs erkrankt war und vor inzwischen mehr als zehn Jahren eine Brustamputation hatte. Sie musste erleben, wie der Mann, mit dem sie seit fünfzig Jahren verheiratet ist, einen Schlaganfall erlitt, der ihn seiner geistigen Fähigkeiten in solchem Umfang beraubte, dass er in einem Pflegeheim leben muss. Anne kann ihn besuchen, und er erkennt sie auch. Aber er kann sich weder auf sie freuen noch sich an die Einzelheiten ihrer Besuche erinnern. Trotz alledem ist Anne nicht weniger optimistisch als die meisten anderen Menschen, die ich kenne. Sie strahlt positive Energie aus, denn offenbar gelingt es ihr, die Wärme zu finden, die sich auch noch unter den schrecklichsten Umständen verbirgt.

Ich glaubte, jeden einzelnen Augenblick dieses straff organisierten Tages vorhersagen zu können. Meine Karteikarten waren geordnet. Das Konzept meines Vortrags befand sich im Saal und konnte ausgeteilt werden. Ich freute mich auf sechs großzügige Stunden, in denen ich das Thema Textverständnis erforschen und Lesern helfen konnte, eine Verbindung zu Autoren, Ideen und zu sich selbst aufzubauen; in denen ich ihnen erklären konnte, wie sie das Gedruckte mit dem Wissen, den Gefühlen und Fragen verknüpfen konnten, die sie in sich trugen. Manchmal entwickelt sich Textverständnis spontan. Die meisten Schüler brauchen jedoch die Anleitung von Lehrern, die den Vorgang selbst verstehen.

Ich trug die Kette mit den Sorgenpüppchen um den Hals. Diese kleinen bunten Figuren aus Guatemala, von denen keine einer anderen gleicht, werden traditionell in einem Glas oder auf einem Teller aufbewahrt. Wenn sich ihr Besitzer nachts ein paar davon unter das Kopfkissen legt, nehmen sie sich der Befürchtungen des Schlafenden an und sorgen so für einen ungestörten Schlaf. Fügt man die Sorgenpüppchen jedoch paarweise auf kleinen Holzstücken zusammen (wie bei meiner Kette), werden sie laut Überlieferung zu Amigos – zu Freunden. Sie schließen Freundschaft miteinander und auch mit der Welt.

Ich hatte noch eine halbe Stunde Zeit, bis ich abgeholt wurde, und wollte solange in der Hotellobby sitzen und an der neuen Einleitung zu meinem Vortrag feilen. Ich genoss diese kleine Zeitblase, in der ich ganz für mich war, als ein Mann in die Halle kam und die Frau an der Rezeption, oder vielleicht auch die ganze Welt, fragte: »Ich komme mit meinem Telefon nicht zurecht. Wie kann ich ein Ferngespräch führen?«

Sie erwiderte recht kurz angebunden: »Wie bei jedem anderen Telefon auch. Sie rufen einfach bei AT&T oder der Telefongesellschaft an, bei der Sie eben sind. Sie werden Ihre PIN-Nummer brauchen.«

Ich sah ihm an, dass er sie nicht verstanden hatte: »Ich habe einen Notfall in der Familie. Ich muss jemanden anrufen.«

Die Frau zuckte mit den Schultern und wandte sich ab. »Machen Sie's einfach wie bei jedem anderen öffentlichen Telefon.«

Er war blass und machte einen verwirrten, aufgewühlten Eindruck. Ich stand auf, ging zu ihm hinüber und erklärte ihm, ich sei unfreiwillig Zeugin des Gesprächs geworden und selbst oft vom Fachchinesisch der Telefonanbieter verwirrt. Ich zeigte ihm mein Handy und bot ihm an, die gewünschte Nummer für ihn zu wählen. Unsicher trat er einen Schritt zurück, aber es war klar, dass er mein Angebot annehmen wollte. Ich erklärte ihm, dass ich eine im Voraus bezahlte Telefonkarte hatte, mit der ich jederzeit überall anrufen konnte und keine zusätzlichen Gebühren für Ferngespräche zahlen musste.

»Es kostet Sie nichts«, sagte ich. »Sie müssen mir nur die Nummer sagen, damit ich für Sie wählen kann.« Als das Telefon am anderen Ende der Leitung anfing zu klingeln, reichte ich ihm mein Handy und wandte mich ab, um ihm die Illusion von Privatsphäre zu geben. Ich hörte, wie er dem Menschen am anderen Ende der Leitung erzählte, seine Tochter sei zwölf Stunden operiert worden. Die Ärzte täten ihr Bestes, aber sie sei sehr schwach und die Infektionsgefahr groß. Die Kinder könnten sie in den nächsten Tagen also noch nicht besuchen. Er sagte, er wisse nicht, wann er wieder anrufen könne oder wie er die restliche Familie informieren sollte. Seine Stimme brach. Er sagte, er müsse Schluss machen, und gab mir das Telefon zurück, weil er nicht wusste, wie man auflegte.

Er begann, mir von seiner Tochter zu erzählen, deren rechter Ärmel sich im Motor eines Laubsaugers verfangen hatte. Die Maschine hatte zuerst den Stoff ihrer Jacke verschlungen und ihr dann den rechten Unterarm abgerissen. An dieser Stelle zitterte er am ganzen Körper und wurde von Schluchzern geschüttelt. Ich legte die Arme um ihn und bettete seinen Kopf mit der einen Hand auf meine Schulter. Ich wusste nicht, was ich sagen sollte. Wie dumm wäre es gewesen, zu sagen, alles würde wieder gut? Das Einzige, was mir einfiel, war, dass man spürte, wie sehr er seine Tochter liebte. Die Worte drangen zu ihm durch. »Ja, das stimmt. Ich liebe sie sehr.«

Er hob den Kopf von meiner Schulter und erstarrte. »Ich darf mich nicht gehen lassen. Ich darf nicht weinen. Ich muss stark sein. Ich bin Polizist.«

»Natürlich dürfen Sie weinen. Sie lieben sie. Sie ist verletzt. Sie machen sich Sorgen, und vermutlich sind Sie erschöpft. Wie sind Sie hierher gekommen? Sind Sie allein?«

Er erklärte, sie hätten seine Tochter mit dem Hubschrauber ins Krankenhaus gebracht. Er und seine Frau seien mit dem Wagen nachgekommen. Seine Frau habe den Hubschrauber vorbeifliegen sehen, ohne zu wissen, wer an Bord war. Er erzählte mir, dass seine Frau in ihrem Zimmer auf Nachricht von ihm wartete, ob es ihm gelungen sei anzurufen. Ich bat ihn, sie und die Liste mit den Telefonnummern der ganzen Familie in die Lobby zu bringen. In der nächsten halben Stunde würde ich so viele Anrufe für sie erledigen, wie sie wollten. Ich betonte, dass ich es umsonst täte. Er sah mich an – benommen, zögernd, verlegen, hin und her gerissen und verängstigt. Man konnte sehen, wie sehr er sich danach sehnte, dass ihm jemand die Entscheidung abnahm. »Lassen Sie uns das Ihrer Frau zuliebe tun. Wir können ihr helfen.«

Ein paar Minuten später war er zurück, Hand in Hand mit

seiner Frau. Ihre Frisur war zerdrückt, die Augen rot von Schlafmangel und Tränen. Sie sahen aus wie Hänsel und Gretel, die sich im Wald verirrt hatten. Ich drängte die Frau nicht, sich vorzustellen. Ich bat sie lediglich, mir die Nummer eines Menschen zu nennen, den sie anrufen zu müssen glaubte. Als die Verbindung aufgebaut war, reichte ich ihr das Telefon. Ihr Mann nahm meine Hand. Es war fast so, als stecke man einen Stecker in die Steckdose, um Strom zu bekommen. Während seine Frau sprach, hielt ich seine Hand. Beim nächsten Anruf sprach er, und sie hielt meine Hand. Und so weiter. Sie wechselten sich beim Telefonieren und dem Überbringen der Nachrichten ab.

Wenn etwas Schlimmes passiert, müssen wir unsere Geschichte laut erzählen. So wird uns klar, dass es tatsächlich geschehen ist. Am Ende hatten sie alle Leute auf der Liste angerufen, und ich musste gehen. Ich gab beiden einen Kuss und wünschte der Familie alles Gute.

Auf dem Podium angekommen, legte ich die sorgfältig formulierte Einleitung beiseite. Ich berührte zuerst meine Kette und erklärte dann den Konferenzteilnehmern, dass die Püppchen früher für Sorgen gestanden hatten. Nun, da sie nicht mehr allein, sondern zu zweit waren, waren sie zu Amigos geworden – Symbolen der Freundschaft.

Dann erzählte ich die Geschichte der beiden verängstigten, gramerfüllten Menschen und wie ich durch sie ein großes Geschenk erhalten hatte: Ein schwarzes Stück Plastik, ein Handy, war mein Schlüssel zum Innersten zweier menschlicher Seelen geworden. Mir wurde die Ehre zuteil, die große Liebe erfahren zu dürfen, die von den Eltern zu ihrem Kind und zwischen den beiden Eheleuten hin und her floss. Diese Menschen hatten mir das Geschenk gemacht, sich von mir helfen zu lassen, als sie in Schwierigkeiten waren. Stolze Menschen, die stets alles selbst regeln, wissen oft nicht, wie das geht. Auch diese beiden hätten es beinahe nicht gewagt, aber in ihrer Verzweiflung waren sie das Risiko eingegangen.

Zum Schluss zitierte ich das ärztliche Versprechen, das in Saranac, New York, in das Fundament einer Statue von Dr. Livingstone Trudeau gehauen ist: »Manchmal heilen, oft lindern, stets trösten.«

Dieses Motto kann sich jeder von uns zu Eigen machen. Manchmal können wir die Ungewissheit von Erziehern, Eltern und Schülern heilen, indem wir sie informieren. Oft können wir die Angst der Schüler lindern, indem wir erfolgreiche Strategien vorstellen. Und stets können wir im Umgang mit anderen Menschen trösten, indem wir geistig und emotional für sie da sind.

Kein Versprechen könnte feierlicher sein.

Kein Privileg größer.

Ein Engel der Gnade

In der letzten Geschichte wusste Anne, dass sie den Menschen half. Die Autorin des folgenden Beitrags aber half, ohne zu wissen, dass sie es tat. Das ist häufig der Fall. Wir können nicht wissen, wann eine kleine Geste – etwa ein Dankeschön oder ein Schulterklopfen – ein Leben verändert.

Ein Freund erzählte mir zum Beispiel von einem Priester, der im Begriff gewesen war, sein Amt niederzulegen und das Leben als Geistlicher ganz und gar hinter sich zu lassen. Er verzweifelte an der Korruption innerhalb der Kirche. Er verzweifelte daran, wie wenig Gutes er seiner Meinung nach tat. Bis er eines Tages zum Haareschneiden ging. Der betagte Friseur, ein Mitglied seiner Pfarrgemeinde, erzählte dem Priester beim Haareschneiden, er habe mit dem Gedanken gespielt, sich umzubringen. Kurz vor der Tat habe er jedoch an den Priester denken müssen – und der Gedanke daran, was für ein warmherziger und aufrechter Mensch dieser war, habe ihn innehalten lassen. »Ich war das alles leid«, sagte der Friseur. »Die ganzen Angeber, die hier in der Gegend herumlaufen. Meine Kinder sind groß, meine Frau ist tot, und da wollte ich zu ihr gehen, wo wir eben hingehen, wenn wir sterben. Aber dann sind Sie mir in den Sinn gekommen.« An dieser Stelle schwieg der Friseur und ließ seine Hand einen Augenblick lang auf der Schulter des Priesters ruhen.

»Diese Berührung war wie ein Stromschlag«, erzählte der Priester meinem Freund. »Ich saß in diesem altmodischen Stuhl, sah mein Spiegelbild in Joes großem Spiegel und seine Hand auf meiner Schulter, und er erzählte mir, dass er genug an mich glaubte, um sich nicht umzubringen. Was hatte ich da noch für eine Wahl? Man muss schon schrecklich zynisch sein, wenn man nicht sieht, dass hier eine höhere Macht am Werk ist, nicht wahr?«

Joe, der Friseur, wusste nicht, wie sehr er dem Priester in diesem Augenblick half. Das kommt in Augenblicken der Menschlichkeit häufig vor. Wie in dem folgenden Bericht.

Ich habe keine Ausbildung zur Einzelhandelskauffrau, aber zu Weihnachten helfe ich immer im Laden meines Bruders aus. An Heiligabend stand ich hinter der Theke und packte Geschenke ein, als mir mein Bruder ein Paar wunderschöne, fast einen Meter hohe Kerzenhalter aus Bronze hinstellte und mich bat, eine Quittung für die Frau auszustellen, die sie kaufen wollte. Ich legte das Geschenkpapier beiseite und ging zu der hübschen blonden Frau, die auf der anderen Seite der Theke stand. Ihre schmale Hand lag auf dem Sockel eines Kerzenständers. Ich lächelte die Frau an und fragte mich, warum sie mir so bekannt vorkam.

»Nehmen Sie American Express?«, fragte sie, als ich alles zusammengerechnet und ihr gesagt hatte, wie viel sie mir schuldete. Ich nickte und wunderte mich, dass auch ihre schöne, melodische Stimme mit dem unverkennbar europäischen Einschlag vertraut klang. *Woher kannte ich diese Frau?*

Lächelnd reichte sie mir ihre Kreditkarte. Ich warf einen Blick auf den Namen. Ihr Nachname sagte mir nichts, aber bei ihrem Vornamen, Leatrice, klingelte es tatsächlich. Noch einmal sah ich in ihre lächelnden saphirblauen Augen.

»Entschuldigen Sie, aber sind Sie Krankenschwester?«, fragte ich.

»Ja, das bin ich. Warum?«, gab sie ein wenig überrascht zurück.

»Entschuldigen Sie bitte, wenn ich ein wenig sentimental werde«, sagte ich und spürte bereits, wie mir die Tränen in die Augen schossen. »Es ist jetzt beinah auf den Tag genau zwei Jahre her, dass ich mit einem Nierenabszess im Krankenhaus lag. An dem Abend, als ich eingeliefert wurde, hatten Sie Dienst.« Ich erinnerte mich daran, in jener trostlosen Nacht den Namen Leatrice auf dem Namensschild gelesen zu haben, als sie eine kühle, glatte Hand auf meine fiebrige Stirn legte.

»Ja, ich hatte damals Nachtschicht«, antwortete sie langsam, und ihre Augen weiteten sich, als sie mich genauer musterte. »Jetzt erinnere ich mich an Sie. Nierenabszesse sind sehr selten. Wir haben uns alle große Sorgen um Sie gemacht«, fügte sie leise hinzu und griff über die Theke nach meiner Hand.

»Sie waren so gut zu mir. Es ging mir so schlecht, und ich hatte solche Schmerzen, und Sie waren wie ein Engel der Gnade. Ich habe Gott gebeten, Sie für Ihre Güte zu segnen«, erzählte ich ihr, und bei der Erinnerung strömten mir die Tränen über das Gesicht. Der Abszess hätte mich beinah das Leben gekostet.

»Aber jetzt sind Sie wieder ganz gesund, hoffe ich?«, fragte sie behutsam nach und hielt noch immer meine Hand.

»O ja«, versicherte ich ihr und wischte mit der anderen Hand die Tränen fort.

»Sie hatten großes Glück.« Ihre Stimme war fast ein Flüstern.

»Ich weiß. Ich war gesegnet, weil ich in guten Händen war«, sagte ich. Meine Dankbarkeit für die gute Pflege hatte im Laufe der Zeit nicht nachgelassen. Besonders an Weihnachten, dem Jahrestag dieser Ereignisse, war ich mir der großen Gnade bewusst, die mir zuteil geworden war – und noch immer zuteil wurde. »Sie sind eine wundervolle Krankenschwester. Sicher haben alle Ihre Patienten Gottes Segen für Sie erbeten.«

»Vielleicht.« Sie lächelte nachdenklich.

Ich wandte mich um und wickelte ihren Kreditkartenkauf ab, reichte ihr den Beleg und trug ihr die Kerzenständer zur Tür.

»Frohe Weihnachten und vielen Dank«, sagte sie, breitete die Arme aus und umarmte mich.

»Auch Ihnen frohe Weihnachten.« Ich stellte die Kerzenständer ab, um ihre Umarmung zu erwidern. »Danke, dass Sie ein solcher Engel der Gnade sind«, fügte ich herzlich hinzu.

»Sie waren der Gnadenengel, meine Liebe«, sagte sie leise, und ich konnte Tränen in ihren tiefblauen Augen sehen. »Ich weine, weil ich an jenem Abend, als ich zur Arbeit fuhr, ernsthaft daran zweifelte, dass Krankenschwester der richtige Beruf für mich war. Ich war ehrlich verzweifelt«, gab sie zu. »Dann habe ich nach Ihnen gesehen. Sie konnten sich kaum bewegen vor Schmerzen, aber Sie haben Gott gebeten, mich zu segnen.

Das werde ich niemals vergessen. Ich hatte im Laufe der Jahre so viele Patienten. Sie waren die Einzige, die das getan hat. In jener Nacht haben Sie mein Leben verändert.« Sie gab mir einen Kuss auf die Wange, nahm die Kerzenständer und wandte sich zur Tür.

Ich verabschiedete mich von ihr, und im Gehen lächelte sie mir noch einmal über die Schulter zu. Dann war sie verschwunden. In zwei Jahren waren wir uns zufällig zweimal begegnet, aber ich wusste, wir würden einander niemals vergessen. Wir hatten einander gerettet, jeder auf seine Weise.

Eis

Im letzten Beitrag ergab sich ein entscheidender Augenblick der Menschlichkeit, als jemand »Danke« sagte. In dieser Geschichte – der Autor ist inzwischen Lehrer – ereignet sich ein solcher Schlüsselmoment, wenn ein Mensch wütend wird. Die mächtigsten, hilfreichsten Augenblicke sind manchmal voller Spannungen, ja sogar Wut. (Und seien Sie gewarnt, in dieser Story bricht sich die Wut mit ein paar nicht salonfähigen Worten Bahn!) Der Grund dafür ist, dass Nähe immer Konflikte mit sich bringt. Konflikte sind nicht das Gegenteil von Verbundenheit. Das Gegenteil von Verbundenheit ist Gleichgültigkeit. Wenn Ihnen genug an jemandem liegt, dass Sie wütend werden, besteht immer noch eine Verbindung.

Ich hatte immer eine merkwürdige Beziehung zu meinem Vater. Merkwürdig auf eine Art und Weise, die ich nicht in Worte fassen kann. Am Anfang natürlich nicht. Als ich klein war, standen wir uns sehr nahe. Aber als die Zeit verging und ich unbeholfen in die Pubertät stolperte, entfremdete ich mich in mancherlei Hinsicht von ihm, und ich weiß (besonders jetzt, da ich selbst Vater bin), dass es ihn schmerzte. Mit der Zeit gewöhnte ich mir ein Benehmen an, das meinen mangelnden Respekt ihm gegenüber durchblicken ließ. Heute, besonders nach seinem Tod vor zwei Jahren, bereue ich das.

Ich bin das mittlere von fünf Kindern, aber der erste Junge, und folglich wurden sehr viele Erwartungen an mich gestellt. Mein Vater war ein frustrierter Sportler, besonders in Sachen Eishockey. Er hatte immer behauptet, erst mit dreißig seine Topform erreicht zu haben. Seine Mittelmäßigkeit (ein Jahr in der dritten Linie der Mannschaft von Taft, ein Jahr Erstsemester-Eishockey in Yale – und Schluss) schob er immer darauf, dass sich niemand je Zeit für das Training mit ihm genommen hätte. Sein Vater, ein höchst erfolgreicher Chirurg und emeritierter Harvard-Professor (außerdem wählte man ihn in die Baseballmannschaft von Yale, in der er einer der Spitzenspieler war), sah sich kein einziges seiner Spiele an und arbeitete kein einziges Mal mit meinem Vater an seinen sportlichen Leistungen. Das weiß ich, weil er es mir so oft erzählt hat.

Ich hatte einen schlechten Tag. Meine Koordination war daneben, wieso, wusste ich nicht. Es wollte aber auch nichts gelingen! Auch mein Vater hatte wieder einen schlechten Tag in seiner Firma hinter sich, mit der es bergab ging, und er fing an, mich von der Tribüne aus anzubrüllen, wie er es immer tat. Er brüllte so viel in Eishallen, dass die anderen Eltern nicht neben ihm stehen wollten. Ich stürzte mitten auf dem Eis und ließ meinen Schläger fallen. »*Steh auf!*«, schrie er. (Wenn er brüllte, hörte ich nur noch ihn.) Ich tastete nach meinem Schläger, ließ ihn fallen. »Steh auf!« Ich ließ ihn erneut fallen. Er krakeelte weiter. Sosehr ich mich auch bemühte, ich kam einfach nicht auf die Beine.

Und dann sah ich rot. Ich wurde völlig ruhig, als das Spiel um mich herum weiterging. Ich hob meinen Schläger auf, ignorierte die anderen und lief langsam an der Zuschauertribüne vorbei. Im Vorbeilaufen schrie ich aus vollem Hals: »Verpiss dich, du Arschloch!«, hob den Arm und machte das Victory-Zeichen. Es wurde mucksmäuschenstill. Ich setzte mich auf die Bank und legte den Kopf in die Hände. Der Trainer kam herüber, die Leute auf der Bank starrten mich an wie vom Donner gerührt. »Alles klar?«, fragte mein Trainer.

Aber ich brachte lediglich heraus: »Was hab ich nur getan?«

Die Heimfahrt war lang und schweigsam, und ich werde sie nie vergessen. Wir sprachen eineinhalb Tage nicht miteinander. Ich weiß noch, wie traurig ich damals war. Ich war in der neunten Klasse, ein guter Eishockeyspieler, aber schlecht in allen anderen Fächern. Ich kämpfte um meine Identität, denn ich war erst vor kurzem auf eine High School mit 4000 Schülern gekommen, und ich verlor den Kampf. Ich kiffte, trank, verpatzte Algebra mit Absicht und schrieb in allen anderen Fächern Dreien, obwohl ich sehr viel besser hätte sein können. Ich ließ meinen Vater in jeder Hinsicht hängen. Und nun hatte ich ihn öffentlich gedemütigt. Zwischen uns herrschte Funkstille.

Schließlich sprachen mein Vater und ich doch wieder miteinander. Er eröffnete das Gespräch, und er gab den Ton an. Er wirkte ruhig. Ich spürte, dass er ebenfalls traurig war. Das musste er nicht erst sagen. Seine ersten Worte – »Wir müssen ein paar Dinge klären« – waren sanft und liebevoll. Ganz anders, als ich es verdient zu haben glaubte. Aber sie öffneten eine Tür, und genau das brauchte ich. Ich blieb ebenfalls ruhig und sagte ihm, dass er mir als Sportler mehr Raum geben, dass ich für mich, nicht für ihn spielen müsse. Ich sagte ihm, er habe zu respektieren, dass ich ein Sportler sei, der hart für ein Spiel trainierte, und dass ich wüsste, wenn ich einen schlechten Tag hatte. Das musste er mir nicht sagen, erst recht nicht so. Ich versicherte ihm auch, dass ich vor allem deswegen ein guter Eishockeyspieler geworden sei, weil er mit mir trainiert hatte, und dass ich noch immer mit ihm über die Spiele sprechen wollte – es war unser einziges Gesprächsthema –, dass sich unsere Beziehung allerdings verändern müsse.

Nach dieser Unterredung nahm mein Leben tatsächlich eine Wendung, aber es dauerte noch ein Jahr, bis ich aufhörte, Drogen zu konsumieren, und meine schulischen Leistungen besser wurden. Später wurde mir klar, dass es das Verdienst meines Vaters war. Er hatte nachgegeben. Er brüllte mich nie wieder während des Spiels an. Nach den Spielen fragte er mich nach meinem Eindruck, statt mir zu sagen, was ich falsch gemacht hatte. Wir konnten wieder miteinander reden. Es gab zwar noch immer vieles, worüber wir nicht sprachen, aber er gab mir die Macht, die ich gebraucht hatte, und ich glaube, es war ihm nicht leicht gefallen.

Diesen Augenblick der Verbundenheit, in dem er sich zurücknahm und mir die Kontrolle über mein Leben überließ, habe ich immer respektiert. Ich erinnere mich oft daran.

Bei meiner Arbeit mit Heranwachsenden denke ich daran. Junge Menschen können so schwierig sein, aber meist wünschen sie sich nur das eine, das ihnen verwehrt bleibt: Macht. Wenn ich für das Verhalten in der Klasse und den direkten Umgang der Schüler untereinander Strategien finden kann, die ihnen diese Macht geben, und zwar so, dass sie lernen, damit umzugehen, dann dringe ich allmählich zu ihnen durch.

In meiner Grabrede dankte ich meinem Vater dafür.

0800 …

In der vorangegangenen Geschichte konnten wir sehen, wie sich die Dinge langfristig entwickelt haben. Doch wenn Fremde beteiligt sind, gibt uns das Schicksal nicht immer diese Chance. So manchen einprägsamen Augenblick der Menschlichkeit – wie meine Begegnungen mit Ruby oder Happy – erleben wir mit Menschen, die wir nie wieder sehen. Dann rätseln wir genau wie die Autorin dieses Beitrags, wie es danach wohl weitergegangen sein mag.

Ich kann weder ihr noch sonst jemandem eine logische Erklärung dafür geben. Schließlich kann es vorkommen, dass etwas Schlimmes passiert. Und doch glaube ich aus tiefstem Herzen, und dieser Glaube ist aus der Erfahrung geboren, dass es immer hilft, die Geschehnisse mit positiver Energie aufzuladen, und sei es nur ein ganz klein wenig, etwa mit einem Lächeln oder einem kurzen Gespräch. Manchmal hilft es sogar sehr.

An einem bitterkalten Tag Anfang Februar stellte ich fest, dass mein Staubsauger nicht funktionierte. Oder eine Störung hatte. Ich zog es vor, das Wort »Störung« zu verwenden. Ich kannte es aus Ratgeberbüchern. Damals besaß ich mindestens 150 davon, aber keines konnte meinen Staubsauger dazu bringen, zerkrümelte Reiswaffeln aus den Ritzen meines Sofas zu saugen. Wo ich stand und ging, war alles mit einer beigefarbenen Schicht von Reiswaffelkrümeln überzogen. Ich aß sie überall. Ich war eine Gesundheitsfanatikerin, in der Hoffnung, die richtige Ernährung könne mich vor unvorhersehbaren Krankheiten bewahren. Ich nähre diese tröstliche Illusion. Jeder Mensch braucht eine Illusion, die ihm durch den Tag hilft.

Ich rief die 0800er-Nummer auf der Garantiekarte an, die ich dem Hersteller nie zugesandt hatte. Das Einsenden von Garantiekarten betrieb ich weniger fanatisch. Ich wurde durchgestellt, eine automatische Telefonstimme führte mich durch ein schier endloses Menü und gab eine Reihe von Anweisungen, bis schließlich irgendwann ein echter Mensch am Apparat war.

Ich finde Menschen aufregend. Ich liebe fremde Menschen. Wenn ich mit Fremden telefoniere, male ich mir ihr Leben gerne in allen Einzelheiten aus. Im Theater meiner Phantasie wird ständig improvisiert. Wo befindet sich dieser Mann oder diese Frau? In einer Kabine? In einem riesigen Raum voller Schreibtische? Zu Hause? Ist überall buntes Plastikspielzeug verstreut, während auf dem Herd ein Eintopf köchelt? Was für ein Eintopf? Rindfleisch? Hühnchen? Tofu? Die vielen Fragen wecken in mir den Wunsch, mit diesen Leuten in Kontakt zu treten, sie ein wenig kennen zu lernen und zu spüren, dass ich sie berührt habe und von ihnen berührt wurde. Das Ganze hat für mich etwas Exotisches. Es ist wie die Aufregung vor der Reise in ein fernes Land.

Die Stimme am anderen Ende der Leitung war weiblich, sie klang nasal und heiser: »Sie sprechen mit Charlene, was kann ich für Sie tun?«, fragte sie.

Charlene stammte ohne jeden Zweifel aus dem Land der Country-and-Western-Musik. Ihr nasaler Akzent erweckte den Eindruck, als würde sie mir jeden Moment etwas vorsingen. »Stand by Your Man« vielleicht. Ich liebe Akzente, die ich nicht oft zu hören bekomme.

Der Himmel vor meinem Fenster hatte jenes unwirkliche Blau, das er bei uns am Meer im Nordosten der USA im Februar häufig annimmt.

»Wo sind Sie, Charlene?«, fragte ich.

»Ich bin in South Carolina«, erwiderte sie.

»Ist es warm dort?«

»Es ist ein wunderbarer Tag«, sagte Charlene.

»Sind Sie schlimm erkältet, Charlene?«, fragte ich. Sie klang, als gehöre sie mit einem Stapel Zeitschriften und schachtelweise Honig-Zitronen-Lutschbonbons ins Bett. Ich hoffte, sie hatte jemanden, der ihr ein Tablett mit Tee und Buttertoast brachte.

»Ich habe die *schlimmste* Erkältung meines Lebens!«, sagte sie. »Aber wie kann ich *Ihnen* helfen, Ma'am?«

»Mein Staubsauger tut's nicht«, sagte ich, »aber das steht in keinem Verhältnis dazu, wie elend Sie sich fühlen müssen. Sie klingen fürchterlich.«

»Meine Tochter heiratet morgen Abend, und mir ist hundeelend zumute.«

»Haben Sie schon mal von Echinacea oder Kanadischer Gelbwurz gehört?«, erkundigte ich mich. Ich bin seit frühester Jugend ein schrecklicher Hypochonder, folglich habe ich unzählige Abende damit verbracht, Bücher über Vitamine, Pflanzenmedizin und homöopathische Medikamente zu lesen, als andere Mädchen meines Alters sich die Zehennägel lackierten und fernsahen. »Gibt es dort, wo Sie sind, Vitamin C?«, fragte ich – und dachte: »Selbst FedEx wäre nicht schnell genug. Sie braucht *sofort* eine Riesendosis Vitamin C, und danach muss sie den ganzen Tag lang jede Stunde eine Dosis nehmen!«

»Ja, ich habe Vitamin C hier«, antwortete sie.

»Können Sie sofort etwas davon nehmen?«, fragte ich besorgt. »Können Sie 2000 Milligramm nehmen? Sofort?«

»Ja, das könnte ich nach dem Gespräch mit Ihnen machen.«

»Gut«, sagte ich. »Was ist mit Echinacea? Und Kanadischer Gelbwurz? Echinacea regt Ihr Immunsystem an. Kanadische Gelbwurz tötet Bakterien. Das brauchen Sie. Besorgen Sie sich die Sachen nach der Arbeit und nehmen Sie sie.« Es war mir peinlich, wie ich sie herumkommandierte. Ich wusste, bei den Anonymen Alkoholikern würde man mein Verhalten als »Grenzverletzung« einstufen. Ich besuchte Treffen der Anonymen Alkoholiker wegen meiner »Grenz- und Kontrollprobleme«. Aber ich konnte Charlene nicht so leiden lassen!

»Vielen Dank für Ihre Hilfe«, sagte sie. »Ich fühle mich wirklich elend.«

»Werden Sie sich die Sachen besorgen?«

»Ganz bestimmt«, erwiderte sie. So, wie sie sie aussprach, klangen die Wörter doppelt so lang. Das gefiel mir. Ich wünschte, sie könnte mir beibringen, so zu sprechen.

»Es freut mich, dass ich Ihnen helfen konnte«, sagte ich. »Was glauben Sie, warum Sie so krank sind?«

»Ich habe keine Ahnung«, meinte Charlene mit ihrem wundervollen Südstaatenakzent.

»Was halten Sie von dem Mann, den Ihre Tochter heiraten wird?«, bohrte ich weiter. Ich bin absolut schamlos, wenn es darum geht, mich in das Leben anderer Leute einzumischen und völlig fremden Menschen derartige Fragen zu stellen. Ich kann nicht anders. Sobald ich eine Theorie habe, muss ich einfach prüfen, ob ich damit richtig liege. Ich habe eine naturwissenschaftliche Ausbildung, aber ich glaube an Astrologie und Tarotkarten.

Meine Theorie – ich habe eigentlich immer eine Theorie – war, dass sie irgendetwas an der bevorstehenden Hochzeit ihrer Tochter störte und diese Besorgnis ihr Immunsystem geschwächt hatte.

»Ich traue ihm nicht«, sagte Charlene. Bei ihrer verstopften Nase klang es wie: »Ich träum nicht.«

»Raubt Ihnen das Gefühl, Ihre Tochter könnte bei ihm irgendwie nicht gut aufgehoben sein, den Schlaf?«

»Ja, das stimmt. Ich drehe mich die ganze Nacht von einer

Seite auf die andere.« Es hörte sich an wie: »Die Gans macht von einer Seite auf die andere.«

»Und warum vertrauen Sie ihm nicht?«

»Er hat seine letzte Frau betrogen.« Bei ihr klang es wie »Fraa«. »Er hat die Alimente für seine Kinder nicht gezahlt. Aber damals hat er noch getrunken. Inzwischen ist er trocken.«

»Trockene Alkoholiker sind gute Menschen, Charlene.«

»Nicht alle. Und wenn er wieder anfängt zu trinken?«

»Ich weiß, wie Sie sich fühlen«, sagte ich.

»Meine Vorgesetzte schreibt mich auf, wenn ich zu lange mit Ihnen spreche. Unsere Gespräche müssen eine bestimmte Länge haben.«

»Oh, Charlene, das tut mir Leid!«

»Schon in Ordnung. Sie haben mir sehr geholfen. Also, was kann ich wegen Ihres Staubsaugers für Sie tun...?«

Wege zur Verbundenheit

Denkanstoß: Mit der Macht der Liebe und der Phantasie machen wir alltägliche Situationen zu Augenblicken der Menschlichkeit. Ich sagte, wir erleben solche Momente, wenn wir uns einem anderem Menschen nahe oder einer Sache verbunden fühlen – wenn wir spüren, dass dieser Augenblick zählt, dass er einen *Sinn* hat.

Wo oder mit wem erleben Sie regelmäßig Augenblicke der Menschlichkeit? Mit Ihren Kindern oder Enkeln? Mit Ihrem Partner? Einem bestimmten Freund? Oder vielleicht in Ihrem Garten, in der Kirche oder im Tempel? Auf einem bestimmten Platz in einer bestimmten Ecke Ihrer örtlichen Bibliothek? Vielleicht bei langen Spaziergängen im Wald? Oder mit Ihrem

Hund? Wenn Sie sich an bestimmte Ereignisse erinnern? Vielleicht trifft ja auch alles zusammen auf Sie zu?

Häufige Hindernisse: Alles, was die Liebe oder die Phantasie hemmt, verhindert auch Augenblicke der Menschlichkeit. Manchmal sind es nur Kleinigkeiten, zum Beispiel, dass man zu sehr in Eile ist. Hetzt man hektisch irgendwo hin, wird man kaum einen Augenblick der Menschlichkeit erleben. Die Blockade kann aber auch vielschichtig sein, falls man etwa von bestimmten Leuten schwer verletzt worden ist. Dann hält einen die eigene Wut zurück – und davon ab, mit anderen Kontakt aufzunehmen. Auch die Gewohnheit kann Augenblicke der Menschlichkeit verhindern: Wenn man sich erst einmal daran gewöhnt hat, die Welt nur aus einem ganz bestimmten Blickwinkel heraus zu betrachten, ist man für eine neue Sichtweise nicht mehr offen. Die Phantasie verkümmert.

Einen Stein scheinen wir uns und der Liebe mit voller Absicht in den Weg zu legen: Sosehr wir uns nach Nähe und den Augenblicken der Menschlichkeit sehnen, die daraus entstehen, so sehr fürchten wir sie merkwürdigerweise auch. Wir scheuen jede neue Erfahrung. Wir haben Angst, anderen näher zu kommen und uns zu öffnen. Also beschließen wir, unsere Gefühle für uns zu behalten. In diesem Fall blockieren wir die Liebe aus eigenem Entschluss. Wie viel einfacher scheint es doch, den hartgesottenen Zyniker zu spielen und die Sentimentalität trocken zu kommentieren, als die Deckung herunterzunehmen und anderen sein Herz zu öffnen!

Das vielleicht größte Hindernis ist also die bewusste Entscheidung eines Menschen, seine Gefühle für sich zu behalten.

Mögliche Schritte: Wenn Sie entdecken, dass Sie sich stärker zurückhalten, als Sie eigentlich möchten, wenn Sie feststellen, dass die Angst siegt bei dem Versuch, mit jemandem Kontakt aufzunehmen, dann suchen Sie sich eine Umgebung, in der Sie sich sicher fühlen, und sprechen Sie zum Beispiel mit einem Freund über Ihre Ängste. Der Mensch besitzt die erstaunliche Fähigkeit, Probleme auch dadurch lösen zu können, dass er mit anderen Interessierten darüber spricht – dabei muss es noch nicht einmal den Anschein haben, als würde man tatsächlich gezielt an den Problemen arbeiten. Haben Sie das Problem Ihrer Zögerlichkeit erst einmal angesprochen und sich mit einer Vertrauensperson darüber unter vier Augen unterhalten, wird es langsam von allein kleiner. Allmählich werden Sie intuitiv Strategien und Lösungsmöglichkeiten finden. Darüber hinaus gibt Ihnen schon das Gespräch an sich mehr Selbstvertrauen – Selbstvertrauen, das Sie nutzen können, um den Kreis Ihrer Kontakte zu erweitern. Ich weiß, dass es funktioniert, denn ich habe diese Strategie oft genug in meinem eigenen Leben angewandt.

KAPITEL 2
Kindheit

Wo ist Papa?

Mitten in der Nacht hörte ich ein Geräusch. – Ich wachte auf und lauschte. Wieder hörte ich ein Geräusch. Es klang wie ein Scheppern. Draußen herrschte Dunkelheit, aber ich wusste nicht, wie spät es war. Ich wurde bald vier Jahre alt.

Ich lag wach im Bett, da schepperte es erneut. Ich rief nach meiner Mutter, die sofort bei mir war.

»Was ist los?«, fragte ich.

»Dein Papa geht fort«, antwortete sie und strich mir mit der Hand über die Stirn.

Ich kann nicht sagen, woher ich wusste, dass er uns für immer verließ, aber irgendwie war es mir wohl klar gewesen. Ich erinnere mich nämlich noch, dass ich sie fragte: »Nimmt er die ganzen Werkzeuge aus der Werkstatt mit?« Im Keller unseres Hauses in der Seaview Street in Chatham hatte sich mein Vater eine wunderschöne kleine Schreinerwerkstatt eingerichtet. Wir spielten immer stundenlang dort unten.

»Ja«, sagte Mama. »Er räumt gerade seine Werkstatt leer.« Ich war also vom Scheppern der Werkzeuge aufgewacht, als er sie in die Kartons packte. Ich fing an zu weinen.

»Aber er zieht nur zu Oma Hallowell, und er nimmt sein Werkzeug mit, damit du damit spielen kannst, wenn du ihn besuchst – und du wirst ihn oft besuchen.«

Ich setzte mich auf und sah aus dem Fenster. Im Licht des

Mondes und der Straßenlaternen sah ich meinen Vater mit einem Karton auf dem Arm, aus dem Hammer, Hobel und ein Handbohrer herausstanden. Ich beobachtete, wie er den Karton in seinen Wagen stellte, einen alten Jeep.

Als wäre es ein Filmausschnitt, ist das alles, was ich von jener Nacht noch weiß: Er nahm sein Werkzeug mit. Ich weinte. Mama tröstete mich.

Bis zu jener Nacht waren wir eine glückliche Familie gewesen. Zumindest hatte ich mit meinem beinahe vier Jahre alten Verstand das geglaubt. Meine beiden älteren Brüder, der zwölfjährige John und der sechzehnjährige Ben, hatten es vielleicht besser gewusst, aber ich hatte keinen Schimmer gehabt (zumindest nicht bewusst), dass Papa uns für immer verlassen würde. Andererseits hatte ich wohl doch etwas geahnt, denn in jener Nacht war mir sofort klar, was los war – beinahe ohne jede weitere Erklärung.

Warum ging er fort? Weil er krank war. Grammy – unsere Großmutter – würde sich um ihn kümmern. Er liebte uns noch immer, aber er sei krank und müsse uns verlassen. Das wurde mir gesagt, und das genügte mir. Ich kämpfte nicht dagegen an. Erst Jahre später erfuhr ich, dass »krank« eigentlich »verrückt« hieß. Und noch ein paar Jahre später stellte sich heraus, dass »verrückt« in Vaters Fall manisch-depressiv bedeutete, was heute als »bipolare Manie« bezeichnet wird.

Rückblickend kann ich sagen, dass dies die erste wirkliche Krise meines Lebens war. Ich verlor meinen Vater – zumindest wohnte er nicht mehr bei uns.

Damals rettete mich die Familie, die ich außerhalb des eigenen Zuhauses fand. Die Familie meines Cousins Jamie und meiner Cousine Lyn, meiner Tante, der Schwester meiner Mutter, zu der ich »Duckie« sagte, und ihres Mannes, meines

Onkels, des Bruders meines Vaters, den ich »Onkel Jimmy« nannte. Ja, Sie haben richtig gelesen: Zwei Schwestern hatten zwei Brüder geheiratet, sodass Jamie und Lyn gleich zweimal Cousin und Cousine ersten Grades und damit das genetische Äquivalent zu Geschwistern waren. Da meine wirklichen Brüder sehr viel älter waren, wurden der nur zwei Jahre ältere Jamie und die vier Jahre ältere Lyn praktisch mein Bruder und meine Schwester. Das war das erste von den vielen kleinen Wundern der Verbundenheit, die mir das Leben retteten.

Sie möchten wahrscheinlich wissen, inwiefern das ein Wunder ist? Nun, wenn der eigene Vater verrückt wird, mitten in der Nacht verschwindet und nie mehr wiederkommt, dann geschieht es eher selten, dass man von einer Tante, einem Onkel, einer Cousine und einem Cousin liebevoll aufgenommen wird, während die eigene Mutter versucht, ihre Probleme zu lösen und ihr Leben wieder in den Griff zu bekommen. Wenn Jamie und Lyn und Duckie und Onkel Jimmy nicht für mich da gewesen wären, dann wäre ich heute vermutlich tot, obdachlos, im Gefängnis – oder ich würde mich gerade so über Wasser halten.

Aber sie waren für mich da. Jeden Tag lief ich von unserem Haus über das Feld und den Hügel hinunter zu ihrem Haus. Chatham war eine kleine Stadt, und man konnte gefahrlos überall hinlaufen.

Als ich etwas älter wurde, brachte Jamie mir das Radfahren bei. Ich weiß noch, wie viel Geduld er mit mir hatte. Er ist und bleibt der netteste Mensch, den man sich vorstellen kann. Als mein Vater auszog, war Jamie zwar auch gerade erst fünf, aber er wusste, dass etwas Schlimmes vor sich ging, und widmete mir besonders viel Aufmerksamkeit. Genau wie Lyn. Sie kümmerten sich so sehr um mich, dass ich den Schmerz nie richtig spürte. Ich weinte lediglich in der Nacht, in der mein Vater auszog – der Gedanke daran macht mich noch immer traurig; es wäre einfach großartig gewesen, wenn Mama und Papa für immer zusammen geblieben wären –, doch Jamie und Lyn nahmen mich so schnell in ihre Familie auf, dass ich nie wirklich traurig war.

Wie man mir erzählte, benahm ich mich an meinem vierten Geburtstag, dem ersten Geburtstag nach dem Auszug meines Vaters, wie ein Monster. Ich war tyrannisch, herrisch, einfach unverschämt. Aber Jamie und Lyn gaben mich nicht auf. Warum, weiß ich nicht. Sie luden mich weiter zum Spielen ein, und wir waren jeden Tag zusammen. Ich sah mit ihnen im Keller fern. Ich fütterte mit ihnen die Hunde, und ich schlief häufiger bei ihnen als in meinem eigenen Bett. Ich ging in Chatham zuerst in den Kindergarten, dann in die erste und zweite Klasse. Aus Jamie, Lyn und mir war inzwischen eine Familie geworden. (Das sind wir immer noch.)

Mag sein, dass ich wie viele Menschen meiner Generation eine turbulente Kindheit hatte, aber meine Kindheit war auch voller Spannung und voller scharfkantiger Abenteuer. Ich kann mich noch daran erinnern, wie viel Angst ich hatte, als ich mich einmal in einem fremden Haus unter einem Bett versteckte, während die Polizei nach Jamie und mir suchte. Die Polizisten durchsuchten ein Zimmer nach dem anderen, und zwar, wie ich mir vorstellte, mit gezogenen Pistolen. Ihre gedämpften Stimmen näherten sich meinem Versteck unter jenem Bett im ersten Stock. Ich dachte, wenn sie mich fänden, würden sie mich verhaften und ins Gefängnis stecken. Ich war ungefähr fünf. Ich lag unter dem Bett und hielt den Atem an. Ich weiß noch, wie ein Polizist mit seiner Taschenlampe den Boden absuchte und innehielt, als das Licht auf meine Knöchel fiel. Ich war erledigt. Aber offenbar hatte er meine Füße nicht gesehen. Er ging wieder. Ich stieß einen langen Seufzer aus –

aber erst, als ich mir sicher war, dass der Polizist weit weg war und mich nicht hören konnte.

Jahre später fand ich heraus, dass dieses Erlebnis – einer der intensivsten Augenblicke der Angst in meinem Leben – inszeniert gewesen war. Einer von Jamies Freunden hatte eine große Schwester, die mit einem der Chathamer Polizisten befreundet war. Sie konnte sie dazu bringen, vorbeizukommen und das Haus zu »durchsuchen«, als Jamie und ich darin spielten. Kurz vorher hatte sie uns erzählt, die Polizisten würden jeden verhaften, den sie fanden. Warum haben wir ihr geglaubt, und das so vorbehaltlos, dass ich bis heute nie wieder so viel Angst hatte? Wir waren Kinder. Wir hatten keine Ahnung, kannten weder Skepsis noch Zweifel. Wir hatten nur große, verwunderte Augen.

Jamie und Lyn und Duckie und Onkel Jim schenkten mir Liebe. Ja, sogar die Stadt schenkte mir Liebe, wie alle Städte überall auf der Welt ihre Kinder lieben: Ich erinnere mich daran, wie ich an heißen Tagen auf dem Parkplatz von Hardings Beach auf den weißen Linien stand, um mir auf dem heißen Asphalt nicht die Füße zu verbrennen, während ich in der Schlange auf meinen Hot Dog wartete. Ich erinnere mich an Radios, Sonnenöl und Bikinis. Ich erinnere mich an den Duft von frisch gemähtem Gras. Ich erinnere mich daran, wie es in Chatham roch – nach Geißblatt, Salzluft und Algen.

Eine Kindheit ist so viel mehr als nur glücklich oder traurig, gut oder schlecht. Objektiv betrachtet, hatte ich keine stabile Kindheit, trotzdem war es eine schöne Zeit. Manchmal war sie auch schrecklich. Ich habe wie die meisten Menschen jede Menge wundervolle und ein paar ziemlich miese Erinnerungen. Aber entscheidend ist, dass es diese Zeit in meinem Leben gab. Nicht, ob sie oben oder unten auf einer Glücks-und-Stabilitäts-Skala angesiedelt war. Ob wir in unserer Kindheit traumatisiert oder ganz wunderbar behandelt wurden, diese Zeit bildet das Fundament unseres späteren Lebens. Sie ist die Vergangenheit, aus der wir kommen. Die Zeit, die uns ab und an zu sich zurückruft.

Erinnern Sie sich. Was hören Sie? Was sehen Sie? Den Auszug Ihres Vaters? Die Taschenlampe eines Polizisten, der das Zimmer absucht, während Sie sich unter dem Bett verstecken?

Ich wünschte, ich könnte die Zeit zurückdrehen. Nicht, um das alles noch einmal zu erleben, sondern um die Stadt zu sehen, wie sie damals war: mit dem Streifenpolizisten Benny Nick, der auf der Kreuzung vor dem Mayflower stand und uns Kindern zuwinkte, wenn wir vorbeigingen; mit Mr. Parmenter, der hinter dem Tresen der Drogerie stand und auf mich heruntersah, als ich ihn fragte, wo ich etwas namens Tampax für Lyn finden konnte; mit dem Pistazieneis, das ich in der Eisdiele bestellte (ohne zu wissen, was Pistazien waren – es war eine »Mutprobe«); mit Onkel Jim, der seinen Jeep auf einem Hügel mitten auf dem Feld geparkt hatte, von wo aus wir dem örtlichen Baseballteam zusahen, während er Bier aus der Dose trank, in die er mit einem Büchsenöffner ein Loch gebohrt hatte.

Damals gab es noch keine Dosenverschlüsse zum Hochziehen. In Chatham war auch eine Telefonvermittlung, und wenn man den Hörer abhob, meldete sich das »Fräulein vom Amt« und sagte: »Die Nummer bitte!« Niemand sperrte Häuser oder Autos ab.

Es war eine sichere Stadt. Aber sie war auch gefährlich. Schließlich kam es vor, dass Väter auszogen.

Wie gern würde ich die Zeit zurückdrehen, um die Stadt noch einmal zu sehen, wie sie damals war, aber das kann ich natürlich nicht. Niemand ist dazu in der Lage. Aber wir können etwas tun, das vielleicht noch besser ist: diese Augenblicke in unserer Erinnerung noch einmal durchleben. In unserer Vorstellung vermögen wir die Stadt so zu sehen, wie sie war. Wir können uns einer Sache annehmen, die schon seit langem tot und vergangen ist, und ihr neues Leben einhauchen. So mancher Augenblick der Menschlichkeit ist in der Erinnerung, im Rückblick am schönsten.

Wir können die Zeit zwar nicht wirklich zurückdrehen, aber wir dürfen zurückblicken und die Augenblicke unserer Kindheit pflücken wie Früchte vom Baum der Erinnerung und sie jetzt, da wir selbst gereift sind, in vollen Zügen genießen.

Auch Jungen brauchen Liebe

Ich habe vorhin meine Erinnerungen an den Auszug des Vaters geschildert. Die Sichtweise, die ich jetzt habe, unterscheidet sich natürlich davon, wie ich es damals erlebte. Ich kann nicht sicher wissen, was ich seinerzeit fühlte. Ich kann es nur vermuten, und wahrscheinlich liege ich mit meinen Mutmaßungen daneben – zumindest ein bisschen. So verändert die Zeit alle Augenblicke der Menschlichkeit.

In der nächsten Geschichte blickt ein anderer Mann auf seine Kinderzeit zurück. Heute verändert sich die Art, wie wir Jungen erziehen – zum Besseren. Doch bis vor kurzem gab es in der Kindheit der meisten Jungen einen Augenblick wie den, den dieser Autor beschreibt. Was für eine Ironie liegt darin, dass wir unsere Jungen zur Härte erzogen, um später zu klagen, die erwachsenen Männer seien unfähig, Gefühle zu zeigen!

Ich umarme und küsse meine beiden Söhne jeden Tag, genau wie meine Tochter. Gewöhnlich wischen die Jungs (und Lucy) den Kuss wieder weg oder drehen den Kopf, sodass ich ihre Haare statt ihrer Wangen erwische. Trotzdem bin ich froh, ihnen dadurch die Vorstellung zu vermitteln, dass es völlig in Ordnung, ja sogar »männlich« ist zu küssen – von Umarmungen ganz zu schweigen!

Wie die meisten Männer ihrer Zeit vermieden es auch die Männer meiner Familie, ihre Gefühle zu zeigen. Im Leben eines jeden Jungen in unserer Familie gab es sogar einen ganz bestimmten Augenblick, in dem sich diese große Wende vom »Junge-« zum »Mannsein« vollzog. Ich werde diesen Augenblick niemals vergessen.

Kleine Jungen durften weinen – den Schmerz, die Enttäuschung oder Verletzung zeigen, die sie fühlten –, genau wie die Mädchen. Aber es kam der Tag, da mussten die Jungen damit aufhören, wenn sie wie ihre Väter oder Großväter werden wollten. Sofern wir richtige Männer werden wollten – und natürlich wollten wir das! –, durften wir unsere Gefühle nicht mehr so ausdrücken wie unsere Schwestern.

Für mich kam dieser Tag auf dem Washingtoner Flughafen. In Washington war ich zu Hause, und mein Großvater reiste recht oft aus seiner Heimatstadt New York geschäftlich hierher. Wir holten ihn jedes Mal am Airport ab und brachten ihn auch wieder hin. Damals war in der Abflughalle nicht besonders viel los, und wir konnten zur Aussichtsplattform gehen, um uns die Starts und Landungen der »Connies« anzusehen, wie mein Vater die Flugzeuge vom Typ »Constellation« nannte. Ich vergötterte meinen Großvater. Wenn er die Treppe vom Flugzeug herunterstieg und auf die Landebahn trat, winkte ich ihm von der Aussichtsplattform aus zu und konnte es kaum erwarten, ihm entgegenzulaufen, von ihm umarmt zu werden und meinen Kuss auf die Stirn zu bekommen.

Eines Tages trat ich vor seinem Rückflug nach New York wie üblich einen Schritt vor, um mich von ihm umarmen zu lassen und mir meinen Kuss abzuholen. Ich war ungefähr neun oder zehn Jahre alt. Er schob mich sanft zurück, lächelte und streckte mir die Hand entgegen. »Du bist jetzt ein Mann, Ralph«, sagte er.

Wenn ich an diesen Augenblick zurückdenke, der sich vor 45 Jahren zugetragen hat, kann ich die Verwirrung und den

Schmerz noch immer spüren. Ich fühlte mich nicht wie ein Mann, ich spürte nur einen riesigen Verlust.

Aber mein Großvater und mein Vater waren Männer ihrer Zeit. Ich kann mich nicht erinnern, dass sie mir je gesagt hätten, wie sehr sie mich liebten, während ich mein Leben als Teenager und junger Erwachsener zu bewältigen suchte. Ich wusste, dass es so war, aber es blieb unausgesprochen.

Einmal wurde ich dennoch Zeuge eines für meinen Vater erstaunlichen Gefühlsausbruchs. Ich hatte so etwas noch nie bei ihm erlebt, und ich bin außerordentlich dankbar dafür, dass ich in jenem Augenblick zugegen sein durfte.

Mein Vater und ich hatten gemeinsam das Rauchen aufgegeben. Als wir den Entschluss fassten, hatte ich zehn, er vierzig Jahre lang geraucht.

Zwanzig Jahre später war ich aus beruflichen Gründen auf einer Tagung in Ohio und rief ihn an, um zu hören, welche Diagnose der Arzt hinsichtlich seines langjährigen Atemproblems gestellt hatte. Er konnte das Wort weder aussprechen, noch konnte er mir sagen, wie er sich fühlte. Er buchstabierte es lediglich am Telefon: »K-r-e-b-s.« Als ich den Arzt anrief, erklärte er mir, fünf Prozent der Patienten mit dieser Form von Lungenkrebs überlebten den fünften Jahrestag der Diagnose. Mein Vater gehörte nicht dazu.

Seit ein paar Tagen waren die engsten Familienangehörigen nun um sein Bett versammelt, und wir wussten, das Ende stand kurz bevor. Seit ich nach Hause gekommen war, um bei ihm und der Familie zu sein, lag er in einer Art Koma. Er hatte nicht mit mir gesprochen. Ich singe schon mein Leben lang, und mein Vater war ein begnadeter Musiker. Ungefähr ein Jahr zuvor hatte ich mit einem wundervollen Chor eine Bach-Messe auf Kassette aufgenommen, und ich hatte sie mitgebracht, um sie ihm vorzuspielen. Ich wusste nicht, wie viel er hören konnte und ob er überhaupt etwas hörte. Aber wenn ich mir vorstellte, dass ich ihm etwas vorspielte, was er gern gehört hätte, fühlte ich mich besser.

Als das »Qui Tolis« erklang, bei dem ich die Baritonsoli sang, überraschte er uns alle damit, dass er sich kerzengerade im Bett aufsetzte. Er öffnete seit Tagen zum ersten Mal die Augen, und sein Blick schien auf etwas im Raum gerichtet zu sein, was nur er allein sehen konnte. Ich war so gerührt, mir fehlten die Worte, und ich fühlte mich unglaublich geliebt.

Kurz darauf hatten wir den Eindruck, es ginge Vater besser. Er war bei Bewusstsein und sprach mit uns – seinen Kindern, deren Ehepartnern und seiner Frau, meiner Mutter. Er fragte uns, ob er sterben würde. Er hatte sich noch immer nicht damit abgefunden. Als wir seine Frage bejahten, fing er an, uns zu sagen, wie sehr er uns liebte. Er wiederholte es immer und immer wieder, als wolle er all die Jahre wieder gutmachen, in denen ihn sein Versprechen, ein Mann zu sein, davon abgehalten hatte. Dann wandte er sich meiner Mutter zu, nahm, wie es schien, all seine Kraft zusammen und streckte die Hand nach ihr aus. »Du bist die Liebe meines Lebens«, sagte er. Ich konnte nicht glauben, dass er das in Anwesenheit aller zu ihr sagte. Noch nie hatte ich ihn so zu ihr sprechen gehört, und ich dachte, er hätte nicht gesehen, dass der Rest der Familie ebenfalls im Zimmer war. »Ich habe dich beinahe mein ganzes Leben lang geliebt, und ich werde dich immer lieben. Du bist die Liebe meines Lebens. Ich liebe dich so sehr.«

Da lag dieser Mann, aus dessen Mund ich solche Worte noch nie gehört hatte, und offenbarte meiner Mutter ein Leben voller Leidenschaft. Ein paar Stunden später holte er ein letztes Mal mühsam Atem. Wir waren alle bei ihm. Es fiel uns schwer, ihn zu verlassen, und wir sagten ihm immer wieder, wie sehr wir ihn lieben – genau wie wir es getan hatten, als er uns noch hören konnte.

Was ich von den Männern in meinem Leben nicht alles gelernt habe! Mit zehn Jahren dachte ich, ein »echter Mann« dürfe den Menschen, die er liebte, nicht zeigen, wie sehr er sie liebte. Als Kind der sechziger Jahre rebellierte ich gegen diese Vorstellung und überschüttete meine eigenen Kinder offen mit Liebe. Ich hatte mir geschworen, dass insbesondere meine Beziehung zu meinem Sohn anders sein würde. Ich nahm mir vor, ihn so lange zu umarmen und auf die Stirn zu küssen, bis er mich bat, es zu lassen. Und ich wollte ihm jeden Tag sagen, dass ich ihn liebte. Inzwischen ist er 28, und ich schätze, es ist ihm noch nicht in den Sinn gekommen, mich zu bitten, damit aufzuhören. Ich muss lächeln, wenn ich nur daran denke.

Und schließlich wurde ich in fortgeschrittenem Alter Zeuge, wie mein männliches Vorbild eine Leidenschaft an den Tag legte, mit der ich niemals gerechnet hätte. Seither verwende ich in meinem Beruf als Pädagoge sehr viel Zeit darauf, anderen Vätern zu helfen, diese Leidenschaft in sich zu entdecken und sie mit ihren Kindern zu teilen.

Gerettet

Diese Geschichte stammt von einer Frau, die Dichterin ist. Sie fängt einen typischen Kindheitsmoment ein: einen Augenblick der Angst, in dem man auf die Hilfe seiner Mutter oder seines Vaters angewiesen war. Ich wette, Sie werden sich bei der Lektüre dieser Episode an einen ähnlichen Augenblick mit Ihren Eltern erinnern, als Sie noch klein waren. Ich hoffe es zumindest.

Ich weiß noch, wie ich mit acht Jahren an einem Sonntag nach einem endlosen Mittagessen darum bat, aufstehen zu dürfen, und nach draußen ging, um einen Spaziergang zu machen. In den fünfziger Jahren waren Sonntage in Illinois für kleine Kinder gefährlich: Wenn man nicht aufpasste, konnte man sich zu Tode langweilen. Ich schlenderte vor mich hin, verzweifelt auf der Suche nach Abenteuern, bis ich zu einer Gruppe hoher Kiefern kam. Ich kletterte bis zur Spitze des höchsten Baumes hinauf. Seine Äste waren so wunderschön verteilt, dass sie wie eine Leiter aussahen, die sogar ein Kind erklimmen konnte. Ich kletterte hinauf, freute mich über meine Geschicklichkeit und meine Stärke – und genoss die Aussicht von oben. Meine Sonntagslangeweile verschwand, und ich konnte meilenweit sehen.

Ich war ein Beobachter und gleichzeitig gut versteckt, ein Adler und ein Engel. Doch allmählich spürte ich, dass die dünne Spitze des Baumes im Wind hin und her schwankte, und ich klammerte mich fester an die Äste. Nach und nach geriet die ganze Welt ins Schwanken, und plötzlich fühlten sich der Baum und mein Halt alles andere als sicher an. Ich wagte nicht, den Griff zu lockern und mit dem Abstieg zu beginnen. Meine Hände wurden feucht vom Festhalten, mein Atem ging schneller, und mir drehte sich der Magen um. Also wartete ich. Ich weiß nicht, worauf. Mir war jedes Wunder recht.

Irgendwann sah ich dann tief unter mir meinen Vater, der im dreiteiligen Anzug mit langem Mantel und Filzhut des Weges kam. Woher wusste er, dass ich seine Hilfe brauchte? Wie hatte er herausbekommen, wohin ich gegangen war? Ich wagte nicht, laut nach ihm zu rufen, aus Angst, bei einem tiefen Atemzug den Halt zu verlieren, aber ich hauchte: »Papa«, und er hörte mich. Er rief nach mir, um zu sehen, wo ich war, und ich lotste ihn mit leisen Lauten, bis er mich auf der Spitze des höchsten Baumes im Gegenlicht ausmachte.

Er kletterte Sprosse um Sprosse die Astleiter hinauf, bis er bei mir war. Dann legte er seine Hände zu beiden Seiten neben die meinen und stellte seine Füße neben meine, bis mein Körper ganz von seinem verdeckt war, und kletterte mit mir hinunter.

In meiner Erinnerung trägt mein Vater stets einen dreiteiligen Anzug mit einer goldenen Uhr in der Westentasche und der Uhrkette über dem Bauch. Sicher hatte er auch noch andere Sachen zum Anziehen. Schließlich schlief er im Pyjama, und jeden Sommer strich er den Gartenzaun in Khakis und einem alten Hemd. Aber diese Ausnahmen bestätigten lediglich die Regel der dreiteiligen Anzüge.

Er war der ideale Vater: liebevoll, verlässlich und gutherzig. Er lehrte mich meine Gebete, und jeden Abend, wenn er mich ins Bett brachte, hörte er mir zu, wie ich sie aufsagte. Er zeigte mir, wie man Schuhe putzt, und gab mir zehn Cent für jedes Paar, das ich für ihn polierte – egal, wie die Schuhe hinterher aussahen. Jeden Winter fuhr er mit mir zum nächsten künstlich aufgeschütteten Hügel in der weiten Prärie des Mittelwestens, damit ich das Skifahren lernen konnte. Es war bitterkalt, und da dieser Hügel der einzige im Umkreis von tausend Meilen war, fegte der Wind ungebremst über das Land. Er wehte den Schnee vom Hügel, sodass in einem Land, in dem Winter für Winter kniehoch der Schnee lag, Kunstschnee gemacht werden musste, damit er auf diesem Hügel liegen blieb. Am Fuße des Hügels stand mein Vater in dreiteiligem Anzug, langem Mantel und Filzhut, die goldene Uhrkette blinkte in der Sonne, und er wartete darauf, dass ich den Hügel herunterkam. Immer wieder. Und ich dachte mir nichts dabei, ihn warten zu lassen.

Mein Vater war ein Beobachter: vorsichtig, vorhersehbar

und bereits alt, als ich Notiz von ihm nahm. Er war anders als die anderen Väter. Er sah mir beim Eislaufen und Segeln und Softballspielen zu, aber er machte diese Dinge nicht mit mir. Bis auf jenen Nachmittag, als er auf einen Baum kletterte, und ich wusste, dass er mich liebte.

Das Schlagzeug

Der Vater in der letzten Geschichte war anders als die anderen Väter. Trotzdem war er ein wunderbarer Vater. Das Kind, von dem jetzt die Rede sein wird, ist anders als die anderen Kinder. Dennoch ist es ein wunderbares Kind. Vermutlich berührt mich diese Geschichte deshalb ganz besonders, weil ich als Kinderpsychiater viele Kinder kennen lerne, die kämpfen müssen, um ihren Weg zu finden. Fast immer gibt es im Leben derjenigen, die es schaffen, mindestens einen Erwachsenen, der in erster Linie ihre Stärken und nicht ihre Schwächen sieht und der ihnen das Gefühl gibt, dass sie so, wie sie sind, geliebt werden und etwas Besonderes sind. Erwachsene dieses Schlages findet man nicht sehr häufig.

John Q. Thompson jr., der Vater dieses Jungen, ist ein solcher Erwachsener. Er gibt seinem Sohn das Gefühl, geliebt zu werden – in einer Welt, in der dieses Gefühl nicht leicht zu finden ist. Ich glaube kaum, dass ein Mensch etwas Wichtigeres tun kann.

Ich habe einen achtzehnjährigen Adoptivsohn, bei dem verschiedene Störungen diagnostiziert wurden. Natürlich ist er als Mensch so viel mehr, als diese Krankheitsbilder aussagen, aber um der Kürze willen werde ich Ihnen mitteilen, dass sich im Laufe der Jahre die Diagnosen Tourette-Syndrom (Zuckungen, Tics), Zwangsneurose und ADHS (Aufmerksamkeitsdefizit und Hyperaktivität) angesammelt haben. Maßgeblich sind die Diagnosen einer tief greifenden Entwicklungsstörung und des Asperger-Syndroms, der leichtesten Form von Autismus.

Er kommt in vielen Lebensbereichen gut zurecht, aber am besten kann er Schlagzeug spielen. Schon als Dreijähriger klopfte er auf Töpfen, Pfannen und Keksdosen herum. Mit dreizehn verkündete er, er wolle ein Schlagzeug. Ich erwiderte: »Ich weiß, wie gerne du auf Sachen ›rumtrommelst‹; aber meinst du nicht, dass wir zuerst mit ein paar Unterrichtsstunden anfangen sollten, zum Beispiel auf einer Trommel, einer kleinen Trommel?«

»Nein!«, sagte er. »Ich will ein Schlagzeug!« Schließlich gab ich nach und kaufte ein altes, ramponiertes Ludwig-Schlagzeug, Baujahr 1962. Zu meinem Erstaunen setzte er sich einfach dahinter und spielte drauflos. Ich selbst bin Gitarrist, und als wir dann gemeinsam Musik machten, traf er intuitiv den richtigen Rhythmus – ob es nun Rock-, Blues-, Marsch- oder Big-Band-Musik war. Dass dieser Junge mit seinen verschiedenen Lernbehinderungen und all den anderen Symptomen, der nicht weiß, welcher Wochentag ist, und der mit siebzehn noch an den Weihnachtsmann glaubte, sofort seine vier Gliedmaßen in Einklang bringen und wie ein Profi spielen konnte, lässt sich nur mit Naturtalent erklären. Trotz der vielen anderen Probleme war er mit einem Gehirn geboren, das mit denen der besten Schlagzeuger mithalten konnte.

Vor diesem Hintergrund werde ich Ihnen nun von einem besonderen Augenblick der Verbundenheit erzählen. (Kontakt zu uns und anderen Menschen herzustellen ist für ihn natürlich ein Problem. Er spielt sich nicht gern in den Vordergrund [und tut es auch nicht], hält nur kurz Augenkontakt, hat keine echten Freunde, nur ein freundliches Umfeld, und gefühlvolle Worte der Zuneigung wie »Liebe« oder »traurig«

sind ihm zuwider, obwohl er das »heftigere« Wort »sauer« ertragen kann.)

In meiner Jugend träumte ich immer von einer Familienband. Nun, meine Frau spielte in der High School Waldhorn, war aber nicht dabei geblieben, und meine Tochter spielt Flöte, aber eigentlich liegt ihr nicht viel daran. Ich selbst war Mitglied verschiedener Bands und spiele jetzt wie gesagt E-Gitarre, mit meinem Sohn am Schlagzeug.

Eines Tages machten mein Sohn und ich oben im Haus Musik. Mark Gorena, Jugendpfarrer und Freund, saß am Esstisch und sprach mit meiner Frau. Irgendwann verstummte die Unterhaltung. Von oben dröhnte unsere Musik herab. Mark sah zur Decke, deutete nach oben und sagte zu meiner Frau: »So umarmt dein Sohn seinen Papa, nicht wahr?«

Meine Frau nickte, mit Tränen in den Augen.

Wege zur Verbundenheit

Denkanstoß*:* Erinnern Sie sich an Ihre Kindheit. Wer war damals besonders nett und gut? Können Sie sich diese Menschen jetzt gleich ins Gedächtnis rufen?

Häufige Hindernisse: Oft verhindert alter Schmerz, dass wir uns an die glücklichen Momente unserer Kindheit erinnern. Ich habe das am eigenen Leib erfahren und weiß, dass meine schmerzlichen Erinnerungen meist packender – und dramatischer – sind als die harmonischen. Viele Menschen bewahren sich ihre glücklichen, erbaulichen und stärkenden Kindheitserinnerungen nur deshalb nicht, weil sie sich im Grunde von schmerzlichen Erinnerungen abschrecken lassen, was dazu führt, dass sie sich kaum oder gar nicht an ihre Kindheit erinnern.

Mögliche Schritte: Vor kurzem entdeckte mein fünfjähriger Sohn Tucker zu seiner großen Verblüffung, dass er mit dem Finger durch eine Kerzenflamme fahren kann, ohne sich zu verbrennen. Zunächst hatte er eine Heidenangst. Selbst nachdem er beobachtet hatte, dass ich mit meinem Finger mehrmals durch die Flamme ging, blieb die Angst. Aber als ich ihm gut zugeredet, ihm versichert und gezeigt hatte, wie ungefährlich es war, probierte er es doch. »*Irre*!«, rief er. »Das war ja einfach!« und wedelte mit dem Finger ein Dutzend Mal durch die Flamme.

Eine schmerzliche Kindheit kann wie eine Feuerwand wirken und die guten genau wie die bitteren Erinnerungen von Ihnen fern halten. Mit einem Ihnen wohlgesinnten Begleiter – zum Beispiel einem Ehepartner, einer Freundin, einem Bruder oder einer Schwester, einem Verwandten oder einer Therapeutin – können Sie die Macht dieser Feuerwand verringern. Selbst wenn es Ihnen nicht gelingt, die Feuerwand so weit zurückzudrängen, bis nur noch eine Kerzenflamme übrig ist, können Sie doch verhindern, dass das Feuer Sie ganz und gar von Ihrer Kindheit abschneidet. Es muss nicht sein, dass es Sie beim Durchschreiten verbrennt.

Erinnern Sie sich. Verbinden Sie sich mit den guten Seiten Ihrer Kindheit, finden Sie die Gesichter der Menschen, denen etwas an Ihnen lag und die Ihnen halfen. Schwimmen Sie noch einmal in dem alten See, spielen Sie auf dem alten Feld. Stellen Sie sich einfach vor, wie diese glücklichen Kindheitsaspekte ihre positive Kraft entfalten. Eine Kraft, zu der Sie unter Umständen seit Jahren keinen Zugang mehr haben.

Auch wenn Sie eine wunderbare Kindheit hatten, haben Sie sie vielleicht hinter sich gelassen und vergessen, wie viel positive Energie sie daraus ziehen können. Nehmen Sie wieder Verbindung zu dieser Zeit Ihres Lebens auf. Lassen Sie sich von Hoffnung und Energie durchströmen, die das ureigenste Geschenk der Kindheit sind. Setzen Sie sich unter einen Baum oder ans Feuer, kehren Sie im Geiste zurück und nehmen Sie die guten Aspekte Ihrer Kindheit in sich auf. Sie müssen nicht für immer verloren sein. Sie können jederzeit zurückkehren und sich »eine Dosis Jugend« holen.

KAPITEL 3
Familien

Die Eishockeynacht

In den fünfziger Jahren spielten die Boston Bruins ein paar Jahre lang immer am Abend des ersten Weihnachtsfeiertages im Boston Garden. Für die vier oder fünf Spiele, die es damals gab, hatte meine Großmutter Karten für die ganze Familie besorgt. Wir fuhren dann am Abend des ersten Weihnachtsfeiertages von ihrem Haus in Wiano auf Cape Cod bis nach Boston, sahen uns das Spiel an und kehrten dann nach Hause zurück. Das machten wir jedes Jahr, sogar nach dem Auszug meines Vaters. Diese Tradition hatte ihren Anfang, als ich ungefähr drei war, und endete, als ich ungefähr acht war, kurz vor meinen Umzug nach Charleston. Dank meiner Großmutter überlebte diese Familientradition eine Scheidung.

Diese Tradition verlieh meinem Leben großen Zauber. Sie müssen wissen, dass Weihnachten bei Grammy Hallowell schon an und für sich etwas Besonderes war. Aber der lange Ausflug in die Nacht zu einem professionellen Eishockeyspiel und schließlich die lange Fahrt nach Hause, sodass ich erst weit nach Mitternacht ins Bett kam, waren das Tüpfelchen auf dem i. Das Tollste vom Tollen. Es war wie ein Zauber.

Der Tag begann damit, dass meine Brüder, meine Mutter und ich zusammen mit meiner Cousine Lyn und meinem Cousin Jamie, mit Duckie und Onkel Jim von Chatham nach Wiano fuhren, das ungefähr 45 Autominuten entfernt war. Dad hatte uns bereits verlassen und lebte bei Grammy. Wir trafen ihn dort.

Die Geschenke hatten wir bereits zu Hause ausgepackt, aber in Wiano warteten noch Grammys Geschenke auf uns. Grammy war das einzige wohlhabende Familienmitglied (und eine Großmutter!), ihre Geschenke waren immer etwas ganz Besonderes.

Aber der Zauber dieses Tages lag nicht allein in ihren Geschenken. Er lag in der ganzen Atmosphäre des wunderbaren Hauses, den Schneewehen auf dem Grundstück, der langen, geschwungenen Auffahrt, der blaugrauen Bucht hinter dem Haus und dem großen, knisternden Feuer in seinem Inneren. Grammy hatte den größten offenen Kamin, den ich kannte. Es hätten leicht drei bis vier Leute darin Platz gehabt – nicht, dass jemand darin hätte sitzen wollen! Auch der Sims darüber war riesig, und an den beiden Enden befanden sich gewaltige Back- und Steuerbordlampen. Natürlich hingen bei unserer Ankunft Socken am Kaminsims. Ein riesiger Weihnachtsbaum stand im Salon zwischen Ess- und Wohnzimmer, und der Duft des von der schwedischen Köchin Gerda zubereiteten Essens lag in der Luft.

Nach dem Spaß des Geschenkeauspackens und nachdem wir Onkel Jim, dem ältesten anwesenden Herrn, beim Zerlegen des Truthahns zugesehen hatten, als wir den Truthahn und den von Gerda gezauberten Spezialnachtisch gegessen, ein kleines Nickerchen gemacht oder zumindest so getan hatten, als ob – da packten mein Vater und Grammy alle, die mitkommen wollten, in die Autos für die Fahrt zu dem großen Spiel.

Onkel Jim, Duckie und Mama fuhren dann gewöhnlich nach Chatham zurück. Ich habe nie verstanden, wie sie sich das Eishockeyspiel entgehen lassen konnten. Rückblickend bin ich mir sicher, dass es Mama unangenehm war, überhaupt bei

Grammy zu feiern. Schließlich war sie von Papa geschieden. Aber im Nachhinein rechne ich es ihr hoch an, wie elegant sie die Sache bewältigte. Ich spürte niemals irgendwelche Spannungen in der Luft – obwohl es bestimmt eine Menge davon gab.

Dad, Grammy, Jamie, Lyn, meine Brüder John und Ben und ich quetschten uns in so viele Autos wie nötig und machten uns auf den Weg. Manchmal waren auch unsere Cousins, die Heckshires aus Philadelphia, dabei.

Ich erinnere mich an jene Ausflüge, als wären es Transkontinentalexpeditionen gewesen. In meiner kindlichen Vorstellung war Boston weit, weit entfernt und das Stadion namens Boston Garden ein verzaubertes Königreich. Einen Teil der Fahrt vertrieben wir uns damit, dass wir Fragespiele oder ein Geographiequiz spielten: wie viele Länder, Bundesstaaten und Regionen ich wusste, die mit einem beliebigen Buchstaben begannen. Ich bin diesem Spiel zu großem Dank verpflichtet. Papa, der damals vor nicht allzu langer Zeit aus dem Krieg zurückgekehrt war, nannte beim Buchstaben E immer zuerst Elsass-Lothringen. Ich fand, das Wort klang eher nach einem Mädchennamen als nach einem Landesteil. Noch heute muss ich an meinen Vater und die Fahrten in den Boston Garden denken, wenn ich den Namen »Elsass-Lothringen« höre.

Auf der Fahrt erklärte Papa mir auch die Eishockeyregeln. Er sagte mir, was die rote Linie und die blauen Linien bedeuteten und was ein Abseits war. Alles, was ich über Eishockey weiß, hat er mir beigebracht. Papa hatte in Harvard rechter Flügel gespielt und war für seine hervorragenden Leistungen ausgezeichnet worden. Ich war sehr stolz auf ihn, und wenn ich bei Grammy zu Besuch war, sah ich mir oft die Alben an, die sie von jener Zeit angelegt hatte.

Mit der Ankunft in Boston begann der zweite Akt des magischen Spiels. Die Stadt. Das Parken. Die dunklen Straßen mit den hellen Lichtern. Papa, der mir erzählte, ich solle meine Karte ganz festhalten, damit sie mir niemand aus der Hand reißen konnte (welch ein Gedanke!). Meine Brüder und Cousins und Grammy und ich, wie wir die vielen Treppen zu unseren Plätzen im ersten Rang hinaufstiegen. Heute erstaunt es mich, dass Grammy in ihrem Alter die vielen Stufen schaffte, aber sie war eine Kämpfernatur.

Sie schaffte es immer, beinah ganz vorn im ersten Rang Plätze zu ergattern, sodass wir die gesamte Eisfläche überblicken konnten. Wenn die Bruins aus der Umkleide auf das Eis stürmten, brach ich mit den anderen Fans in Freudengeheul aus und hatte das Gefühl, in einen anderen Bewusstseinszustand versetzt zu sein – in einen Zustand reiner Freude. Akt drei. Das Geschehen auf dem Eis fesselte mich von der ersten bis zur letzten Sekunde. Nach jeder Spielzeit wünschte ich mir, ich könnte die Uhr zurückdrehen und sie noch einmal sehen. Ich wünschte, das Spiel würde ewig dauern.

Offenbar spielten die Bruins am Abend des ersten Weihnachtsfeiertags immer entweder gegen die Montreal Canadiens oder die New York Rangers. Die Canadiens in ihren rotweiß-blauen Uniformen sahen frisch und königlich aus, die Bruins machten in ihren schwarz-goldenen einen harten und mit allen Wassern gewaschenen Eindruck. Quer über die Vorderseite der dunkelblauen Ranger-Uniformen zog sich der Schriftzug »R-A-N-G-E-R-S«. Die weißen Buchstaben waren mit Rot abgesetzt und sahen beeindruckend aus – wie das bei einer Mannschaft aus New York eben sein sollte.

Jean Beliveau, die Nummer vier der Canadiens, ist mir noch ebenso gut im Gedächtnis wie John F. Kennedy. Beliveau hatte Charisma. Er war ein Gentleman in einem rauen Spiel, oder zumindest schien mir das so. Ich stellte mir vor, dass mein

Großvater Skipper so Eishockey spielen würde – wie ein Gentleman.

Aber auch die Kämpfe gefielen mir. Bei den Bruins gab es einen Haufen harter Kerle. Leo Boivin, ein Verteidiger, sah aus wie ein zwei Meter großer Hydrant auf Kufen. Angeblich war er der beste Hüftchecker, der je auf dem Eis gestanden hatte. Teddy Green, ebenfalls Verteidiger, war der stärkste Kämpfer der Mannschaft. Teddy Green gewann seine Zweikämpfe, auch wenn die Bruins meist verloren. Ich weiß noch, wie Vic Hadfield von den Rangers vom Eis ging, das Gesicht nach einem Kampf mit Teddy Green blutüberströmt. Das Blut machte mir Angst, aber Papa sagte, es sehe schlimmer aus, als es sei. Damals waren nur sechs Mannschaften in der Eishockeyliga, die Spieler trugen keine Helme, und Jacques Plante, der Torhüter der Canadiens, sorgte für Aufsehen, weil er als erster Torhüter eine Maske trug.

Nach jeder zwanzigminütigen Spielzeit rollte ein Gefährt namens Zamboni auf das Eis. Der Zamboni entfernte die Splitter, sprühte einen dünnen Wasserfilm auf das Eis und verlieh der Eisfläche so einen glänzenden neuen Überzug. Ich liebte es, zu sehen, wie der Zamboni die aus dem Eis gefetzten Splitter wegfegte und die Scharten mit etwas ausbesserte, das wie reines Glas aussah. Am Abend des ersten Weihnachtsfeiertages hatte der Fahrer des Zamboni eine Nikolausmütze auf dem Kopf, und das ganze Publikum spendete ihm tosenden Applaus, wenn er vom Eis fuhr und mit der Mütze in der Hand in die Menge winkte. Ich weiß noch, dass ich ihn für einen sehr netten Mann hielt. Einmal fragte ich meinen Vater, ob ich eines Tages den Zamboni fahren dürfe. Ich weiß nicht mehr, was er gesagt hat. Ich glaube, es war mir auch egal. Ich war einfach glücklich, bei dem Spiel zu sein.

Nach dem Eishockey begann der vierte Akt des magischen

Spiels. Gewöhnlich gingen die Bruins geschlagen vom Eis, und wir applaudierten – ganz gleich, ob sie gewonnen oder verloren hatten. In meiner Jugend legte man sehr viel Wert auf sportliches Verhalten. Dann führten Papa und Grammy uns die vielen, vielen Stufen zur Causeway Street neben dem Nordstadion hinunter. Die meisten Besucher liefen zu den Zügen, die sie nach Hause bringen würden, aber wir gingen zum Parkplatz und zu unseren Autos. Nun hatte ich keine Karte mehr, die ich umklammern konnte. Ich hielt nur noch die Hand meines Vaters, der uns durch die Menge führte. Meist mussten wir über alten Schnee oder Schneematsch steigen oder springen, und natürlich mussten wir den Bostoner Fahrern ausweichen.

Nachdem wir gut auf dem Rücksitz des Wagens verstaut waren, baute ich mir meinen Kokon, in dem ich vor der Kälte und dem Schnee und den gefährlichen Fahrern sicher war. Auf dem Rücksitz des großen Chrysler, den Papa nun ins so viele Meilen entfernte Wiano zurückchauffierte, war ich in Sicherheit.

Wir fuhren in die Nacht. Ich kuschelte mich an Lyn oder Jamie oder einen meiner Brüder und lauschte noch ein paar Minuten dem Gespräch, bis mir die Augen zufielen. Noch immer sehe ich die Rücklichter der Autos vor mir, eine rote Schlange auf dem Weg nach Süden.

Später fuhr ich mit Vater, Jamie und Lyn und ihrem Mann Tom noch oft zu Spielen der Bruins. Ich hatte das Vergnügen, einen jungen Spieler namens Bobby Orr in die Liga aufsteigen zu sehen, der das Spiel stärker bestimmte als alle anderen vor ihm. Bobby Orr hatte ebenso viel Klasse wie Jean Beliveau, war genauso innovativ wie Jacques Plante und der aufregendste Spieler, den ich je in irgendeiner Sportart gesehen habe.

Aber so gern ich Bobby Orr auch im Boston Garden Eishockey und nach ihm Larry Bird Basketball spielen sah, am hellsten strahlte doch das magische Leuchten jener Weihnachtsabende vor Orr und Bird in meiner Erinnerung. Ein paar Jahre lang hatten wir eine Familientradition. Ein paar Jahre lang feierte ich jedes Weihnachtsfest mit meinem Vater. Ein paar Jahre lang war ich wunschlos glücklich.

Inzwischen weiß ich, dass ein paar Jahre genügen. Sie können genug sein für ein ganzes Leben. Man kann sie sogar wiederaufleben lassen.

Überrascht es Sie da, zu hören, dass ich angefangen habe, einmal im Jahr mit Lucy, Jack, Tucker und Sue zu einem Spiel der Bruins zu fahren? Die Bruins spielen nicht mehr an Weihnachten, die Spieler können den Feiertag mit ihren Familien verbringen. Aber wenn ich mit meinen Kindern zu einem Spiel der Bruins fahre, ist das für mich wie Weihnachten – auch wenn die Bruins nicht mehr im Boston Garden, sondern einem anderen Stadion spielen. Ich sehe den alten Mann auf seinem Zamboni, ich sehe den Schatten Jean Beliveaus, ich sehe Grammy mit ihren dürren Beinchen problemlos die Treppen hinaufklettern, und ich sehe Boivin, Green und den Rest der alten, knallharten Mannschaft. Ob sich für den Ausflug im nächsten Jahr wohl ein 1950er Chrysler auftreiben ließe?

Mein Bruder John Hallowell

Ich möchte das Augenmerk für einen Moment auf das Jahr 2000 lenken, als ich eine über einen Zentimeter dicke Dreckkruste aus Staub, Schmutz und toten Insekten entfernte, die sich in der gläsernen Deckenlampe im Schlafzimmer meines Bruders angesammelt hatte.

Mein Bruder John, den ich »Johnny« nenne, ist acht Jahre

älter als ich. Er lebt zusammen mit einer Frau namens Anne in einer kleinen Wohnung in Cambridge. Aus Gründen, auf die ich noch näher eingehen werde, können die beiden ihren Haushalt nicht besonders gut führen. Die Familie unterstützt Johnny auf mancherlei Weise. Eines Tages erzählte uns Jamie, das Chaos in Johnnys Wohnung drohe überhand zu nehmen, und so rückten Lyn, Tom, Jamie, Sue und ich zur »Operation Saubermann« an. Da Sue und ich zuletzt eintrafen, wurde ich mit der Deckenlampe belohnt.

Um zu verstehen, warum Johnny seine Wohnung nicht sauber halten konnte und die Schlafzimmerlampe so verdreckt war, brauchen Sie einige Hintergrundinformationen.

Johnny war immer nett zu mir, aber wir lagen altersmäßig so weit auseinander, dass wir nicht zusammen spielten; und er war fast so etwas wie ein Fremder für mich. Ich erinnere mich daran, dass er für mich die Briefe an den Weihnachtsmann schrieb, und ich weiß noch, dass er mir Gute-Nacht-Geschichten erzählte – nicht nur, weil er gut erzählen konnte, sondern auch, weil er beim Erzählen häufig aufstoßen musste und dann ein paar unangenehme Sekunden lang der Geruch des Abendessens in der Luft hing. Aber für eine von Johnnys Geschichten nahm ich das gern in Kauf.

Johnny war vor mir an der Reihe und legte eine kometenhafte schulische Karriere hin, die in einem Harvard-Studium gipfelte. Während seiner Zeit in Harvard war er der Star der Familie, und für die Ehre, die er unserer Familie damit machte, zollte ihm unsere Grande Dame Grammy Hallowell große Anerkennung. Im vorletzten Jahr seines Studiums wurde er Mitglied der Studentenverbindung Phi Beta Kappa, eine Ehre, die nur sechzehn Harvard-Studenten eines Jahrgangs zuteil wird. In seinem letzten Jahr schrieb er dann eine Arbeit über

Charles Dickens, die ihm einen Abschluss mit der bestmöglichen Note, summa cum laude, einbrachte. Er schloss sein Studium als einer der Besten seines Jahrgangs ab und bekam ein Forschungsstipendium für England. Ein Jahr lang nahmen ihn C. P. Snow und seine Frau, die Schriftstellerin Pamela Hansford Johnson, unter ihre Fittiche. Lord und Lady Snow – sie waren Mitglieder des britischen Oberhauses – vergötterten meinen Bruder und zweifelten ebenso wenig wie die Leute in Harvard daran, dass ihn bald auch der Rest der Welt vergöttern würde.

Aber als Johnny aus England zurückkam, kehrte er der akademischen Laufbahn den Rücken und fing stattdessen bei der Zeitschrift *Life* an. Er liebte das Theater und die berauschende Welt der »Stars«, arbeitete in Hollywood und war erfolgreich dort. Er schrieb zahlreiche Titelgeschichten für *Life* sowie das Buch *The Truth Game* über Hollywood und seine Stars.

Er war ein begnadeter Autor. Ich war acht Jahre jünger, ein angehender Schriftsteller und bewunderte ihn ob seines Talents. Johnny hatte das Auge eines Reporters, aber das Feingefühl eines Dichters. In der Hollywood-Berichterstattung ist diese Mischung eher selten, und ich denke, das machte Johnnys Texte so gut.

Aber nach ein paar Jahren in Hollywood gab es einen Kurzschluss in seinem Gehirn. Er hatte die manisch-depressive Erkrankung unseres Vaters geerbt, und als sie sich bemerkbar machte, tat sie das mit Vehemenz. Johnny wurde schnell verrückt. Man wies ihn in die Camarillo-Klinik in Kalifornien ein und behandelte ihn mit Elektroschocks, was damals meist ohne Betäubung geschah und quasi auf Folter hinauslief. Johnny ist immer noch wütend darüber, wie man ihn dort behandelt hatte.

Die Familie holte ihn bald aus der Klinik heraus und nach

Cambridge zurück. Es war mein zweites Jahr in Harvard. Ich fuhr mit Jamie und Duckie zum Flughafen, um Johnny abzuholen. Ich hatte ihn noch nie so gesehen. Eigentlich hatte ich noch nie jemanden in solch einer Verfassung gesehen. Es machte mir Angst, wie verrückt er aussah. Er warf wilde Blicke um sich, rauchte Kette, lief auf und ab, zog allerlei falsche Schlüsse, gab uns – seiner Familie – die Schuld an seiner misslichen Lage und murmelte in unvollständigen Sätzen etwas von komplizierten Verschwörungen, die gegen ihn im Gange seien. Angeblich steckte Howard Hughes hinter einigen davon, andere sollten von Hollywood-Moguln, Agenten, Stars und Autoren angezettelt worden sein. Einmal hielt er sogar mich für einen Verschwörer. Ausgelöst wurde diese Wahnvorstellung von einer Streichholzschachtel, die auf dem Boden lag und auf deren Deckel der Schriftzug »King Edward Cigars« zu lesen war. (Ich heiße Edward, Ned ist mein Spitzname.)

»Du hältst dich also für einen König, Edward?«, knurrte er mich an. »Nun, das werden wir ja sehen.«

Johnny war verrückt. Die Krankheit ist Teil des genetischen Erbes meiner Familie. Sie veränderte sein Leben für immer. Vorbei waren die Höhenflüge. Aber wenn man bedenkt, wohin sie ihn gebracht hatten, hatte das vielleicht auch sein Gutes.

Die Ärzte stellten eine manisch-depressive Erkrankung fest, und er bekam Medikamente, auf die er – gottlob! – gut ansprach. Allmählich normalisierte sich sein Denken wieder, und er wurde aus dem Krankenhaus entlassen. Bald darauf gestand er sich ein, dass er Alkoholiker war. Er besuchte Meetings der Anonymen Alkoholiker und lernte dort die Frau kennen, die zur Liebe seines Lebens wurde.

An und für sich ist diese Beziehung kurios, denn Johnny war und ist schwul. Aber als er der älteren, geschiedenen Anne begegnete, die bereits erwachsene Kinder hatte, geschah etwas

Merkwürdiges: Sie verliebten sich ineinander. Anne ist intelligent und witzig, und genau wie Johnny liebt sie Literatur und Filme. Doch die Anziehung zwischen ihnen ging sehr viel tiefer. Offensichtlich war sie nicht sexueller Natur. Ich denke vielmehr, sie wussten, dass sie einander auf ihre eigene, bizarre Art helfen konnten. Man könnte sagen, Gottes Gnade hat sie zusammengeführt.

Ich bin mir nicht sicher, worauf ihre Beziehung tatsächlich beruht, aber Anne ist eine Art Karikatur unserer Mutter. Jedenfalls leben Johnny und Anne inzwischen seit mehr als zwanzig Jahren zusammen. Anne benötigt sehr viel körperliche Pflege, die Johnny ihr gibt. Johnny bringt sie zum Friseur, und wenn Anne nicht laufen kann, schiebt er sie im Rollstuhl den Gehsteig entlang. Anne hat Herz-Kreislauf-Probleme, und Johnny massiert ihr die Füße und geht regelmäßig mit ihr zum Arzt. Anne wiederum vergöttert Johnny und schenkt ihm ihre beträchtliche Liebe und Zuneigung.

Jamie, der Johnny von allen Familienmitgliedern am nächsten steht, sieht seit Jahren einmal die Woche bei Johnny und Anne nach dem Rechten. Meist isst er sonntags mit Johnny zu Mittag, überzeugt sich davon, dass es ihm gut geht, und greift ein, falls nötig – die Bandbreite der Aufgaben reicht von Terminvereinbarungen mit dem Psychiater bis hin zur Hilfe beim Kleiderkauf und zu emotionaler Unterstützung. Jamie ist ihr Schutzengel, und die übrige Familie springt ein, wenn Jamie uns wissen lässt, dass Not am Mann ist.

Im Laufe der Jahre wurden Anne und Johnny körperlich schwächer, aber ihre Liebe wurde immer stärker. Die beiden sind ein ziemlicher Anblick – Anne spart nicht mit Lippenstift, und Johnny ist mit der Rasur gewöhnlich ein paar Tage in Verzug – aber sie wollen ja keinen Schönheitswettbewerb gewinnen. »Wir sind bloß zwei alte Spinner«, sagen sie stolz und schämen sich ihrer Kämpfe kein bisschen. Ganz im Gegenteil, sie sind stolz darauf, es geschafft zu haben, und das zu Recht. Anne ist seit dreißig, Johnny seit 25 Jahren trocken.

Als ich neulich die Huron Avenue in Cambridge entlangfuhr, fiel mein Blick auf einen Fußgänger. Er hatte ausgebeulte dunkelblaue Bermudashorts, ein rotes Karohemd, Turnschuhe und weiße Socken an. Seine Schritte waren schwerfällig, als sei er außer Atem oder das Gehen falle ihm schwer. Es war mein Bruder John.

Ich fuhr langsam neben ihm her, hupte und winkte. Für den Bruchteil einer Sekunde schien die Zeit stehen geblieben zu sein. Er sah auf, lächelte mich freundlich an, was so viel wie »Hi, Neddy« heißen sollte, und winkte. Plötzlich war ich wieder zehn und Johnny wieder achtzehn Jahre alt. Das ganze Leben lag noch vor uns.

Doch dann kehrte ich in die Gegenwart zurück, war wieder fünfzig, er 58. Er blieb nicht stehen, und ich fuhr weiter. Ich hielt nicht an, weil ich wusste, dass er nur auf dem Weg zum Laden an der Ecke war und diesen Spaziergang genoss. Ich schüttelte verwundert den Kopf. Johnny war gebrechlich, das Gehen fiel ihm schwer, und dennoch machte er seine Besorgungen, holte dies oder jenes für Anne und freute sich auch noch darüber. Er hatte die Liebe seines Lebens gefunden, und es machte ihn glücklich, sie glücklich zu machen. Johnnys Leben drehte sich nur noch um die Liebe.

Jahrelang, sogar nach dem Ausbruch seiner Krankheit, hatte es mehr für ihn gegeben. Johnny unterrichtete Gasthörer der Universität Harvard im kreativen Schreiben und war als Lehrer sehr beliebt. Er arbeitete als Sekretär in einer Nervenklinik, wo ich ebenfalls ein paar Jahre als Psychiater beschäftigt war. Später half er eine Zeit lang in einem der Obdachlosenheime

Bostons. Für keine Arbeit war er sich zu gut. Der eine oder andere meint vielleicht, in einem Obdachlosenheim oder als Sekretär in einer Nervenklinik zu arbeiten sei unter der Würde eines Mannes, der sein Harvard-Studium summa cum laude abgeschlossen hat. Aber Johnny nahm diese Jobs an und erledigte seine Arbeit mit Stolz. Schließlich musste er für den eigenen Unterhalt und für Anne, die Liebe seines Lebens, sorgen.

Mit 57 erlitt er einen Schlaganfall. Aufgrund der Folgeschäden wurde er arbeitsunfähig. Dieser tapfere, außergewöhnliche, brillante Mann war gezwungen, mit dem Arbeiten aufzuhören. Er beantragte Sozialhilfe, die ihm zustand und die man ihm auch bewilligte. Von diesem Geld leben er und Anne nun, mit etwas Hilfe von Lyn, Jamie, Sue und mir sowie von Annes Kindern. Johnny kommt immer noch allein zurecht. Er geht immer noch zum Einkaufen in den Laden. Er massiert immer noch Annes Füße. Er liest und schreibt noch immer. Aber er musste einen Gang zurückschalten. Er ist nicht mehr so leistungsfähig wie früher. Er spricht jetzt langsamer und verschluckt Wörter, aber er weiß immer noch mehr über das Werk von Charles Dickens als die meisten anderen. Worum man ihn auch bittet, er versucht, es zu tun. Er schafft nur nicht mehr alles.

Deshalb rückte die Familie an jenem Tag zum Hausputz an. Nachdem Jamie verkündet hatte, dass Hilfe vonnöten war, hatte sich Lyn um die Organisation gekümmert. In mancherlei Hinsicht hat sie Grammy Hallowells Rolle als weibliches Familienoberhaupt übernommen.

Die Arbeit war nicht besonders angenehm. Als ich die Lampe unter den Wasserhahn hielt, konnte ich kaum glauben, wie viel Dreck sich angesammelt hatte. Die Masse war zäh und klumpig wie Hüttenkäse, nur eben schwarz. Offenbar moderten die Insekten schon seit Jahren dort oben vor sich hin. Ich zeigte die Lampe Lyn und Tom, und sie meinten, in den Ecken und Nischen hinter den Sesseln, Tischen und Schreibtischen hätte es noch schlimmer ausgesehen. Sie waren schon viel länger da als ich.

Lyn kannte Johnny auch schon länger. In ihrer Jugend war sie seine beste Freundin gewesen. Johnny hatte die anfänglichen Turbulenzen in unserer Familie am stärksten zu spüren bekommen und in Lyn eine großartige Verbündete gefunden. Verdreht, wie er war, hatte Onkel Noble sie eines inzestuösen Verhältnisses beschuldigt. Der Vorwurf war völlig aus der Luft gegriffen, aber er entfremdete Johnny ganz und gar von Onkel Noble, Mama und mir, als Mama noch mit Onkel Noble verheiratet war.

Später schlossen auch Jamie und Johnny enge Freundschaft. Weil ich der Jüngste und das Nachzüglerkind war, lernten Johnny und ich uns nie wirklich kennen. Aber wir liebten einander – wenn auch aus einer gewissen Distanz.

Indem ich den Dreck wegschrubbte, nahm ich, der Nachzügler, meinen Platz im Familienunternehmen zur Unterstützung Johnnys ein. Es war ein besonders harter Tag. Lyn hatte gerade erfahren, dass sie möglicherweise an multiplem Myelom erkrankt war; das ist eine Tumorerkrankung, die vor allem das Knochenmark und den Knochen befällt. Trotzdem kamen sie und Tom, um zu helfen. Wie sich später herausstellte, litt Lyn nicht an multiplem Myelom, aber an jenem Tag kannte sie die Testergebnisse noch nicht. Dennoch war sie da und machte bei Johnny und Anne sauber.

Ich sah über die Schulter nach Lyn und Tom und Jamie und Sue, warf einen vorsichtigen Blick auf Johnny und Anne, die wie verängstigte Katzen auf ihrem Bett saßen, während wir arbeiteten, und dachte daran, wie sehr ich meine Familie liebte. Da waren Lyn und Tom, die mit dem Verdacht auf eine tödlich verlaufende Krankheit fertig werden mussten, und halfen Johnny und Anne, die seit Jahren mit potenziell tödlich verlaufenden Krankheiten zu tun hatten. Johnnys treuer, alter Kumpel Jamie tat das Seine. Und dann war da noch Sue, die neu im Clan war, aber tüchtig mit anpackte.

Diese alte Familie der weißen Mittelschicht, die mit der genetischen Veranlagung zu Alkoholismus, Geisteskrankheiten und Höflichkeit kämpft, hat im Laufe der Jahre so viele harte Zeiten durchgemacht, dass sie dabei gut und gern ihre gute Laune und ihren Mut hätte verlieren können. Aber so weit war es nicht gekommen. Wie ich so an der Lampe herumschrubbte, war ich stolz. Stolz auf uns alle. Keiner von uns war berühmt, aber jeder hatte irgendwann seinen Teil getan. Wir hatten uns nicht unterkriegen lassen, waren immer füreinander da gewesen, genau wie jetzt.

Ein Soziologe würde sich unsere Familie ansehen und vielleicht sagen, wir hätten in den letzten zwei Generationen unsere Gesundheit, unseren Reichtum und unseren Einfluss eingebüßt und zeichneten uns nun durch Geisteskrankheiten, wenig Geld und keinerlei Einfluss aus. Aber die Dinge, die wirklich zählen – ein mutiges Herz und ehrliches Bemühen –, besitzen wir noch immer im Überfluss.

Johnny und Anne sind seit über zwanzig Jahren füreinander da. Sie sind mit größeren Schwierigkeiten fertig geworden, als die meisten Menschen je erleben werden. Ich habe große Ehrfurcht vor ihnen, vor Johnny und Anne. Sie sind nicht verheiratet, aber niemand könnte hingebungsvoller und treuer sein. Da ist dieser Mann, John Hallowell, der in Harvard und in Hollywood ein Star war und nun in den letzten Tagen seines

Lebens von der Hand in den Mund lebt. Nicht die Augen der Welt, sondern die Augen der Frau, die er liebt, sind auf ihn gerichtet. Da ist mein Bruder, zu dem ich »Johnny« sage, der seiner Rolle als guter Bruder nicht dadurch gerecht wird, dass er Ruhm und Reichtümer nach Hause bringt, sondern indem er uns – zumindest in der zweiten Hälfte seines Lebens – zeigte, wie man ein Leben für die Liebe lebt. Ein Leben, in dem er gegen große Widerstände zu kämpfen hatte. Ein Leben, in dem er sich zwei potenziell tödlich verlaufenden Krankheiten stellen musste – seiner manisch-depressiven Erkrankung und dem Alkoholismus – und den Sieg davontrug.

Hier ist Johnny, ein Sieger, obwohl er das große Potenzial, das er als Harvard-Student gezeigt hatte, nicht ausschöpfte. Stattdessen erreichte er sehr viel mehr. Er schöpfte sein Liebespotenzial aus.

Hoch sollst du leben, Johnny. Dreimal hoch!

Johnny, ich bin stolz, dein Bruder zu sein. Sehr, sehr stolz.

Und Familie, verrückte Familie, ich bin stolz darauf, einer von euch zu sein.

Meine Mutter

Ich sehe meine Mutter so deutlich vor mir, als wäre sie noch immer vierzig und ich sechs. Sie steht in der Tür unseres Hauses in der Bridge Street in Chatham und winkt mir zum Abschied zu, als ich in den Schulbus steige. Sie trägt eine rosa Bluse, einen weißen Faltenrock, einen dunkelblauen Gürtel und eine einreihige Perlenkette. Ohne mir dessen bewusst zu sein, weiß ich in diesem Augenblick, dass das, was meine Mutter stets zu mir gesagt hat, wahr ist: »Ich werde dich immer lieben – wo du auch hingehst und was immer du tust.«

Wenn ich jetzt zurückblicke und meine Mutter mit den Augen des kleinen Jungen im Schulbus ansehe, kann ich fühlen, was ich damals gefühlt habe: die Wärme ihrer bedingungslosen Liebe. Wenn man sechs ist und weiß, man wird von der eigenen Mutter absolut und bedingungslos geliebt, ist das einer der größten Pluspunkte, die man im Leben überhaupt haben kann. Mehr Schutz ist möglicherweise gar nicht nötig.

Diese Erfahrung ist deshalb so wertvoll, weil sie unvergänglich ist. Wie ich selbst und die meisten anderen Menschen werden Sie später vermutlich alles Mögliche über Ihre Mutter herausfinden, was sie in Ihren Augen schrumpfen lässt und beweist, dass sie auch nur ein Mensch oder sogar ein böser Mensch ist. Wenn Sie aber schon früh jene uneingeschränkte Liebe gespürt haben, ist das wie eine Impfung gegen die Verzweiflung, wie eine unvergängliche Dosis Vertrauen ins Leben. Wie damals kann ich in den Augen meiner Mutter einen Ausdruck sehen, der sagt: »Wo du auch bist, was du auch tust, ich werde dich immer lieben.« Ich glaube, durch Augen wie diese schickt Gott uns die Botschaft seiner Liebe. Mehr brauchen wir wirklich nicht.

Als sei er von Gott inspiriert, war dieser Blick aus den Augen meiner Mutter mehr als nur ein Blick. Er veränderte mein Denken für immer. Er löste eine lange Kettenreaktion zwischen Neurotransmittern, Hormonen, Endorphinen, Wachstumsfaktoren, Immunglobulinen und anderen positiven Faktoren aus, die mich mit dem Gefühl erfüllte, dass das Leben gut war, was die nächste Minute, die nächste Stunde, der nächste Tag auch bringen mochten. In den folgenden Jahren hatte ich mit vielen Zweifeln zu kämpfen. Ich musste mich durch Phasen der Unsicherheit und des Aufruhrs quälen. Aber das Gefühl, das mir diesen Blick meiner Mutter hatte zuteil werden lassen, ging niemals gänzlich verloren.

Mütter, Väter, Großeltern, Lehrer, Trainer, sogar Haustiere können Kindern diesen Blick in einzelnen Momenten schenken. Ein paar dieser Blicke halten lange, lange Zeit vor.

Ich weiß nicht, warum ich mich gerade an jenen Tag erinnere und sogar daran, was meine Mutter anhatte, aber es ist so. Kindheitserinnerungen sind merkwürdig. Oft erinnern wir uns nicht an die Dinge, die wir in unser Gedächtnis zurückrufen wollen. Stattdessen fällt uns etwas anderes ein, von dem wir niemals gedacht hätten, dass es einen bleibenden Eindruck hinterlassen würde. Jener Tag, als ich sechs Jahre alt war, war ein Tag wie jeder andere in meinem Leben als Erstklässler. Aber ich sehe meine Mutter, das weiße, mit Schindeln verkleidete Haus, die Fliederhecken und sogar die Maiglöckchen unter den Fliederbüschen so deutlich, als wären sie da, wenn ich heute nach Hause käme.

Aber sie sind nicht mehr da. Auch meine Mum lebt nicht mehr. Das Haus steht noch, aber es hat inzwischen mehrmals den Besitzer gewechselt. Die Fliederbüsche sind noch da und sogar die Maiglöckchen. Aber ich bin nicht mehr da. Und auch meine Kindheit ist vorbei. Aber der Blick, den mir meine Mutter zuwarf, ist noch da, und er ist noch immer ein Teil von mir.

Meine Mutter – Dorothy McKey Hallowell, ihre Freunde riefen sie »Doffie« – war die glücklichste und zugleich traurigste Frau, die ich kenne.

Die nackten Tatsachen – ihr erster Mann, mein Vater, wurde verrückt, ihr zweiter Mann entpuppte sich als gewalttätiger Alkoholiker – passen nicht zu dem, wie es hätte sein sollen. Die nachfolgende Beschreibung stammt aus dem High-School-Jahrbuch von 1934:

»Dorothy McKey
26. Juni 1915, ›Doffie‹
45 Ledges Road, Newton Centre

›Habt ihr schon einmal einen wandelnden Traum gesehen?‹

Alle Streifenwagen im Einsatz – Aufruhr in der Ledges Road bei Harvard! Der Grund? Doffie McKey natürlich. Habt ihr diese Haare, dieses Gesicht, diese Augen – und diese Figur gesehen? Und obwohl ihr ganz Harvard den Hof macht und sie noch tausend andere Verpflichtungen hat, ist Doffie bei allen Schulveranstaltungen mit von der Partie. Die Sporthalle hat ihrer Energie und ihrem Elan viel zu verdanken, und was würde aus der achten Klasse ohne ihre fröhliche Begrüßung am Montagmorgen? Wenn wir an das kommende Jahr denken, tut ihr uns jetzt schon Leid. In den Wochen, in denen wir jetzt ohne Doffie auskommen mussten, haben wir nämlich festgestellt, wie schwer der Alltagskampf fällt, wenn ihr fröhliches, lebhaftes und energisches Wesen fehlt, um uns aus den trübsinnigsten Situationen zu reißen.«

Leider wurde das Leben meiner Mutter eine ziemlich trübselige Angelegenheit. Sie war dazu geboren, eine glückliche Braut zu sein und ein glückliches Leben zu führen. Sie war dazu geboren, Kinder großzuziehen und einen Ehemann glücklich zu machen. Die Frauenbewegung drang niemals zu ihr durch, und sie hätte es auch nicht gewollt. Sie wollte Kissen aufschütteln, schüchtern lächeln und warmherzige, aufmunternde Worte sagen. Aber der Traum wurde niemals Wirklichkeit. Zumindest nicht für lange.

Sie selbst bezeichnete sich als »hoffnungslos optimistisch«, und sogar als ihr Leben von einem Problem ins nächste trudelte, verlor sie nie den Glauben daran, dass bessere Zeiten kommen würden.

Sie glaubte an den »Vogel des Glücks«, wie sie es nannte. Sie glaubte an Gott und lehrte mich früh, dass Gott überall ist und alle Menschen bedingungslos liebt. Aber in die Kirche ging sie nur selten. Nach ihrer zweiten Scheidung verließ sie kaum noch das Haus. Sie trank, wurde alkoholkrank und lebte am Ende von der Sozialhilfe.

Aber sie verlor weder ihr Stilgefühl (schließlich war sie einmal eine wunderschöne Debütantin gewesen, über die man auf den Gesellschaftsseiten der Bostoner Zeitungen berichtet hatte – fast so, wie es in ihrem Jahrbuch stand), noch wurde sie je müde, zu betonen, dass ehrlich am längsten währe, in jedem Menschen ein guter Kern stecke und die Boston Red Sox die beste Mannschaft der Welt seien.

Eines kalten, regnerischen Apriltags ging meine Mama mit mir zu einem Spiel der Red Sox. Ich war ungefähr zwölf. In der zweiten Halbzeit des neunten Innings stand es fünf zu null, und die Red Sox standen kurz vor der Niederlage. Ich sagte: »Gehen wir.« Aber meine Mutter erwiderte: »O nein, man verlässt ein Spiel niemals, bevor es vorbei ist.« Ich machte mich über sie lustig und sagte ihr, wenn sie eine Ahnung von den Red Sox hätte, wüsste sie, dass sie das niemals aufholen könnten. Sie antwortete: »Du wirst schon sehen.«

Ehe ich mich's versah, hatten sie drei Punkte gemacht, und die Chancen standen gut. Doch dann gab es zweimal Aus, und Roman Mejias war an der Reihe. Die Red Sox hatten Pete Runnels, einen meiner Lieblingsspieler, verkauft, um Roman Mejias zu bekommen. Ich hielt nichts von ihm. »Los, Roman!«, rief meine Mutter. Ich war schockiert, dass sie überhaupt seinen Namen wusste. »Er taugt nichts«, murmelte ich.

Erster Strike. Der Ball flog im Bogen auf Roman zu und ließ ihn zur Salzsäule erstarren. Er sah einfach zu.

Zweiter Strike. Roman holte aus wie ein Betrunkener in einer Wirtshausschlägerei und haute daneben.

Ich wollte gerade aufstehen und enttäuscht und angewidert gehen, da schlug Roman Mejias einen gigantischen geraden, schnellen Flugball, lang und tief, direkt in die rechte Feldmitte, über den aufspringenden, aber aussichtslosen Mittelfeldspieler hinweg, in die hinterste Ecke von Fenway Park. Überglücklich lief Roman bis zum dritten Base, während der Punktestand nach oben ging. Die Red Sox gewannen sechs zu fünf.

Mum sah mich an und sagte: »Ich bin nicht der Typ, der ›Ich hab's dir ja gesagt‹ sagt, aber …« Der Ausdruck siegreicher Entschlossenheit auf ihrem Gesicht wird mir immer in Erinnerung bleiben.

Diese hoffnungslose Optimistin ließ die Hoffnung nie fahren. Sie munterte alle Menschen auf, auch noch gegen Ende ihres Lebens, als sie selbst schon so schwach war.

Ich hatte Schuldgefühle, weil ihre letzten Jahre so einsam und traurig waren. Wieso war es mir nicht irgendwie gelungen, sie glücklich zu machen? Und welches Recht hatte ich auf ein glückliches Leben, wenn sie in Chatham saß, trank und davon träumte, dass ein Mann in ihr Leben trat, der niemals kam?

Mama lernte meine zweite Frau Sue kennen, und sie mochte sie, aber unsere Kinder hat sie nie gesehen. Sie starb zu früh. Was für ein Pech! Sie wäre eine wunderbare Großmutter gewesen.

Meine Mutter starb mit 72 Jahren. Seither habe ich sie oft vor mir gesehen, wie sie an der Tür stand und mir zum Abschied zuwinkte, als ich sechs und sie vierzig war. Obwohl sie ein so schweres Leben gehabt und obwohl sie viele Enttäuschungen erlitten hatte, gab sie mir stets die Gewissheit, dass sie vorbehaltlos hinter mir stand. Der Liebe meiner Mutter war ich mir so sicher, wie ich wusste, dass die Sonne heiß ist. Es gab keine Einschränkungen, keine Frage, keine halbe Sekunde habe ich an ihrer Liebe gezweifelt. Sie konnte mir weder Geld noch ein stabiles Zuhause geben, aber sie gab mir, was sie hatte. Sie machte mir das größte Geschenk, das Eltern ihrem Kind machen können: Sie schenkte mir ihre unerschütterliche, bedingungslose Liebe.

Das Ende einer Ära

Grammy Hallowell, die Grande Dame meiner Familie, hielt auf ihrem Anwesen in Wiano Hof. Es war mir ein Leichtes, Skipper und Grammy McKey zu besuchen, aber ein Besuch bei Grammy Hallowell war eine bis ins kleinste Detail durchorganisierte Angelegenheit. Wir mussten von Chatham ins knapp fünfzig Kilometer entfernte Wiano fahren. Für ein kleines Kind war das eine lange Reise. Es war wie der Besuch in einem ganz besonderen Königreich.

Vieles an Grammys Leben war typisch für das Leben der Reichen. Sie züchtete Rosen. Ihr Anwesen lag direkt am Wasser. Jenseits des Rasens und der Gartenanlagen befand sich ein Croquetfeld. Ihr Haus war weitläufig und voller Hausangestellter. Ich konnte mir morgens mein Frühstück »bestellen«, und ich werde Gerdas gigantische Rühreier niemals vergessen. (Ihr Trick bestand darin, dass sie die Eier nicht mit Milch, sondern mit Sahne verrührte. Das machte sie so geschmeidig und üppig wie Pudding.)

Das Abendessen war eine komplizierte Angelegenheit.

Meine erste Begegnung mit Fingerschalen werde ich niemals vergessen. Jamie und ich waren aus Chatham gekommen, um das Wochenende bei Grammy zu verbringen. Sie hatte noch weitere Gäste zum Abendessen, sodass ungefähr achtzehn Leute um den langen, glänzenden Esstisch saßen. Die Kerzen flackerten, die Dienstboten trugen auf, und man brachte mir bei, wie man das Essen von der Platte, die ein zu meiner Linken stehender Angestellter hielt, auf den eigenen Teller legte. Ich war vier. Das alles kam mir ziemlich seltsam vor.

Jamie, mein Berater in allen Lebenslagen, war sechs. Bei Suppe und Hauptgang hatte er sich wacker geschlagen, aber als der Hauptgang abgetragen war, wurde eine Schale mit Wasser vor mich hingestellt. Im Wasser schwamm etwas, das wie eine Löwenzahnblüte aussah. Ich beobachtete, dass auch die anderen eine Schale mit Wasser und einer Löwenzahnblüte bekamen. Ich warf einen Blick auf Jamie, der sich mit seiner Sitznachbarin unterhielt. Da ich es nicht besser wusste – schließlich war mein Berater Jamie anderweitig beschäftigt –, griff ich zum Besteck und fing an, das Wasser zu löffeln, als wäre es eine Suppe. Ich dachte, das Wasser mit der Löwenzahnblüte sei die Nachspeise.

Nun, der ganze Tisch hat sich köstlich darüber amüsiert. Es war einer jener Augenblicke, in denen die Erwachsenen kaum zu fassen vermögen, wie hinreißend niedlich unschuldige Kinder sein können. Die ganze Sache war mir gehörig peinlich, aber ich beruhigte mich schnell wieder und war sehr, sehr erfreut, als die kleine Fingerschale bald durch das richtige Dessert, überbackene Eistorte, ersetzt wurde. Bis heute muss ich jedes Mal, wenn ich eine Fingerschale sehe, an Grammy Hallowell denken.

Rückblickend wird mir klar, wie viel ich Grammy Hallowell zu verdanken habe. Ihr Geld befreite mich aus Onkel Nobles Klauen und finanzierte das Internat, in dem ich anschließend aufwuchs. Natürlich spielte das eine Rolle. Im Gedächtnis blieben mir jedoch ihre Liebe und ihr aufwändiger Lebensstil, auch nachdem der Reichtum längst zerronnen ist. Sollte ich je reich werden, möchte ich einen offenen Kamin, so groß wie eine Höhle und so breit und so tief wie der Grammy Hallowells. Am Kaminsims lasse ich Back- und Steuerbordlaternen anbringen, und an Weihnachten dürfen so viele Kinder kommen, wie ich auftreiben kann, ums Feuer sitzen und Geschenke auspacken. Vielleicht dürfen sie sogar zum Abendessen bleiben, und dann bekommen sie auch noch Fingerschalen.

Ich erinnere mich, wie Grammy Hallowell starb. Ich war sechzehn, über die Ferien zu Hause und sah mir gerade ein Fußballspiel im Fernsehen an. Meine Mutter rief die Treppe hinauf: »Grammy Hallowell ist gerade gestorben.« Ihr Tod war absehbar und nur noch eine Frage der Zeit gewesen. »Oh. Danke, dass du's mir gesagt hast«, rief ich die Treppe hinunter. Dann legte ich mich auf mein Bett und begann nachzudenken.

Ich fragte mich, wie es wohl weitergehen würde. Ich fragte mich, wer die großen Thanksgiving- und Weihnachtsfeste ausrichten würde, wer unsere weitläufige Verwandtschaft regieren, wer deutlich seine Meinung sagen und Urteile fällen würde, an denen wir alle zu knabbern hatten und die uns vereinten – und sei es manchmal nur in der Opposition. Ich befürchtete, dass diese einigende Kraft mit ihrem Tod verloren gegangen war.

Meine Befürchtungen bewahrheiteten sich. Nach Grammys Tod brach die Familie auseinander. Meinen großen Bruder Ben sah ich nicht mehr annähernd so oft. Die Familie stritt um die Aufteilung von Grammys Haus, was weitere Risse verursachte.

Zudem stellte sich heraus, dass bei ihrem Tod nicht mehr viel Geld übrig war. Sie hatte es für uns, ihre vielen wohltätigen Zwecke und die Aufrechterhaltung ihres pompösen Lebensstils ausgegeben. Aber für mein Medizinstudium reichte es noch, und dafür werde ich ihr und Onkel Jim ewig dankbar sein. Er hatte ihr nämlich geraten, Vorsorge für meine Ausbildung zu treffen – bis zum Medizinstudium.

Mit Grammy Hallowells Tod ging in unserer Familie eine Ära zu Ende. Das Geld war fort und das Anwesen unter verfehdeten Geschwistern aufgeteilt. Ein gewisser vornehmer Glanz war erloschen. Später würden wir ihn durch einen neuen und besseren Zauber ersetzen. Den Zauber der Kinder, die wir, Grammys Enkel, in die Welt setzen würden.

Aber an ihrem Todestag war ich mir der großen Veränderung bewusst, die nun eingetreten war. Von jetzt an würde etwas ganz Besonderes fehlen. Vorbei war die Zeit der Fingerschalen, der nächtlichen Autofahrten in Nobelkarossen zu Spielen der Bruins, der Croquetspiele mit Grammy. Nie mehr würde ihr Bettelarmband klingeln, während sie die Rosen schnitt.

Nicht nur, dass ihr Reichtum verloren war und alles, was damit einhergegangen war. Auch das Gefühl der Bedeutsamkeit war verschwunden, das ihre Anwesenheit der ganzen Familie – zumindest in meinen Augen – verliehen hatte, und das Gefühl der Zusammengehörigkeit. Nach ihrem Tod erschien mir die Welt nicht mehr ganz so außergewöhnlich. Wie ich ihre entschiedenen Urteile vermisste, die sich auf nichts als ihr unverdientes, aber unerschütterliches Selbstvertrauen stützten! Wie sehr ich dieses Selbstvertrauen vermisste – obwohl man ohne besser zurechtkam, wenn man als Erwachsener nicht ein ebenso schrecklicher Snob werden wollte, wie Grammy Hallowell es zugegebenermaßen gewesen war.

Familien verändern sich. An dem Tag, als unsere Großmutter starb, wurden aus den alteingesessenen, weißen, privilegierten Aristokraten moderne Proletarier auf Arbeitssuche. Es war das Beste, was mir hatte passieren können, aber damals hatte ich fürchterlich Angst. Ich musste erwachsen werden. Ich musste Arbeit finden.

Echos

Familientreffen

Wie Sie sehen, hat meine Familie beträchtliche Macken. Die haben die meisten Familien, um ehrlich zu sein. Wenn wir uns besonders sicher fühlen und am offensten sind, benehmen wir uns meist auch am exzentrischsten, wenn nicht sogar verrückt.

Der folgende Essay stammt von einer Frau, die in der Nähe von Boston lebt und schreibt. Er zeigt etwas von der Wärme und der wundervollen Verrücktheit ihrer Familie, besonders ihres Vaters, der im Alter hohe rote Turnschuhe trug.

Als ich die Geschichte zum ersten Mal las, war ich erstaunt über die Kraft, die dem Prozess des Alterns und schließlich des Sterbens innewohnt. Nicht nur, weil er Familien vereint, sondern weil er darüber hinaus unser eigenes Verständnis dessen vertieft, was es bedeutet, am Leben zu sein.

Mein Vater war Arzt und keinen einzigen Tag in seinem Leben krank gewesen. Er war ein Mediziner der alten Schule: Gurgeln mit Salzwasser half gegen Halsentzündung, und ein Vollbad mit Epsomsalzen vertrieb alle Schmerzen. Er absolvierte seine gesamten Berufsjahre in einem staatlichen Krankenhaus und entschied sich dafür, mit einem staatlichen Gehalt auszukommen und in einer Sozialwohnung zu leben, statt sich draußen in der Welt eine goldene Nase zu verdienen. Er war in einer Familie aufgewachsen, in der er Gewalt und Vernachlässigung erfahren hatte, und ich glaube, der Mikrokosmos des staatlichen Krankenhauses – auf dem Krankenhausgelände war für alles gesorgt: von der Wohnung über die Lebensmittel und die Wäsche bis hin zu Schnittblumen – gab ihm eine Sicherheit, die er zuvor nicht gekannt hatte.

Bei meiner Geburt war Vater fünfzig, und ich habe einen Zwillingsbruder und zwei große Schwestern. Heute gibt es »reife Väter« wie Sand am Meer, aber in den fünfziger Jahren kam dies eher selten vor. Mein Vater war ein reservierter Engländer und gut zwanzig Jahre älter als die Väter vieler meiner Freundinnen.

Er legte großen Wert auf Disziplin und griff schon mal zur Haarbürste, wenn wir aus der Reihe tanzten. Meine Mutter war eine warmherzige, gesprächige und gesellige Südstaatlerin. Die beiden hatten so gut wie nichts gemeinsam. Es war eine turbulente Ehe, und im Grunde war sie zu Ende, als meine Mutter mit uns Kindern nach North Carolina zurückging. Ich war damals zwölf. Vater besuchte uns in den Ferien, und wir verbrachten die Sommer bei ihm in New York. Bis auf ein paar kurze Testphasen war das gemeinsame Leben meiner Eltern vorbei.

Im Jahr 1973 setzte sich mein Vater zur Ruhe und zog in den Süden Floridas. Er wollte vor seinem Tod dort noch ein paar schöne Jahre verbringen. Als er aufhörte zu arbeiten, war er 72. Er war ein erfahrener Pathologe, und deshalb hatte man bei seiner Pensionierung eine Ausnahme gemacht, obwohl diese normalerweise unweigerlich mit 65 erfolgte. Ich glaube, er hätte am liebsten bis zum Umfallen gearbeitet, aber diese Möglichkeit gab man ihm nicht.

Er bezog in Hollywood, Florida, eine kleine Wohnung über einer Garage und tat, was er sich geschworen hatte: Er fuhr nie wieder Auto und besaß nie wieder ein Telefon. Jeden Tag lief er die zweieinhalb Kilometer zum Strand, wo er eine Stunde lang schwamm und sich mit den anderen Ruheständlern unterhielt, die sich dort aufhielten. Dann ging er wieder nach Hause. Mit seinem vollen, weißen Bart und seinen hohen roten Turnschuhen war Vater bald ein vertrauter Anblick rund um Hollywood Beach. Er wurde oft als »Original« bezeichnet.

Nachdem Vater zu unseren Hochzeiten in andere Staaten gekommen war, verkündete er, er habe nun vom Reisen genug und würde Florida nie wieder verlassen. Eigentlich bewegte er sich nicht weit über den Drei-Kilometer-Radius rund um seine Wohnung hinaus. Meine Schwestern, mein Bruder und ich, wir besuchten ihn zwei- oder dreimal im Jahr und brachten unsere Kinder mit. Das Alter hatte »Opa« etwas milder gestimmt, und ich besitze ein paar schöne Fotos von ihm und meiner kleinen Tochter. Er führt sie an der Hand, ihr kleines, dickes Händchen mit den Grübchen liegt in seiner schwieligen alten Hand, und in der anderen trägt er einen Sandeimer aus Plastik.

Die Jahre vergingen, und Vaters Prophezeiung, er werde eher früher als später sterben, bewahrheitete sich nicht. Er ging noch jeden Tag zum Schwimmen an den Strand, als er schon hoch in den Achtzigern war. Aber eigentlich war er nicht mehr in der Lage, für sich zu sorgen. Seine Wohnung wurde ein Schweinestall. Die örtliche Gesundheitsbehörde erklärte sie für unbewohnbar. Gegen seinen Willen suchten wir ihm ein Altenheim, ein hübsches, umgebautes Apartmenthaus mit vorgebauter Veranda. Es war sauber, freundlich und wurde von einem liebevollen Ehepaar geführt. Vater hatte sein eigenes Zimmer, aber an den Strand ging er nur noch, wenn wir zu Besuch waren. Seine Augen und seine Knie machten nicht mehr mit. Sein Gedächtnis ließ nach. Er war einfach müde.

»Ich bin bereit zu sterben«, verkündete er ganz sachlich und ohne Selbstmitleid. Ich war sein Kind, wollte das nicht hören und reagierte mit Plattitüden wie: »Du bist noch lange nicht an der Reihe, Dad. Es steckt noch so viel Leben in dir.« Im Laufe der Besuche wurde er immer stiller, und ich hörte auf, Nettigkeiten von mir zu geben, und sprach offener mit ihm: »Es muss sehr schwer sein«, sagte ich, wenn er nach einem Wort oder einer Erinnerung suchte. »Ja, das ist es«, stimmte er mir dann zu.

Es kommt selten vor, dass die gesamte Familie – alle vier Geschwister mit ihren Kindern – Weihnachten zusammen ist. Aber 1997 feierten wir alle in Hollywood, Florida, mit Vater in unserer Mitte. Es war kein besonders fröhliches Fest. Die Familie war gereizt. Mein Bruder und eine meiner Schwestern brachen am Strand einen Riesenstreit vom Zaun. Mein Schwager fuhr mich in einem Restaurant an. Die beiden kleinen Cousins kamen nicht miteinander aus, und am schlimmsten war, dass Vater sich in keiner guten Verfassung befand. Hinkend und keuchend und mit vielen helfenden Händen schaffte er es schließlich mit dem Rollator bis an den Strand. Als wir wieder heimfuhren, weinte meine Schwester. Ich schrieb in mein Tagebuch: »Ich kann es kaum erwarten, wieder zu Hause zu sein.« Ich bin mir sicher, den anderen ging es ebenso.

Einen Monat später erhielt ich einen Anruf von Stella, der netten Dame, die mit ihrem Mann das Altenheim führte. Mein Vater war im Krankenhaus. Als ich den Arzt anrief, fragte er mich nach dem Lebenswillen meines Vaters. Wir drei Schwestern machten uns auf den Weg nach Hollywood. Eine Woche lang waren wir jeden Tag zwölf bis vierzehn Stunden an seiner Seite, hielten seine Hand, sprachen mit ihm, massierten ihm die Füße mit Salbe – was uns eben einfiel, große wie kleine Gesten. Es war meinem Vater nie leicht gefallen, Zuneigung zu geben oder zu empfangen, aber nun blieb ihm keine andere Wahl, als nachzugeben. Wir fühlten uns besser, und ich bin mir sicher, dass es auch ihm besser ging. Sein Zustand war schlecht, und es fiel uns nicht leicht, das mit anzusehen. Er hing an allen möglichen Schläuchen. Seine Brust hob und senkte sich mit Mühe. Eine Sauerstoffmaske unterstützte ihn beim Atmen, die Ausscheidung erfolgte über einen Katheter. Der Arzt fragte uns nach unseren »Wünschen«. Keine großen Klimmzüge, antworteten wir. In diesem Punkt war Vater deutlich gewesen.

Jeden Tag standen wir Schwestern früh auf und waren um sieben im Krankenhaus, um den Arzt bei der Visite abzupassen. Wir teilten uns ein Motelzimmer und wechselten uns mit dem Schlafen ab. Wir wechselten uns auch mit dem Essen ab. Wir saßen zusammen, sprachen mit Vater oder miteinander, erzählten einander all die großen und kleinen Dinge, die sich ereignet hatten, wie es am Telefon, in Briefen oder E-Mails gar nicht möglich ist. Irgendwann trieben meine älteste Schwester und ich einen Kassettenrecorder auf und nahmen Erinnerungen an glückliche Tage aus unserer Kindheit auf, von denen wir glaubten, dass sich Vater gern an sie erinnern würde. Wer weiß, wie viel er davon mitbekam oder verstand. Aber immer, wenn ich das Band abspiele, könnte ich schwören, dass er reagierte.

Zum ersten Mal seit Jahren waren wir Mädchen unter uns – ohne unsere Ehemänner und/oder Kinder. Ich bin dankbar für diese Zeit mit meinem Vater und meinen Schwestern. Es musste kein Essen gekocht, es mussten keine Kinder beschäftigt werden. Wir hatten Zeit … und einen Vater, der im Sterben lag. Das weckte so manche tief empfundene Erinnerung, wir weinten gemeinsam und waren dankbar für das Privileg, unseren Vater begleiten zu dürfen – wohin ihn der nächste

Schritt auch führen mochte. Er war bei uns gewesen, als wir geboren worden waren, und es schien selbstverständlich, dass wir da waren, wenn er starb.

Als der Arzt uns mitteilte, wir sollten »keine Wunder erwarten« und »der Natur ihren Lauf lassen«, weinten wir. Ich flüsterte meinem Vater ins Ohr, dass ich ihn liebte. »Kannst du mich hören?«, fragte ich. Vater nickte mit geschlossenen Augen. Man sagt, das Gehör lässt zuletzt nach.

Doch dann »erholte« er sich wieder, um eine beliebte Krankenhausformulierung zu verwenden. Die Ärzte sprachen sogar davon, ihn in ein Pflegeheim zu entlassen. Meine Schwestern und ich sahen uns ein paar davon an. Auch sein Zimmer im Altenheim räumten wir. Wir wussten, er würde nie mehr dorthin zurückkehren. Vater war ohne alles in diese Welt gekommen, und so verließ er sie auch wieder. Er besaß nur ein paar Schachteln mit Dokumenten und eine Schublade voll alter Kleider. Er war immer leicht gereist. Ich rettete einige Fotos und sein Arztdiplom. Dann fuhr ich für ein paar Tage nach Boston zurück, schließlich warteten zu Hause zwei kleine Kinder auf mich.

Fünf Tage später erlitt Dad einen Rückschlag. Ich flog nach Florida und kam um Mitternacht im Krankenhaus an. Die ganze Reise über hatte ich gebetet, dass ich es noch rechtzeitig schaffen würde. Als ich sein Zimmer betrat, waren meine Schwestern schon da. Wir weinten und hielten Vaters kalte Hände. Er hatte die Augen geöffnet, aber sein Blick war leer. Er konnte uns nicht sehen, doch ich bin mir sicher, dass er uns hörte. Wir sangen alle seine Lieblingslieder. Wir führten ihn durch eine Visualisierung seines geliebten Strandes. Als wir eine kurze Atempause einlegten, flehte uns sein Zimmernachbar – ein ausgemergelter junger Mann, der an Krebs starb – an, weiterzumachen. Vater starb drei Stunden nachdem ich eingetroffen war. Ich glaube wirklich, dass er auf mich, die Jüngste, gewartet hatte.

Vaters Familie hatte immer nur aus uns, seinen Kindern, bestanden. Er war ein Einzelgänger und hatte keine echten Freunde bis auf seine Strandbekanntschaften, und die meisten von ihnen waren bereits tot. Am nächsten Tag traf mein Bruder ein, und wir vier Kinder organisierten eine einfache »Gedenkstunde« in dem kleinen Esszimmer seines Altenheims. Wir stellten Wein, Käse und Cracker auf den Tisch, versammelten uns mit unseren Kindern darum und gedachten meines Vaters. Seine ehemalige Vermieterin, ihr Mann und eine Helferin aus dem Heim waren ebenfalls gekommen. Mein sechsjähriger Sohn sagte: »Bitte, lass Opa in Frieden ruhen.« Wir sangen »Amazing Grace« und »Kumbaya«. Nach der Feier fuhren wir zu Vaters Lieblingsplatz am Strand und kauften sein Lieblingseis. Falls noch verletzte Gefühle von Weihnachten übrig waren, verloren sie sich mit Vaters Asche, die mein Bruder – unerlaubterweise – an seinem Lieblingsstrand in den Wind streute.

Wir sprachen nicht mehr über das missglückte Weihnachtsfest, aber ich denke, uns allen war bewusst, dass die banalen Meinungsverschiedenheiten, die wir erst sechs Wochen zuvor ausgetragen hatten, von der Macht der Liebe, der Familienbande und der Geschichte getilgt worden waren, die der Tod eines Elternteils in sich birgt. Ich fühle mich gesegnet – und ich weiß, das gilt auch für meine Geschwister –, weil wir eine zweite Chance für eine Familienzusammenkunft bekommen hatten, um es dieses Mal, beim Tode meines Vaters, richtig zu machen. Ich denke, Vater wusste das alles. Ich frage mich sogar manchmal, ob er es nicht vielleicht sogar so geplant hatte.

Bedingungslose Liebe

Ein fester Bestandteil einer jeden Kindheit ist die Großmutter. Wenn ich mir all die Geschichten über geliebte Menschen und Augenblicke der Menschlichkeit ansehe, die ich in den vielen Jahren gesammelt habe, in denen ich andere nun schon zum Erzählen auffordere, dann drehen sie sich am häufigsten um die Großmütter. Ich weiß auch, warum. Offenbar haben sie sich auf eine besondere, die großzügigste Art der Liebe spezialisiert. Ich könnte ein ganzes Buch mit Geschichten über Großmütter füllen.

Einer der Gründe dafür ist, dass Großmütter uns offenbar bedingungslos lieben. Viele Erwachsene, die sich als glücklich bezeichnen, haben eines gemeinsam: Sie wurden in ihrer Kindheit und Jugend von einem Menschen – einer beliebigen Person – so sehr geliebt, dass sie mit absoluter Sicherheit wussten, dieser Mensch würde nie aufhören, sie zu lieben, was sie auch taten und in welche Schwierigkeiten sie auch gerieten – was immer geschehen mochte.

Wenn einem Menschen eine solche Liebe entgegengebracht wird, überträgt sie sich auf ihn und verleiht ihm besondere Kraft. Es ist, als wäre er unbesiegbar. Nichts kann ihn vernichten, weil die Liebe dieses einen Menschen ihm den Rücken stärkt. Tiefreligiöse Menschen werden Ihnen sagen, dass ihnen die Liebe Gottes diese Unverwundbarkeit schenkt. Aber auch die bedingungslose Liebe eines sterblichen Menschen kann besondere Kraft und Sicherheit geben.

Ein berühmter Mann wurde einmal gefragt, wie er so viel in seinem Leben hatte erreichen können. Er antwortete schlicht: »In den Augen meiner Mutter lag immer ein Lächeln.«

In der folgenden Geschichte erzählt eine Frau aus ihrer Kindheit und aus ihrem Leben als Erwachsene und beschreibt, wie ihr ihre Großmutter das unschätzbare Geschenk bedingungsloser Liebe machte.

Die Beziehung zwischen mir und meiner Großmutter war etwas ganz Besonderes. Ich war das älteste Enkelkind und ihr Ein und Alles. Sie gab mir Halt, war eine Quelle bedingungsloser Anerkennung. Mein Bruder und ich verbrachten immer wieder mal eine Woche bei den Großeltern. Sie spielten mit uns, erzählten uns Geschichten aus der Zeit, als Mutter noch klein war, und verwöhnten uns mit ihrer Liebe und ihrer ungeteilten Aufmerksamkeit.

Jeden Abend nahm Großmutter mich nach einem frühen Abendessen auf den Schoß, und Großvater nahm meinen Bruder auf den Schoß. Dann saßen sie einfach da, wiegten uns in ihren Armen und hörten die Abendnachrichten. In diesem Augenblick fühlten wir uns sicher, geborgen und unverwundbar. Solange sie uns drückten und wiegten, konnte uns nichts geschehen.

Wir spielten unter dem Esstisch, bauten komplizierte Städte und behaupteten dann, dass niemand sie anrühren dürfe. Also aßen wir am Küchentisch, solange wir zu Besuch waren.

Im Sommer waren uns Großmutters riesige Federbetten zu warm, und sie richtete uns Deckenlager auf dem kühlen Boden. Wir lagen direkt vor dem Fliegengitter, wo wir jede leichte Brise spüren konnten. Die Zikaden sangen uns in den Schlaf, und der mit Sternen übersäte Himmel wachte über uns.

Meine Großmutter hatte keine abgeschlossene Schulausbildung, weil sie das älteste Mädchen gewesen war und zu Hause gebraucht wurde, um auf die jüngeren Geschwister aufzupassen. Sie hielt es nicht für nötig, Mädchen aufs College zu schicken, aber während meiner Schulzeit unterstützte mich niemand mehr und keiner war stolzer auf mich als sie.

Unsere erste Tochter haben wir nach unseren beiden Großmüttern benannt. Ich denke, meine Oma ignorierte schlichtweg, dass unsere Tochter auch den Namen der Großmutter meines Mannes trägt: Jo Beth war nach *ihr* benannt! Aber sie rief sie nie beim Namen. Weder wenn sie über sie noch wenn sie mit ihr sprach. Sie war immer nur »Omas Engelchen«.

Meine Großmutter starb an Krebs, als ich vierzig Jahre alt war. Ich hörte nie ein böses Wort von ihr. Mein Mann und ich hatten uns gerade ein Jahr Auszeit genommen, wollten uns unsere drei Kinder schnappen – sie sind neun, sieben und drei – und für ein Jahr nach Neuseeland gehen. Ein paar Wochen vor unserem Abflug besuchten wir Großmutter zum letzten Mal. Sie war liebevoll und fürsorglich und unterstützte mich wie immer bei allem, was ich vorhatte.

Sie stand auf der Veranda vor dem Haus und winkte so lange, bis sie unseren Wagen nicht mehr sehen konnte. Dann ging sie ins Haus, legte sich ins Bett und stand nicht mehr auf.

Marge und Tom

Auch in dieser Geschichte gibt es, ebenso wie in den beiden letzten, einen Todesfall. Aber wie Sie sehen werden, handelt es sich hier um einen Todesfall ganz anderer Art.

Wenn Sie den folgenden Beitrag lesen und entdecken, wer Marge und Tom sind, werden Sie verstehen, warum es eine der ungewöhnlichsten Geschichten in diesem Buch und eine meiner Lieblingsstorys ist. Ich wette, nach der Lektüre dieser Geschichte haben Sie ein völlig neues Verständnis für … nun, Sie werden ja sehen.

Als meine fünf Kinder die High School abgeschlossen hatten und zum Studieren fortgingen, verbrachte ich immer mehr

Zeit im Garten. Statt mir Fußball- und Hockeyspiele anzusehen, pflanzte ich Staudenbeete und legte den gesamten Garten neu an. Die Kinder und der Kontakt zu den anderen Eltern fehlten mir zwar sehr, aber ich fand Trost in der Gesellschaft eines ungewöhnlichen Haustierpaares: zweier wilder Truthähne. Wir leben in einer kleinen Stadt auf dem Land, haben ziemlich viel Ackerland und halten deshalb ein paar Enten, Gänse und Hühner. Ich hatte schon immer viel für die Tiere auf einem Bauernhof, aber nichts für die Stallarbeit übrig. Geflügel macht nur sehr wenig Arbeit, und die Vögel bringen mich zum Lachen.

Ich hielt unsere Truthähne für außergewöhnlich gut aussehende Exemplare. Tom, das Männchen, war ein Bild von einem Thanksgiving-Truthahn. Er war groß und fett und stolzierte mit seinem glänzend violett-braunen Gefieder und seinem sonderbar roten Kehllappen hinter Marge, der Liebe seines Lebens, her. Marge war glatt und glänzend braun, aber ihr fehlten Toms prächtige Schwanzfedern. Sie hatte einen kahlen Kopf, der an einen Geier erinnerte und mit leuchtend pinkfarbenen Beulen übersät war. Für mich sah sie aus wie von Disney gezeichnet, obwohl ein paar Verwandte meinten, sie sei nicht gerade eine Schönheit.

Vielleicht lag die Schönheit, die ich sah, in ihrer Persönlichkeit. Marge mochte mich sehr, und wie konnte ich ihr da widerstehen? Fröhlich futternd tappte sie hinter mir her. Wenn ich mit dem Kopf voraus unter einem Busch steckte, streckte Marge in null Komma nichts ihr Stecknadelköpfchen zu mir herunter und pickte im Dreck nach Ungeziefer oder Schnecken oder welche Leckereien Truthähne dort eben so finden. Ich fing an, mit ihr zu sprechen, und sie antwortete. Im Grunde riet sie mir, mir weniger Sorgen zu machen. Sie ging mir ein wenig auf die Nerven, weil sie den Rittersporn so gern mochte und ich sie von Zeit zu Zeit aus den Beeten verscheuchen musste. Das verärgerte wiederum Tom, der dann klopfende Geräusche von sich gab, auf mich zuraste und mir nahe legte, ich möge das bitte lassen; aber meist war das alles nur Bluff.

Marge war nicht nachtragend und kam immer wieder angelaufen, wenn ich auf der Bildfläche erschien. Sie machte große Sätze über den Rasen wie ein Dinosaurier aus »Jurassic Park«. Im Winter kuschelten sich Tom und Marge in ihrem Gehege auf einem Ast aneinander. Offenbar störte die Kälte sie nicht, und sie warteten geduldig mit mir auf den Frühling und darauf, unsere Gartenroutine wieder aufzunehmen.

Als unser jüngstes Kind ins College kam, war ich ziemlich niedergeschlagen. Dafür hatte mein ältester Sohn geheiratet und war mit seiner Frau in unsere Nähe gezogen. Ich mochte meine neue Schwiegertochter sehr, aber es war schwer, an sie heranzukommen. Sie war von Natur aus ruhig und ein wenig schüchtern, blieb gern zu Hause und arbeitete in ihrem eigenen Garten. Ich hatte ein wenig Bedenken, dass sie mich für die Exzentrikerin hielt, zu der ich mich langsam entwickelte: die verrückte alte Schwiegermutter, die mit ihren Truthähnen spricht.

Allmählich freundeten wir uns miteinander an, und ich erfuhr einiges über ihren Kummer. Ihre Eltern hatten sich im Streit getrennt und scheiden lassen, als sie noch ziemlich klein war. Dann war ihre Mutter, die sie vergöttert hatte, gestorben – ein Jahr bevor sie meinen Sohn kennen lernte. Ihre tiefe Traurigkeit rührte mich. Ich wollte helfen, aber ich wusste nicht, wie. Ich hoffte, wir würden mit der Zeit gute Freundinnen werden und sie lernte, mir zu vertrauen.

Im vergangenen Frühjahr kehrten mein Mann und ich von einem verlängerten Wochenende zurück. Wir hatten unseren

Jüngsten im College besucht. Als wir vom Flughafen nach Hause fuhren, klingelte plötzlich das Autotelefon. Vor Schreck wären wir beinah von der Straße abgekommen. Ich werde mich nie an das Klingeln von Telefonen in Autos gewöhnen. Ich meldete mich und war überrascht, die leise Stimme meiner Schwiegertochter zu hören, die sich danach erkundigte, wie unser Ausflug gewesen war. Da sie nur selten telefonierte und nahezu nie von selbst anrief, war ich mir sicher, dass etwas passiert war. Und tatsächlich sagte sie leise, sie hätte schlechte Neuigkeiten.

»Ist etwas mit Daisy?«, fragte ich. Ich dachte, für unseren alten Deutschen Schäferhund sei das Ende gekommen.

»Nein, mit Marge«, antwortete sie. Das Herz wurde mir schwer. »Und Tom.«

»Was? Sind sie tot?«

»Ja. Ich wollte nicht, dass du nach Hause kommst und einen leeren Stall vorfindest. Es muss heute Morgen passiert sein. Sie kauerten in den Ecken, jeder in einer anderen. Sie sind beide tot. Äußerlich ist ihnen nichts anzusehen. Ich weiß nicht, was passiert sein könnte.«

Nun, wir werden nie wissen, was meine beiden wunderschönen Truthähne getötet hat. Ich habe den Verdacht, dass sie irgendwie vergiftet wurden. Vielleicht hat sie der Haushüter aus Versehen mit etwas Schimmeligem gefüttert. Wir wissen es nicht. Ich war schrecklich traurig. Was wäre die Gartenarbeit ohne Marge, die mich anfeuerte, und Tom, der sie beschützte?

Aber als ich den Verlust spürte – und es war ein großer Verlust, auch wenn es sich um Truthähne handelte –, wurde mir gleichzeitig klar, dass ich etwas Wundervolles gewonnen hatte. Der Anruf muss meiner Schwiegertochter sehr viel abverlangt haben. Sie musste ausfindig machen, wann unser Flugzeug ankam, und plante wohl, uns anzurufen, bevor wir zu Hause ankamen. Wenn man einem Menschen sagen muss, dass sein Lieblingstier tot ist, kann das schlimmer sein, als die Nachricht zu hören. Sie war entschlossen, es mir leichter zu machen, und das gelang ihr auch. In diesem Augenblick wurde mir klar, dass sie und ich echte Freundinnen geworden waren. Für den Anruf brauchte es sehr viel Mut, Liebe und Vertrauen.

Jetzt, ein Jahr später, vermisse ich Marge und Tom zwar, wenn ich im Dreck herumkrieche, aber ich ertappe mich auch dabei, dass ich mit Marge plaudere, obwohl sie im Truthahnhimmel ist. Exzentrisch bleibt exzentrisch. Wenn ich ein wenig traurig bin wegen der Truthähne oder weil meine Kinder erwachsen sind, denke ich daran, dass ich meiner Schwiegertochter genügend bedeutete, dass sie mir den Verlust erleichtern wollte. Damals fingen wir an, zu einer richtigen Familie zusammenzuwachsen.

Füreinander da sein

Wenn der Tod von Truthähnen eine Familie enger zusammenschweißen kann, dann ist das meiner Meinung nach der Beweis für meine Behauptung, dass nahezu jedes Ereignis den Keim eines Augenblicks der Menschlichkeit in sich trägt. Eines Augenblicks, der uns den Weg zu Sinn und Liebe weisen kann.

Aber manchmal fällt es schrecklich schwer, mehr als Trauer und Dunkelheit zu sehen. In der folgenden kurzen Geschichte stellt sich eine junge Frau der Veränderung. Sie entwickelt sich vom Kind, um das die Eltern sich kümmern, zur Erwachsenen, die sich um ihre Eltern und den Rest der Familie kümmert. Mit rasender Geschwindigkeit lässt sie ihre Kindheit hinter sich und wird erwachsen.

Frühling. Prüfungen. Yale. Zweites Jahr. Inzwischen kenne ich mich und weiß, dass ich im Frühling viel über den Sommer nachdenke. Er würde mit einer Reise nach England und Frankreich beginnen als Mitglied der Glenn Miller Band, um am fünfzigsten Jahrestag der Landung der Alliierten in der Normandie teilzunehmen. Mitte Juni würde ich wieder in Connecticut sein, mein Hab und Gut aus meinem Zimmer im Wohnheim räumen und schnell zu meiner Schwester nach Boston fahren. Ihr Mann, mit dem sie seit vier Jahren verheiratet ist, studierte Wirtschaft, hatte von seiner Fakultät ein Praktikum in Spanien vermittelt bekommen, und sie war allein in der ruhigen Wohnung in Cambridge, die zu meinem Bostoner Zuhause geworden war. Sie lebt seit fünf Jahren dort.

Aber zuerst die Prüfungen. Zwei in Geschichte, zwei in anderen Fächern. Jede Menge zu tun. Dann packen. Das ganze verrückte Zimmer in Schachteln und Taschen verstauen. Fertig sein, wenn Papa kommt, der die Sachen so schnell wie möglich in den Lieferwagen packen und heimfahren will. Ich mache mir Gedanken über den Umzug mit Papa. Die Dinge stehen nicht zum Besten.

Papa ist da. Wir packen meine Sachen in den Lieferwagen. Papa ist schweigsam. Kein »Wie kann man nur so viel Zeug haben?«, »Wer braucht so viele Klamotten?« oder »Wozu brauchst du so viele Bücher, und wieso musst du sie alle einpacken und in der Gegend rumkutschieren?«. Erleichterung. Besorgnis. Warum läuft es so glatt, warum ist alles so ruhig? Im Wagen. Auf der College Street. Er schaltet in den zweiten Gang. »Wie sind die Prüfungen gelaufen?«, fragt er. Ich sage es ihm. Ich bin müde. Ich brauche eine Pause, brauche den Sommer. Freue mich darauf, ihn mit Ellen in Boston zu verbringen. Er schaltet in den dritten Gang. Wir sind noch nicht auf dem Highway. »Freut mich, dass die Prüfungen gut gelaufen sind.« Pause. »Ich muss etwas mit dir besprechen. Ich wollte dich während der Prüfungen nicht beunruhigen.« Pause.

Krebs. *Was?!* Ich fühle mich wach, lebendig, habe Angst. Er beruhigt mich und erzählt mir, was es ist. Eröffnet mir die Diagnose, den Plan. Eine Operation. Im Juli. Er vergleicht es mit einer Orange. Das Fruchtfleisch muss raus. Die Haut ist noch gut. Haben ihn rechtzeitig erwischt. Hervorragende Prognose.

Plötzlich sind wir zu Hause. Ich bin ruhig. Er ist ruhig. Sie werden ihn operieren, aber er wird es wie immer gut überstehen. Er wird uns nicht verlassen. Er wird nicht sterben. Wie sein Freund Sam. Wie sein Freund Al. Wie sein Freund Ken … beinahe. Alles meine »Onkels«. Aber er bleibt bei uns. Er wird es schaffen. Das hat er mir mit den ganzen medizinischen Details bewiesen.

Schon sind wir aus dem Wagen. Keine Umarmung. Keine Tränen. Warum auch? Schließlich geht er nur ins Krankenhaus und lässt sich den Krebs wegmachen. Wir tragen beide eine Hand voll Sachen in das alte Haus und die knarzende, gewundene Treppe zum Dachboden hinauf. Auf dem Weg nach unten. »Mama? Wo ist Mama?« Noch einmal zum Wagen. Als ich zum zweiten Mal alle Hände voll habe und durch die Küche laufe, taucht sie auf. Ich sage »Hallo« und klettere noch einmal die Treppe hinauf. Auf dem Rückweg durch die Küche sage ich: »Wie wär's mit einer Umarmung?« Ich bin ruhig. Unbeschwert. Sie sagt nichts. Wir umarmen uns. Ihre Knie geben nach. Ich halte sie, halte ihr ganzes Gewicht. Sie weint. Wir sind fassungslos. Sie wegen der ganzen Sache. Ich, weil mir klar geworden ist, dass die beiden mich brauchen, dass ich mich um sie kümmern muss. Sie ist nicht ruhig. Sie liegt schwer in meinen Armen. Ich bin ihre Mutter.

Ich fahre nicht nach Boston. Ich bin die Verbindung zwischen den beiden und zwischen ihnen und meinen Geschwistern. Ich mähe die 800 Quadratmeter. Ich koche. Ich wasche die Wäsche. Ob es mich stört? Ich weiß, sie brauchen mich. Ich liebe sie, weil sie mich brauchen. Ich sehe sie als Menschen. Ich sehe ihn körperlich leiden. Katheter. Abhängigkeit. Erschöpfung. Ich sehe sie emotional leiden. Wird sie ihn verlieren? Wie wird es weitergehen? Ich liebe sie. Wir sind eine Familie.

Wir gehen gestärkt aus diesem Sommer hervor. Sechs Jahre später, kein Krebs. Die ganze Orange. Ein paar Jahre später ist er fast völlig blind. Aber wir hatten geprobt. Sie ist stärker. Sie kann ihm helfen. Er kann sie um Hilfe bitten. Ich kann ihre Tochter sein, ohne die Mutter für sie sein zu müssen. Familie.

Rhoda Lee

Den folgenden Bericht gab mir eine wunderbare Frau namens Terri Alexander bei einem meiner Vorträge. Sie saß auf der linken Seite, etwas abseits, und hatte den Hut bis in die Augen gezogen, sodass ich ihren Gesichtsausdruck schlecht erkennen konnte. Aber als sie mit dem Schreiben fertig war, stand sie auf und erzählte dem Publikum von Rhoda Lee, der Heldin ihrer Geschichte. Sie hielt sich gerade, lächelte, in ihrer Stimme lag Stolz. Jetzt konnte ich ihr Gesicht problemlos erkennen.

Sie erzählte uns, ihre Urgroßmutter Rhoda Lee habe sie stets dazu angehalten, die Liebe in ihrem Herzen zu bewahren. Das habe sie auch immer versucht, erzählte sie, und obwohl sie vielleicht nicht jedes kleine Detail kenne, das ein Sozialarbeiter wissen müsse, habe sie diese Liebe am Leben erhalten, wie Rhoda Lee es von ihr verlangt hatte. Sie sagte auch, indem sie diese Liebe am Leben halte und uns davon erzähle, bewahre sie gleichzeitig das Andenken an Rhoda Lee und trage ihren Teil dazu bei, den Geist der Liebe in der Welt zu erhalten.

Als sie sich setzte, wurde es still im Saal. Dann brachen wir alle spontan in Applaus aus.

Mir scheint, die Worte dieser jungen Sozialarbeiterin – und ihrer Urgroßmutter Rhoda Lee – lehren uns die wichtigste Lektion des Lebens: Liebe überwindet alle Hindernisse.

Die tiefste Beziehung, die ich vor der Geburt meiner Tochter gehabt hatte, war die zu Rhoda Lee Jones, meiner Urgroßmutter väterlicherseits.

Die Schulbildung meiner Urgroßmutter reichte ungefähr bis zur dritten Klasse. Sie war die Tochter von Eltern, die in die Sklaverei hineingeboren wurden und später eine kleine Farm gepachtet hatten. Rhoda Lee (so habe ich sie immer genannt) war eine sehr dunkelhäutige, untersetzte Frau mit einem Herzen aus purem Gold. Sie sagte nie: »Ich liebe dich«, aber täglich spürte ich, wie ihre Liebe jede Faser meines Wesens durchdrang.

Meine Eltern neigten beide zur Gewalt, aber Rhoda Lee sprach niemals schlecht über sie oder entschuldigte ihr Verhalten. Sie liebte mich einfach, sosehr sie konnte. Am stärksten blieb mir in Erinnerung, wie liebevoll und zärtlich sie mit den schrecklichsten Situationen umging.

Rhoda Lee weckte in mir schon früh die Liebe zum Lesen, da sie mir (jeden Abend!) vor dem Zubettgehen aus der Heiligen Schrift vorlas – oder auch im Laufe des Tages, sofern ich gewillt war, ihr zuzuhören. Diese Frau, deren Schulbildung nicht über die dritte Klasse hinausging, benutzte die Bibelgeschichten oft dazu, mir die eigenen Probleme verstehen und lösen zu helfen.

In den zwölf Jahren, in denen ich meine Urgroßmutter kannte, hörte ich nicht ein einziges böses Wort von ihr über andere Menschen. Nicht einmal über die, die sich ihr gegenüber schrecklich benahmen. Rhoda Lee zog an der Ostküste von Maryland die Kinder anderer Leute groß, und sie hatte den Ruf, Leben retten zu können, wenn es um verlassene oder misshandelte Kinder ging. Wenn Sie meine Leute unten an der Ostküste nach Rhoda Lee fragen, sprechen sie noch heute mit tiefer Liebe und großem Stolz über sie. Es ist mir eine Ehre, Blutsverwandte dieser außergewöhnlichen Frau zu sein.

Rhoda Lee hatte den Traum, dass ich aufs Washington College gehen würde. Sie sagte mir immer, ich solle stolz auf mich sein und mein manchmal schwieriges Leben dafür nutzen, anderen Menschen, besonders Kindern, zu helfen. Das mit dem Washington College hat nicht geklappt, aber mit 23 Jahren habe ich ein anderes College mit einem Magister in Sozialarbeit abgeschlossen.

Ich wünschte, im Leben jedes Menschen gäbe es eine Rhoda Lee Jones. Einmal sagte sie zu mir, wenn die Menschen über sie sprächen, würde die Erinnerung an sie weiterleben und ich würde einem anderen Menschen das Geschenk der Liebe machen.

Der wichtigste Mensch in meinem Leben

Als ich diesen kurzen Beitrag überreicht bekam, stach mir die Überschrift sofort ins Auge. Wer das wohl war? Mutter, Ehemann, Frau, Freund... wer? Eigentlich hätte ich es wissen müssen. Wissen Sie's?

Der allerwichtigste Mensch in meinem Leben war meine Großmutter. Bis zu ihrem Tode besuchte ich sie ausnahmslos jeden Sommer in Ohio.

Den letzten Sommer verbrachte ich nicht bei ihr. Stattdessen besuchte sie mich. Ich weiß noch ganz genau, wie ich mit ihr auf der Schaukel in meinem Vorgarten saß. Sie hielt meine Hand und sagte, dass sie das Leben leid sei. Sie wollte, dass Gott sie nach Hause holte. Ich protestierte sofort, aber sie drückte nur meine Hand und meinte, sie habe einige Sachen für mich. Sie gab mir ein Paar ihrer Ohrringe und ihren Verlobungsring. Sie hatte nie viel besessen, aber sie wollte, dass ich das Wenige bekam, das sie hatte. Wir sprachen noch über so vieles, aber ich weiß nicht mehr genau, worüber.

Zwei Wochen später starb meine Großmutter in Ohio. Ich konnte auf ihrer Beerdigung nicht weinen. Ich wusste, dass sie glücklich war. Ich legte ein Bild, auf dem sie mich als Baby auf dem Arm hält, in den Sarg, ich steckte es ihr in die Hand. Ich wollte immer ein Teil von ihr sein, und das bin ich bis zum heutigen Tag. Sie liebte mich so sehr! Sie hat mir nie viel »erzählt«, aber alles »gezeigt«. Sie wird für immer ein Teil von mir bleiben. Ich möchte genau so eine Großmutter werden, wie sie es war.

Moët & Chandon

In den letzten beiden Geschichten erwiesen sich zwei Frauen – eine Urgroßmutter namens Rhoda Lee und eine Großmutter, deren Namen wir nicht kennen – als die stärksten positiven Einflüsse im Leben eines Menschen. Wenn Sie Glück hatten, gab es auch in Ihrer Familie jemanden, der Ihnen ebenso viel bedeutete wie die beiden Frauen den Autorinnen dieser Beiträge.

Im Mittelpunkt der nächsten Geschichte steht der Vater der Autorin. Ich begegnete ihr auf einem Seminar, das ich für eine Gruppe von Kuratoren verschiedener nichtstaatlich verwalteter Schulen hielt. Sie war – und ich bin mir sicher, sie ist es noch – eine starke, leidenschaftliche Frau, die vor Leben sprühte. Ich las ihren kurzen Beitrag sofort, nachdem sie ihn mir gegeben hatte, und beschloss in jenem Augenblick, meine Idee in die Tat umzusetzen und dieses Buch zu schreiben. Ich hatte mich schon seit einer ganzen Weile mit dem Gedanken getragen, und als ich diese kurze Geschichte las, sprach mich etwas daran so stark, so deutlich an, dass ich den überwältigenden Wunsch verspürte, Augenblicke der Menschlichkeit in einem Buch zu feiern.

Ich wollte das Buch zu Ehren dieser Geschichte Moët & Chandon *nennen, doch dann hätte man es erst lesen müssen, um den Titel zu verstehen. Also ließ ich es.*

Dies ist eine sehr einfache Story. Sie handelt von einem der Augenblicke, an die wir uns alle erinnern, wenn wir schon lange genug leben: von dem Augenblick, in dem ein geliebter Mensch stirbt. Nachdem ich ihren Beitrag zum ersten Mal gelesen hatte, blieb ich mit der Autorin in Kontakt, und ich habe eine ihrer späteren Nachrichten als Postskriptum angefügt.

Es war ein dunkler Dezemberabend. Ich hatte eine böse Vorahnung, als ich auf der kleinen Veranda vor dem Haus meiner Eltern stand und auf die Autoschlange wartete, die meinen Vater von der Ostküste nach Hause begleiten würde. Mein Körper war wie taub. Nicht, weil der Abend so kühl gewesen wäre, sondern weil ich wusste, dass ich nun endgültig Abschied von ihm nehmen musste.

Vier Wochen zuvor war mein Vater, mein Held, zum Tode verurteilt worden. Ein gefährlicher Tumor hatte sein Gehirn befallen und stahl ihm nun das Leben. Er stellte sich seinem Leiden mit äußerster Würde und entschied, auf seinem Altersruhesitz in Maryland an der Ostküste zu sterben, den er gerade erst erstanden hatte. Weil die Pflege immer aufwändiger wurde, beschloss die Familie (ohne mich), ihn nach Baltimore heimzuholen.

Als die Autos nacheinander anrollten, traf mein Blick den des wunderbarsten Menschen, den ich je kennen lernen durfte und je kennen lernen werde. Wir sprachen kein Wort. Zwischen uns gab es nur dieses überwältigende, völlige Verstehen. Wir hatten immer ein ganz besonderes Verhältnis gehabt und oft nur wenige Worte gewechselt. Ich hatte ihn seit ein paar Tagen nicht gesehen, und als er in seinem Zimmer lag, wurde mir das Privileg einer Privataudienz zuteil. Der Anblick der rosigen Wangen und der tiefblauen Augen beruhigte mich, als ich ans Bett trat. Inzwischen fiel ihm das Sprechen sehr schwer. Seine Sätze bestanden nur noch aus einzelnen Wörtern, aber ich wusste genau, was er meinte.

Er sagte: »Moët«, und ich fragte ihn: »Du möchtest ein Glas Champagner?«

»Wir«, erwiderte er.

Vor seiner Schrankbar, auf dem Regal, stand eine mit einer Schleife verzierte Flasche Moët & Chandon. Ich wusste sofort, was er meinte. Er hatte die Flasche seit meiner Hochzeit aufbewahrt und wollte sie mir nun schenken.

Er starb am nächsten Tag um 23.45 Uhr, fünfzehn Minuten vor meinem fünften und seinem 35. Hochzeitstag. Ich danke Gott für jeden Tag, den ich mit ihm verbringen durfte.

Später schickte mir die Autorin folgende Zeilen in Ergänzung zu ihrem Beitrag:

»Lieber Ned,
ich wollte Ihnen berichten, wie es mit der edlen Flasche Moët & Chandon weiterging. Glauben Sie mir, sie ist nicht schlecht geworden.

Einige Tage nach dem Tod meines Vaters fuhr die Familie mit seiner Asche zurück an die Ostküste. Wir mieteten eines der letzten Fährboote der Ostküste, die Oxford/Bellevue Ferry, und fuhren zu seinem Anwesen am Wasser. Dort verstreuten wir seine Asche. Anschließend zog ich die Flasche Moët & Chandon aus der Tasche, mein Mann verteilte Gläser, und wir zollten einem bemerkenswerten Mann angemessen Tribut – wir stießen auf ihn an und sagten ihm liebevoll Lebewohl.

Ich möchte Ihnen noch einmal dafür danken, dass Sie sich wieder mit mir in Verbindung gesetzt haben.

Herzliche Grüße

Tina«

Der Weihnachtsmann

In der letzten Geschichte kam einer Flasche Champagner im Laufe der Zeit eine sehr viel größere Bedeutung zu, als sie bei ihrem Kauf hatte. Das geschieht mit vielen Dingen und Ereignissen in unserer Erinnerung. Was früher banal schien, kann uns Jahre später zu Tränen rühren. Und was seinerzeit schon wichtig schien, kann später eine völlig neue Art von Bedeutung bekommen, wie die Flasche Moët & Chandon im letzten Beitrag und der Weihnachtsmann in der folgenden kurzen Geschichte.

Als Kinder können wir uns natürlich nicht vorstellen, wie tief uns unsere Kindheitserinnerungen bewegen werden, wenn wir erst erwachsen sind. Damals ahnten wir das nicht. Damals wussten wir nicht, welchen Zauber die Ereignisse später einmal für uns haben würden. Die folgende kurze Geschichte einer Frau aus Maine ist ein gutes Beispiel dafür.

Als ich noch sehr klein war, hielt ich seine Stimme für die des Weihnachtsmanns. Jedes Jahr im Advent klingelte etwa zwei Wochen vor Weihnachten das Telefon, und meine Mutter rief nach mir und meiner Schwester: »Mädchen, das ist für euch!«

»Wer konnte das nur sein?«, fragten wir uns. Barbara griff nach dem Hörer (sie war vier Jahre älter) und neigte ihn etwas, damit unser beider Ohren Platz hatten, und wir lauschten. Glöckchen klingelten. Schlittenglocken. Sehr viele Schlittenglocken. Genug für acht Rentiere, da waren wir sicher. Dann hörten wir sein »Ho! Ho! Ho!«, und der Weihnachtsmann fragte, was wir im letzten Jahr Gutes getan hatten und welche Geschenke für uns unter dem Baum liegen sollten. Im Hintergrund hörten wir, wie seine Frau ihm zuflüsterte, er solle sich unsere Wünsche notieren, damit er sie nicht vergaß.

Erst Jahre später erfuhren wir, dass das am anderen Ende der Leitung unsere Pateneltern gewesen waren. Ich liebte diesen Augenblick über alles. Jedes Jahr im Advent fragte ich mich: »Wird er auch in diesem Jahr wieder anrufen? Wird er an uns denken? Was, wenn wir dann nicht zu Hause sind?« Aber es gab keinen Grund zur Besorgnis. Er ließ mich ebenso wenig im Stich wie der Sonnenaufgang.

Später, als man ihm eröffnet hatte, dass er vom Krebs befallen war und zum Pflegefall wurde, flog ich mit meinem dreizehn Monate alten Sohn nach Florida, um ihn zu besuchen. Bei unserer Ankunft kam meine Patentante aus seinem Zimmer und bat uns zu warten. Offenbar wollte mein Patenonkel nicht, dass ich ihn im Bett liegen sah. Unter gewaltigen Anstrengungen stand er auf, meine Patentante half ihm beim Anziehen, dann kam er aus seinem Zimmer und setzte sich an den Küchentisch.

Es war ein kurzer Besuch. Ich legte ihm beim Abschied

meine Hand auf dem Tisch über die seine und sagte ihm, dass ich ihn liebte. Dann mussten wir gehen. Er bestand darauf, aufzustehen und uns von der Tür aus zuzuwinken, wie er das bei jedem meiner Besuche getan hatte. Wir warfen einander Kusshände zu.

Am nächsten Morgen rief meine Patentante an. Onkel John war im Schlaf gestorben. Wir waren die Letzten, die ihn lebend gesehen hatten. Ich war so dankbar dafür, dass wir Gelegenheit gehabt hatten, uns von ihm zu verabschieden.

Ich sehe ihn noch vor mir, wie er an der Tür steht und uns diesen Handkuss zuwirft, und er sieht ganz genauso aus wie der Weihnachtsmann, mein ganz persönlicher Weihnachtsmann.

Wege zur Verbundenheit

Denkanstoß: Auf welche Weise gibt Ihre Familie Ihnen Kraft?

Häufige Hindernisse: Schöpfen Sie Mut, wenn es Konflikte in Ihrer Familie gibt. Konflikte sind ein gutes Zeichen! Das Gegenteil von Verbundenheit ist nicht Konflikt; das Gegenteil von Verbundenheit ist Gleichgültigkeit. Es ist normal, dass in Familien, in denen die einzelnen Mitglieder ein enges Verhältnis zueinander haben, die Meinungen auseinander gehen und man sich kabbelt.

Die vielleicht größten Hindernisse, die familiärer Verbundenheit heute im Wege stehen, sind praktischer Natur: Zeit und Entfernung. Offenbar fehlt den Menschen die Zeit für ein gemeinsames Abendessen, oder sie leben zu weit voneinander entfernt, sodass Zusammenkünfte selten sind.

Mögliche Schritte: Ich bemühe mich sehr darum, die Augenblicke der Menschlichkeit in meinem Leben nicht vor lauter Eile zu verpassen. Mit anderen Worten, wenn ich mich morgens verabschiede, versuche ich, geistig präsent und nicht in Gedanken schon zur Tür hinaus zu sein. Das ist oft nicht leicht. Wie auf allen anderen Menschen lasten auch auf mir jeden Tag viele Probleme und Pflichten. Aber ich habe festgestellt, dass die Qualität meines Familienlebens langfristig am wichtigsten für mich ist. Ich muss mir Zeit für meine Familie nehmen. Ich muss mich um meine Familie kümmern und Zeit in sie investieren – wie in einen wertvollen Garten, wenn die Pflanzen gut wachsen sollen. Und das gilt nicht nur für meine unmittelbare Familie, sondern auch für die weitere Verwandtschaft.

Nehmen Sie sich Zeit für die Familie. Das ist mein dringlichster Rat an Sie.

Bei Familienkonflikten kann ein guter Therapeut Wunder wirken. Die Familientherapie ist inzwischen sehr weit entwickelt. Tag für Tag retten Therapeuten, die diese Kunst beherrschen, Familien. Ihr Hausarzt sollte Sie an einen guten Therapeuten überweisen können. Oft sind auch Sozialarbeiter bestens dazu geeignet. Ihre Berufspraxis sorgt dafür, dass Sie das intensivste Training im Bereich der Familientherapie bekommen.

Wenn Sie sich nicht gleich in Therapie begeben möchten, wäre das Folgende ein gutes Motto für Sie: Versuchen Sie zu wachsen. Familien sind oft festgefahren und wiederholen Jahr für Jahr, Jahrzehnt für Jahrzehnt dieselben Muster. Siebzigjährige Cousins führen noch denselben Kampf, den schon ihre Väter miteinander ausfochten. Ich habe das in der eigenen Familie erlebt. Aber wenn Sie nach Wachstum streben – wenn Sie, mit anderen Worten, versuchen, etwas anders zu machen –, dann haben Sie, selbst wenn es Ihnen nicht gelingt, zumindest das Gefühl, einen lohnenden Versuch gestartet zu haben. Und vielleicht sind Sie ja erfolgreich! Familien können sich zum Besseren verändern – und tun es auch!

KAPITEL 4

Schule und Lehrer

Dass ich hier bin, habe ich ihnen zu verdanken

Dies ist eine Liebesgeschichte, aber sie handelt nicht von Liebe der üblichen Art. Es ist die Geschichte von mir und meinen Lehrern. Sie haben mein Leben mehr als alle anderen Menschen außerhalb meiner Familie geformt. Ich glaube, so ist es im Grunde vielen ergangen.

Die erste Lehrerin, an die ich mich erinnern kann, war Mrs. Eldredge. Ich begegnete ihr mit sechs Jahren, als ich in Chatham eingeschult wurde. Alle meine Klassenkameraden begriffen allmählich die Sache mit den Lauten und welche Buchstaben für welche Laute standen, nur ich nicht. Ich war nicht in der Lage, die Buchstaben, die ich sah, zu Wörtern zusammenzusetzen. Ich konnte mit den übrigen Kindern nicht mithalten.

In einer anderen Klasse hätte man mich vielleicht als »dumm«, »begriffsstutzig« oder sogar »zurückgeblieben« abgestempelt. Schließlich gab es in der Zeit, in der ich aufwuchs – den fünfziger und sechziger Jahren –, im Grunde nur zwei Wörter, um die geistigen Fähigkeiten eines Kindes zu beschreiben: »schlau« und »dumm«. Weil ich das Lesen nur langsam lernte, fiel ich in die Kategorie »dumm«. Das hätte zur Folge haben können, dass ich gehänselt oder in die Ecke gestellt wurde, dass man mir sagte, ich solle mich mehr anstrengen, oder dass man mich einfach vergaß. In öffentlichen Schulen in

Kleinstädten auf Cape Cod wusste man damals nicht viel über die Beurteilung von Kindern – abgesehen davon, dass man sie in »schlau« oder »dumm«, »brav« oder »böse« einteilte. Mit den Etiketten »dumm« und »böse« ging die Standardbehandlung des Beschämens, Beleidigens und Demütigens einher. In meiner Generation gab es nur wenige Kinder, bei denen sich während ihrer Schulzeit nicht mindestens ein Lehrer auf besonders einprägsame Methoden des Beschämens, Beleidigens und Demütigens spezialisiert hätte.

Aber Mrs. Eldredge arbeitete nicht mit Scham. Sie war eine gute Seele. Ich weiß noch, dass sie eine alte, sehr rundliche Dame war. Alles an ihr war rund: ihr Gesicht, ihre Backen, ihr Körper. Sogar ihre Kleider waren mit runden roten Äpfeln bedruckt. Sie war nicht offiziell dafür ausgebildet, Kindern zu helfen, die nicht lesen konnten – doch sie schien seit hundert Jahren Erstklässler zu unterrichten.

Sie half mir schlicht und einfach so: In der Lesestunde setzte sie sich neben mich, legte einen dicken, weichen Arm um mich und drückte mich ein wenig, während ich versuchte, die Wörter zu entziffern. Ich stammelte und stotterte, weil es mir einfach nicht gelingen wollte. Aber keines von den anderen Kindern lachte über mich. Neben mir saß die Mafia!

Das war meine »Therapie«: Mrs. Eldredges Arm. Mehr tat sie nicht für mich, und mehr war auch nicht nötig. Sie vermittelte mir, dass es okay war, wenn einem etwas nicht gelang. Sie zeigte mir, dass mein Gehirn in Ordnung war, so wie es war. Sie konnte mir kein neues einpflanzen und meine Legasthenie zum Verschwinden bringen, aber sie tat, was sie konnte: Sie sorgte dafür, dass ich mich nicht schämte. Ihre Methode funktionierte so gut, dass ich mich sogar auf die Lesestunden freute. Ich werde Mrs. Eldredge nie vergessen. Ich denke, ihr Arm umgab mich in der High School, auf der Universität, beim

Medizinstudium und während meiner Facharztausbildung, bis hinein in mein Leben als Autor, Redner und Therapeut. Sogar jetzt kann ich ihn spüren.

Später fand ich jedes Jahr einen Lehrer, der sich von den anderen abhob. Einer von ihnen war Mr. Slocum. Er war Lehrer in Fessenden, dem Internat, das ich ab der fünften Klasse besuchte. Er nahm mich zu meinem ersten Live-Spiel der Red Sox mit, bei dem ich den einzigen Foul-Ball meines Lebens fing, direkt von Earl Battey, dem Fänger der Minnesota Twins. Ich habe seitdem viele hundert Spiele gesehen, doch dies war das erste Mal, und der alte Slocum hatte mich und eine Schar anderer Kinder im Schlepptau. Mr. Slocum hätte das nicht tun müssen, es war sein freier Tag. Aber er war gern Lehrer.

Dann kam Mr. Magruder, ebenfalls Lehrer in Fessenden. Er schenkte mir einen JFK-Anstecker. Ich war elf und hatte keine Ahnung von Politik, aber dieses Geschenk machte mich auf der Stelle zum Demokraten. Es war das Jahr 1960, das Jahr, in dem John F. Kennedy Präsident der Vereinigten Staaten wurde.

Ein paar kurze Jahre später kam Mr. Magruder eines strahlenden Herbstnachmittags zu mir, als ich Fußball spielte, und überbrachte mir die Nachricht vom Attentat auf JFK. Seit jenem Tag war die Welt für mich nie wieder wie vorher. Vermutlich heißt dies, dass auch JFK irgendwie mein Lehrer war. Zumindest hatte er mir ein Gefühl der Sympathie für die große, weite Welt vermittelt, eine Art positive Grundhaltung ohne Zynismus, wie sie der amerikanischen Politik seit seinem Tode fehlt – wenigstens in meinen Augen.

Meine High School war Exeter, eine private weiterführende Schule in New Hampshire. Dort traf mich das intellektuelle Leben mit voller Wucht. Alle Schulstunden wurden an runden

Tischen abgehalten. Wir lernten durch Diskussion. Alle Lehrer bohrten und hinterfragten. Sokrates in jedem Klassenzimmer.

Die Winter waren kalt, meine Familie zu Hause war so verrückt wie eh und je, und ich wurde das, was man wohl depressiv nennen könnte. Aber meine Lehrer ließen mich nicht im Stich. Jedes Jahr zeigte einer von ihnen Interesse an mir. Nicht übertrieben viel, aber gerade genug, dass ich meine Sache gut machen wollte.

In der elften Klasse verliebte ich mich in den Roman *Schuld und Sühne*. Daraufhin schenkte mir mein Englischlehrer Dostojewskis Notizen zu *Schuld und Sühne*. Ich fühlte mich über alle Maßen geehrt. Ein Lehrer, der einem Schüler etwas schenkte? Irre!

Im Jahr darauf trat der Lehrer in mein Leben, der es am meisten beeinflussen sollte. Er hieß Fred Tremallo. Natürlich sagte ich damals Mr. Tremallo zu ihm. Er und seine Frau Ellie wurden in meinem letzten Jahr in Exeter zu meinen Ersatzeltern. Mr. Tremallo war mein Englischlehrer. Auch er war kräftig – nicht auf die gleiche Art wie Mrs. Eldredge, eher wie ein Footballspieler. Er trug einen Schnurrbart und hatte früher für den Geheimdienst gearbeitet. Er stammte aus einer italienischen Familie, kam aus New Jersey und wusste sicher nichts von den drei Plagen der privilegierten weißen Mittelschicht. Offenbar hatte er trotzdem einen Narren an mir gefressen. Warum? Ich weiß es nicht.

Die Methode, mit der er mich mehr veränderte als jeder andere Lehrer vor ihm, war einfach: Er sagte mir, ich könne mehr erreichen, als ich selbst glaubte, und holte diese zusätzliche Leistung dann aus mir heraus. In der ersten Schulwoche schrieb ich eine drei Seiten lange Geschichte. Es war unser erster Hausaufsatz in jenem Jahr. Ich bekam die Geschichte mit einem Kommentar zurück. Ich sehe Mr. Tremallos Schrift, die leicht ansteigenden Zeilen, noch am unteren Rand der letzten Seite in roter Tinte vor mir: »Viel versprechend«, hatte er geschrieben. »Warum machst du keinen Roman daraus?«

»Einen Roman?«, dachte ich. »Sind drei Seiten denn nicht genug?« Nicht für Mr. Tremallo. Nach der Stunde erkundigte ich mich, ob er tatsächlich der Ansicht sei, ich solle aus dieser Geschichte einen Roman machen. »Ja«, antwortete er, und bei dem Wort hob und senkte sich sein Schnurrbart nüchtern. Ich wartete darauf, dass er noch mehr sagte, aber ich wartete vergebens. Die Schüler der nächsten Klasse kamen herein, setzten sich um den runden Tisch, und ich ging bestürzt und aufgewühlt hinaus. Würde ich tatsächlich einen Roman schreiben? Die Vorstellung schien mir ebenso abwegig wie ein Flug zum Mond. Wenn ich's mir recht überlege, so müssen sich die Skeptiker gefühlt haben, als JFK der amerikanischen Nation zum ersten Mal mitteilte, man habe allen Ernstes vor, einen Mann zum Mond zu schicken.

Aber zum Schuljahresende hatte ich einen 400-Seiten-Roman fertig. Ich bekam die Auszeichnung für das Fach Englisch, und bis heute bedeutet mir dieser Preis von allen meinen Preisen am meisten, weil es mir zu Beginn des Schuljahres so völlig unmöglich erschienen war, diesen Roman zu schreiben. Das Ziel schien mir nicht nur in weiter Ferne, sondern gänzlich unerreichbar zu sein – als wolle man der Schwerkraft trotzen oder unsichtbar werden. Und doch habe ich es geschafft.

Der Roman war nicht besonders gut – Gott sei Dank wurde er niemals veröffentlicht –, aber er erfüllte die grundlegenden Kriterien eines Romans: Es gab einen Zusammenhang, einen Erzählstrang, der von einem Anfang bis zu einem Ende führte, und Figuren, die ein eigenes Leben annahmen. Ich schätze, über den Roman eines Zwölftklässlers könnte man ungefähr das Gleiche sagen, was Samuel Johnson über das Tanzen von

Hunden auf den Hinterbeinen sagte: »Es wird selten gut gemacht, aber man ist erstaunt, dass es überhaupt praktiziert wird.« Dass ich es versuchte, veränderte mein Leben.

Inwiefern? Es gab mir eine Identität. In jenem Jahr wurde ich zum *Schriftsteller*, und das nicht nur in meinem Selbstverständnis, sondern auch in den Augen der Öffentlichkeit, in den Augen meiner Klassenkameraden – übrigens ein äußerst kritischer Haufen. Sie akzeptierten mich als Schriftsteller und erkannten mich als solchen an. Ich dachte mir, wenn sie mich akzeptierten, dann musste es wohl stimmen. Und all das, weil im Schuljahr 1967/68 Mr. Tremallo mehr aus mir herausholte, als ich in mir zu haben glaubte.

Ich studierte Medizin und wurde erst Arzt, dann Psychiater und schließlich Kinderpsychologe, aber all diese Leistungen gründeten auf dem allmählich erworbenen Vertrauen in meine Fähigkeit, schwierige Aufgaben lösen zu können. Ich hatte dieses Vertrauen immer irgendwo tief in mir gehabt, aber Mr. Tremallo fischte im trüben Gewässer meiner Jugend, holte es hervor und machte es für mich und andere sichtbar. Indem er mich dazu brachte, zu tun, was ich nicht zu können glaubte, gab er mir die Möglichkeit, mir selbst zu beweisen, dass ich auch schwierige Aufgaben bewältigen konnte. Diese Überzeugung hat sich als unschätzbar erwiesen.

Wie um alles in der Welt kam er auf die Idee, Schreiben wäre meine Leidenschaft? Wieso dachte er, dieser Zwölftklässler könne einen Roman schreiben? Ich weiß es nicht. Aber als ich Woche um Woche, Stück für Stück an meinem Buch schrieb, schrieb er mit roter Tinte seine Kommentare hinein wie ein Trainer, der einen Sportler aufbaut. Meist gab er sehr genaue Anweisungen, zum Beispiel: »Warum hinkt dieser Abschnitt plusquamperfektlich daher?« Wie einprägsam, das Wort »Plusquamperfekt« in ein Adverb zu verwandeln! Eingedenk dieser

Anmerkung benutze ich das Plusquamperfekt niemals, ohne vorher zu prüfen, ob der arme Satz dann vielleicht hinkt. Ein paar Kommentare waren eher allgemein gehalten, etwa: »Überarbeiten«, »Ungenau« oder »Versuch's nochmal«. Er war anspruchsvoll, aber genau wie bei Mrs. Eldredge konnte ich immer seinen Arm um mich spüren. Ich zweifelte nie daran, dass er es am besten wusste, dass er an mich glaubte und dass ich durch Wände gehen konnte, wenn er es von mir verlangte. Die menschliche Verbundenheit machte den Unterschied.

Und so saß ich im letzten Schuljahr, wenn die anderen Kinder draußen waren und sich sonnten, Bob Dylan, die Beatles oder Simon and Garfunkel hörten, in meinem »Loft«, einem geräumigen Arbeitszimmer über der Schulkirche, und schrieb. Der Roman nahm an Umfang zu. Ich weiß noch, auf Seite 100 glaubte ich allmählich daran, dass es mir vielleicht tatsächlich gelingen könnte – dass diese aberwitzige Idee, *ich* könne einen *Roman* schreiben, vielleicht tatsächlich Wirklichkeit werden würde.

Mr. Tremallo legte auch Wert auf Technik und Disziplin, und er gab mir Wayne C. Booths Werk *Die Rhetorik der Erzählkunst* zu lesen. Ich verstand kaum ein Wort, machte aber gewissenhaft meine Notizen und fühlte mich ganz wie ein Schriftsteller, weil mir die Aufgabe überhaupt gestellt worden war. Damals war mir das nicht bewusst, aber ich glaube, im Rahmen der Erfahrung, mein Ziel als Autor zu erreichen, wollte mir Fred das schriftstellerische Handwerkszeug mitgeben. Noch ehe ich wusste, was ich damit anstellen sollte, drückte er mir das Äquivalent dessen in die Hand, was die schwarze Tasche und das Stethoskop für den Arzt sind. Genau wie ich Jahre später beim Medizinstudium tatsächlich eine schwarze Tasche und ein Stethoskop bekam, ehe ich wusste, was ich damit machen sollte.

Als die zwölfte Klasse absolviert und das Werk vollendet war, nahm ich Abschied von Fred und Ellie. Ich war nun ein Schriftsteller, was auch immer geschah. Aber noch tiefer als diese Überzeugung saß das Wissen, dass ich mehr leisten konnte, als ich mir je zugetraut hätte.

Nach Abschluss meines Studiums habe ich Fred und Ellie Tremallo zwar noch ein paarmal wieder gesehen, aber es war nicht mehr wie früher. Fred war ein sehr zurückhaltender, schüchterner, vielleicht sogar misstrauischer Mensch. Für ein sentimentales Wiedersehen mit ehemaligen Schülern hatte er nichts übrig. Er musste neue Talente fördern. Wir hatten unsere Zeit als Lehrer und Schüler miteinander gehabt, und damit sollte es gut sein.

Bis er starb.

Im Winter 1999 bekam ich von Charlie Terry, einem Lehrer in Exeter, mit dem ich auch nach dem Abschluss weiter befreundet geblieben war, die Nachricht, dass Fred Lungenkrebs und nur noch wenige Monate zu leben hatte. Ich rief im Krankenhaus in Exeter an, sprach mit Ellie, setzte mich ins Auto und fuhr los.

Als ich sein Zimmer betrat, saß Fred mit nacktem Oberkörper im Bett und tippte auf einem Laptop, der auf dem Nachttisch stand. »Empfehlungsschreiben für die Uni«, erklärte er. Zu Recht hatte er angenommen, dass ich mich fragte, woran er arbeitete. »Die müssen fertig werden, bevor ich sterbe!« Dann lachte er, und ich zuckte zusammen. Wie immer hatte er das Eis sofort gebrochen.

Wenn sich Augenblicke ereignen, von denen wir wissen, dass sie für unser Leben eine besondere Bedeutung haben, unterstreichen weder ein Kameramann noch ein Symphonieorchester die Bedeutung des Geschehens. Manchmal tun wir das selbst – Sekunde für Sekunde. Manchmal unterstreichen wir sie mit Tränen. Manchmal mit einer Zeremonie – aber meist tun wir das nur mit einer leicht gezwungenen Unterhaltung, und die einzigen Spezialeffekte sind das Rauschen des Verkehrs draußen oder das Husten aus dem Nebenzimmer.

Fred, Ellie und ich saßen da und redeten. Ich saß auf der Bettkante, und Ellie stand auf der anderen Seite neben dem Kopfende des Bettes. Ich erzählte Fred von Sue und meinen Kindern, und ich erzählte ihm von meiner Arbeit als Psychiater und den Büchern, die ich geschrieben hatte.

»Und wann schreibst du deinen großen Roman?«, fragte er.

»Ich weiß nicht«, antwortete ich. »Vielleicht nie.«

»Du würdest es schaffen; du müsstest es nur versuchen«, sagte darauf. Wieder eine Herausforderung, wie damals in der zwölften Klasse. Wer weiß, vielleicht werde ich es eines Tages tun.

»Das hier ist kein Roman«, sagte ich, »aber ich habe Ihnen etwas mitgebracht, das ich geschrieben habe.« Dann erklärte ich, dass ich ihm und Ellie einen Text vorlesen wollte, bei dem es sich im Prinzip um eine frühere Version dieser Geschichte gehandelt hatte. Als ich fertig war, räusperte er sich: »Nun, von meinen ganz persönlichen Gefühlen einmal abgesehen, ist das ein hervorragendes Manuskript.« Da lag er und förderte und ermutigte mich, bis zu unserem letzten gemeinsamen Augenblick.

Ich musste gehen. Vor der Tür hatte sich eine ganze Schlange von Schülern versammelt, die alle darauf warteten, eingelassen zu werden. »Draußen wartet noch Besuch. Ich gehe dann lieber«, sagte ich, und Ellie nickte.

»Sollen sie warten«, sagte Fred. Ich wusste, dass er den anderen gegenüber nicht respektlos sein wollte. Er machte mir nur ein letztes Geschenk: seine Zeit. Ich hielt seine Hand und dachte daran, wie ich meinem Großvater vor seinem Tod die Hand gehalten hatte. Fred sah mich an, mit diesem Ausdruck, der mir so vertraut war, wenn seine Augen gleichzeitig weicher und strahlender wurden und ich fühlen konnte, dass er mir eine Nachricht zusandte, die zu gut war, um sie in bloße Worte fassen zu können.

Dann küsste ich Fred auf die Stirn, umarmte Ellie und ging, in dem Wissen, dass ich Fred und Ellie nie mehr wieder sehen würde. Nur in meiner Erinnerung, aber da, wann immer ich wollte.

Dazugehören

Dazugehören: Gibt es einen Kampf, der Kindern noch wichtiger ist, wenn sie erst einmal acht oder neun sind? Als Vater mache ich mir Gedanken um die Beliebtheit meiner Kinder, obwohl ich das eigentlich nicht möchte. Ich werde nervös, wenn eines von ihnen von einer Veranstaltung ausgeschlossen wird, bei der es dabei sein wollte, oder wenn ich Schmähungen im Hinblick auf die gesellschaftliche Stellung bzw. das »Image« am Horizont heraufziehen sehe. Und doch sind das persönliche Angelegenheiten, die jeder selbst regeln muss. Es ist eine Entwicklung, die das Kind selbst durchmachen muss, ohne übermäßige Kontrolle seitens der Eltern.

Ich liebe den Bericht dieser Frau, in dem sie erzählt, wie sie allmählich begann, auf ihren eigenen inneren Rhythmus zu hören.

Mit vierzehn hatte ich große Ähnlichkeit mit der amorphen Masse einer Qualle, noch dazu keiner besonders attraktiven. Am ehesten ähnelte ich einem dieser durchsichtigen Teile, deren Inneres wie ein Kleeblatt aussieht und die mit der Flut angespült werden. Ich war seit dem Kindergarten mit denselben Leuten in einer Klasse gewesen. Sie mochten mich nicht, und folglich mochte auch ich sie nicht. Es war nicht immer so schlimm gewesen wie in der Neunten. Als wir noch Jungs in der Klasse gehabt hatten, waren wir Mädchen besser miteinander ausgekommen, aber die Buben waren nach Abschluss der achten Klasse auf ihre Internatsschulen gewechselt. Zurück blieb eine Gruppe von neun Mädchen, die noch ein Jahr warten musste, bis sie die Schule ebenfalls verlassen würde.

Dass ich meinen Eltern gegenüber behauptete, ich würde meine Klassenkameradinnen nicht mögen, heißt nicht, dass ich nicht bereitwillig meinen rechten Arm gegeben hätte, um dazuzugehören. Wenn mich das beliebt gemacht hätte, hätte ich sogar noch ein paar Zehen draufgelegt. Aber ich war hoffnungslos uncool, soll heißen »anders, aber ohne den Mut, es durchzuziehen«. Eigentlich bedeutet es, dass ich meinen eigenen inneren Rhythmus missachtete und versuchte, zu einer Melodie zu tanzen, die ich nicht hören konnte, indem ich den anderen auf die Füße schaute. Die Hälfte der Zeit brachte ich damit zu, missmutig auf meine Klassenkameraden herabzusehen, und während der anderen Hälfte versuchte ich, ihre Sympathie zu gewinnen. Das verwirrte uns alle und machte mich zum Paradebeispiel eines sich selbst hassenden Teenagers. Ich hasste mich, weil ich übergangen wurde, und ich hasste mich, weil ich dazugehören wollte.

Eines Nachmittags lief ich mit zwei Mädchen einen Gang entlang. Meine Klassenkameradinnen zogen gerade hingebungsvoll über den Lateinlehrer her – einen blassen, dicklichen, unsicheren jungen Mann –, als wir am Lehrerzimmer vorbeikamen. Ohne nachzudenken, machte ich: »Schhhh.« Ich ging davon aus, dass er im Lehrerzimmer war und sie hören würde. Wie auf Kommando drehten sie sich zu mir um und sagten betont ruhig: »Was hast du gesagt?«

Geistesgegenwärtig antwortete ich: »Ich wollte ›Scheiße‹ sagen, aber ihr habt mich unterbrochen.« Sie schienen besänftigt, ließen mich wieder links liegen, und ich versank erneut in missmutiger Selbstverachtung.

Am Jahresende bekam ich noch einmal eine Chance, dazuzugehören, und ich stürzte mich darauf. Wir hatten Geschichte des Altertums bei einem Mann namens Mr. Ward, dessen einzige Leidenschaften darin bestanden, die Jungen-Fußballmannschaft zu trainieren und in Erinnerungen an den Koreakrieg zu schwelgen. Ich weiß heute nur noch sehr wenig über Ägypten und sehr viel darüber, wie man einen Mann in einem Schützenloch mit einem Panzer tötet. Angeblich hält man mit dem Panzer über dem Schützenloch und lässt dann den Geschützturm kreisen. Dadurch sinkt der Panzer langsam in das Schützenloch und zerquetscht den Soldaten. Inzwischen scheint mir das natürlich unwahrscheinlich, und rückblickend ist mir klar, dass Mr. Ward kein besonders guter Lehrer war.

Mr. Ward unterrichtete die siebte und die neunte Klasse in Geschichte, und weil wir ihn nicht mochten, beschlossen wir allesamt mit der Logik der frühen Jugendjahre, bei seinen Prüfungen abzuschreiben. Unser Plan war unkompliziert: Wir würden einfach die zu Hause angefertigten Notizen in die Cafeteria mitbringen, wo die Prüfung stattfand, und während des Tests bei Bedarf nachsehen. Diese Methode setzte voraus, dass man vorher recht fleißig gelernt hatte, weil man ja viele Spickzettel besaß, aber darauf kam es nicht an. Es ging vielmehr darum, dass wir abschreiben würden, ob es nötig war oder nicht. Wenn Sie jetzt denken, ich hätte mich in meiner Klasse als Einzige geweigert mitzumachen, dann habe ich mich am Anfang wohl nicht deutlich genug ausgedrückt.

Und so lernte ich, schrieb jede Menge Spickzettel, die ich ganz hinten in den Papierstapel steckte, den jede von uns in den Prüfungsraum mitbrachte, schlug während der Prüfung gewissenhaft in den entsprechenden Notizen nach und kam damit davon. Zwei Tage später verpetzte uns die siebte Klasse. Die Nachricht verbreitete sich wie ein Lauffeuer in der Schule, und wir wussten, dass wir in Schwierigkeiten waren, lange bevor wir damit konfrontiert wurden und Mr. Mason das Klassenzimmer betrat. Er war unser Direktor, hatte mir in der sechsten Klasse Arithmetik beigebracht und mir eine in Geschenkpapier verpackte Schachtel mit dem Spiel Flohhüpfen gegeben, damit ich auf die Dezimalstellen achtete. Außerdem war er ein persönlicher Freund meines Vaters, und ich mochte ihn sehr. Er bat unseren Lehrer ernst, nach draußen zu gehen, setzte sich auf einen Stuhl vor die Klasse hin und sah uns einfach nur an. Ich saß in der letzten Reihe, aber in einer Klasse, die aus gerade einmal neun Mädchen besteht, ist das nicht annähernd genug Deckung. Er teilte uns mit, als man die siebte Klasse wegen Vorwürfen des Abschreibens zur Rede gestellt habe, hätten die Schüler alles zugegeben und auch die neunte Klasse belastet. Er sei hier, um uns dazu zu befragen. Keiner sagte ein Wort. Das Schweigen wurde immer länger, und irgendwann liefen mir die Tränen übers Gesicht. Mr. Mason konnte mich sehen, aber zumindest saßen alle meine Klassenkameradinnen mit dem Gesicht nach vorn. Bevor mich ein Schniefer verraten konnte, stand ich auf und ging hinaus, den Rücken meinen Klassenkameradinnen zugewandt. Mr. Mason ließ mich wortlos gehen, und nachdem ich mich verzweifelt auf den leeren Gängen umgesehen hatte, floh ich auf die Mädchentoilette und schloss mich in einer Kabine ein. Endlich hatte ich Zeit, zur Ruhe zu kommen und nachzudenken. Mir wurde klar, dass dies ein sehr gutes Versteck war: Ich hatte Wasser, eine Toilette und war mit der Außenwelt durch ein kleines, hohes Fenster verbunden, durch das ich hinausklettern konnte, sobald es dunkel war. Und weil er ein Mann war, konnte Mr. Mason bis dahin nicht hereinkommen und mich holen.

Jedes Mal, wenn ein Mädchen in die Toilette kam, stellte ich mich auf den Rand der Kloschüssel und verhielt mich mucksmäuschenstill. Ich hatte mich gerade etwas entspannt, als ein kleines Mädchen hereinkam und meinen Namen rief. Natürlich antwortete ich. Vermutlich war es ihr komisch vorgekommen, jemanden antworten zu hören, obwohl unter der Kabinentür keine Füße zu sehen waren, aber ich saß inzwischen so tief im Schlamassel, dass mir egal war, was sie dachte. »Mr. Mason möchte dich sprechen«, sagte sie. Die Gnadenfrist war vorbei. Ich saß in der Falle. Ich kletterte von der Toilette herunter und folgte ihr in ein kleines Büro den Gang entlang, wo Mr. Mason auf mich wartete.

Wir waren allein und nahmen einen weiteren Anlauf zu dem Gespräch, vor dem ich davongelaufen war.

»Hast du abgeschrieben?«, fragte er ruhig.

»Ja, das habe ich«, gab ich zur Antwort.

»Warum?«

»Weil die anderen auch abgeschrieben haben.«

»Dir ist klar, dass ich dir für das ganze Jahr Geschichte des Altertums eine Sechs geben muss?«

»Ja, ich denke schon.«

Mr. Mason war freundlich und ruhig, aber deutlich. Ich steckte in großen Schwierigkeiten, doch es war möglich, wenn auch nicht leicht, da wieder herauszukommen. Er erklärte mir, zuerst müsse ich nach Hause gehen und meiner Mutter sagen, was ich getan hatte. Er würde bei meiner neuen Schule anrufen, wo ich bereits angenommen war – vorausgesetzt, ich schloss die neunte Klasse erfolgreich ab –, und zu erklären versuchen, dass man die Zulassung nicht wegen der Sechs in meinem Zeugnis rückgängig machen solle. Am liebsten hätte ich mich an Mr. Masons breite, in Tweed gehüllte Brust geworfen und mir die Augen ausgeweint, aber mir schwante, dass er mir gerade etwas beibrachte, was ich dringend wissen musste: wie man mit Problemen umging. Hier ging es darum, die Sache zu regeln, und man erwartete von mir, dass ich meinen Teil dazu beitrug.

Eddie Dugan, Hausmeister und Freund der Kinder in allen Lebenslagen, fuhr mich in für ihn untypischem Schweigen nach Hause, und als ich das Haus betrat, saß meine Mutter an ihrem Schreibtisch. Ich wartete, bis sie ihren Anruf erledigt hatte, und erklärte ihr dann, warum ich schon um halb zwei Uhr nachmittags zu Hause war und was ich getan hatte.

Ich weiß nicht, was Mr. Mason den Leuten in meiner neuen Schule erzählt hatte, aber sie kamen zu dem Schluss, mich trotz allem im Herbst für die zehnte Klasse zuzulassen. Als ich verloren und von Heimweh geplagt dort ankam, stellte ich nach einem Blick auf meinen Stundenplan fest, dass man mich noch einmal für Geschichte des Altertums eingeteilt hatte und sogar das gleiche Buch verwendet wurde wie an meiner alten Schule. Mir war klar, dass es angesichts der Sechs in meinem Zeugnis sinnvoll schien, mich das Fach wiederholen zu lassen. Aber ich kannte den Stoff bereits und wollte ihn keinesfalls noch einmal wiederholen. Ich rief mir ins Gedächtnis, was mir Mr. Mason über Verantwortung beigebracht hatte, richtete mein sich gerade festigendes Rückgrat auf, lauschte den ersten zaghaften Schlägen meines eigenen Trommelrhythmus und bat um ein Gespräch mit Mrs. Hall, der Direktorin.

In jenem September vor vierzig Jahren führten wir eine merkwürdige Unterhaltung. Ich stand vor ihrem Schreibtisch, den Stundenplan in der Hand, und schilderte das Dilemma, in dem ich mich hinsichtlich der Geschichte des Altertums befand. Ich war so freundlich, sie von jeglicher Schuld an diesem Missgeschick freizusprechen. Ich weiß noch, dass ich ihr sagte, ich verstünde ihren Irrtum sehr wohl – und dass man jeden entschuldigen müsse, der denke, ein Mädchen mit einer Sechs in Geschichte des Altertums in der neunten Klasse solle das Fach in der zehnten Klasse noch einmal belegen. Allerdings sei ich keineswegs durchgefallen, weil ich den Stoff nicht beherrschte, sondern weil ich in der Prüfung abgeschrieben hatte. Und ich ersuchte sie respektvoll darum, einen der anderen Geschichtskurse belegen zu dürfen, die es gab.

Mrs. Hall war Mr. Mason von der Art her sehr ähnlich und wusste daher, dass Verantwortung zu übernehmen für viele ins Schwimmen geratene junge Menschen ein Weg zur Wiedergutmachung war. Sie sah mich genau an, nickte einmal und teilte mich für amerikanische Geschichte ein.

Meine Miss Mackey

Im Leben werden viele Menschen nicht so gewürdigt, wie sie es verdient hätten, aber Lehrer stehen meiner Ansicht nach ganz oben auf der Liste. Sie sind die großen, heimlichen Wohltäter der Menschheit. Sicher, es gibt auch lausige Pauker. Aber, meine Güte, die Guten sind so unglaublich gut – und bekommen so wenig Anerkennung!

Im Anschluss folgt eine Geschichte über ein paar schlechte Lehrer und einen Engel. Geschrieben wurde sie von Paul Hosteler, einem Geistlichen aus Pennsylvania, der inzwischen im Ruhestand lebt.

Der mittlerweile verstorbene und in weiten Kreisen bekannte Pädagoge Dr. Ernest Boyer betonte stets, wie wichtig die ersten Schuljahre sind. Er meinte, freundliche, fähige Grundschullehrer sollten zu den am besten bezahlten Lehrkräften an unseren Schulen gehören, weil sie den stärksten positiven Einfluss auf das Leben ihrer Schüler hätten.

Dem stimme ich zu. Aber ich bin auch zutiefst davon überzeugt, dass lieblose, intolerante Lehrer den Schulanfängern in jener Phase sehr viel Schaden zufügen können. Lassen Sie mich das an einem Beispiel zeigen.

Als ich 1931 als extrem schüchterner Erstklässler in Canal Fulton, Ohio, eingeschult wurde, war Pennsylvania-Deutsch meine Muttersprache. Meine Klassenkameraden machten mir deshalb das Leben schwer, und meine Lehrerin verschlimmerte alles nur noch, weil sie sich ganz offensichtlich über meinen »deutschen Einschlag« amüsierte und die Aufmerksamkeit der gesamten Klasse darauf lenkte. Ist es da verwunderlich, dass mir ihr Name nicht mehr einfällt?

Sie war mit der Lehrerin der zweiten Klasse befreundet. Eines Tages hörte ich, wie sie über meinen Fall sprachen und darüber lachten. Ich weiß noch ganz genau, wie weh das tat.

Als ich in die zweite Klasse aufrückte, erlebte ich viele der Demütigungen noch einmal, die ich schon aus der ersten Klasse kannte, da die Lehrerin der zweiten Klasse so dick mit der Lehrerin der ersten Klasse befreundet war. Und – ist es zu glauben? – auch der Name meiner Lehrerin in der zweiten Klasse fällt mir nicht mehr ein.

In jenem Jahr schwor ich mir, alle meine Grammatikprobleme in den Griff zu bekommen, Lehrer zu werden und meine Schüler ebenfalls bloßzustellen. Welche Ironie! Nun, die Grammatikprobleme bekam ich in den Griff, aber vom zweiten Teil dieses Schwurs sah ich ab – vor allem aufgrund der Ereignisse im darauf folgenden Schuljahr.

Im Sommer 1933 zog meine Familie in einen angrenzenden Schulbezirk um, und in jenem Herbst kam ich in die dritte Klasse einer Dorfschule ungefähr eine Meile westlich von North Lawrence. In dem Gebäude gab es nur ein Klassenzimmer, und die Lehrerin hieß Miss Mackey. Es war nicht zu übersehen, dass sie alle Jungen und alle Mädchen liebte, die sie unterrichtete. Bald liebte auch ich sie von ganzem Herzen.

Miss Mackey lehrte mich, die Schule und besonders das Lesen zu lieben. Jeden Morgen stellte sie sich vor die acht Klassen und las uns etwas vor. Wir setzten uns mit ihr auf ihren »fliegenden Teppich« und schwebten an entlegene Orte, wo wir Alice im Wunderland, die Figuren aus Tausendundeiner Nacht, Abraham Lincoln, Ebenezer Scrooge, Oliver Twist, König David, Tom Sawyer und viele andere kennen lernten.

Als ich mich begeistert an den Lesestunden beteiligte, gab sie mir noch mehr Bücher, damit ich auch allein lesen konnte. Jahre später erfuhr ich von einer ihrer Nachbarinnen, dass Miss Mackey allerorten Bücher »erbettelte, lieh oder stahl«, damit ihre Schüler nicht aufhören mussten zu lesen. Auf diese Weise schenkte sie jedem Einzelnen von uns seinen eigenen fliegenden Teppich.

Nach Abschluss der dritten Klasse zog meine Familie wieder in den Schulbezirk von North Lawrence zurück. Ein paar Jahre später, ich war in der sechsten Klasse, wurde die Dorfschule geschlossen, und Miss Mackey kam nach North Lawrence an die Schule, wo sie die ersten drei Klassen unterrichtete.

Das wurde mir allerdings erst bewusst, als ich sie in jenem Herbst kurz nach Schulanfang eines Tages draußen auf dem Schulhof sah. Sie war umringt von glücklichen, spielenden Kindern. Als sie mich bemerkte, eilte sie zu mir herüber, umarmte mich und gab mir einen Kuss.

Ich stamme aus einer sehr zurückhaltenden Familie (ich habe nie gesehen, dass mein Vater meine Mutter küsste, obwohl ich immer wusste, dass sie einander sehr liebten), und ihre Geste erfreute und beunruhigte mich als Elfjährigen zugleich zutiefst. Die Jungen aus meiner Klasse johlten und kicherten.

Ich habe mir all die Jahre meinen »fliegenden Teppich« bewahrt und viele große Abenteuer mit ihm erlebt. Ich habe geglaubt und gezweifelt. Ich habe mich gefreut und getrauert. Meine Vorstellungskraft wuchs und wurde zerquetscht. Schließlich trat ich selbst in die Reihen derer ein, die an der »Herstellung« der Teppiche beteiligt waren.

Jahre später kehrte ich nach Ohio zurück, um diese bemerkenswerte Lehrerin zu besuchen. Ich begegnete einer älteren Ausgabe meiner geliebten Miss Mackey, aber aus ihren Augen strahlten noch immer die Liebe und Ernsthaftigkeit, die ich so gut kannte. Sie war nun seit vielen Jahren glücklich verheiratet und hieß inzwischen Mrs. Armstutz. Wegen der Liebe, die ich als Junge für sie empfunden hatte, war ich sogar damals noch eifersüchtig auf ihren Mann.

Ich sagte ihr, ich hätte endlich die Zeit gefunden, ihr für den starken, positiven Einfluss zu danken, den sie auf mein Leben gehabt hatte. Ich erwähnte ihre Fürsorge, ihre Stärken und die Leidenschaft fürs Lesen, die sie vor über fünfzig Jahren in mir geweckt hatte. Während wir gemeinsam in Erinnerungen schwelgten, stand die Zeit still.

Ich war bereits auf den Beinen und wollte gerade gehen, da erinnerte ich sie an den Augenblick, als sie mich auf dem Schulhof in Verlegenheit gebracht hatte. Nun, so sagte ich, würde ich sie vor den Augen ihres Mannes »in Verlegenheit bringen«. Dann umarmte und küsste ich sie. Wir hatten beide Tränen in den Augen. Ihr Mann lächelte zustimmend.

Es ist noch nicht so lange her, da telefonierte ich mit Robert Horner, dem Direktor der Tuslaw High School in der Manchester Avenue in Massillon. Auf meine Anregung hin schmiedeten wir Pläne, dass ich zu Ehren von Miss Mackey, die damals 81 Jahre alt war, eine Rede halten würde. Anlass war ein

Abendessen, bei dem die Schüler verschiedene Auszeichnungen und Stipendien erhalten sollten. Ich konnte den Abend kaum erwarten.

Etwa eine Woche vor dem geplanten Abendessen enttäuschte mich Miss Mackey zum allerersten Mal. Sie hatte beschlossen, doch nicht zu der großen Feier zu kommen. Ich drängte sie, es sich noch einmal zu überlegen, aber Lehrer haben offenbar immer das letzte Wort.

Ein paar Tage später bekam ich ein Bild, das sie vor über sechzig Jahren in einer der Schulen von mir gemacht hatte. Nur eine Mutter oder eine Lehrerin aus Leidenschaft hätten einen so zerzausten Kerl lieben können.

Ein Hoch auf meine Miss Mackey! Sie und die anderen wunderbaren Lehrer sollen hochleben. Möge Gott sie wissen lassen, wie viele von uns auf »fliegenden Teppichen« herumschweben und ihnen für ihre Investition in ihr Leben ewig dankbar sein werden.

Leider zeigen viele von uns ihre Wertschätzung nicht deutlich. Vielleicht regt meine Geschichte auch andere Menschen dazu an, den Miss Mackeys in ihrem Leben auf ihre ganz persönliche Weise zu danken. Lehrer machen es einem nicht immer leicht, sich bei ihnen zu bedanken, und oft ist es ihnen peinlich, wenn man einen großen Wirbel um sie macht. Aber ich bin mir sicher, tief in ihrem Inneren wissen sie den Dank zu schätzen. Ich bin nur froh, dass ich nicht zu lange damit gewartet habe.

Schwester Agnes Louise

Im Laufe der Schulzeit hatte wohl jeder irgendwann einmal einen Lehrer, dem er einen Heidenrespekt zollte. Aber die meisten bekamen nie die Chance auf einen Blick hinter die

Furcht einflößende Fassade, wie er der Autorin dieses Beitrags zum Glück vergönnt war.

»Schwester Agnes Louise«: Man musste ihren Namen nur aussprechen, und schon gerieten die Teenager an meiner kleinen katholischen High School in Panik. Wir hatten diese tyrannische Nonne in englischer Literatur. Sie sah aus wie eine Bulldogge, und so verhielt sie sich auch. Offenbar genoss sie es, andere zu demütigen, was für unsichere Durchschnittsteens besonders traumatisch war. Jede Stunde rief sie einen Schüler auf, der dann von ihr »gefoltert« wurde. Sie befahl der armen Seele, sich vor die Klasse hinzustellen und die Textstellen auswendig aufzusagen, die sie von ihnen verlangte. Wehe dem, der die ausgewählten Stellen nicht ganz genau präsent hatte – und in altem Englisch aufsagen konnte! Wenn ein Kind die Aufgabe nicht zur Zufriedenheit der Nonne erfüllte, schalt und beleidigte sie es, bis es den Tränen nahe war. Ein paar fingen tatsächlich an zu weinen! Ich muss wohl nicht erwähnen, dass ich niemals den Fehler beging, unvorbereitet in ihre Stunde zu kommen. Zum Glück wusste sie, dass ich eine gute Schülerin war, und verspürte nicht oft das Bedürfnis, mich aufzurufen.

Deshalb erwischte sie mich völlig unvorbereitet, als ich eines Nachmittags vor meinem Spind stand. Ich überlegte wie üblich, welche Bücher ich in der nächsten Stunde brauchte, als plötzlich eine Stimme hinter mir sagte: »Susan, könnte ich dich einmal sprechen?«

Mein Herz raste. Diese Stimme hätte ich überall erkannt! Sie gehörte Schwester Agnes Louise. Was hatte ich angestellt? Weshalb war sie hier? Ich betete, sie möge mich nicht auf dem Gang vor allen anderen bloßstellen.

»M-m-mich?«, stotterte ich. »Sie möchten *mich* sprechen?«

Lag da angesichts der Angst in meinen Augen ein kleines, selbstzufriedenes Lächeln auf ihrem Gesicht?

»Ja«, erwiderte sie. »Ich wollte dich sprechen. Ich habe gehört, dass du im Sommer in Japan gewesen bist, und wollte wissen, wie es dir gefallen hat. Ich war nämlich auch schon einmal dort.«

Japan? Sie wollte mit mir über Japan reden? Sichtlich erleichtert atmete ich auf.

Aber als ich mich einen Augenblick später wieder erholt hatte, traf mich überraschend eine Erkenntnis. Mir wurde klar, dass sich Schwester Agnes Louises Leben nicht nur darum drehte, uns das Dasein schwer zu machen: Sie war ein richtiger Mensch mit eigenen Interessen, und möglicherweise wollte sie dann und wann einfach nur nett mit jemandem plaudern. In diesem Augenblick der Klarheit sah ich meine Lehrerin in einem völlig neuen Licht. Später hatten wir dann eine angenehme Unterhaltung über Japan.

Ich habe nie herausgefunden, warum Schwester Agnes Louise ihre Schüler so drangsalierte. Vielleicht glaubte sie, uns dadurch abzuhärten und auf den Ernst des Lebens vorzubereiten. Oder möglicherweise dachte sie, sich nur so Respekt verschaffen zu können. Aber obwohl keiner von uns je die alte englische Aussprache lernte, brachte sie mir bei, dass in den Menschen stets mehr steckt, als sie nach außen hin zeigen. Und wenn man sich die Zeit nimmt, sie kennen zu lernen, stellt man womöglich fest, dass einem gefällt, was man sieht – und wenn auch nur ein klein wenig.

Das ungenutzte Treppenhaus

In meinen Seminaren und Vorträgen erzähle ich dem Publikum oft, dass Lehrer ein Leben nicht nur verändern können, sondern manchmal auch Leben retten. Hier und da sehe ich, wie Zuhörer im Publikum bei dieser Bemerkung die Augen rollen, als würde ich zu dick auftragen. Aber ich weiß, ich übertreibe nicht, wenn ich sage, dass Lehrer Leben retten. Lehrer haben nicht nur mir das Leben gerettet, sondern ich höre auch immer wieder Geschichten wie die folgende. Lehrer retten tatsächlich Leben!

Das Treppenhaus wurde von so gut wie niemandem benutzt. Das machte es zu dem Ort, an dem ich meine Ruhe haben würde, wenn ich mich umbrachte. In meinem letzten Jahr auf der High School hatte ich mir angewöhnt, in diesem Treppenhaus zu lernen. Ich konnte auf der einen Stufe sitzen und die nächsthöhere als Schreibtisch verwenden. Am oberen Ende der sich über drei Stockwerke hinaufschlängelnden Wendeltreppe befand sich ein kräftiger Handlauf. Er sollte, so rechnete ich mir aus, stark genug sein, dass ich mich daran aufhängen konnte.

Ich lernte in dem Treppenhaus, weil es ruhig dort war. Mein Leben war alles andere als das: Schwimmmannschaft, Hauptrollen in allen Stücken, Aufsichtsschüler, Spitzennoten, Präsident des Debattierclubs, Kolumnist der Zeitung und strahlender Fremdenführer. Aber wie ich schon sagte, dieses Treppenhaus wurde so gut wie nie benutzt… tagsüber nur selten und nachts schon gar nicht.

Da saß ich also, noch so ein heimlich schwuler Überflieger, der sich selbst verachtete, lernte für meinen dämlichen Bio-Leistungskurs und dachte darüber nach, welches Seil sich wohl am besten eignen würde.

In Hollywood wäre diese Geschichte etwas knapper ausgegangen. In Wirklichkeit kam Mr. Crawford eines Abends die Treppe herauf, als ich dort saß, und fragte mich, wie es mir gehe. »Großartig!«, sagte ich. Ich war sehr überzeugend. Er sagte, nein, er befahl mir, am nächsten Tag in sein Büro zu kommen, und meinte, ich hätte genug gelernt und sollte lieber auf mein Zimmer gehen (es war schon ziemlich spät). Er sagte, wir würden uns dann am nächsten Tag sehen. Er mache sich Sorgen um mich.

Tags darauf ging ich zu ihm, und ich wusste, dass ich so oft mit ihm reden konnte, wie ich wollte.

Inzwischen bin ich selbst Lehrer, aber ich habe ihm nie gesagt, was er damals für mich getan hat. Das muss ich unbedingt tun.

»Warum hast du es ihnen gesagt?«

Woher wissen Lehrer, wann man ein Versprechen brechen muss? Ich schätze, sie machen hie und da auch Fehler – und gewiss hat das manchmal schreckliche Folgen –, aber in den meisten Fällen liegen sie offenbar richtig. Zumindest konnte ich diese Erfahrung machen. Lehrer haben ein Auge auf ihre Schüler. Wie die Lehrerin in dieser Geschichte.

»Wie konntest du mir das nur antun?«, fragte ich Ellen auf dem Parkplatz. »Warum hast du es ihnen gesagt? Ich wusste, dass es so kommen würde!« Ich war fuchsteufelswild. Ellen war Englischlehrerin an dem Privatinternat, auf das ich ging, und ich hatte ihr ein paar Probleme anvertraut, die mich in jenem Schuljahr quälten. Ich war siebzehn, traute Erwachsenen nicht über den Weg und war in einer Familie aufgewachsen, in der man von Therapien nichts hielt. Trotzdem erkannte ich, dass ich das, was ich gerade durchmachte, nicht allein bewältigen konnte. Also beschloss ich, mich Ellen anzuvertrauen, einer Lehrerin, die ich nur von meiner Funktion als Heimaufsicht kannte.

Ellen erzählte es dann dem Studiendekan, der es meinen Eltern sagen wollte. Für mich war das Verrat. In meinen Augen war diese Reaktion unverzeihlich, als drehe sich alles nur um »Schulregeln« und darum, wer die Haftung übernahm. Ich stürmte aus dem Büro, das Ellen sich mit dem Studiendekan teilte. Sie lief mir nach. Als wir den Parkplatz erreicht hatten, berührte sie mich am Arm. Ich spürte, wie mir das Blut ins Gesicht schoss. Ich drehte mich um und schrie sie an. Ich brüllte, sie habe alles zerstört – und dass ich nie wieder jemandem vertrauen würde. Ich fragte sie, warum sie das getan hatte, obwohl sie wusste, dass ich Schwierigkeiten hatte, anderen Menschen zu vertrauen. Sie sagte nichts. Sie ließ mich schreien. Ich fing an zu weinen. Sie ließ mich weinen. Sie respektierte die Grenze, die ich zog, und sie versuchte nicht, ihr Handeln zu rechtfertigen. Als ich mich umdrehte und sie mit einem sarkastischen »Danke, Ellen, vielen Dank« stehen ließ, hoffte ich, sie würde mir nicht nachlaufen. In meinem Zimmer angekommen, trauerte ich um den Verlust einer Lehrerin und Freundin, der ich mich anvertraut hatte.

An jenem Abend kam ich etwas später zum Abendessen. Meine Freunde saßen schon am Tisch, und auf dem leeren Platz lag ein blauer Umschlag mit der Aufschrift »Leslie«. Ich öffnete ihn und fand darin eine kurze Notiz von Ellen: »Es tut mir Leid, dass du verletzt bist. Mir liegt viel an dir, deshalb habe ich es weitererzählt. Irgendwann wirst du das verstehen. Wie gesagt, meine Tür steht dir immer offen, du kannst dich jederzeit an meiner Schulter ausweinen und an meiner Hand festhalten, um alles zu überstehen … sogar das.«

In jener Nacht habe ich stundenlang in ihrem Apartment geweint.

Heute verstehe ich es.

Der Rosenstock

Natürlich können auch Eltern, genau wie die Lehrerin im vorherigen Beitrag, heimlich strategisch eingreifen. Hier lesen wir, wie eine Mutter ihrer Tochter half, einen der tückischsten Augenblicke ihrer Kindheit zu bewältigen – als sie ausgeschlossen und gehänselt wurde.

Jahr für Jahr freute ich mich auf die Halloweenparade meiner Grundschule – bis auf das Jahr, in dem ich acht war. Ich erholte mich noch von den Verletzungen, die ich zwei Jahre zuvor bei einem Unfall erlitten hatte, und musste mit einem Stock gehen. Seit ich nach dem Unfall im Rollstuhl und mit dem rechten Bein vom Rist bis zum Oberschenkel in Gips in die Schule zurückgekehrt war, quälten mich sechs Mädchen aus meiner Klasse mit ihrem Spott. Erst kurz vorher hatte sich Mindys Bande, wie die restliche Klasse die Gruppe aus Respekt vor deren »Anführerin« nannte, eine neue alltägliche Lieblingsbeschäftigung ausgedacht: Sie imitierten meinen Gang. Wegen des Stocks graute es mir nicht nur jeden Tag mehr vor der Schule, sondern ich verlor auch noch die Freude an einer meiner Lieblingsbeschäftigungen in der Schule.

Meine Mutter wusste, wie gern ich mich verkleidete und in der Parade mitmarschierte, und allmählich wuchs ihre Sorge über meinen Mangel an Begeisterung für Halloween. Ich war, was die tagtäglichen Hänseleien anging, ungewöhnlich schweigsam gewesen. Trotzdem wusste meine Mutter, dass etwas nicht in Ordnung war. Eines Nachmittags im Oktober fragte sie beiläufig: »Weißt du schon, als was du dich an Halloween verkleiden willst? Wir müssen bald mit dem Nähen anfangen.«

»Du weißt doch, Mama, dass ich nicht bei der Parade mitmachen kann. Ich habe ja diesen *Stock*«, antwortete ich, und aus meinem Mund hörte sich das Wort »Stock« an wie »Lepra«.

»Hmmmm«, erwiderte meine Mutter. »Soweit ich weiß, hat der Doktor nicht gesagt, dass die Parade dieses Jahr ausfallen muss. Im letzten Jahr hattest du ja noch die Gehhilfe und warst im Rollstuhl. Da hat er es natürlich für keine so gute Idee gehalten.«

»Ich weiß schon, dass der Doktor es mir nicht verboten hat«, setzte ich ausweichend an. Ich hatte gemischte Gefühle dabei, Einzelheiten über die Aktivitäten von Mindys Bande zu enthüllen. Tag für Tag ertrug ich schweigend ihren gnadenlosen Spott und betete darum, sie würden mich am nächsten Tag in Frieden lassen; aber das war niemals der Fall. Ich wusste, wenn ich es ihr sagte, würde meine Mutter die Sache regeln, aber ein solcher Sieg wäre wertlos.

»Das ist es nicht«, schloss ich und hoffte, meine Stimme würde gerade vage und gleichgültig genug klingen, um die neugierigen Fragen meiner Mutter im Keim zu ersticken.

»Hmmm-hmmm«, brummte meine Mutter einen kurzen Augenblick später. Ihr Tonfall verriet mir, dass sie alles über die Spötteleien von Mindys Gang wusste. (Inzwischen ist ihre Allwissenheit in unserer Familie eine feststehende Tatsache.)

»Die anderen Kinder machen sich schon über meinen Stock lustig, wenn ich nur gehe, Mama. Was, denkst du, machen die erst, wenn ich damit beim Halloweenumzug mitlaufe?«, wollte ich wissen.

»Alle anderen Kinder?«

»Nein, nur Mindys Bande«, anwortete ich etwas gereizt, denn mir war klar, dass sie die Antwort bereits kannte.

»Nun, wenn du dir von ihnen den Spaß verderben lassen willst, werde ich dich nicht zwingen. Ich hoffe nur, sie haben es verdient, dir so wichtig zu sein«, sagte meine Mutter etwas spitz. Dann meinte sie beiläufig: »Man könnte den Stock nämlich auch in dein Kostüm einbauen, wenn du das möchtest. Ist nur so eine Idee.«

»Das ist wirklich doof, Mama«, erwiderte ich. »Und ich werde nicht bei der Parade mitmachen.«

Aber meine Mutter wusste es besser. Obwohl ich es nicht zugeben wollte, hatte sich die Vorstellung, der Stock könne Bestandteil meines Kostüms sein, in meinem Kopf eingenistet. Mutter hatte das Glitzern in meine Augen zurückkehren sehen.

Sie ließ sich von meinem Widerspruch nicht abschrecken und machte sich heimlich an die Arbeit. Aus einem ihrer alten Reifröcke aus Pferdehaar und ein paar ihrer bunten Seidenschals nähte sie mir ein Flamencokostüm. Sie präsentierte es mir am Morgen des Halloweentages, komplett mit einem Paar Kastagnetten, die sie einst als Souvenir bekommen hatte, und Haarkämmchen, die mit selbst gemachten roten Rosen aus Krepppapier verziert waren. Ich war so begeistert von dem Kostüm, dass ich meinen Kummer einen Augenblick lang vergaß und die paar Schritte zu ihr hinüberhumpelte, um sie zu umarmen.

»Ach, das Beste hätte ich beinahe vergessen!«, rief Mum.

Mir stockte der Atem, als sie mir meinen völlig verwandelten Stock reichte. Sie hatte ihn von oben bis unten in grünes Krepppapier gewickelt und oben am Griff ein größeres Modell der roten Krepppapierrosen befestigt, die sie für die Kämmchen gebastelt hatte.

Vorsichtig legte meine Mutter den Stock ab und ihre Arme um mich. »Ich weiß, wie schwer du es seit dem Unfall hast, weil du das Laufen erst wieder neu lernen musst und in der Schule die ganze Zeit gehänselt wirst. Aber denk einfach daran, dass du das gleiche Recht hast, bei diesem Umzug mitzumarschieren, wie alle anderen auch.«

»Sogar das gleiche Recht wie Mindys Bande?«

»Das schon zweimal«, sagte meine Mutter bestimmt. »Manchmal sind die Menschen einfach gemein. Aber sie können dich nicht dazu zwingen, dich schlecht zu fühlen. Das kannst nur du allein.«

»Du hast gut reden«, widersprach ich. »Schließlich machen sie sich über dich ja nicht jeden Tag lustig.« Dann sah ich Mum in die Augen und verstand, dass sie auf der Stelle mit mir tauschen würde, wenn sie es könnte.

»Nun, du kannst sie nicht dazu zwingen, sich nicht mehr über dich lustig zu machen. Aber du hast die Wahl, ob du dich davon beeindrucken lässt oder nicht. Das liegt bei dir. Und«, fügte sie nüchtern hinzu, »wenn du wirklich nicht in der Parade mitmarschieren willst, liegt auch das bei dir.«

Ich war mir keineswegs sicher, dass meine Mutter Recht hatte, aber nichts – nicht einmal Mindys gefürchtete Bande – würde mich davon abhalten, dieses Kostüm zu tragen und mit dem verwandelten Stock zu gehen.

Als ich im Klassenzimmer ankam, entdeckte ich zu meinem schieren Erstaunen und Entzücken, dass mein Kostüm am meisten bewundert wurde. Sogar die legendäre Mindy selbst ließ einmal die Kastagnetten klappern.

Wie nicht anders zu erwarten, begannen die Spötteleien, sobald wir uns in Marsch gesetzt hatten.

»Ich will keinen Krüppel in meiner Parade«, spottete Mindy.

»Krüppel können nicht laufen«, teilte ich ihr mit, »und es ist auch meine Parade.« Ich hielt ihrem Blick ein paar Sekunden stand, dann hinkte ich stolz weiter, froh und ungläubig zugleich, dass Mindy dieses eine Mal nichts darauf zu sagen wusste – und nichts nachzuäffen hatte.

Als ich an jenem Nachmittag triumphierend und voll überschwänglicher Freude nach Hause kam, erzählte ich meiner Mutter die ganze Geschichte haarklein. Schließlich räumte ich feierlich ein: »Weißt du, Mama, das habe ich alles dem Rosenstock zu verdanken.«

»Nein, mein Schatz«, lächelte sie, »das hast du dir selbst zu verdanken.«

Wege zur Verbundenheit

Denkanstoß: Welche Lehrer haben Ihnen am meisten geholfen? Gibt es einen oder zwei Lehrer, mit denen Sie gern wieder Kontakt hätten?

Hier ist das Beispiel eines Mannes, der inzwischen als leitender Verwaltungsbeamter im öffentlichen Schulwesen von Scarsdale, New York, tätig ist. Er denkt an eine seiner Lehrerinnen zurück:

> »Kürzlich musste ich bei einem Vortrag über Erziehung an all die Lehrer denken, die so wichtig für mich waren, als ich in Boston in einer Alkoholikerfamilie aufwuchs, die ständig von einem Stadtteil in den nächsten zog, weil sie ihre Miete nicht zahlte.
> Ganz besonders erinnerte ich mich an Mrs. Powers, die Direktorin der C. C. Perkins School in Boston. In der sechsten Klasse war sie nicht nur meine Direktorin, sondern auch

meine Lehrerin. Vor dem Unterricht konnte man sie den Verkehr vor der Schule regeln sehen. Sie war eine eindrucksvolle, vielleicht sogar etwas einschüchternde Gestalt, das Haar zum Knoten gebunden, das Gesicht rot. Geblieben sind nur das unbestimmte Gefühl, dass es ein wundervolles Jahr gewesen war, und eine ganz besondere Erinnerung.

Im Frühjahr hatte sie mich aus der Klasse in den Hauptflur des Schulhauses gerufen und erzählte mir, ich hätte den ›Höflichkeitspreis‹ gewonnen und es gebe fünf Dollar dafür. Ich sollte niemandem davon erzählen, um nicht zu prahlen, sondern geradewegs nach Hause laufen, das Geld meiner Mutter geben, damit sie es sicher für mich aufbewahrte, und anschließend in die Schule zurückkehren. Ich war stolz und überglücklich.

Es dauerte zwanzig Jahre oder länger, bis mir klar wurde, dass es gar keinen ›Höflichkeitspreis‹ gab, sondern nur eine wunderbare Lehrerin, der etwas an mir lag.«

Häufige Hindernisse: Für viele Menschen war die Schulzeit nicht von Wärme und der Erfahrung des Wachsens, sondern von Demütigungen und Schmerz geprägt. Soziale Probleme (wer wurde in der Schule nicht von mindestens einer »In«-Clique dumm angemacht?), unerkannte Lernschwierigkeiten (da ich selbst an Aufmerksamkeitsdefiziten mit Hyperaktivität [ADHS] und Legasthenie litt und als Erwachsener zum Experten für diese Krankheiten geworden bin, kann ich Ihnen sagen, dass Millionen von Menschen darunter litten und noch leiden, ohne dass sie sich dessen je bewusst wurden) oder schwer wiegende Familienprobleme (kaum eine Familie macht nicht mindestens ein oder zwei harte Jahre durch) können die Schuljahre zu einer Zeit machen, die wir am liebsten vergessen würden.

Mögliche Schritte: Vielleicht nutzen Sie diese Gelegenheit ja, um die Schuljahre aus einem neuen Blickwinkel zu sehen. Sie könnten mit den Augen eines Erwachsenen auf die Jahre zurückblicken und sich sagen: »Ich muss mich nicht mehr so fühlen wie damals.«

Vor einiger Zeit sprach ich zum Beispiel mit meinem Freund Jon Galassi über unsere gemeinsame High-School-Zeit. Ich erzählte ihm, dass mich der Gedanke, zu einem Klassentreffen zu gehen, noch immer einschüchterte. Es hatte da nämlich ein paar Leute gegeben, die scheinbar so viel sicherer und cooler gewesen waren als ich.

»Ned«, sagte Jon zu mir, »das ist vorbei. Heute ist das anders. Ich weiß, wie du dich gefühlt hast. Ich habe mich auch manchmal so gefühlt. Aber jetzt ist alles anders. Ich kann dir versichern, sie wären hoch erfreut, dich zu sehen, und ich weiß, du hättest deinen Spaß mit ihnen.« Da saß ich, fünfzig Jahre alt, und mein Freund redete mir gut zu, als wäre ich immer noch sechzehn. Diese Verwundbarkeit bleibt.

»Auch mit …?«, fragte ich und nannte den Namen eines der Anführer in unserer Klasse.

»Mit *dem*?«, lachte Jon. »Mit dem ganz besonders. Ich habe ihn kürzlich mal getroffen. Hat sich zu einem richtig netten Kerl gemausert. Und mach dir keine Sorgen, er hat alle möglichen Probleme. Niemand ist mehr so perfekt, wie wir damals immer dachten.«

Mir gefiel, was John sagte: »Niemand ist mehr so perfekt.« Wenn Sie zurückdenken, ist es gut, diesen Satz im Hinterkopf zu behalten.

KAPITEL 5

Freundschaften

Eins steht fest: Ohne meine Freunde wäre ich verloren

Ich bin auch heute noch befangen, wenn ich tanze. Meine Frau kann Ihnen das bestätigen. Alle anderen sehen so viel gewandter aus als ich – eben alles andere als ungelenk –, dass mich das Tanzen daran erinnert, welch gewaltige Kluft sich zwischen mir und, sagen wir mal, George Clooney auftut.

Aber obwohl ich mich manchmal immer noch alles andere als cool fühle, stört mich das jetzt mit fünfzig nicht mehr so sehr. Ich schätze, das ist einer der Vorzüge des Älterwerdens. Trotzdem muss ich gestehen, dass ich gern ein Footballheld gewesen wäre. Das hätte mir gefallen. Ich wünschte, ich hätte einmal in einem entscheidenden Spiel in Exeter alle Verteidiger umrundet und am Montag darauf im »The Grill« davon erzählen können, nachdem ich an jenem Samstagabend eine der unnahbaren Göttinnen beim Tanzen geküsst hatte. Aber das gab's nur in meinen Träumen.

Mein Leben ist kein Märchen mit Träumen, die in Erfüllung gehen. Es ist eine sehr viel bodenständigere Angelegenheit, in der es darum geht, auf jedem Schritt meines Weges gute Menschen zu finden, wenn ich sie brauche – es ist ein Leben voll verlässlicher Freundschaften und warmer Beziehungen. Wie sich herausgestellt hat, ist dieses Leben sehr viel schöner als ein Märchen, weil es wahr ist. Bei einem Kerl wie mir, der sich als Jugendlicher oft ausgeschlossen fühlte und immer noch meint, nicht zur »In«-Clique zu gehören, ist es eine Ironie des Schicksals, dass meine Beziehungen zu anderen Menschen mein Leben stärker bereichert haben, als ich mir das in meinen kühnsten Träumen hätte vorstellen können. Sue und die Kinder, meine Freunde wie Peter, John, Michael und John, meine Verwandten wie Lyn und Jamie, die Menschen, mit denen ich zusammenarbeite, wie Christine, Ellen, Debbie, Judy und Theresa im Büro und Jill, meine Agentin, sowie mein Partner Paul und die Nähe, die ich zu meinen Patienten und Leserinnen und zu dem Wesen, das ich Gott nenne, aufgebaut habe, ließen mein Leben schöner erblühen, als ich das je vermutet oder für möglich gehalten hätte.

Als Kind schloss ich nicht leicht Freundschaften, weil ich so sehr mit meiner verrückten Familie beschäftigt war und nicht erfahren hatte, wie es im »normalen« Leben zuging. Ich musste lernen, Freunde zu finden, genau wie ich lernen musste, was normal ist. Ich hasste es, ausgeschlossen zu werden, trotzdem zog ich mich manchmal auf mein Zimmer zurück, um ein Buch zu lesen oder fernzusehen, statt mich mit dem schalen Gefühl auseinander zu setzen, nicht dazuzugehören. Ein Gefühl, das mich in Gegenwart anderer oft plagte. Ich entdeckte ein paar Sachen, die ich allein unternehmen konnte – die Phantasie kann reiche Blüten treiben –, aber ich war ebenso oft traurig und in schlechter Stimmung, wenn meine Vorstellungskraft sich gegen mich wandte und ihre Macht dazu nutzte, mir zu sagen, was für ein hoffnungsloser Versager ich doch war. Ich wusste jedoch, ich konnte schlecht mein ganzes Leben lang bei jeder Gelegenheit in meinem Zimmer verschwinden. Ich dachte mir, dass ich auf andere Menschen zugehen musste, wenn ich je ein glückliches Leben führen wollte. Es fiel mir nicht leicht, aber mir war klar, dass es sein musste.

Um ehrlich zu sein, ich habe diese Ängste niemals völlig

überwunden. Vielleicht liegt das in meinen Genen, an meiner unbeständigen Kindheit, möglicherweise war ich ja auch genau so geplant. Jedenfalls konnte ich die Angst nie ganz vertreiben, auf Schritt und Tritt von jemandem beurteilt und für mangelhaft befunden oder von der »In«-Clique mit Nichtbeachtung gestraft zu werden bzw. die Ansprüche der Menschen nicht erfüllen zu können, vor deren Augen ich Gnade finden möchte.

Ich erzähle das, weil ich nicht den Eindruck erwecken will, dass mein Leben jetzt ein Zuckerschlecken ist. Die Unsicherheit schlägt immer dann zu, wenn ich es am wenigsten erwarte. Aber gleichzeitig ist mein Leben so viel besser als früher. Wer wie ich schon seit jeher gegen seine Angst vor negativen Urteilen und Missbilligung kämpft, braucht den einen oder anderen Tipp, wie er sie bewältigen kann. Gute Freunde stehen ganz oben auf der Liste.

Freunde machen das Leben besser. Darauf können Sie wetten.

Einer meiner besten Freunde ist ein Mann, den ich anfangs nicht leiden konnte. Letztendlich entpuppte er sich jedoch als derjenige, der mir beibrachte, mir nicht selbst im Weg zu stehen. Er zeigte mir, wie man handelte, statt sich Sorgen zu machen. Gewöhnlich wird das von den Vätern erledigt. Mein Vater war, ohne dass ihn dafür eine Schuld getroffen hätte, kaum zu Hause und konnte es mir deshalb nicht beibringen, und mein Stiefvater machte alles nur noch schlimmer. Also nahm sich mein Freund Tom Bliss der Sache an.

Er war nicht mein Vater. Er war »nur« mein Freund. Aber es gibt kaum einen Menschen, der mehr für mich getan hat.

Wenn er diese Zeilen liest, wird er zusammenzucken, denn er hasst es, gelobt zu werden, und emotionsgeladene Gespräche sind ihm nicht ganz geheuer. Seine Gefühle gehen tief, aber er spricht nicht gern über sich selbst.

Wenn mir ein Freund den Weg zeigen konnte – vielleicht nicht gerade *den* einen, aber doch *einen* Weg –, dann Tom.

Er trat während meines letzten Jahrs in Exeter in mein Leben. Er heiratete meine Cousine Lyn. Bei unserer ersten Begegnung fand ich ihn zu ruhig, zu steif und seine Nase zu groß. Trotzdem bemühte er sich um mich. Bei der Hochzeit war ich Platzanweiser. Als ich in meiner Rede anlässlich der Generalprobe des Hochzeitsessens sagte, ich sei froh, in Tom einen neuen Freund zu finden, hielt ich das für eine reine Höflichkeitsfloskel. Ich ahnte nicht, was für ein guter Freund er werden würde.

Auf dem College wusste ich nicht, womit ich später einmal mein Geld verdienen wollte. Mein Weg war nicht vorgezeichnet, ich musste nicht in das Familiengeschäft einsteigen und hatte keinen lang gehegten Traum zu verwirklichen. In Exeter identifizierte ich mich am meisten mit dem Roman, den ich geschrieben hatte, und so glaubte ich, Schriftsteller werden zu wollen. Aber wie konnte man damit seinen Lebensunterhalt verdienen?

Doch mein Problem beschränkte sich nicht nur auf finanzielle Überlegungen und die Berufswahl, es ging tiefer. Ich wusste ja nicht einmal, wie man sich in der Welt bewegte. Oh, sicher, ich war ein guter Schüler, hatte Freunde in der High School und auf dem College, feste Überzeugungen hinsichtlich Politik und Religion, und das andere Geschlecht brachte mein Blut in Wallung. Aber ich wusste nicht, was ich tun sollte.

Ich wusste nicht, wie man eigentlich *lebt*.

Ich hatte keinen Schimmer, welche Hosen ich anziehen, was ich sagen, wie ich mich einem Mädchen vorstellen oder trinken sollte, ohne später bereuen zu müssen, was ich gesagt oder getan hatte. Ich wusste nicht, wie man sich unterhielt, wann man nach Hause ging, wen man anrief oder was ich denken und wohin ich gehen sollte. Man sollte meinen, dass man diese Dinge im College weiß, aber ich hatte wirklich keine Idee. Niemand hatte es mir gesagt, als ich aufwuchs.

Dann griff Tom ein. Ohne zu wissen, dass er es tat, oder weil er es so vorsichtig anstellte, dass ich es nicht bemerkte, zeigte er mir, was zu tun war. Tom war ein Spitzensportler, ein High-School-Star, und er sah aus wie George Clooney. Als ich sagte, seine Nase sei zu groß, hatte ich nur etwas an ihm finden wollen – irgendetwas, bitte! –, was ich schlecht machen konnte. Ich dachte natürlich, er sei viel zu cool, um mich wirklich zu mögen. Doch da lag ich falsch.

Wenn ich Lyn und Tom nach der Hochzeit besuchte, sprach Tom stets wie mit einem Gleichgestellten mit mir. Obwohl er Medizin studierte und ich gerade erst aufs College gekommen war, behandelte er mich wie einen Freund. Mit der Zeit achtete ich darauf, wie er sich anzog und wie er sprach, und ehe ich mich's versah, hatte ich ein paar seiner Verhaltensweisen übernommen. Ich sagte zum Beispiel »Du weißt schon« zwischen Sätzen, während ich nach dem nächsten Wort suchte. Wenn ein anderer sprach, lehnte ich mich beim Zuhören nach vorn, und wenn ich mit einem Drink in der Hand Konversation machte, wippte ich von Zeit zu Zeit auf den Zehenspitzen.

Tom spielte Rugby. Manchmal trug er einen Gürtel, auf dem stand: »Rugbyspieler haben Ledereier.« Ich war weder ein Sportler, noch konnte ich mir vorstellen, dass irgendein Teil meiner Anatomie auch nur im Entferntesten ledrig war. Aber eines Tages, als Tom und ich am Strand einen Football hin und her warfen (ich machte solche Sachen mit ihm, weil ich etwas lernen wollte), meinte er, ich könne schnell laufen. Er wusste es nicht, aber dieses Kompliment brachte mich einen großen

Schritt weiter. Ein Spitzensportler, einer von den wirklich wichtigen Leuten, hatte mir gesagt, ich könne laufen. Es war wie ein Ritterschlag.

Das war nur ein einziger solcher Augenblick. Andere, ähnliche folgten.

Ich studierte Englisch im Hauptfach, und ich war stolz darauf. Trotzdem regte Tom vorsichtig an, ich solle es mit einem Medizinstudium versuchen, für den Fall, dass es mit meiner schriftstellerischen Karriere nicht so schnell wie erhofft voranging.

Ein Medizinstudium? »Unmöglich«, dachte ich. »Die ganzen naturwissenschaftlichen Fächer, das schaffe ich nie. Ich kann nicht jeden Morgen früh aufstehen und bis spät in den nächsten Abend hinein arbeiten. Mir fehlt es an Hingabe. Außerdem bin ich Künstler, mit dem normalen Arbeitsleben habe ich rein gar nichts am Hut.«

»Die naturwissenschaftlichen Fächer packst du schon«, sagte Tom. Dann erzählte er mir, dass er eine Vier in organischer Chemie gehabt und die Georgetown Medical School ihn trotzdem genommen hatte.

»Du kannst früh aufstehen«, versicherte er mir. Viele Jahre später gestand er, dass er sich einzig in diesem Punkt nicht ganz so sicher gewesen sei.

»Niemand besitzt so viel Hingabe, wie ein Medizinstudent angeblich haben sollte«, erklärte er mir. Ich war erleichtert.

Ich hatte mich nicht getraut, ihm die Sache mit meiner Identität als Künstler zu erzählen. Das lag daran, dass ich allmählich lernte, was er mir, ohne es zu beabsichtigen, beibrachte: wie man nicht vorsichtshalber erst einmal aufgeblasen und großspurig tat; wie man sein Leben richtig lebte.

Also begann ich, vorbereitende Kurse zu belegen. Tom schloss sein Medizinstudium in Washington ab und fing auf der Orthopädie im Krankenhaus von Rhode Island in Providence als Assistenzarzt an. Ich wohnte in Cambridge und konnte jetzt noch öfter nach Providence fahren, um Lyn und Tom zu besuchen. Meistens blieb es nicht bei einem Besuch die Woche.

Manchmal nahm Tom mich mit ins Krankenhaus. Dann war ich nervös und unsicher wie ein Außenseiter zu Besuch bei den richtig coolen Jungs, aber Tom zeigte mir, dass auch sie nur Menschen waren. Er behandelte mich immer, als sei ich ein guter Kerl, und langsam fühlte ich mich auch so. Vielleicht würde eines Tages sogar einer aus mir werden.

Tom erzählte mir, Mädchen hätten ihn früher verunsichert. Er vertraute mir an, als er Lyn kennen lernte, habe er sein Glück kaum fassen können, dass sie ihn ebenso sehr mochte wie er sie. »Der Tag, an dem wir uns begegnet sind, war der beste meines Lebens«, sagte er dann. »Mach dir keine Sorgen. Du siehst gut aus. Irgendwann findest du schon die Richtige.« Ich sah gut aus? Und ich konnte laufen? Tom hatte keine Ahnung, wie viel mir diese beiläufigen Bemerkungen wirklich bedeuteten.

Wir gingen aus und tranken Bier. Nicht zu viel, aber doch genug, um locker zu werden und noch mehr zu reden. Lyn konnte Tom sehr gut aus der Reserve locken, und so führten wir lange Gespräche über Gott und die Welt.

Eigentlich zeigte mir Tom, wie man *lebte*.

Er brachte mir bei, wie man ein ganz normales Leben führte. Die Menschen vor ihm waren dazu entweder nicht in der Lage gewesen oder hatten sich nie Zeit dafür genommen. Tom zeigte mir, dass das Leben nicht merkwürdig und verdreht und voller Unsicherheit und Sorge sein musste. Er bewies mir, dass das Leben Spaß machen und produktiv und gut sein konnte.

Es gab keinen Schlüsselmoment, in dem Tom mein Leben

veränderte, sondern nur eine lange Reihe gemeinsamer Augenblicke. Er war immer da, teilte an Weihnachten die Geschenke aus, kümmerte sich bei den Grillabenden um das Hühnchen und bot an jedem Wendepunkt meines Weges seine Unterstützung und seinen Rückhalt an.

Die Ehe mit Lyn machte Tom zu meinem Verwandten, aber für die Freundschaft haben wir uns bewusst entschieden. Wir sind jetzt seit 35 Jahren miteinander befreundet. Wenn es ihn nicht gäbe, wäre ich wohl niemals Arzt geworden, und ich wage zu behaupten, ich hätte dann auch all die anderen Dinge niemals gelernt, die zu einem einigermaßen glücklichen und verantwortungsvollen Leben gehören. Als Psychiater und als Vater wünschte ich, ich könnte so manchem Menschen einen Tom Bliss verschreiben. Aber solche wie ihn gibt es nicht oft.

Wir waren sehr verschieden und sind es noch. Er ist orthopädischer Chirurg. Ich bin Psychiater. Er ist selbstbewusst und schweigsam. Ich bin unsicher und redselig. Er ist ein Sportler. Ich wäre es gern.

Aber inzwischen führen wir eine echte, gleichberechtigte Freundschaft und haben nicht mehr nur eine Beziehung, die darauf gründet, dass ich von ihm lerne.

Ich denke, ich gebe ihm genau das, was er mir gibt: Ich mag ihn. Er mag mich. Wir respektieren einander. Als wir uns kennen lernten, waren die Unterschiede sehr groß, aber jeder gab dem anderen eine Chance, und im Handumdrehen hatten wir Freundschaft geschlossen. Lyn hatte uns zusammengebracht, und zu unserer großen beiderseitigen Verwunderung stellten wir fest, dass wir einander viel zu geben hatten.

Ich brauchte ihn damals mehr als er mich, aber das spielt heute keine Rolle mehr. Wir werden für immer Freunde bleiben. Manche Freundschaften entstehen so.

Meine große Hoffnung für meine Kinder ist nicht, dass sie in der Schule gute Noten haben oder sich sonst wie hervortun, sondern dass sie Freunde finden wie Tom und anderen Freunde sind wie Tom.

Nackte Männer

Ich möchte Ihnen gern die Geschichte des nackten Mannes erzählen, der lediglich mit einer Bademütze bekleidet auf mich zukam und mich beleidigte. Aber zuerst müssen Sie den Hintergrund kennen.

Mein Freund Peter Metz ist Psychiater und behandelt Kinder und Erwachsene, genau wie ich. Er ist der Pate meiner Tochter Lucy, und ich bin der Pate seiner Tochter Sarah. Wir waren zusammen auf dem College und haben gemeinsam unsere Facharztausbildung in der Psychiatrie absolviert.

Seit 1981 spielen wir jeden Dienstagnachmittag zusammen Squash. Diese regelmäßigen Squashspiele hatten einen ungewöhnlichen Ursprung. Man könnte sagen, es ging dabei um Leben und Tod.

Auf dem College kannten Peter und ich uns noch nicht. Wir waren zwar im gleichen Jahrgang, aber das waren 1200 andere Studenten auch. Man konnte nicht jeden kennen. Doch während unserer Zeit als Assistenzärzte waren wir nur zu zwölft, und da lernten wir einander richtig kennen.

Eines Tages wurde ich Zeuge, wie Peter bei der Visite den Fall eines Patienten referierte. In der Psychiatrie, in der es ja darum geht, einen Menschen zu verstehen, sagt die Art und Weise, wie man den anderen Kollegen den Fall eines Patienten vorträgt, sehr viel über die eigenen Fähigkeiten aus. Peter machte seine Sache ganz hervorragend. Sogar besser als hervorragend.

Er war so gut, dass ich ihn am liebsten umgebracht hätte. Er erfüllte mich mit solchem Ehrgeiz, dass ich ihn gern aus dem Kurs und vom Planeten gefegt hätte. Ich wusste, ich war gut, aber mir war auch klar, dass er noch sehr viel besser war.

Doch ich wagte natürlich nicht wirklich, ihn umzubringen. Ich traute mich nicht einmal, ihn zu verstümmeln oder ganz allgemein seinen Ruf in den Dreck zu ziehen … wie immer ich das auch hätte anstellen wollen. Das »Problem« war: Sosehr ich ihn auch hasste, ich mochte ihn gleichzeitig. Sein Referat über diesen einen Patienten war nicht nur hervorragend, sondern herzerwärmend gewesen. Gewinnend. Es hatte mir nicht nur den Patienten, sondern auch den Referenten sympathisch gemacht. Wie sehr mich seine Arbeit auch mit Neid erfüllte, sie weckte doch ebenso den Wunsch in mir, diesen Mann zum Freund zu haben.

Also sagte ich nach der Visite zu ihm: »Peter, du warst einfach unglaublich. Ich hätte dich am liebsten umgebracht, so gut warst du. Aber das würde weder dir noch mir viel nützen, deshalb frage ich mich, ob wir stattdessen nicht besser Freunde werden könnten.«

Offenbar war er froh, dass sein Leben verschont blieb, denn er stimmte zu.

Als Nächstes stellte sich die Frage, wie wir das anstellen sollten. Wenn man eine medizinische Ausbildung macht, hat man einen ziemlich vollen Terminkalender, und das galt auch für die Psychiatrie. Woher sollten wir die Zeit zur Pflege einer richtigen Freundschaft nehmen? Ich schlug vor, Squash spielen zu gehen. Peter stimmte begeistert zu. Er liebte Sport und hatte auf dem College etwas Squash gespielt. Ich persönlich hatte für Sport nicht viel übrig, aber ich wusste, dass ich etwas tun musste, und hatte ebenfalls auf dem College ein wenig Squash gespielt.

Außerdem war bei diesem Sport der Wettkampf bereits impliziert. Wenn ich Peter schon nicht umbringen konnte, dann vermochte ich ihn vielleicht wenigstens beim Squash zu schlagen. Wie sich herausstellte, spielten wir in etwa gleich gut, sodass wir uns mit dem Gewinnen abwechselten. Wir gewöhnten uns an, nach dem Spiel auf ein paar Bier und einen Plausch in eine Kneipe in der Nähe zu gehen. Da schlossen wir dann wirklich Freundschaft. Es war wohl so eine Männersache: Zuerst mussten wir uns miteinander messen, dann konnten wir uns füreinander öffnen.

Wir haben die Spiele und die Biere und die Verbundenheit all die Jahre aufrechterhalten. Wir sind so gute Freunde, dass wir genauso gut Brüder sein könnten.

Was mich zu den nackten Männern zurückbringt.

In den »Mt. Auburn Club« in Cambridge, wo Peter und ich jeden Dienstag Squash spielen, kommt auch ein Mann, den ich vom Sehen her kenne. Wir begrüßen uns mit einem Kopfnicken. Um dieser Geschichte willen möchte ich ihn »Malcolm« nennen. Im Laufe der Jahre haben wir ein paar Worte miteinander gewechselt, Smalltalk im Vorübergehen auf dem Weg zur oder aus der Umkleide.

Malcolm ist Apotheker. Ich sage dies, damit Sie wissen, dass er ganz genaue Vorstellungen hinsichtlich des Einsatzes von Medikamenten hat. Als Psychiater verschreibe ich manchmal Medikamente. Zuweilen verordne ich auch Ritalin, ein Medikament, das häufig zur Behandlung von ADHS eingesetzt wird. Ich habe darüber hinaus Bücher über die Behandlung von ADHS geschrieben, eine Krankheit, von der ich wie gesagt nicht nur selbst betroffen bin, sondern die ich seit über 20 Jahren bei Kindern und Erwachsenen behandle.

Für mich ist es besonders befriedigend, Menschen mit ebenden Aufmerksamkeitsdefiziten und Hyperaktivität zu behandeln, da ich dieses Problem erstens sehr gut kenne und zweitens häufig sehe, dass sich das Leben der Menschen dramatisch verbessert, wenn sie mit einer Therapie beginnen.

Aber wie ich erfahren sollte, sah Malcolm das, was ich tat, nicht ganz so positiv. Das wurde mir an jenem Tag bewusst, als er mich ansprach, während wir beide nackt waren.

Ich kam gerade aus der Dusche und frottierte mir die Haare mit einem Handtuch, als ich Malcolm auf mich zukommen sah. Er hatte lediglich eine Bademütze auf, was ihm ein seltsam flottes Aussehen verlieh. Malcolm ist ein älterer Herr, topfit, und er strotzte nur so vor Gesundheit. Einen kurzen Augenblick später erfuhr ich, wie es unter der Oberfläche aussah.

»Na«, sagte er, als er näher kam, »wen haben wir denn da? Dr. Ritalin.«

Die Worte waren nicht als Kompliment gemeint. Sie kamen einem Schlag ins Gesicht gleich. In diesem einen Augenblick wurde mir wieder hautnah bewusst, wie man sich fühlte, wenn man einem Vorurteil begegnete. Die wenigen Worte Malcolms lehrten mich mehr über Intoleranz als alle Kurse, die ich je gemacht hatte. Es handelte sich hier zwar nicht um Rassismus, aber Voreingenommenheit war es allemal. Malcolm hatte sich seine Meinung gebildet, ohne die Fakten genau zu kennen.

Mit einem kurzen Satz zog er in den Schmutz, was ich in einer jahrelangen Ausbildung gelernt hatte: Kindern und Erwachsenen mit Lernproblemen fachmännische Hilfe zukommen zu lassen. Er warf mich mit all den Ärzten in einen Topf, die verantwortungslos Medikamente verschrieben, und er tat es mit einem beiläufigen Zungenschlag, mit einer einzigen spitzen Bemerkung, während wir in der Umkleide nackt nebeneinander standen.

Ich wollte so vieles darauf sagen, beließ es aber bei einigen wenigen Worten: »Ich wünschte, Sie würden mich nicht so nennen.«

»Warum denn nicht?«, nahm er den Faden wieder auf. »Schließlich sind Sie einer der führenden Verfechter von Ritalin.«

»Das stimmt nicht, Malcolm«, gab ich zurück. »Ich befürworte den Einsatz von Ritalin nur dann, wenn er angezeigt und angemessen ist. In allen anderen Fällen bin ich dagegen.«

»Klingt ja tief schürfend«, sagte Malcolm spöttisch.

Ich versuche, Brücken zu schlagen, nicht, sie abzubrechen. Aber dieser Mann provozierte mich und verletzte zudem meine Gefühle. Bis zu jenem Augenblick hatte ich Malcolm gemocht, zumindest das wenige, was ich damals von ihm gekannt hatte. Ich wusste nicht, dass er ganz ohne Grund verletzend werden konnte. Ich sagte zu ihm: »Malcolm, ich wünschte, Sie würden nicht so mit mir reden.«

Er überlegte kurz. Ich glaube, er konnte sehen, dass es mir ernst war. In einem etwas weniger aggressiven und versöhnlicheren Ton sagte er: »Ich finde nur, dass mit Ritalin zu viel Missbrauch getrieben wird.«

»Nur weil ein paar Leute Missbrauch damit treiben, heißt das noch lange nicht, dass das Medikament aus dem Verkehr gezogen werden sollte, oder? Und es gibt Ihnen ganz sicher nicht das Recht, mich ›Dr. Ritalin‹ zu nennen, ohne dass Sie den Hauch einer Ahnung davon haben, wie ich meine Patienten behandle.«

Ich habe nicht vor, hier die relativen Vorzüge von Ritalin zu erörtern. Vielmehr möchte ich zeigen, wie leicht wir im Leben in Kontroversen geraten können, oft, wenn wir es am wenigsten erwarten, zum Beispiel wenn wir nackt in der Umkleide stehen. Wir sind immer und überall anfällig für verborgene Wut,

Vorurteile und Missverständnisse bei anderen Menschen. In einem zufälligen Augenblick kann jemand einen anderen mit einem Blick oder ein paar kurzen Worten vernichten.

Als wir die Umkleide verließen, sagte ich zu Peter: »Hast du gehört, was der Typ gesagt hat?«

»Ja«, erwiderte Peter. »Ich dachte mir, du kommst ganz gut damit klar.«

»Aber warum hat er das gesagt?«, fragte ich.

»Weil er dich nicht kennt. Er weiß nicht, wofür du stehst. Vergiss es einfach«, sagte Peter.

»Aber ich kann das nicht so einfach vergessen«, protestierte ich. »Er war im Unrecht. Am liebsten würde ich noch einmal hineingehen und ihm das sagen.«

»Hör zu, Ned«, sagte Peter, und er klang etwas ungeduldig, »du wirst drüber wegkommen. Letztendlich zählen nur die Menschen, die dich kennen. Auf sie musst du hören. Es wird immer Leute wie diesen Typen geben, die Rundumschläge austeilen. Von so was darfst du dich nicht beeindrucken lassen.«

»Es geht mir aber gegen den Strich«, beharrte ich.

»Dann lerne, darüber hinwegzukommen«, antwortete Peter lachend. »Los, gehen wir ein Bier trinken.«

Wir saßen da und redeten, und irgendwann vergaß ich Malcolm. Natürlich erinnere ich mich jetzt, während ich das schreibe, an ihn, aber ich sehe ihn durch die Brille, die Peter mir aufgesetzt hat.

Dafür sind Freunde da. Im Leben eines jeden Menschen gibt es Leute wie Malcolm. Es gibt Augenblicke, in denen wir zu Unrecht beschimpft werden, wenn wir am wenigsten damit rechnen – sogar wenn wir nackt sind. Den Unterschied, ob es uns gelingt, die Angelegenheit gut zu verkraften, oder ob wir zusammenbrechen, macht oft ein Freund.

Tja, eigentlich begegnet man im Leben vielen Malcolms und

muss sich eine Menge Beleidigungen anhören, zumindest müssen das die meisten von uns. Je mehr wir zu erreichen versuchen, desto wahrscheinlicher stoßen wir auf Menschen, die das, was wir tun, für dumm, gefährlich oder gar unmoralisch halten. Ein Sicherheitsnetz gehört im Leben nicht zur Serienausstattung. Das muss jeder selbst knüpfen. Freunde wie Peter sind für mich wichtige Knoten in diesem Sicherheitsnetz.

Ich habe immer noch eine dünne Haut. Die Malcolms dieser Welt gehen mir nach wie vor auf die Nerven, und das wird wohl immer so bleiben. Ich bezweifle, dass ich mich in meinem Alter in dieser Hinsicht noch großartig verändern werde. Ich würde mich noch mehr über Leute wie Malcolm ärgern und vor mich hin brodeln, wenn nicht Freunde wie Peter und meine Frau Sue wären. Sogar meiner Tochter Lucy fällt auf, wenn ich niedergeschlagen bin, und sie fordert mich dann auf, mich wieder einzukriegen. Erst vor ein paar Tagen meinte sie, als ich über einem Problem vom Typ »Malcolm« brütete: »Papa, hast du nicht ein Buch über Sorgen geschrieben? Also, dann hör auf, dir welche zu machen!«

Ich habe gelernt, dass ich nichts tun kann, um die Malcolms dieser Welt davon abzuhalten, mich sogar nackt in der Umkleide zu kritisieren. Aber ich habe auch gelernt, dass ich mich vor ihnen nicht zu fürchten brauche. Ich habe Freunde.

Charlie

Unsere Beziehungen zu Tieren können ebenso tief gehen wie unsere Freundschaften mit Menschen und genauso wichtig sein. Meine Nichte Molly war als Teenager und mit Anfang zwanzig eine Weltklassereiterin. Sie trainierte unermüdlich, stand oft um vier Uhr morgens auf, fuhr Hunderte von Kilometern zu Wettkämpfen, mistete Ställe aus und riskierte Kopf und Kragen, wenn sie mit ihrem Pferd über Hindernisse sprang, an die sich niemand heranwagen würde, der einigermaßen bei Trost war. Und die ganze Zeit über ging sie zur Schule und erhielt ein »normales« Leben aufrecht.

Der folgende Bericht handelt von ihrem Besuch bei ihrem Pferd Charlie, nachdem sie das Reiten aufgegeben hatte, um Ärztin zu werden. Als sie diese Geschichte schrieb, war sie Medizinstudentin im vierten Jahr und stand kurz vor ihrer Facharztausbildung in der Unfallmedizin. Sie ist eine der tapfersten jungen Frauen, die ich kenne.

Als ich aus meinem kleinen Budget-Mietwagen ausstieg und in die glühende Sonne North Carolinas hinaustrat, nahm ich mir eine Minute Zeit, den idyllisch schönen Anblick der weitläufigen Pferdefarm zu genießen. Hier verbrachte mein bester Freund und Partner zahlreicher Wettkampfsaisons seinen Lebensabend. Ich hatte Charlie nicht mehr gesehen, seit er vor ein paar Jahren aus dem Stall meiner Familie in Massachusetts geführt worden und in einem Anhänger seinem neuen Leben entgegengefahren war, das schließlich seine Zukunft wurde.

Auf meiner Reise nach Süden hatte ich lange darüber nachgedacht, wie viele verschiedene Rollen dieser großzügige kastanienbraune Wallach in meinem Leben spielte. Wir hatten den talentierten, aber wilden Durchgänger seinerzeit zu einem guten Preis bekommen. Ich war sechzehn und fing gerade mit dreitägigen Wettkämpfen an, bei denen die Konkurrenz besonders stark war. Charlie und ich brachten die nächsten fünf Jahre damit zu, eine Partnerschaft zu schmieden, wie es sie nur einmal im Leben gibt. Diese Partnerschaft beförderte uns schließlich an die Spitze des Reitsports und führte uns als Teil des Reitsportteams der Vereinigten Staaten rund um die Welt.

In meiner stürmischen Teenagerzeit war Charlie der Fels in meinem Leben. Ich konnte immer auf ihn zählen. Mit ihm erlebte ich meine intensivsten Augenblicke. Er beschützte mich bei den schrecklichsten Sprüngen, schwang sich in unglaubliche Höhen auf und wand seinen Körper, um mich sicher über imposante Kombinationen aus stabilen Oxern und Erdwällen mit anschließenden Wassergräben zu tragen. An Tagen, an denen ich nach einer besonders harten Trainingseinheit mit meinem schwierigen Trainer mit den Tränen kämpfte, war er für mich da. Er schien meine Stimmung zu spüren, verlangsamte auf dem Weg zurück zum Stall seinen Schritt und gab mir so Zeit, mich wieder zu fassen. Charlie war wie ein Kind für mich, und ich war krank vor Sorge um ihn, als er sich zum Beispiel die Vorderfußsehne riss und meine Eltern und ich die ganze Nacht sein geschwollenes Bein mit Eis kühlten, oder während der vielen langen Nächte, in denen ich im Stall kampierte und über ihn wachte, wenn er eine Kolik hatte. Normalerweise macht mir der Anblick von Blut nichts aus, doch wenn es Charlies Blut war, wurde ich regelmäßig ohnmächtig.

Wenn wir gemeinsam die unterschiedlichen Querfeldeinrennen absolvierten, war es, als könne einer die Gedanken des anderen lesen. Was konnte ich ihm nicht alles mit einem leichten Druck der Zügel oder einer Gewichtsverlagerung mitteilen! Wenn ich ihn wissen lassen wollte, dass ich stolz auf ihn war, musste ich ihn nur mit dem kleinen Finger am Hals kraulen. Dann legte er das Ohr zurück und wedelte einmal mit dem Schweif, um mir zu sagen, dass er meiner Meinung war. Wir gestanden einander unsere kleinen Macken zu, wie enge Familienmitglieder es tun: Er tolerierte meine Versuche, es mit der Kontrolle der Zügel zu übertreiben, und ich seine unerklärliche Angst vor weißen Handtüchern. Charlie brachte mich ganz nach oben und tat stets sein Bestes, damit ich nicht zu Boden stürzte. Ich konnte mich immer darauf verlassen, dass er sein Bestes tat, einfach deshalb, weil ich ihn darum bat. Er war jemand, dem ich völlig vertrauen konnte. Deshalb werde ich mir nie ganz verzeihen, sein Vertrauen verletzt zu haben.

Ich brach Charlies Vertrauen, indem ich ihn weggab. Ich hatte mich aus verschiedenen Gründen dafür entschieden, mich aus dem Wettkampfsport zurückzuziehen. Ich erarbeitete eine Vereinbarung, dass Charlie noch ein paar Wettkämpfe mit meinem ehemaligen Trainer absolvieren und dann irgendwann zu einer netten Dame nach North Carolina kommen würde, die nur Dressur ritt und ihm schließlich auf ihrem Hof das Gnadenbrot geben würde. Die Wettkämpfe mit meinem ehrgeizigen Trainer würden ihm körperlich und geistig einiges abverlangen, aber am Ende würde er das beste Leben haben, das ich ihm geben konnte. Die Winter in New England hatten seinen empfindlichen Stoffwechsel schon immer belastet, und mit dem Alter würde das nur noch schlimmer werden. Vom Kopf her war mir klar, welch großes Glück ich hatte, eine solche Regelung für ihn zu finden. Aber als ich zusammengekauert in meinem Zimmer saß und das vertraute Klappern von Charlies Hufen hörte, der ahnungslos in den wartenden Anhänger stieg, riss es mir das Herz heraus.

Charlie und mein Trainer hatten keine großen Wettkampferfolge, und zu meiner Erleichterung durfte er sich bereits im ersten Jahr zur Ruhe setzen. Ich traute mich lange nicht, ihn zu besuchen, weil ich fürchtete, dass es zu schmerzlich wäre. Und vermutlich auch wegen der Schuldgefühle, die ich hatte. Schließlich überredeten meine Eltern mich, ihn zu besuchen.

Da war ich also, fünf Jahre später, und stattete Charlie meinen ersten Besuch ab. Ich betrat den tadellos gepflegten Stall, und es dauerte etwas, bis sich meine Augen an das gedämpfte Licht gewöhnt hatten. Würde er mich wiedererkennen? Ich bezweifelte es. Und wie würde er aussehen? Ob er in den letzten Jahren sehr gealtert war? Schnell ließ ich meinen Blick über die Köpfe gleiten, die über die Stalltüren schauten.

Ich hatte etwa die Hälfte des Gangs zurückgelegt, da sah ich ihn. Eine Welle von Gefühlen schwappte über mich hinweg, die wie eine eigenartige physische Kraft waren. Sofort schossen mir die Tränen in die Augen, und ein heiserer Schrei, der irgendwo tief aus meinem Bauch zu kommen schien, entwich meinem Mund. Charlie hatte sich besser im Griff. Er warf mir aus seinen freundlichen, klaren braunen Augen einen seiner vertrauten, liebevollen Blicke zu, wie er es schon eine Million Mal zuvor getan hatte, und begrüßte mich mit einem leisen Wiehern. Als ich seinen warmen Hals umschlang, neigte er den Kopf und legte ihn leicht auf meine Schulter. Charlies neue Besitzerin zog sich höflich zurück, bis ich aufhören konnte zu weinen.

Die nächsten beiden Stunden verbrachte ich mit Charlie, der in der Sonne graste. Später, auf dem Heimflug, war ich emotional ausgelaugt, aber auch irgendwie friedlicher. Charlie war glücklich, und es ging ihm gut; obwohl ich ihn weggegeben hatte, konnte ich sehen, dass die Entscheidung richtig gewesen war. Zudem erinnerte mich das Wiedersehen mit ihm daran, dass unsere sportliche Partnerschaft zwar vorüber war, uns aber eine Nähe und Vertrautheit verband, die ewig währen würde.

Herbie

Die folgende Geschichte (seien Sie gewarnt, sie enthält ein paar Kraftausdrücke) ist mir eine der liebsten in diesem Buch, weil sie so wunderbar die Mischung aus Feindseligkeit und Zuneigung einfängt, die in den meisten engen Beziehungen, besonders in Männerfreundschaften, herrscht.

Ich hatte einen Freund namens Sean, bei dem im Alter von fünfzig Jahren Krebs festgestellt worden war. Er hatte seine Angelegenheiten geregelt und machte sich nun bereit für die Heimreise nach Irland, wo er sterben wollte.

Er bat mich, ihn zum Flughafen zu fahren, aber niemandem zu sagen, wann er abreiste. Er wollte kein großes Tamtam. Am verabredeten Tag fuhr ich bei Sean vorbei, der bereits auf einem Koffer vor seinem Haus saß. Er trug einen Anzug, der ihm weder passte noch stand, hatte das Kinn auf einen Gehstock gestützt und sah auf die Uhr. Ich war eine halbe Stunde zu früh dran, aber Sean wollte so schnell wie möglich fahren, und so half ich ihm in den Wagen. Als ich zur Fahrerseite hinüberging, sah ich Herbie knappe fünfzig Meter vor uns am Straßenrand stehen.

Sean und Herbie waren bis zu ihrem Streit unzertrennlich gewesen, und sie hatten seither nicht mehr miteinander gesprochen.

»Sean, da steht Herbie«, sagte ich. Herbie hatte nicht wissen können, wann wir fahren würden, und war normalerweise um diese Zeit nie zu Hause.

»Ach, scheiß auf Herbie. Herbie ist ein Arschloch.«

»Ich glaube, er möchte mit dir reden, Sean.«

»Fahr weiter, Junge.«

»Sean, ich glaube, wir sollten anhalten«, sagte ich und fuhr an den Randstein, wo Herbie stand.

»Wenn's unbedingt sein muss«, brummte Sean. Herbie stand am Straßenrand, lehnte sich zum Fenster hinein und ergriff Seans Hand. Tränen standen ihm in den Augen.

»Sean, ich werde mich um die Jungs kümmern. Du warst ein guter Mensch und ein guter Freund. Du warst wie ein Bruder für mich, und du wirst immer ein Teil von mir sein.«

Ich konnte kaum etwas sehen, so weinte ich. Auch Herbie weinte, aber er hatte Seans Hand noch nicht losgelassen.

»Du auch, Herbie. Du auch. Danke für alles. Die Jungs wissen, dass du immer für sie da bist.« Herbie lehnte sich zum Fenster hinein, und die beiden Männer umarmten sich. Dann drehte Herbie sich um und ging fort.

Ich fuhr auf die Straße. Als ich mich wieder etwas gefasst hatte, sagte ich: »Sean, das war wundervoll anzusehen. Es hat mir gefehlt, euch beide zusammen zu sehen, und ich fühle mich geehrt, dass ich Zeuge deines Abschieds von Herbie sein durfte.«

»Ach, scheiß auf Herbie. Herbie ist ein Arschloch!«

Ende der Diskussion. Ich muss immer noch lachen, wenn ich an diesen schmerzlichen Tag zurückdenke. Sean wusste, was Herbie an jenem Tag brauchte, und gab es ihm. Ich schätze, das habe ich auch getan.

Kerle

Als während des Medizinstudiums mein Turnus in der Chirurgie endete, fiel mir ausgerechnet der Abschied von einem kettenrauchenden Assistenzarzt namens McCormick am schwersten, der mich in den letzten drei Monaten jeden Tag als »nichtsnutzigen Idioten« beschimpft hatte. Warum ich ihn mochte? Warum es mir so schwer fiel, diesem Menschen Lebewohl zu sagen, der mich Tag für Tag beleidigt und verspottet hatte? Weil ich wusste, dass er es nicht so meinte. Weil ich sogar wusste, er wollte mir auf diese Weise sagen, dass er mich mochte. »Nichtsnutziger Idiot« soll »Ich mag dich« heißen? Ja, manchmal heißt es das tatsächlich. Besonders unter uns Jungs.

Es gibt Menschen, vor allem Männer und im Speziellen solche in »Machoberufen« wie Chirurg, Geschäftsmann, Finanzmakler oder Sportler, denen die Worte »Ich mag dich« einfach nicht über die Lippen kommen. Wenn sie es schaffen, sie hervorzuwürgen, ohne sich dabei zu übergeben, wirken sie im besten Fall unehrlich, im schlimmsten manipulativ – wie der Mann in der Bierwerbung für Bud Light, der mit seinem Kumpel auf einem Dock sitzt und »Ich liebe dich, Mann« zu ihm sagt, es aber eigentlich nur auf sein Bud Light abgesehen hat…

In letzter Zeit haben einige Männer gelernt, »Ich mag dich« oder sogar »Ich liebe dich« zu sagen, ohne daran zu ersticken. Aber die meisten von uns können es nicht. Deshalb benutzen wir einen Code. »He, alter Fettsack, wie geht's?« kann »Ich freue mich wirklich, dich zu sehen« heißen. »Tempo, Red Sox« kann »Ich liebe euch« heißen. »Mann, was bist du nur für ein hässlicher Kerl« kann bedeuten: »Du bist mein bester Freund.« Eigenartig, aber wahr.

Männer haben tiefe Gefühle, ebenso tiefe Gefühle wie

Frauen, und auch sie wünschen sich enge Beziehungen. Aber zwischen Männern kann Nähe schwierig sein, vor allem wegen der Rivalität untereinander. Manchmal kämpfen wir lieber, als Freundschaft zu schließen. Trotzdem können wir großartige Teamspieler sein. In dem folgenden Beispiel geht es um einen Mann, der seinem Freund auf dem Footballfeld sehr nahe stand – aber auch nur dort.

Da es unwahrscheinlich ist, dass wir Jungs uns in nächster Zukunft grundlegend ändern werden, könnten wir uns ja vielleicht darauf konzentrieren, den Kontakt zu unseren Freunden aufrechtzuerhalten und Zeit mit ihnen zu verbringen, selbst wenn wir einen Geheimcode benutzen müssen, um unsere tieferen Gefühle auszudrücken.

Der Mann in der folgenden Geschichte spricht für Millionen von Menschen, wenn er in schlichten, einfachen Worten bedauert, keinen Kontakt zu einem alten Kumpel gehalten zu haben.

Der einfache, beinahe schroffe Stil dieses Beitrags erinnert mich an Aischylos. Natürlich ist es keine griechische Tragödie, aber dieser Bericht zeigt in seiner Ehrlichkeit und großen Schlichtheit das tragische Schicksal so vieler Freundschaften – große Chancen, die ungenutzt blieben.

Die Geschichte nimmt ein glückliches Ende. Nachdem er dies aufgeschrieben hatte, nahm Hank mit Butch Kontakt auf. Es ging ein paarmal zwischen den Anrufbeantwortern hin und her, dann arrangierten sie ein Treffen und sind jetzt endlich gute Freunde.

Ich bin 75 Jahre alt, habe viele Bekannte, aber kaum enge Freunde, mit denen ich noch Kontakt pflege.

In unserem letzten Jahr auf der High School waren Butch und ich in der Footballmannschaft eine Klasse für uns. Ich spielte im

Angriff, er war Verteidiger. Wir machten das Spiel allein. Die Mannschaft hatte eine mittelmäßige Saison, aber am Ende wurden wir beide für unsere Leistungen ausgezeichnet. Doch abseits des Footballfeldes standen wir uns nicht besonders nah.

Ich zog sofort nach meinem Abschluss fort.

Das erste Klassentreffen besuchte ich nach 25 Jahren.

Butchs Frau erzählte, er habe vor dem Klassentreffen immer wieder gesagt: »Hoffentlich kommt Hank auch!«

Ich hatte keine Ahnung, dass er so reagieren würde, obwohl ich selbst oft an die Zeit und die Tricks zurückdachte, die uns damals so viele Male gelungen waren. Als ich von seiner Äußerung erfuhr, war ich ehrlich berührt. Ich schwor mir, Kontakt zu halten, aber ich tat es nicht.

Wenn ich an die Freundschaft denke, die uns damals verband, fühle ich sowohl große Freude als auch tiefen Schmerz. Freude über das, was wir hatten. Schmerz über das, was uns entging.

Die Pokerrunde am Donnerstagabend

In der folgenden kurzen Geschichte zeigt ein Mann eine Möglichkeit, wie eine Gruppe Männer in Kontakt bleiben kann, ohne vorher ein Sensibilitätstraining absolviert haben zu müssen! Ein einfaches Ritual – eine Pokerrunde am Donnerstagabend – hielt diese Männer über Jahre hinweg zusammen.

Es gibt auch wichtige Augenblicke der Menschlichkeit ohne »tief schürfende« Gespräche. Tatsache ist, wir Männer brauchen ebenso Nähe wie Frauen; wir gehen die Sache nur anders an. Für einen Mann kann ein Pokerspiel oder ein wortloses Ballspiel hinter dem Haus genauso ein erfüllter Augenblick der Menschlichkeit sein wie eine tiefsinnige Unterhaltung für jemand anderen.

Seit zwanzig Jahren spiele ich regelmäßig jeden Donnerstagabend Poker. Im Laufe der Jahre sind die Mitglieder der Pokerrunde gekommen und gegangen, aber die ganze Runde ist diesen wöchentlichen Treffen verpflichtet, ohne dass das jemals ausdrücklich erwähnt werden musste.

Manchmal konnte ich nicht dabei sein, weil ich beruflich unterwegs oder mit der Familie im Urlaub war, aber zum größten Teil richten die anderen und ich unser Leben so ein, dass wir jeden Donnerstag Zeit haben. Wenn wir einmal nicht spielen, das kommt gelegentlich vor, ist meine Woche aus dem Tritt. Bin ich am Donnerstagabend zu Hause, fühle ich mich unwohl – fehl am Platz. Die Witze, das Lachen, der Wettstreit fehlen mir.

Manchmal lasse ich sogar Unternehmungen mit meiner Frau oder meinem Sohn ausfallen, oder ich gehe früher, um es noch zur Pokerrunde zu schaffen. Aber sie wissen beide, wie wichtig diese wöchentliche Auszeit für mich ist, und die paar Male, die sie zurückstecken müssen, stören sie nicht, weil sie letzten Endes davon profitieren. Ich bin einfach glücklicher.

Wenn ich am Abend zuvor gewonnen habe, liegen vielleicht zehn Dollar für meinen Sohn auf dem Küchentisch. Gewinne ich am Donnerstagabend, gebe ich dieses Geld gern am Wochenende aus, gehe mit meiner Familie zum Essen oder ins Kino. Wenn ich verliere, kann ich die nächste Woche kaum erwarten, um den Verlust wieder wettzumachen. Aber für mich ist das wöchentliche Kartenspiel immer ein Gewinn.

Die Gesprächsthemen unserer Runde sind ein Spiegel unseres Lebens. Anfangs unterhielten wir uns über die Einschulung unserer Kinder oder darüber, wessen Frau schwanger war. Dann ging es um Bar-Mizwas und darum, wer seinem Kind ein Auto kaufte. Jetzt reden wir über Collegeabschlüsse, Hochzeiten und die Ergebnisse unserer Cholesterin- und Prostatakrebs-Vorsorgeuntersuchungen.

Der Donnerstagabend ist für mich eine Gelegenheit, den Kopf frei zu bekommen, alles andere in meinem Leben, Gutes wie Schlechtes, für vier Stunden zu vergessen und Kraft für die nächste Woche zu tanken.

Ich weiß, dass sich unsere Runde bald verändern wird. Wenn wir in den Ruhestand gehen, werden wir weiterziehen, fortziehen und unser berufliches und privates Leben woanders beenden. Ich hoffe nur, dass ich, wo immer ich auch hingehe, wieder eine Pokerrunde für den Donnerstagabend finden werde.

Wege zur Verbundenheit

Denkanstoß: Gab oder gibt es in Ihrem Leben einen Freund, der einen so großen Einfluss auf Sie hatte wie Tom Bliss oder Peter Metz auf mich? Wenn Sie überlegen, wen Sie gern zu einem perfekten Abendessen einladen würden, welche Freunde fallen Ihnen dann ein? Gehen Sie jeden Donnerstagabend zum Kartenspielen oder gibt es eine ähnliche Einrichtung in Ihrem Leben?

Häufige Hindernisse: Freundschaften zwischen Erwachsenen werden am stärksten von Zeitmangel und einem Gefühl der Rivalität blockiert. Heutzutage hat niemand viel Zeit. Zeit ist so knapp, da treten Freundschaften nahezu unweigerlich in den Hintergrund, wenn man sich nicht fest vornimmt, das zu verhindern. Darüber hinaus kann die Rivalität untereinander es gerade den Männern erschweren, sich zu öffnen, da man keine Schwäche zeigen möchte.

Mögliche Schritte: Zusätzlich zu den Squashspielen mit meinem Freund Peter Metz habe ich noch weitere Spiele mit anderen Freunden am Sonntagmorgen und Freitagabend eingeplant. Wir halten nun schon seit über zehn Jahren daran fest. Die meines Erachtens beste Lösung für das Zeitproblem ist diese: Tragen Sie die Zeit mit Ihren Freunden in Ihren Terminkalender ein und halten Sie sich dann streng daran.

Was die Rivalität angeht, so ist beispielsweise beim Squash der Wettkampf integrativer Bestandteil des Spiels. Ich denke, ein gewisses Konkurrenzdenken lässt sich gerade unter Männern nicht vermeiden. Es ist besser, das einzuräumen und einzukalkulieren, als es zu verdrängen oder vorzugeben, das sei nicht der Fall.

Wenn diese Rivalität allerdings entfremdend wirkt oder Sie feststellen, dass Sie einen Freund aufgrund dieser Gefühle nicht mehr sehen möchten, oder anfangen, diesem Menschen aus dem Weg zu gehen, sollten Sie in Betracht ziehen, dass Sie sich ohne plausiblen Grund etwas Gutes – eine Freundschaft – vorenthalten.

Wenn Gefühle der Rivalität außer Kontrolle geraten, bauschen wir das Problem in unserer Phantasie meist künstlich auf. Wir sehen die Siege oder Erfolge des anderen als eine Abwertung unserer selbst statt lediglich als das, was sie sind: die Siege und Erfolge eines anderen. Wenn wir den Siegen oder Erfolgen eines anderen erlauben, eine Freundschaft zu zerstören, dann messen wir den Siegen und Erfolgen des anderen zu viel und der Freundschaft zu wenig Wert bei.

KAPITEL 6
Sich verlieben

Die erste Liebe

Können Sie sich noch an Ihre erste große Liebe erinnern? Wer Ihnen dabei in den Sinn kommt, hängt natürlich ganz davon ab, wie Sie »erste Liebe« definieren. Ich denke, für die meisten von uns war unsere Mutter unsere erste Liebe. Aber was ist mit Ihren ersten romantischen Gefühlen? Nun, in der ersten Klasse in Chatham war ich in ein Mädchen namens Lauralee verliebt. Ich glaube nicht, dass sie mich überhaupt bemerkt hat, aber sie ist mir sehr wohl aufgefallen. Ich war zu jung für so etwas wie erotisches Verlangen, aber ich weiß, dass Lauralee etwas ganz Besonderes für mich war.

Und was war mit der ersten Schwärmerei oder Liebe, als Sie etwas älter waren? Ich schwärmte auf der High School leider ausgerechnet für die Freundin eines meiner Freunde. Ich ließ keinen von beiden je wissen, wie verliebt ich war. Ich sehnte mich still nach etwas, was nie geschehen würde.

Und was ist mit der ersten richtigen Liebesgeschichte? Sie wissen schon, der erste Mensch, der Ihre Liebe erwiderte? Der erste richtige Kuss, als Ihr Herz explodierte? Bei mir war das, nun ja, lassen Sie mich ihren Namen ändern, falls es ihr peinlich ist, und nennen wir sie Annie. Annie, ich weiß nicht, warum wir Schluss gemacht haben. Ich weiß nicht einmal mehr, *wie* wir Schluss gemacht haben. Haben wir *überhaupt* Schluss gemacht?

Ich war auf dem College, genau wie Annie. Es war unser erstes Jahr. Fred Tremallo hatte uns einander im letzten Sommer vorgestellt, als Annie ein Sommerstudium absolvierte und ich zu Besuch war. Fred dachte, wir würden einander mögen. Wie Recht er hatte.

Annie war schön und klug. Außerdem war sie ein wenig unsicher, genau wie ich. Sie war begabt, empfindsam, und ich verliebte mich mit all der Energie, die ich seit Jahren dafür aufgespart hatte, seit ich mich in die Liebe verliebt hatte. Das war, meine ich, mit Lauralee passiert. So richtig Schwung kam in die ganze Sache aber erst, als ich anfing, Romane zu lesen, und mein Hormonspiegel stieg.

Annie, ich weiß, wir müssen Schluss gemacht haben, weil ich hier bin und du dort, aber ich würde wirklich gern wissen, was geschehen ist. Ich wünschte, du würdest mich anrufen und es mir sagen.

Ich hoffe, du hast ebenso schöne Erinnerungen an mich wie ich an dich. Ich hoffe, du blickst nicht zurück und denkst dir, was für ein Trottel ich war! Obwohl ich schon ein bisschen albern war – mit meinen literarischen Ambitionen und meinem beredten Schweigen.

Aber du warst perfekt. Ich kann dir sagen, in meiner Erinnerung kommt es mir vor, als seist du geradewegs einem Märchen entstiegen. Du warst so schön, hattest die Weltgewandtheit einer New Yorkerin und warst so unvorhersehbar. Du hast mir so viel über die Liebe beigebracht. Ich meine das nicht im großen, tragischen Sinn dieses Wortes. Ich meine damit dieses gewaltige Herzklopfen und das Gefühl, immer an ein Mädchen denken zu müssen. Durch dich habe ich es kennen gelernt. Mit dir habe ich zum ersten Mal erlebt, wie es ist, sich auf einen Anruf zu freuen, zu überlegen, was der andere wohl anhat, zu grübeln, ob du mich ebenso sehr liebst wie ich dich, zu überlegen, wann ich sagen sollte: »Ich liebe dich.«

Meine ersten Liebesbriefe gingen an dich. Meine ersten Liebesgedichte schrieb ich für dich. Sie waren sicher nicht besonders tiefsinnig, aber meine Gefühle gingen tief, das kann ich dir versichern. Du warst der erste Mensch, den ich küsste und mehr (schon gut, ich werde nicht ins Detail gehen), und ich werde dir ewig dankbar sein, dass du mich damals nicht abgewiesen hast.

Du hattest ein so einnehmendes Lächeln, aber deine Zurückhaltung konnte undurchdringlich sein. Weißt du noch, manchmal hast du den Kopf abgewandt, sodass dein Gesicht hinter deinem langen blonden Haar verborgen war und ich deinen Gesichtsausdruck nicht sehen konnte? Das hat mich in den Wahnsinn getrieben.

Doch dann veränderte sich deine Stimmung, und du hast mich angesehen und gelächelt, und die ganze große weite Welt fühlte sich wunderbar an. In diesen Momenten wusste ich, was Glückseligkeit ist. Nichts ist berauschender als die romantische Liebe und das erste Mal, wenn man sie für jemanden empfindet und – Wunder über Wunder – dieser Mensch das Gefühl erwidert. Das Leben ist so schön wie nie. Ein solches Hochgefühl erlebt man erst wieder, wenn man Kinder hat.

Ich hatte das Gefühl, eins mit dir zu sein, dass du mich verstandest und ich dich verstand, dass du mich liebtest und ich dich liebte, dass du dich zu mir hingezogen fühltest – und der Himmel weiß, wie sehr ich mich zu dir hingezogen fühlte – und dass die restliche Welt aufhörte zu existieren. Es gab nur dich und mich draußen auf dem weiten Meer, und die Liebe war unser behagliches Boot.

Natürlich hat es nicht »funktioniert«, weil wir heute nicht mehr zusammen sind. Aber, meine Güte, in jeder anderen Hinsicht war es großartig. Sicher, es war nicht perfekt. Oder sagen wir mal, es war perfekt, aber zu dieser Perfektion gehörte eben auch der Schmerz. Du hast mich verletzt, als du mich einmal versetztest und ein paar Geschenke nicht zu würdigen wusstest, an denen ich so hart gearbeitet hatte. Ich habe dich verletzt, als ich dich einmal versetzte und eine Freundin nicht leiden konnte, die du mir vorstelltest. Wir haben uns gegenseitig wehgetan, aber das gehört zur ersten Liebe, nicht wahr?

Wir hatten so viel Spaß miteinander. Wie haben wir Schluss gemacht? Oder hat sich unsere Beziehung einfach totgelaufen? Haben wir einander je Lebewohl gesagt? Gab es einen letzten Kuss? Soweit ich mich erinnern kann, gab es keine tränenreiche Trennung, keinen Abschied auf dem Bahnhof, und wir gingen auch nicht an einem späten, regnerischen Sonntagnachmittag auf einem Gehsteig in Cambridge auseinander, jeder in eine andere Richtung.

Ich glaube nicht, dass wir uns je voneinander verabschiedet haben. Diese Chance ist vertan. Die Erinnerung an dich, meine erste Liebe, wird ewig in mir weiterleben. Ich bin Fred Tremallo dankbar, dass er uns einander vorgestellt hat. Ich bin dir dankbar, dass du bist, wie du bist, und für die Zeit, die du mit mir verbracht hast.

Ich hoffe, du bist glücklich. Das hoffe ich wirklich sehr.

Danke, Annie, dass du meine erste Liebe warst.

Ich werde dich nie vergessen.

Ich kannte einmal einen Mann …

Die Liebe schleicht sich in unser Leben, wenn wir es am wenigsten erwarten. Suchen wir nach ihr, finden wir sie oft nicht. Haben wir aber die Suche zeitweilig aufgegeben, kann es passieren, dass die Liebe uns *findet.*

In diesem Beitrag lesen wir, wie eine Liebe aus dem Nichts entsteht. Im einen Jahr waren sie Freunde, nichts weiter. Im nächsten wurde aus ihnen – scheinbar ohne jeden Grund –, nun ja, etwas mehr.

Meiner Meinung nach gibt es beinahe so viele Arten zu lieben, wie Menschen, die man kennen lernt. Wir erweisen uns einen schlechten Dienst, wenn wir die Bandbreite erlaubter Gefühle so sehr einschränken, dass wir damit alle überraschenden Empfindungen ganz und gar auslöschen. In dieser Geschichte lesen wir, wie solch überraschende Empfindungen das Leben einer Frau bereicherten.

Ich lernte Kevin auf dem College kennen. Er war verheiratet, ich hatte seit zwei Jahren einen festen Freund. Kevin und ich waren nur Freunde. Wir arbeiteten beide an der Universitätszeitung, und das oft lange und bis spät in die Nacht. Funken flogen nicht, es tropfte nur der Schweiß. Aber als wir dann in unserem letzten Jahr an die Uni zurückkehrten, geschah etwas. Er sah … anders aus. Und er sah mich anders an. Er habe sich von seiner Frau getrennt, sagte er. Sie hätten seinerzeit heiraten »müssen«, als sie noch auf der High School waren. Ihre

Tochter sei jetzt vier Jahre alt. Um ihretwillen wollten sie weiterhin eng miteinander befreundet bleiben, aber keiner von ihnen habe das Gefühl, dass sie als Mann und Frau zusammenbleiben sollten.

Wir arbeiteten weiter für die Zeitung. Eines Abends, als wir gerade letzte Hand an die Seiten legten, waren wir allein im Büro. Es war spät, und wir waren müde. Ich hatte ungewaschene Haare, trug Jeans und ein Sweatshirt. Er hatte Ringe unter den Augen. Er arbeitete neben dem Studium, um Geld für seine Tochter zu verdienen. Trotzdem saßen wir und redeten und redeten – so lange, bis die Sonne schon fast wieder aufging. Mein Freund frotzelte bereits, ich verbrächte mehr Zeit mit Kevin als mit ihm. Er hatte Recht. Auch diese Beziehung hatte ihr Haltbarkeitsdatum überschritten. Es überraschte mich nicht, als er kurz vor Weihnachten mit mir Schluss machte. Und um die Wahrheit zu sagen, es tat mir nicht Leid.

Ich fuhr in den Ferien nach Hause zu meiner Familie, stellte aber fest, dass ich mich danach sehnte, an die Uni zurückzukehren, weil ich Kevin wieder sehen wollte. Drei Wochen waren vergangen, und als wir uns in der Redaktion der Zeitung zufällig über den Weg liefen, dauerte unsere Umarmung ewig, oder zumindest schien es so. Von da an waren wir unzertrennlich. Ich wusste, dass es nicht richtig war. Ich wusste, er hatte eine Frau – obwohl er getrennt von ihr lebte – und eine kleine Tochter. Ich wusste, ich war noch jung, unreif und nicht bereit für eine schwierige Beziehung. Aber mir war auch klar, dass ich mich Hals über Kopf in diesen Burschen verknallt hatte – und dass es ihm ebenso ging. Wenn die Chemie zwischen zwei Menschen so unglaublich ist, scheint alles möglich.

So ging es auch im zweiten Semester unseres letzten Jahres weiter. Wir konnten einfach nicht genug voneinander bekommen. In Seminaren füßelten wir unter dem Tisch und dachten, dass wir da ein ganz tolles Ding drehten. Wir schrieben gemeinsam Geschichten, bauten Seiten. Wir schwitzten noch immer über dem Zeitungsmachen, aber das lag nun mehr an der Rumknutscherei als an Überarbeitung. Bei jedem Kuss war es, als hätte er mich noch nie zuvor geküsst. Es war eine berauschende, romantische Zeit – wie ein Wirbelsturm. Und die Intensität wurde dadurch noch verstärkt, dass wir zuerst Freunde gewesen waren. Es gab keine Spielchen, niemand täuschte etwas vor. Es war die intensivste Beziehung, die ich je gehabt hatte. Ich war zwanzig und dachte, wir hätten alle Zeit der Welt.

Ich wollte nicht wahrhaben, dass mit dem College auch das alte Leben endet. Wir tauschen unsere Jeans gegen Anzüge und Kostüme, unsere Wohnheimzimmer gegen Apartments und sehr oft auch unsere alten Freunde gegen neue ein. Wir zahlen unsere Rechnungen selbst, machen unsere eigenen Termine. In dem Jahr, in dem ich das College abschloss, war die Arbeitslosenquote himmelhoch, und unsere Wege trennten sich. Kevin und ich fanden Arbeit in unterschiedlichen Bundesstaaten. Er wollte und musste bei seiner Tochter sein, wofür ich vollstes Verständnis hatte. Allerdings bedeutete dies auch, dass er in der Nähe seiner Frau war. Die Scheidung war noch nicht durch, und das machte mich nervös.

Ich sprang, bevor man mich schubste. Zumindest dachte ich das. Ich machte mit Kevin Schluss und brach mir damit das Herz. Wir weinten beide. Er besuchte mich unangemeldet in meiner Stadt, ich war nicht da. Mit Heftpflaster klebte er eine Nachricht an meine Tür: »Eine Liebe wie unsere gibt es nur einmal in einem geophysischen Lichtjahr«, hatte er geschrieben. Ich weinte, als ich die Nachricht las. Ich habe sie noch immer. Das ist jetzt 25 Jahre her.

Ich erfuhr irgendwann, dass Kevin wieder zu seiner Frau zurückgekehrt war, die beiden sich aber zehn Jahre später hatten scheiden lassen. Er rief mich einmal an, als er auf der Durchreise in der Stadt war, in der ich lebte. Er klang gut gelaunt. Seine Tochter war inzwischen selbst auf dem College, und er hatte eine ernsthafte Beziehung. Er sagte, er sei sehr lange wütend auf mich gewesen. Ich erklärte ihm, dass mich die Intensität der Beziehung einfach überwältigt habe – und natürlich die Tatsache, dass er verheiratet gewesen war und ein Kind hatte. Mit 20 besaß ich einfach noch nicht die emotionale Reife für eine so ernste Angelegenheit.

Als ich fünf Jahre nach dem College meinen Mann kennen lernte, erinnerte er mich ein wenig an Kevin. Er war dunkel und gut aussehend, ruhig, aber leidenschaftlich. Doch er trug keinen Ballast mit sich herum wie Kevin. Im Gegenteil, ich war seine erste feste Freundin, und diese Aufgabe nahm ich überaus ernst. Wir heirateten zwei Jahre später, und ich schickte Kevin eine kurze Nachricht. Er schrieb zurück: »Ich bin eifersüchtig. Das hätte ich sein sollen. In ewiger Liebe.«

Ich habe diese Notiz noch immer, und manchmal, wenn ich in den alten Schachteln stöbere, nehme ich sie heraus und lese sie – und drücke sie an meine Wange. Inzwischen habe ich selbst eine Tochter im Teenageralter, und ich hoffe, ihre erste Liebe wird so süß und beständig sein wie die meine, denn ein kleiner Teil meines Herzens wird immer für Kevin reserviert sein.

Wechsel der Gezeiten

Der Autor des folgenden Beitrags ist heute Psychologe. Außerdem zählt er zu meinen Freunden. Er liebt das Leben sehr, und diese positive Grundhaltung wird in der Geschichte spürbar.

Eigentlich sollte »die Bucht« in vielen meiner Kindheitserinnerungen vorkommen, denn als kleiner Junge war ich beinah jeden Sommernachmittag dort schwimmen. Aber alle früheren Erinnerungen wurden von den Ereignissen eines Tages – vermutlich waren es nur zwei oder drei Stunden – fortgewaschen, als ich vierzehn war. Dem Tag, an dem ich mich in Jenny Weller verliebte.

Noch jetzt, mit 53, kann ich bei keinem Besuch der kleinen, halbmondförmigen Bucht mit dem gewaltigen Granitfelsen, der fünfzig Meter entfernt im flachen Wasser eines kleinen Sees in Massachusetts liegt, umhin, mich an jenen Nachmittag im August zu erinnern. Wie so viele Orte meiner Kindheit wirkte natürlich auch »die Bucht« bei meiner Rückkehr sehr viel kleiner, als ich sie von früher in Erinnerung hatte. Doch die Gefühle erster Liebe waren damals riesengroß, und sie sind es noch immer, wenn ich mich von ihnen überfluten lasse.

An jenem Tag entdeckte ich, zu wie viel Romantik ich fähig bin. Ich verstand mit einem Mal, wie schön das Lächeln einer Frau und wie begehrenswert ihr Körper sein konnte. Zudem erwachte in mir der Wunsch, die Zeit anzuhalten, einen Augenblick festzuhalten. Als ich aufwuchs, hatte ich mir immer gewünscht, schneller zu wachsen, größer zu sein, das nächste Abenteuer zu erleben. Aber plötzlich, an jenem Nachmittag, wollte ich die Zeit genauso gern festhalten wie Jenny. Noch während ich mir selbst eingestand, dass ich in sie verliebt war, wusste ich nämlich auch, dass es hoffnungslos war. Es konnte zu nichts führen. Ich konnte es niemandem sagen. Es konnte nichts daraus werden. Kein Mensch würde es ernst nehmen. Wer würde schon glauben, dass ich Jenny liebte?

Jenny war zwölf. Zwölf! Unmöglich! Ich war vierzehn. Das leuchtete ein. Vierzehn war sehr viel erwachsener als zwölf. Sie war immer noch ein kleines Mädchen, oder zumindest würden alle anderen das so sehen (wenigstens glaubte ich das). Ich kannte sie, seit sie ein kleines Mädchen war. Ihre Eltern waren mit meinen Eltern gut befreundet. Ihre Mutter war die beste Freundin meiner Tante. Jenny passte auf meine kleine Schwester auf. Wir kannten einander seit Jahren. Wir waren zusammen aufgewachsen … zumindest im Sommer. Es war nicht möglich, meine Liebe in etwas Reales zu verwandeln, was die Menschen verstehen oder respektieren würden. Ich war mir nicht einmal sicher, ob ich in meinem Alter überhaupt schon verliebt sein durfte.

Aber das Allerschlimmste war aus meiner Sicht, dass mein sechzehn Jahre alter Bruder Luke hin und weg war von Jennys großer Schwester Nancy. Luke war sechzehn. Er war älter und weltgewandter. Er durfte verliebt sein. Das wusste ich, weil die Erwachsenen die Romanze der beiden entzückend fanden. Sie unterhielten sich über Luke und Nancy. Sie war schön und erwachsen und bei den Jungen in der Stadt sehr beliebt. Ich glaube nicht, dass Nancy Luke so sehr liebte wie er sie, aber er war völlig in sie vernarrt. Das war offensichtlich. Für ihn war es die wahre Liebe.

Die Vorstellung, dass noch ein Johnson-Bruder sich in ein Weller-Mädchen, eben Nancys kleine Schwester, verlieben könnte, war lächerlich. Luke und Nancy waren Teenager. Die Leute nahmen sie ernst. In den Augen meiner Familie hatten die beiden die Liebe für unsere Generation neu erfunden. Niemand würde sich vorstellen können, dass ich Jenny liebte. Die Erwachsenen würden mich lächerlich finden, wenn sie es wüssten. Was ich tat oder fühlte, wäre nur eine niedliche Miniaturversion dessen, was Luke und Nancy geschaffen hatten. Ich wusste immer ziemlich genau, was die Erwachsenen dachten, und deshalb hatte ich mir vermutlich auch nicht eingestanden, wie stark meine Gefühle für Jenny waren. Ich sah mich viel zu sehr durch die Augen der Erwachsenen. Das machte mich zu einem ängstlichen und verantwortungsbewussten, zu einem »guten« Jungen.

An jenem Nachmittag im warmen spätsommerlichen Wasser »der Bucht« fielen jedoch alle Hemmungen und Vorbehalte von mir ab. Mutter lag oben am Strand und las wie immer ein Buch. Jenny war unten am Wasser und spielte mit meiner Schwester Debbie. Jenny war ein begnadeter Babysitter, das konnte man nicht übersehen. Sie vermochte sich stets voll und ganz auf das Kind zu konzentrieren. Außerdem wirkte ihr Optimismus wie ein Magnet. Meine Schwester liebte sie.

Ich weiß nicht mehr, was ich getan hatte, bevor wir beide im Wasser waren. Vielleicht war es mir peinlich gewesen, als Vierzehnjähriger mit meiner Mutter am Strand zu sein. Möglicherweise hatte ich mich fehl am Platz gefühlt und mir gewünscht, ich wäre mit meinen Freunden zusammen. Mag sein, dass ich auch einfach nur Jenny beobachtet und mich darauf eingestellt hatte, mich in ein paar Minuten in sie zu verlieben. Betrachtete ich Jennys schlanken, athletischen Körper? Ich weiß es nicht mehr.

Ich weiß nur noch, dass Debbie irgendwann wieder oben am Strand bei meiner Mutter und Jenny nicht mehr im Dienst war und mit mir schwimmen gehen konnte. Sie sprang in den See, schwamm ein paar Meter hinaus, machte kehrt, tauchte zurück und plötzlich mit einem breiten Lächeln vor mir auf. Und sie sah mich mit jenem lebendigen, aufmerksamen Blick an, der normalerweise meiner Schwester oder anderen kleinen Kindern vorbehalten war.

Jenny hatte blaue Augen und ein sonniges Gesicht, wie es für den Mittelwesten typisch war. Aber vor allem hatte sie ein außerordentliches, ein unwiderstehliches Lächeln. Es war das Lächeln eines zutiefst optimistischen Menschen. (Ich habe später Bilder von ihr als Mutter mittleren Alters gesehen. Sie lächelt noch immer.) Wenn sie lächelte, wollte man ihr nahe sein. Das hatte ich schon immer gespürt. Doch plötzlich schien sich ihr Lächeln verändert zu haben. Es war nicht mehr das Lächeln eines Mädchens – jedenfalls nicht wirklich –, es war das Lächeln einer Liebenden. Nicht wie bei einem Flirt, nicht die Art von sexuell befangenem Grinsen, das man auf den Gesichtern so vieler Mädchen der MTV-Generation sieht. Ich glaubte, das aus tiefstem Herzen kommende Lächeln einer Liebenden zu sehen, obwohl ich das damals nicht so hätte ausdrücken können.

Der Effekt war so unvermittelt wie das »Wumm!« oder »Bumm!« im Comic. Von einer Sekunde auf die andere hatte sich das junge Mädchen in ein außerordentlich schönes Wesen verwandelt. Mit einem Mal sah ich ihre Brüste und ihre Hüften und den leichten Schwung ihrer Oberschenkel, der verkündete, dass sie eine Frau, kein kleines Mädchen war. Ich starrte in ihr lächelndes Gesicht. Ich betrachtete ihren Körper. Noch nie zuvor hatte ich den Körper eines echten Mädchens angestarrt. Zumindest nicht, wenn sie vor mir stand, nicht so offensichtlich, während sie mich ansah.

Jenny lächelte, dann tauchte sie wieder ins Wasser. Ich konnte ihr nur hinterherschwimmen. Sie war eine gute Schwimmerin und entfernte sich schnell von mir. Ich machte so kräftige Züge, wie ich konnte. Ich holte sie ein, packte sie mit beiden Händen um die Taille, hob sie hoch und warf sie in hohem Bogen in die Luft. Sie platschte wieder ins Wasser und schwamm davon. Ich hinterher. Schwimmen, nachjagen, hochheben und – platsch! Immer und immer und immer wieder. Wir spielten dieses Spiel ziemlich lange. Vielleicht sogar eine ganze Stunde lang.

Ich vergaß meine Mutter und meine kleine Schwester. Ich

frage mich, was Mum sich wohl dachte. Das Spiel sah aus wie Ringen, wie ein Spiel für Jungen, das ich mit meinem Bruder gespielt haben könnte, als er zwölf und ich zehn war. Er hätte mich so gepackt und hochgeworfen. Und ich spielte ein Spiel für Jungen mit einem Mädchen, einem schönen Mädchen mit einem starken, erotischen Körper. Mir war bewusst, dass ich ihm den Anschein eines Kinderspiels geben wollte, obwohl ich wusste, dass es das nicht war. Ich war zum ersten Mal verliebt. Ich wollte meine Arme um ihre Taille schlingen, und ich tat es auch. Der Wassermann, der die schöne Meerjungfrau verfolgt. Wenn sie fortschwamm, packte ich sie an den Knöcheln. Ich wollte sie in den Arm nehmen, begnügte mich aber damit, Fangen mit ihr zu spielen. Ich wollte Jenny in den Arm nehmen, weil ich sie liebte. Ich wollte, dass auch sie mich liebte.

Romantische Ideen schossen mir in schneller Folge durch den Kopf. Ich stellte mir vor, mit ihr ins Kino zu gehen. Ich stellte mir vor, wir wären ein Paar. (Ich hatte keine eindeutig sexuellen Gedanken. 1961 waren die Zeiten anders.) Ich dachte sogar, wir würden ein noch besseres Paar abgeben als Luke und Nancy. Vielleicht wäre unsere Liebe stärker. Vielleicht konnte ich ein Junge – ein junger Mann – und ein Liebender sein, das heißt jemand, den ein Mädchen lieben konnte. Das war der Tag, an dem ich diesen Gedanken zum ersten Mal hatte.

Natürlich war es unmöglich. Es war August, sie war zwölf und ich erst vierzehn. In ein paar Wochen würde ich aufs Internat gehen. Ich habe sie nie wieder im Arm gehalten. Nur in Gedanken. Doch da seit beinahe vierzig Jahren.

Denkanstoß: Wer war Ihre erste große Liebe? Wo ist dieser Mensch jetzt? Wie fühlen Sie sich, wenn Sie an ihn oder sie denken?

Häufige Hindernisse: Einer vergangenen Romanze kann nichts mehr etwas anhaben. Vielleicht lesen wir solche Geschichten deshalb so gern. Es ist vorbei, passé. Wir können daraus machen, was wir wollen.

Andererseits tragen viele Menschen aufgrund vergangener Liebesgeschichten eine tiefe Trauer in sich. Oder sie verspüren Wut, Groll, Bitterkeit oder Schuldgefühle. Diese Gefühle können an uns nagen und sehr viel Platz in unserem Denken einnehmen. Unser Denken ist weder unbegrenzt aufnahmefähig, noch haben wir Zeit ohne Ende. Es ist keine gute Idee, Platz oder Zeit zu verschwenden.

Mögliche Schritte: Schwelgen Sie in den vergangenen Liebesgeschichten, an die Sie sich gern erinnern. Gibt es eine Möglichkeit, den Schmerz einer bitteren Scheidung oder einer grausamen Beziehung loszulassen? Bei meiner Verarbeitung der Erlebnisse mit Onkel Noble – der natürlich kein Liebhaber, sondern ein lausiger Stiefvater war – bin ich so verfahren, dass ich mit nahe stehenden Menschen oft genug über ihn gesprochen habe. Ich drehte ihn sozusagen einmal durch die »Unterhaltungsmangel«. Wenn man über erlittenen Schmerz redet, nimmt das dem Erlebnis mit der Zeit seinen Stachel.

Ich bin auch als inzwischen erfolgreicher Erwachsener noch einmal nach Charleston gefahren und habe das Haus besucht, in dem ich damals mit Onkel Noble und meiner Mutter wohnte. Ich ging durch die Räume, stand im Wohnzimmer, wo er mit dem Schürhaken auf meine Mutter losgegangen war und seine Martinis mixte, und mir wurde klar, dass all das vorbei war.

Es gab auch andere Beziehungen, in denen ich verletzt wurde. Ich habe festgestellt, dass es in solchen Fällen die beste Medizin ist, den eigenen Schmerz durch Gespräche mit anderen Menschen zu lindern. Vielleicht probieren Sie es aber auch mal mit den folgenden Vorschlägen.

Sie können sich ebenso fragen: »Was sollte ich hieraus lernen?« (Außer zu hassen.) Denn jede gescheiterte Beziehung kann Sie etwas Wichtiges über sich selbst lehren.

Oder denken Sie mit Humor an die alte »spöttische« Maxime: »Keine gute Tat bleibt ungestraft.« Das Leben ist nicht fair. Oft erleben gute Menschen schreckliche Dinge. Vielleicht waren bei dieser Beziehung einfach einmal Sie an der Reihe …

Erinnern Sie sich auch an die ebenso schwer verdauliche, aber wahre Redensart, dass Leiden zu Wachstum führt. Anders gesagt: Was Sie nicht umbringt, macht Sie nur härter.

Wenn Ihnen all das nicht hilft, greifen Sie auf den ersten Vorschlag zurück und reden Sie mit einem Menschen Ihres Vertrauens. Das ist und bleibt die beste Therapie bei emotionalem Schmerz.

KAPITEL 7
Ehen und Beziehungen

Die Frau, an deren Seite ich aufwache

Sue ist meine zweite Frau. Meine erste Frau Ellen heiratete ich, als wir beide Ende zwanzig waren. Anfang dreißig ließen wir uns wieder scheiden. Auch sie hat wieder geheiratet.

Wir verliebten uns während des Medizinstudiums ineinander. Sie hatte zuvor Musik, ich Englisch studiert, und inmitten der vielen Naturwissenschaftler, die mit uns Medizin studierten, hatten wir einen gemeinsamen geisteswissenschaftlichen Hintergrund. Aber viel mehr als das verband uns in dieser Welt der Medizin, die manchmal kalt und gefühllos sein kann, eine große Zuneigung und Wärme.

Wir heirateten in unserem letzten Studienjahr und wohnten in einem Apartment in der St. Charles Avenue. Wir liebten es, zu kochen. Wir entwickelten eine große Schwäche für die Küche in New Orleans, und nach dem Unterricht gingen Ellen und ich oft zu Langostino's, einem Markt in der Nähe unserer Wohnung.

In jenem Jahr starb mein Vater, und ich werde nie vergessen, wie Ellen damit umging. Ich erfuhr von Vaters Tod durch einen Anruf aus dem Krankenhaus. Anschließend ging ich in das Arbeitszimmer, das wir uns in unserer kleinen Wohnung teilten, schloss die Tür, drehte den Schlüssel um, löschte das Licht und legte mich auf das Sofa.

Ellen kam an die Tür. Sie hatte meinen Teil des Anrufs mitgehört und wusste, was geschehen war. Sie wollte ins Zimmer kommen, aber die Tür war verschlossen.

»Lass mich in Ruhe«, sagte ich.

»Na schön«, meinte sie und ging.

Ungefähr eine halbe Stunde später kam sie zurück und fragte durch die geschlossene Tür: »Wie geht es dir?«

»Geh einfach«, bellte ich.

»Ned, ich mache mir Sorgen um dich«, sagte sie leise.

»Nicht nötig. Mir geht es gut. Lass mich einfach in Ruhe. Ich werde das ganz genauso durchstehen, wie ich auch alles andere durchgestanden habe – allein.«

Dann hörte ich, dass Ellen zu weinen begann. Die Tür war so dünn wie Papier, und nichts dämpfte das Geräusch. »Schließ mich nicht aus«, sagte sie unter Tränen. »Ich möchte jetzt bei dir sein. Es ist nicht gut, wenn du allein bist.«

»Tu mir den Gefallen, lass mich einfach in Ruhe und geh«, fuhr ich sie an.

»Nein, ich gehe nicht«, verkündete sie noch immer unter Tränen. »Und wenn ich die ganze Nacht hier stehe. Aber ich gehe nicht weg.«

»Verdammt!«, knurrte ich. Dann stand ich auf und öffnete die Tür.

Draußen stand Ellen, ganze eins fünfzig groß, die Tränen liefen ihre Wangen hinunter, und sie hatte die Arme ausgebreitet. Ich ging auf sie zu, und sie umarmte mich. Endlich kamen auch mir die Tränen.

Wir gingen ins Arbeitszimmer und legten uns gemeinsam aufs Sofa. (Sie war so klein, dass der Platz für sie immer ausreichte!) Ich erzählte ihr Geschichten von meinem Vater, und sie hörte zu, warf etwas ein, weinte, und manchmal lachte sie auch. Wir sind wohl drei oder vier Stunden so dagelegen, bis spät in die Nacht. Ich trauerte mit Ellen um den Verlust meines Vaters.

Ich werde niemals vergessen und immer zu schätzen wissen, wie hartnäckig sie sich dagegen gewehrt hat, sich von mir beiseite schieben zu lassen. Da stand diese zierliche Frau, mutig wie ein Baum, und verhinderte, dass ich aufgab. Da stand sie, nahm meine Wut und meine Zurückweisung in Kauf und bestand darauf, dass ich mich den Dingen stellte, denen ich mich stellen musste.

Als ich mit ihr auf dem Sofa lag und an meinen Vater dachte, war ich Ellen näher als je zuvor.

Warum also trennten wir uns wieder? Nachdem wir zusammen nach Boston gezogen waren, um dort das erste Jahr unserer Facharztausbildung zu absolvieren, lebten wir uns allmählich auseinander. Wir hatten beide jede dritte Nacht Dienst, und da sich unsere Schichten gewöhnlich nicht überschnitten, sahen wir uns oft tagelang nicht, und das im wahrsten Sinne des Wortes. Darüber hinaus schien die Wärme, die uns ursprünglich zusammengebracht hatte, nicht genug, um ein ganzes Leben darauf zu gründen. Wir spürten beide, dass es besser war, wenn wir uns trennten, bevor wir Kinder hatten. Also gingen wir auseinander.

Wenn jemand Schuld an der Trennung hatte, dann ich.

Die Scheidung war einvernehmlich. Wir gingen sogar gemeinsam zum Notar, fuhren zusammen ins Gericht und blieben auch danach noch eine ganze Zeit lang befreundet. Ellen war – und obwohl der Kontakt abriss, bin ich mir sicher, dass sie es immer noch ist – eine wundervolle, brillante, liebevolle Frau und Ärztin. Ich hoffe von ganzem Herzen, dass sie glücklich ist. Aber so traurig der Abschied auch war – und es gab kaum einen traurigeren Augenblick in meinem Leben –, es war die richtige Entscheidung, und ich bin mir sicher, sie würde mir da zustimmen.

Aber manchmal bekommen wir mehr als eine Chance. Ich weiß, Ellen bekam noch eine und heiratete ein zweites Mal. Genau wie ich.

Bei diesem zweiten Anlauf bekam ich alles, was ich mir erträumt hatte. Sue und ich heirateten 1988, sieben Jahre nach meiner Scheidung. Die Geschichte, die ich Ihnen erzählen möchte, handelt von dem Augenblick, in dem ich beschloss, um ihre Hand anzuhalten.

Wir waren seit ungefähr eineinhalb Jahren zusammen. Ich scheute mich davor, noch einmal zu heiraten. Nicht nur, weil meine Scheidung ein so trauriges Erlebnis für mich gewesen war, sondern auch, weil ich gesehen hatte, welchen Schaden eine zweite Ehe meiner Mutter und vielen meiner Freunde und Kollegen zugefügt hatte. Offenbar kamen die Menschen in den meisten Fällen direkt vom Regen in die Traufe. Ich war zu der Überzeugung gelangt, dass ich besser Single bliebe.

Aber dann begegnete ich Sue. Ich verabredete mich mit ihr, weil sie eines Tages einen Strohhut mit einem roten Band aufhatte. Oh, natürlich spielte mehr hinein als das, aber es war wirklich der Strohhut mit dem roten Band, der mir den Mut gab, zu denken, wir könnten gut zusammenpassen. Natürlich verstanden wir uns von Anfang an blendend.

Die Zeit verging, und sie wollte, dass wir die ganz große Entscheidung fällten. Sie mochte nicht unverheiratet bleiben. Sie wollte Kinder – und wenn nicht mit mir, dann mit einem anderen, der die Verpflichtung eingehen und sie heiraten würde. Sie sagte mir, sie liebe mich sehr, und es wäre wunderbar, wenn ich ihr Mann würde, aber sie könne nicht ewig warten. Ich glaube, sie gab mir sechs Monate.

Ich befand mich in einem Dilemma. Abends schlief ich über dem Nachdenken ein, und morgens nach dem Aufwachen machte ich genau da weiter, wo ich aufgehört hatte. Ich fragte

Freunde um Rat und bat ältere Kollegen um ihre weisen Erkenntnisse (obwohl ich ganz genau wusste, dass die Hälfte davon bereits zum dritten oder vierten Mal verheiratet war!). Ich wandte mich mit der Bitte um Hilfe an meine nächsten Verwandten – meine Cousine und meinen Cousin –, und ich suchte den Himmel nach göttlichen Zeichen ab. Wie ich feststellte, lag das Problem bei den göttlichen Zeichen in ihrer Deutung: Woher wusste man, was ein Zeichen war und was nicht? Wollte mir Gott mit dem einzelnen schwarzen Vogel am blauen Himmel sagen, dass ich Single bleiben sollte, oder war es nur eine verirrte Krähe?

Und so schwankte ich in meiner Entscheidung hin und her, und aus den sechs Monaten wurden fünf und schließlich vier. Sue beharrte freundlich auf ihrem Standpunkt und tröstete mich mit Worten wie: »Wenn wir uns nicht entscheiden können, wäre es das Beste für uns beide loszulassen.« Nett von ihr, »wir« zu sagen, aber so ist sie eben: nett.

Es half nicht, Listen der Vor- und Nachteile zu erstellen. Offenbar funktionierte auch das Beten nicht. Meine Freunde sagten mir ziemlich klar: Sue ist wunderbar, aber du musst deinem Herzen folgen. Mit anderen Worten, wir lieben sie, aber *du* musst sie heiraten, und wir wollen nicht schuld daran sein, wenn es nicht klappt!

Ich wusste nicht, was ich tun sollte.

Ich dachte, die Entscheidung wäre ganz einfach, dass man es einfach *wissen* würde. Hieß das, Sue war nicht die Richtige für mich, weil ich es nicht *wusste*? Mir war klar, dass ich sie liebte. Sie wäre ganz sicher eine *wunderbare* Mutter, sie war klug und hübsch, und wir hatten Spaß zusammen; ich respektierte ihren Intellekt und mochte ihren Körper. Was wollte ich also noch?

Trotzdem wusste ich nicht, was ich tun sollte.

Bis ich es eines Tages herausfand. Es geschah in einem kurzen Augenblick. Wirklich. Ich weiß, das mag schwer zu glauben sein, aber in einem einzigen kurzen Augenblick beschloss ich, all meine Ängste und Sorgen über Bord zu werfen und Sue um ihre Hand anzuhalten.

Das kam so: Ich arbeitete als Berater an einer Schule, und Charlotte Dooling, eine der Lehrerinnen, kam zu mir, um mit mir über einen ihrer Schüler zu sprechen. Nachdem wir das Thema abgeschlossen hatten, fragte Charlotte beim Verlassen meines Büros beiläufig: »Übrigens, wann machen Sie denn dem wunderbaren Mädchen, das Sie auf die Party mitgebracht haben, einen Antrag?«

Das war's. In diesem Augenblick wurde mir klar, was ich tun musste.

Sie glauben das vielleicht nicht, aber als ich an jenem Nachmittag aus der Schule kam, fuhr ich ins Chestnut-Hill-Einkaufszentrum, ging zum Juwelier und kaufte mit dem Geld, das ich als Vorschuss auf mein erstes Buch erhalten hatte, einen Verlobungsring mit Diamanten und Saphiren. Als ich den Ring aussuchte, waren keine zwei Stunden seit Charlottes zufälliger Bemerkung vergangen.

Was an Charlottes Worten hatte mich dazu bewegt? War ihre Bemerkung das göttliche Zeichen? Ich weiß es nicht. Ich weiß nur, nachdem sie es gesagt hatte, *wusste* ich es einfach.

Als Psychiater würden mir die Patienten davonlaufen, wenn ich keinen besseren Rat wüsste als »Warten Sie auf die magischen Worte« oder »Warten Sie, bis Sie sich sicher sind«. Also denke ich mir ausgefallenere Formulierungen aus, die im Grunde aber das Gleiche ausdrücken. Und ich analysiere das Problem und stehe meinen Patienten bei ihren Bedenken mitfühlend zur Seite. (Bei diesem Thema fällt es mir leicht, mitfühlend zu sein!)

Aber obwohl Analysieren und Nachdenken zweifellos ihren

Wert haben, fällen wir viele unserer wichtigsten Entscheidungen in einem Augenblick plötzlicher Erkenntnis. In einem Moment, in dem uns aus unerklärlichen Gründen klar wird, was wir tun müssen.

Sue und ich sind seit 1988 verheiratet. Seit unserer Eheschließung hat sich mein Leben dramatisch verbessert, aber Sue und ich kennen auch Augenblicke, in denen wir sehr wütend und irritiert wegen des jeweils anderen sind. In unserer Ehe ist es mein Ziel, Raum für Konflikte zu schaffen, statt sie zu verhindern. Angesichts der schwierigen Kindheit, die Sue und ich hatten, tut es uns besonders gut, streiten zu können und hinterher zu entdecken, dass unser Band so stark ist wie eh und je.

Ich denke da beispielsweise an die Schulferien 2000. Wir waren mit den Kindern in Washington, D. C., und hatten unseren Spaß; aber während unseres gesamten Aufenthalts wimmelte es in der Stadt nur so vor Demonstranten. Ich weiß noch, als wir Washington verließen und nach Hause fuhren, sagte ich, wie schade es doch sei, dass wir gleichzeitig mit den vielen Demonstranten in »D. C.« gewesen seien (ich weiß nicht einmal mehr, wogegen sie protestiert haben!). Der Verkehr sei einfach fürchterlich. Da warf Sue ein, ihrer Meinung nach hätten die Demonstranten dem Ausflug eine besondere Note gegeben.

»Eine besondere Note!« Das hatte ich nicht hören wollen. Plötzlich beschlich mich das Gefühl, Sue sei meine Gegnerin. Ich war enttäuscht, fühlte mich von dem, was sie gesagt hatte, sogar angegriffen. Es war eine ganz klare Überreaktion meinerseits, aber dennoch eine starke Reaktion. Oft kann in Beziehungen – zumindest in unserer – ein kleiner Vorfall völlig unerwartet intensive Gefühle auslösen. »Wäre es nicht schön«, sagte ich kurz angebunden zu Sue, »wenn du alle heilige Zeit einmal meiner Meinung wärest und nicht ständig widersprechen würdest? Ich schlage mich hier mit diesem verdammten Verkehr herum, und du erzählst mir, er gebe unserem Ausflug eine ›besondere Note‹?! Das darf ja wohl nicht wahr sein!«

»Ich habe nicht gesagt, dass der Verkehr dem Ausflug eine besondere Note gibt, sondern die Demonstranten«, gab Sue zurück. »Und wenn du eine Frau willst, die zu allem Ja und Amen sagt, hättest du mich nicht heiraten dürfen.«

Ich umklammerte das Lenkrad und fuhr weiter. Ich war beleidigt und sprach kein Wort mehr. Sue ist ebenso stur wie ich, und so saßen wir stumm nebeneinander. Die Kinder, denen der vorangegangene Wortwechsel offenbar entgangen war, verlangten allmählich nach etwas Essbarem.

Meine Gedanken überschlugen sich. Führten wir eine schlechte Ehe? Warum weigerte sich Sue so sehr, mir einfach ein wenig den Rücken zu stärken? War es falsch von mir, Zustimmung von ihr zu verlangen? Forderte ich zu viel? Warum war sie nur eine solche, eine solche – was? Eine Frau, die immer erst *nachdenken* musste, bevor sie ihre Zustimmung gab! Wieso konnte sie nicht einfach *meiner Meinung sein …*?! Ich wollte lediglich etwas liebevolle Zuwendung auf meiner anstrengenden Fahrt durch den dichten Verkehr. Auf Sues sorgfältig abgewogene Meinung hinsichtlich der relativen Vorzüge, Washington an einem Tag zu besuchen, an dem Demonstranten die Straßen verstopften, konnte ich gut verzichten. Aber diese Zuwendung konnte sie mir nicht geben. Vielleicht hatte sie ja Recht, vielleicht hatte ich die falsche Frau geheiratet. Mit den Kindern auf dem Rücksitz konnte ich meinem Zorn nicht freien Lauf lassen. Nahmen sie meine Gefühle trotzdem wahr? Verkorkste ich sie, statt ein guter Vater zu sein?

Mit der Zeit ebbte meine Wut ob des verhältnismäßig banalen Anlasses aber – ebenso wie der Verkehr – ab. »Tut mir Leid«, murmelte ich und machte den gewaltigen Schritt, mich als Erster zu entschuldigen. Sue streckte sofort ihren Arm aus und hielt meine Hand. Wir berieten, wo wir zu Mittag essen würden. Die Harmonie war wieder hergestellt.

Aber nicht für immer. In unserer Beziehung ist die Harmonie nie von Dauer. Ich liebe Sue, und ich liebe unsere Kinder – sie bedeuten mir mehr als alles andere –, aber von Zeit zu Zeit flammen Auseinandersetzungen auf. Ich glaube, das trifft auf fast alle engen und ehrlichen Beziehungen zu.

Sue ist noch immer die Frau, an deren Seite ich morgens die Augen aufschlage. Manchmal wache ich zuerst auf; an solchen Morgen – aber auch wenn sie des Abends vor mir einschläft – betrachte ich manchmal ihr Gesicht, während sie schläft, und denke mir, wie willkürlich das alles ist. Wie leicht hätte ich – oder auch sie – einen anderen Menschen heiraten können. Und vielleicht wären wir mit diesen Menschen sogar glücklich geworden. Ich stelle mir vor, Sue hätte gern einen Mann, der sich weniger Sorgen macht als ich. Möglicherweise wünscht sie sich auch, sie hätte einen Mann geheiratet, dessen Eltern noch lebten und Großeltern sein konnten; und mag sein, sie wünscht sich, sie hätte einen reichen Mann geheiratet. Möglich auch, dass sie sich einen Mann wünscht, der sich beim Wäschewaschen nicht so unbeholfen anstellt und mehr im Haushalt mithilft – und ich bin mir sicher, sie könnte die Liste endlos fortsetzen. Wenn ich wollte, könnte auch ich eine Liste aufstellen.

Aber das ist nicht das, woran ich am häufigsten denke, wenn ich ihr Gesicht betrachte, während sie schläft. Während ich ihr Gesicht sehe, denke ich: »Das ist mein Rettungsanker.«

Streng genommen ist es schon erstaunlich, dass es zwei erwachsene Menschen überhaupt ein paar Tage, geschweige denn Jahre miteinander aushalten und zu allem Überfluss auch noch gemeinsam Kinder großziehen! Bedenkt man, wie viele Kompromisse man machen und Opfer man bringen muss, dann fragt sich ein »vernünftig« denkender Mensch vielleicht: »Wozu nur all die Mühe?«

Meine Antwort darauf ist weder abstrakt noch philosophisch. Sie ist praktisch und konkret. Seit ich mit Sue verheiratet bin, ist mein Leben glücklicher, gesünder, produktiver und zufriedener als vor unserer Ehe. Nicht jeder ist für die Ehe – und für Kinder – geschaffen. Aber nichts hat mein Leben schöner gemacht.

Danke, rotes Band am Strohhut. Danke, Charlotte Dooling. Danke, wer immer euch geschickt hat.

Echos

Die Valentinskarte

Zum Merkwürdigsten an der romantischen Liebe gehört, dass sie uns, sosehr wir uns auch danach sehnen, bisweilen peinlich sein kann. Manchmal laufen wir, so schnell wir können, vor ihr davon. Ich glaube sogar, die Menschen fürchten sich sehr viel mehr vor der Liebe als vor allen anderen Gefühlen, einschließlich Wut und Aggression. Der Grund dafür ist, dass die Liebe den Schutzwall um unser Selbst weiter einreißt als die anderen Gefühle. Liebe macht uns verletzlich, Aggression dagegen gibt uns Sicherheit. Wenn wir lieben, breiten wir die Arme aus. Wenn wir wütend sind, heben wir die Fäuste. Das eine Gefühl öffnet uns, das andere errichtet eine Mauer.

Wir lernen früh, wie verletzlich unsere Sehnsucht nach Liebe uns macht. Und wenn wir die Liebe finden, nach der wir uns sehnen, entdecken wir wie die Autorin dieses Beitrags oft schon in sehr jungen Jahren, dass wir sie nicht immer annehmen. Aber wenn wir Glück haben, halten wir in einem solchen Moment kurz inne und sagen uns: »Okay, versuchen wir's miteinander.«

Der Keller im Haus meiner Mutter in Denver ist voller Erinnerungen an die Abschnitte meines Lebens: Dort finden sich mein Babybettchen, die Pfadfinderuniform und so gut wie jedes Kunstprojekt, das ich je zustande gebracht, und jede Schreibübung, die ich je gemacht habe. Ich verbrachte einmal meinen Urlaub zu Hause und beschloss, ein paar dieser verborgenen Schätze durchzusehen. Während ich mich durch den »Müll« wühlte, stolperte ich über etwas, was ich schon lange vergessen hatte: eine schöne Valentinskarte, auf deren Umschlag in krakeliger Kinderschrift mein Name stand. Plötzlich fühlte ich mich in das Jahr 1970 und an meinen kleinen Tisch in der Grundschule in Carson zurückversetzt.

»Dingdong!« Die Glocke verkündete schrill, dass der Schultag begonnen hatte. Gehorsam setzte ich mich auf meinen Platz in Mr. Riddles fünfter Klasse. Heute war ein ganz besonderer Tag: Valentinstag. Am Nachmittag würden wir eine Party feiern und die kleinen Karten mit den Versprechen unserer Liebe und Freundschaft in die steifen, weißen Papiertüten legen, die wir in den letzten Tagen mit so viel Mühe verziert hatten.

Mit zehn Jahren war ich der Unschuld der Kindheit näher als der Hormonflut der Pubertät. Dennoch hatte mein Interesse an Jungen zu keimen begonnen. In mir wuchs eine kleine Knospe der Leidenschaft, die kurz davor war, sich zu öffnen – er hieß Jimmy. Jimmy hatte flachsblondes Haar, strahlend grüne Augen und eine ziemlich breite, aber entzückende Nase. Er war in der zweiten Klasse nach Carson gekommen. Als er der Klasse Dias vom Urlaub seiner Familie in Indien zeigte, kam ich zu dem Schluss, dass Jimmy sehr viel weltgewandter war als die anderen Jungen aus unserer Gegend im Osten Denvers. Die erschreckenden Bilder von Armut und den schlammig braunen Wassern des Ganges reizten mich zwar nicht zu einem Urlaub in Indien, aber ich dachte mir, ein Junge, der dieses fremde und ferne Land bereist hatte, musste schon etwas Besonderes sein.

Im Laufe der Jahre war mein Interesse an Jimmy in heimliche Schwärmerei übergegangen. Ich hatte eine leise Ahnung, dass das Klopfen meines kleinen Herzens sein Echo in Jimmys

Herz fand. Schließlich hatte er in der vierten Klasse vorgeschlagen, mich für mein soziales Engagement auszuzeichnen – was neugierigen Jungen und Mädchen »Oh!«- und »Ah!«-Rufe entlockt hatte.

Als die Stunde der Party gekommen war, sah ich den Inhalt meiner Valentinstüte durch und entdeckte etwas, was außer mir niemand hatte: eine große Karte, wie sie die Erwachsenen einander schickten. Die Karte war leuchtend rot und mit einem Amor aus rosa Folie bedruckt, der durch einen Strauß Herzen flog. Die Karte war mit den Worten »An meine Liebste« bedruckt. Auf der Innenseite verkündete ein Schriftzug: »Ich liebe dich.« Auffällig war, dass die Unterschrift fehlte. Ich wurde rot. Das Klopfen meines Herzens übertönte den Lärm im Klassenzimmer. Um mich herum drängte sich ein Schwarm Mädchen, um einen besseren Blick auf die Karte zu erhaschen. Ihr Gekicher wurde lediglich von der Frage unterbrochen, die ich mir ebenfalls stellte: »Von wem die Karte wohl sein mag?«

An jenem Nachmittag schwebte ich aus der Schule. War Jimmy mein heimlicher Bewunderer?

Ich war die Treppe vor der Schule schon halb runtergelaufen, als ich jemanden nach mir rufen hörte. Ich drehte mich um und sah Jimmy oben an der Treppe stehen. Der Umriss seines Körpers zeichnete sich in der sanften Abendsonne ab. Normalerweise war auf dieser Treppe nach der Schule einiges los, aber in diesem Augenblick waren wir ganz allein.

»Hat dir meine Valentinskarte gefallen?«, fragte er mit großen Augen.

Gefühle des Schocks und der Verlegenheit überwältigten mich. Ich war so schüchtern, dass ich keinen Ton herausbrachte. Mit offenem Mund stand ich da, bevor ich »Ähm, also, ich weiß nicht!« murmelte.

Jimmy wirkte verblüfft und stupste mit der Spitze seines

dreckigen Tennisschuhs gegen den Zement. Ich wusste nicht, was ich sonst tun sollte, also drehte ich mich um und lief nach Hause, die Valentinstüte fest in meiner kleinen Faust. Tränen kullerten mir die Wangen hinunter und trockneten schnell in dem kräftigen Luftzug, als ich lief. Zu Hause stolperte ich zur Tür hinein und tat so, als sei alles in Ordnung.

Obwohl Jimmy und ich zusammen auf die Junior High School und später auf die High School gingen, verloren wir nie wieder ein Wort über jenen Tag. Wir waren freundlich zueinander – aber keine Freunde.

Irgendwann linderte die Zeit den Schmerz jener traurigen Erinnerung, aber ich spielte die Szene noch viele Jahre immer und immer wieder in Gedanken durch. Die Bilder von Jimmys Schmerz, seiner Verwirrung und meiner Angst und Schüchternheit hatten sich in mein Gedächtnis gebrannt. Ich bekam nie die Gelegenheit, zu erklären, was ich wirklich fühlte. Als ich davonlief, besiegelte ich mein Schicksal und sperrte meine Gefühle weg – wie die große Valentinskarte.

Als ich erwachsen war, machte ich genauso weiter. Ich stieß die netten Jungs mit den großen Herzen zurück und zog es vor, mich abzusondern und aus der Ferne zu lieben. Es dauerte Jahre, ehe ich erkannte, dass wahre Nähe nur entstehen kann, wenn man sich seine Gefühle eingesteht und sich einem anderen Menschen öffnet. Das Risiko einer Zurückweisung ist längst nicht so groß wie der chronische Schmerz des Bedauerns.

Ich sah Jimmy auf unserem zehnten Klassentreffen wieder. Er begrüßte mich an der Tür mit einem freundlichen Kuss auf die Wange. Er war schlank, braun gebrannt, schick angezogen, hatte eine schmale, vom Chirurgen »korrigierte« Nase und sah ganz anders aus als auf dem Jahrbuchfoto mit seinem Namensschild. Aber sein warmherziges Lächeln war immer noch das gleiche. Mein Herz schlug einen Salto, als Jimmy einen Schritt zurücktrat, um mich genauer zu mustern. Wir erzählten einander kurz, was wir jetzt machten – er hatte an einer Eliteuniversität studiert und arbeitete nun als Psychotherapeut in Denver –, bevor andere ehemalige Klassenkameraden unser Gespräch unterbrachen.

Später am Abend sprach Jimmy mich an. »Weißt du, Christine«, sagte er und ließ die Eiswürfel in seinem Cocktail kreisen, »in der Grundschule war ich rettungslos in dich verliebt. Also bin ich das Risiko eingegangen und habe dir diese große Valentinskarte geschenkt. Vermutlich erinnerst du dich gar nicht mehr daran«, meinte er nachdenklich.

»Natürlich erinnere ich mich daran«, sagte ich. Ich war froh, dass er das Thema angeschnitten hatte.

»Offenbar hast du meine Gefühle nicht erwidert«, fuhr er fort und hob die Augenbrauen. »Ich war am Boden zerstört.«

Nach all den Jahren hatte ich endlich die Gelegenheit, ehrlich zu sein: »O doch«, versicherte ich ihm, »ich war schrecklich verliebt in dich. Ich war nur so schüchtern, dass ich nicht wusste, was ich machen sollte; und als du mir gestanden hattest, dass du mein heimlicher Verehrer warst, ist mir nichts Besseres eingefallen, als davonzulaufen.«

Eine Weile standen wir schweigend nebeneinander. »Wirklich?«, fragte Jimmy, und seine Augen glitzerten. »Danke, dass du dies mit mir geteilt hast«, sagte er in gutem Psychotherapeutenjargon.

Es war wunderbar, dass meine Gefühle nach so langer Zeit wieder im Lot waren. Wir unterhielten uns, wir lachten, wir tanzten. Wir machten die verlorene Zeit wett. Aber keiner von uns hegte den Wunsch, die alte Flamme neu zu entzünden. Denn wie es schien, hatte nicht nur ich meine Schüchternheit überwunden und einen Freund gefunden, sondern auch Jimmy war anderweitig liiert.

Noch immer bleibt das Herz mir stehen

Der folgende Bericht einer Frau aus Virginia fängt in ein paar kurzen Absätzen die Leidenschaft eines ganzen Lebens ein. Sie ist seit 26 Jahren verheiratet und schreibt: »Noch immer bleibt das Herz mir stehen, wenn ich ihn am anderen Ende des Zimmers sehe.« Es ist schon berauschend, wenn einem beim ersten Kreuzen der Blicke das Herz stehen zu bleiben scheint, wenn das aber nach 26 Jahren Ehe noch immer der Fall ist… nun ja – wie sagte die Dame in dem Film: »Ich will genau das, was sie hatte.«

Als ich die Autorin anrief, weil ich die Erlaubnis einholen wollte, ihre Geschichte in meinem Buch veröffentlichen zu dürfen, konnte ich das Lächeln in ihrer Stimme hören, als sie mir sagte, wie sehr sie ihren Mann noch immer liebte. Ich konnte die Spannung spüren, die sie fühlte, als sie mir erzählte, wie leidenschaftlich ihre Beziehung bis zu jenem Tag geblieben war.

Natürlich bleiben nicht alle Ehen so leidenschaftlich, und das ist in Ordnung. Nur weil Ihr Herz nicht mehr aussetzt, wenn Sie Ihren Ehepartner am anderen Ende eines Raumes sehen, bedeutet das keineswegs, dass Sie ihn oder sie nicht mehr lieben. Jeder Mensch empfindet die Liebe auf seine Weise und drückt sie anders aus. Einige von uns ähneln eher dem Meer als der Sonne. Doch die Liebe dieses Paares war offenbar von Anfang an heiß und feurig. Und sie ist niemals abgekühlt.

Wie die Autorin zeigt, gehen eine Leidenschaft wie die ihre und Konflikte interessanterweise oft Hand in Hand. Einen Menschen zu haben, an dem man sich reiben, mit dem man streiten kann, wirkt sich auf eine Beziehung oft wie ein Verjüngungsmittel aus.

Die große Liebe meines Lebens ist seit mehr als 26 Jahren die gleiche. Ich bin körperlich, emotional und geistig mit dem von mir gewählten Lebenspartner, meinem Ehemann Jerry, verbunden.

Bei unserer ersten Begegnung waren unsere Gefühle sehr gemischt. Er war das gut gekleidete, selbstbewusste Mitglied einer Studentenverbindung der Universität Florida. Ich war die liberale, Jeans tragende Tochter eines Kleinstadtarbeiters, der sich so durchschlug, und protestierte gegen das Establishment. Die Spannung zwischen uns war spontan und stark. Wir zogen einander an und stießen einander ab. Das war 1975.

Wir heirateten 1978, und unsere Beziehung ist noch immer merkwürdig, aber wunderbar. Wir haben so viel voneinander gelernt. Er brachte mir bei, mich gut zu kleiden, und baute mein Selbstvertrauen auf. Ich lehrte ihn, Mitgefühl zu empfinden und sich der Liebe und anderen Gefühlen mehr zu öffnen. Er wurde mein Seelenpartner.

Er war bei der Geburt unserer drei Töchter dabei und auch, als wir von den schweren Behinderungen einer unserer Töchter erfuhren: zerebrale Kinderlähmung und Autismus. Ich stand ihm bei, als er mit ansehen musste, wie ein von ihm aufgebauter Betrieb scheiterte und zusammenbrach. Er stand hinter mir, als ich erleben musste, wie meine Mutter an Krebs starb, und wir weinten gemeinsam. Er hilft mir dabei, über mich selbst zu lachen und meine Stärken zu erkennen.

Wir haben unsere Töchter zu außergewöhnlich ausgeglichenen Menschen heranwachsen sehen – das liegt wohl teilweise daran, dass er und ich so verschieden sind und unterschiedliche Standpunkte in unsere Familie einbringen. Mit ihm an meiner Seite kann ich mich jedem neuen Tag stellen, in dem Wissen, dass ich niemals allein sein werde. Ich werde immer einen Freund und Vertrauten – und auch einen Gegner haben. Einen Menschen, den ich lieben, hassen, berühren, umarmen und mit dem ich streiten kann.

Inzwischen sind wir beide zusammen in der Versicherungsbranche tätig. Auf Besprechungen, Konferenzen oder bei Partys bin ich immer bei ihm, auch wenn ich mich nicht in seiner unmittelbaren Nähe befinde.

Noch immer bleibt das Herz mir stehen, wenn ich ihn am anderen Ende eines Raumes sehe. Noch immer hat er jenen verlockend verführerischen Ausdruck in den Augen. So war es immer, und so wird es immer sein.

Besser spät…

Kennen Sie Menschen, die den oder die »Falsche« geheiratet haben, nachdem sie den »richtigen« Menschen, den sie eigentlich heiraten sollten, hatten gehen lassen? Ich kenne da so einige. Wenn wir jung sind, langweilt uns manchmal die Art von Liebe, die von Dauer ist. Stattdessen zieht es uns zu stürmischen Beziehungen hin, und wir verlieben uns in Menschen, die uns schlecht behandeln. Für den »netten Menschen«, der gut zu uns ist, haben wir nur ein Gähnen übrig. Dafür sehnen wir uns verzweifelt nach demjenigen, der uns bei jeder zweiten Gelegenheit zurückstößt.

Manchmal kommt es allerdings vor, dass eine frühe Beziehung scheitert, nicht weil sie langweilig ist, sondern weil es ihr aus unersichtlichen Gründen einfach nicht vergönnt ist zu halten. Erstaunlicherweise kehrte die frühe Liebe der Frau, von der dieser Bericht stammt, später zu ihr zurück.

Ich erlebe gerade eine neue, glückliche Beziehung, die mich verwandelt. Eigentlich handelt es sich um die Wiedergeburt einer alten Beziehung. Meine zweite Chance.

Mit sechzehn bat mich ein wunderbarer junger Mann, ihn zu heiraten. Wir kannten einander seit ein paar Jahren, hatten viele gemeinsame Interessen und respektierten unsere unterschiedlichen Begabungen. Wir liebten ausländische Filme, Jazz, Ballett und Rock 'n' Roll. Er bewunderte meine schulischen Leistungen, ich sein Talent für Gedichte und Kurzgeschichten.

Wir heirateten nicht. Stattdessen fingen wir beide andere unglückliche und zerstörerische Beziehungen an, die wir einfach ertrugen, bis unsere Kinder groß waren. Dann ließen wir uns beide scheiden. Ich blieb zwanzig, er acht Jahre allein.

Doch seine Mutter war entschlossen, uns zusammenzubringen. Wer denkt, man sollte sich stets um seine eigenen Angelegenheiten kümmern, kann sich an dieser Frau ein Beispiel nehmen. Sie wusste, dass uns durch unsere Trennung vor all den Jahren etwas ganz Besonderes entgangen war. Aber sie saß nicht einfach nur da, starrte wehmütig aus dem Fenster und dachte darüber nach, was hätte sein können. Nicht sie!

Sie machte mich ausfindig und brachte mich vor ungefähr einem Jahr wieder mit ihrem Sohn zusammen. Wir heirateten schließlich am Valentinstag 1999 – vierzig Jahre nachdem wir uns damals voneinander getrennt hatten.

Dieser Mann hat mein Leben enorm bereichert und es von Grund auf verändert. Vor unserer Ehe ließ ich kaum einen Mann wirklich an mich heran, und ich war seit zehn Jahren mit niemandem mehr ausgegangen. Ich arbeitete ununterbrochen, zwölf bis vierzehn Stunden am Tag, und zu Hause setzte ich mich nie zum Essen hin. Ich war immer auf dem Sprung. Ich hatte keine Zeit, jemanden einzuladen, und pflegte nur die oberflächlichsten gesellschaftlichen Kontakte.

Jetzt finde ich Zeit für menschliche Beziehungen aller Art. Mein Mann bringt mir bei, Verbindung zu mir selbst und anderen herzustellen.

Für die Liebe ist es niemals zu spät. Es ist niemals zu spät, dass man lernt, die Gesellschaft anderer Menschen zu genießen. Ich lerne es gerade. Diese Beziehung ist ein überaus seltener Schatz, und doch kostete sie mich nicht mehr als die Bereitschaft, mich ihr zu öffnen. Sie verwandelt mein Leben in all seinen Aspekten – und ja, ich teile meinem Mann diese Gefühle jeden Tag mit.

Glücklich und zufrieden bis an ihr Lebensende

Als Kinder sehen wir unsere Großeltern in einem Licht, das nahezu völlig ausblendet, dass sie jemals romantische Gefühle gehabt haben könnten. Können Sie sich den Augenblick vorstellen, in dem sich Ihre Großmutter in Ihren Großvater verliebte? Ich nicht.

Diese Autorin erlaubt uns einen ungewöhnlichen Blick auf eine Urgroßmutter, die ihrer kleinen Urenkelin davon erzählt, wie sie sich vor vielen, vielen Jahren in deren Urgroßvater verliebte.

Meine schönsten Kindheitserinnerungen drehen sich um die Sommernachmittage, die ich im Haus meiner Großeltern in Brooklyn verbrachte.

Eines Samstags, ich war ungefähr fünf, saß ich unter einer großen Platane und las mit meiner Großmutter »Aschenputtel«. Aus dem Hof, wo eine schwungvolle Partie Binokel im Gang war, drang das Lachen meines Großvaters und seiner Freunde zu uns herüber. Meine Oma lächelte meinen Opa voller Bewunderung an, als sie mir das Ende des Märchens vorlas und sagte: »... und sie lebten glücklich und zufrieden bis an ihr Lebensende.«

»Mein Märchenprinz war Opa. Er ist es noch immer«, versicherte sie mir.

»Ich weiß. Seit du elf warst«, teilte ich ihr mit, als wüsste sie es nicht.

»Stimmt.« Ihre Augen leuchteten, wie stets, wenn sie an meinen Großvater dachte, die Liebe ihres Lebens.

Mit fünf fragte ich mich immer noch, wie er sich trotz seiner Armut als Einwanderer in den Mietshäusern der Lower East Side Manhattans den teuer aussehenden Glaspantoffel hatte leisten können. Aber ich dachte mir, dass mein geschäftstüchtiger Großvater irgendwie einen Weg gefunden und es geschafft hatte. Vermutlich auf ähnliche Art und Weise, wie er sich vom Reinigen dreckiger Metallbettrahmen, mit dem er sich als Siebenjähriger ein paar Pennys verdiente, mit sechzig zum Selfmade-Millionär hochgearbeitet hatte – all das in der Spanne eines Lebens. Und meine Großmutter liebte ihn die ganze Zeit über. Sie liebte ihn, als er zweimal ein Vermögen machte und eines davon wieder verlor, wie sie mir so oft erzählte. Ich fragte mich, ob darin nicht die eigentliche Bedeutung von »Glücklich und zufrieden bis an ihr Lebensende« lag.

»Seid ihr, du und Opa, jetzt glücklich und zufrieden bis an euer Lebensende?«, fragte ich. Ich war zu dem Schluss gekommen, dass die Frage zu wichtig war, um darüber im Ungewissen zu bleiben.

»Ja, mein Schatz, das sind wir wohl«, antwortete meine Großmutter und lächelte mich an, aber ihre Stimme klang ernst. Ich sollte nicht glauben, dass sie meine Frage albern fand.

»Was soll dieses ›Glücklich und zufrieden bis an ihr Lebensende‹ eigentlich sein?«, kam die Stimme meiner Urgroßmutter, die in unserer Familie das Sagen hatte, aus kurzer Entfernung zu uns herüber. Sie schnitt ein paar ihrer preisgekrönten Pfingstrosen.

Großmutter und ich sahen uns an. Eine Liebe wie im Märchen war meiner ein Meter fünfzig großen und ein Meter zwanzig breiten Urgroßmutter, die noch immer die Kohlenschütten im Keller bestückte, die Asche ausleerte und mit den Männern aus der Nachbarschaft um Geld Poker und Binokel spielte, weiß Gott nicht leicht zu erklären.

Meine Großmutter sagte ihr kurz, was es bedeutete, während ich mit großen Augen dasaß und zusah, wie das strenge Gesicht meiner Urgroßmutter deutlich weicher wurde. Konnte es sein, dass auch sie einmal ihrem Märchenprinzen begegnet war? Nicht zu glauben. Meine Großmutter, die schön wie ein Engel war, ja; aber der berüchtigte Schrecken der East Second Street? Auf keinen Fall.

Meine Urgroßmutter legte ihre Gartenschere neben die Pfingstrosen, kam herüber und setzte sich zu uns auf die Bank unter den Baum. »Na, freilich kenne ich das«, sagte sie mit einem kurzen Lachen und in ihrem starken polnischen Akzent. Ich sah sie voller Verwunderung an, und mein ganzer Körper kribbelte voller Vorfreude auf die Geschichte, die nun kommen würde. Sie streckte die Hand aus und strich mir in einer uncharakteristischen Geste der Zuneigung über den Kopf.

In diesem Augenblick wurde die Brise stärker und wehte den Duft der nahen Pfingstrosen zu uns herüber, der sich mit dem der etwas weiter entfernten Rosen, des Flieders und der Hortensien vermischt hatte. Ein paar Sekunden lang wirkte meine Urgroßmutter, als sei sie in Erinnerungen versunken. Ihr Gesicht, das vor kurzem erst einen sanfteren Ausdruck angenommen hatte, erschien mir nun beinah jung und hübsch. Es strahlte eine Wärme aus, von der ich niemals geahnt hätte, dass sie tief in meiner Uroma verborgen war. Als sie schließlich zu sprechen begann, konnte ich ihren Akzent nicht mehr hören. Es war, als hätten ihre Erinnerungen die Zeit zurückgedreht und sie noch einmal in das Mädchen verwandelt, das sie gewesen war, als sie sich verliebt hatte.

Verzückt lauschte ich der schönsten Liebesgeschichte, die ich je gehört hatte:

»Mit fünfzehn Jahren fing ich an, als Bedienung in unserem Dorfwirtshaus zu arbeiten. Eines Abends, ich füllte gerade einen Krug Wein für die Männer an einem der Tische, klopfte es an der Hintertür. Ich war überrascht, weil es schon so spät war, deshalb öffnete ich die Tür nur einen Spalt. Gerade genug, um zu sehen, wer draußen war. Im Mondschein stand ein junger Mann. Er sah unglaublich gut aus! Noch nie hatte ich einen so schönen Mann gesehen.

Ich öffnete die Tür und fragte ihn, was er wollte, und er sagte, er baue Trauben an und mache Wein. Ob wir wohl welchen bräuchten? Er sprach Jiddisch, aber nicht so wie wir. Ich verstand ihn, doch es klang anders. Aber es war ein gutes Anders. Es brachte mich zum Lächeln. Und er sah auch ganz anders aus als die Männer aus unserem Dorf oder sogar in der großen Stadt Krakau, wo ich einmal gewesen war. Er war groß und stark, hatte breite Schultern und Arme und wunderschönes, dickes, lockiges schwarzes Haar.«

»Wie das von Mama und Opa?«, fragte ich mich, entzückt von der weit ausholenden, dramatischen Geste, mit der meine Urgroßmutter die unglaublich kräftige Gestalt des gut aussehenden Fremden beschrieb.

»Er nahm mich bei der Hand und ging mit mir nach draußen in den Mondschein. Ich weiß nicht, wie lange wir so dastanden und uns einfach nur ansahen. In diesem Augenblick wusste ich, dass ich seine Frau werden oder niemals heiraten würde. Ihm ging es ebenso. Er war einem anderen Mädchen versprochen – eine von einem Heiratsvermittler und den Eltern arrangierte Ehe, so war das damals –, aber er sagte, er könne keine andere heiraten außer mir. Ich sei das schönste Mädchen, dem er jemals begegnet sei«, erzählte sie stolz.

Im Geiste blickte ich hinter die Fassade aus tonnenförmiger Figur und widerspenstigem weißem Haar und sah sie, wie sie damals wohl ausgesehen hatte: sanft gerundet, das dunkle Haar wellig, aber noch nicht störrisch. Ihre Augen leuchteten jetzt so hell, dass ich mir nicht vorstellen musste, wie sie ihren damals Geliebten anschaute.

»Und was ist dann passiert?«, unterbrach ich ihre Träumerei.

»Wir haben geheiratet. Den Rest kennst du.« Sie strich mir noch einmal über den Kopf.

Das stimmte. Wir waren eine Familie von Geschichtenerzählern. Im zarten Alter von fünf Jahren gab es nicht viele Geschichten – wenn überhaupt welche –, die ich noch nicht gehört und mir gemerkt hätte. Ein paar der schillernderen Details wurden allerdings erst später in meiner Anwesenheit hinzugefügt.

»Der schönste Mann, den du je gesehen hattest, war Opa Yidah?«, rief ich laut aus und dachte dabei an die Geschichten, die mir meine Mutter von dem kränkelnden Schneider erzählt hatte, den sie wegen seines sanften Wesens verehrte. Opa Yidah war kein strammer, gut aussehender Fremder, der Konventionen missachtete und die Herzen von Kellnerinnen im Sturm eroberte. Natürlich war auch meine Urgroßmutter bis vor ein paar Minuten noch keine schöne Kellnerin gewesen.

»Und wann habt ihr angefangen, glücklich und zufrieden bis an euer Lebensende zu sein?«, fragte ich und dachte an all die

Qualen, von denen ich gehört hatte: die gefährliche Atlantiküberfahrt im Zwischendeck, den Tod einer kleinen Tochter, Armut und Krankheit in den Wohnblöcken und unzählige andere Schwierigkeiten.

»Sofort danach«, lachte sie, und ihr Akzent war wieder so stark wie eh und je. Sie hatte den Augenblick – noch immer geschätzt, aber seit langem vorbei – wieder zu ihren Erinnerungen gelegt. Auch meine Großmutter lächelte und winkte meinem Großvater über den Hof zu.

Ich saß ehrfürchtig schweigend da, weil ich die tiefere Bedeutung von »Glücklich und zufrieden bis an ihr Lebensende« entdeckt hatte: Es gab keine Glaspantoffeln, keine Kürbisse und Kutschen, keine guten Feen – es gab nur die Liebe, immer neu und immer schön.

Wege zur Verbundenheit

Denkanstoß: Besinnen Sie sich auf einen Menschen, den Sie lieben. Stellen Sie sich vor, Sie wären zusammen. Denken Sie ein wenig an ihn (oder sie), lachen Sie miteinander und verweilen Sie ein bisschen bei dieser Vorstellung.

Häufige Hindernisse: Eines der größten Hindernisse ist gleichzeitig auch einer der größten Katalysatoren für die Liebe, nämlich die Vertrautheit. Einerseits ist es unerlässlich, dass wir uns wohl fühlen, damit wir unsere Schutzwälle einreißen und die Liebe zwischen uns und dem anderen Menschen hin und her fließen kann. Aber wenn einem der andere allmählich vertrauter wird und man sich immer wohler in ihrer oder seiner Gegenwart fühlt, kann es schnell passieren, dass man sie oder ihn als selbstverständlich erachtet und wie einen Teil der eigenen Lebenskulisse behandelt, nicht wie einen Menschen, der lebt und sich verändert.

Mögliche Schritte: Vorneweg möchte ich sagen, denken Sie nicht, Sie stünden über alldem drüber oder seien so schlau, dass Sie schon alles Mögliche versucht hätten, oder dass nichts funktioniert. Halten Sie Ihren Zynismus einen Augenblick im Zaum. Versuchen Sie nun, sich an Ihre erste Begegnung mit dem Menschen zu erinnern, den Sie lieben. Erinnern Sie sich daran, wie Ihre Beziehung wuchs. Zapfen Sie die Quelle der Gefühle von Leidenschaft, Begehren, Neuartigkeit und Erregung an, die Sie damals empfanden.

Planen Sie dann, angespornt von diesen Bildern und Erinnerungen, ein Fest für Sie beide ganz allein. Warum gehen Sie nicht zusammen aus? Fahren Sie in verschiedenen Autos und treffen Sie getrennt ein, wie Sie es vielleicht vor Jahren getan haben. Sie könnten ein wenig entfernt voneinander an der Bar sitzen und miteinander flirten – nur mit Blicken. Spielen Sie das alte Spiel. Dann macht einer von Ihnen den ersten Schritt. Lassen Sie es mit einem gemeinsamen Abendessen enden. Stellen Sie Fragen, als wüssten Sie die Antwort nicht, zum Beispiel: »Welche Musik hörst du am liebsten?«, »Wo würdest du am liebsten Urlaub machen?« oder »Gibt es etwas, das du gern machen würdest, aber noch nie getan hast?«.

Im Grunde spielen Sie miteinander und schaffen so eine Situation, die es Ihnen ermöglicht, einen Menschen, den Sie kennen und lieben, mit neuen Augen zu sehen.

KAPITEL 8
Unsere Kinder

Keine Verantwortung, keine Freude größer

Es war der 16. Juli 1989, mitten in der Nacht. Oder vielleicht sollte ich sagen: am frühen Morgen – je nachdem, wie Sie drei Uhr morgens bezeichnen wollen. Sue lag auf dem Operationstisch, ich saß im OP-Kittel am Kopfende, und Dr. Campbell hatte seine Hände in Sues Schoß. Plötzlich hörte ich ihn rufen: »Es ist ein Mädchen!«

Sue war wach, jedoch erschöpft, und sie ließ ein leises, aber angesichts ihres Zustands kerniges »Juhu!« hören.

Ich stimmte sehr viel lauter in das Freudengeheul ein, als unsere Tochter hochgehoben wurde, sodass ich sie sehen konnte. »Sie ist wunderschön«, berichtete ich Sue, die flach auf dem Rücken lag und selbst nicht viel sehen konnte. »Ich seh sie mir mal genauer an«, sagte ich zu ihr und ging zu dem angewärmten Tisch hinüber, wo unser verwirrter Familienzuwachs hustete und prustete, sich räusperte und reckte und seine neue Heimat, die Welt, begrüßte.

»Sie soll Lucretia Mott Hallowell heißen«, erzählte ich der Schwester, die offenbar jedes Fleckchen ihrer Haut säuberte. Die Schwester sah zu mir auf. »Aber wir werden ›Lucy‹ zu ihr sagen«, fügte ich schnell hinzu, als wolle ich ihr versichern, dass wir diesem Kind keinen allzu ausgefallenen Vornamen aufbürden würden.

»Das ist ein schöner Name«, sagte die Schwester, machte

sich wieder an die Arbeit und meinte: »Sie wiegt 3966 Gramm. Gesund und rosig.«

Wir bekamen unser erstes Kind, Lucy, als ich bereits 39 und Sue 33 war.

Vor Jahren hatte mein Freund Peter Metz, der lange vor mir mit dem Kinderkriegen angefangen hatte, zu mir gesagt: »Ned, nichts verändert dich so sehr wie dein erstes Kind. Du wirst kaum glauben, wie großartig sich das anfühlt.«

Als er das sagte, fragte ich mich, was genau er damit meinte. War Kinderkriegen wie eine Droge? An jenem frühen Morgen des 16. Juli 1989 kam ich allmählich dahinter. Es war tatsächlich wie eine Art Droge, und es stimmt auch, dass gewisse Substanzen wie die Hormone Vasopressin und Oxytocin, die ganz natürlich in unserem Organismus vorkommen, zu jenem Aufwallen liebevoller, nährender Gefühle beitragen, das die meisten Menschen in der Gegenwart von Babys erleben.

Doch wenn es sich um das eigene Kind handelt, werden Sie bald von Gefühlen jenseits dieses von drogenähnlichen Substanzen ausgelösten Zustandes verändert. Schnell bemächtigt sich eine tiefe Ergebenheit Ihrer ganzen Seele.

Es ist wie eine wunderbare Erkenntnis. Die Welt wird nie wieder dieselbe sein. Plötzlich verändert sich Ihr Innenleben für immer. Mit einem Mal legen Sie eine ungeahnte Nächstenliebe an den Tag. Ihr Leben hat mehr Sinn, als Sie je gedacht hätten. Plötzlich sehen Sie das Leben in einem Licht, wie Sie es noch nie zuvor gesehen haben.

Als die Schwester Lucy herausgeputzt hatte, verschwand Sue, die noch immer erschöpft war, um sich zu erholen. Lucy hatte ein wenig Atemprobleme, aber der Arzt versicherte mir, es gebe keinen Grund zur Besorgnis, und schickte mich nach Hause. Zuerst rief ich einige von meinen und Sues Verwandten an, und wir freuten uns alle ganz gewaltig.

Gegen fünf Uhr betrat ich unsere Wohnung in Cambridge. Das Morgenlicht durchflutete die Räume, als sei nichts geschehen. Aber ich wusste es besser. Ich ging zum Kühlschrank, machte eine Flasche Bier auf und lief damit ins Schlafzimmer. Ich setzte mich auf das Bett, in dem Sue und ich schliefen, und trank zur Feier des Tages mein Bier. Wir hatten ein Baby! Ich wollte zurück ins Krankenhaus, aber ich war schrecklich müde. Das Bier tat ein Übriges. Ich legte mich angezogen aufs Bett, streifte die Schuhe ab und schaute an die Decke. »Jetzt bin ich Vater«, sagte ich laut und klopfte auf das Bett, wo Sue sonst lag. »Wie schön für uns, Suzie.« Langsam fielen mir die Augen zu. »Gott segne euch, Sue und Lucy«, murmelte ich. Bald war ich eingeschlafen.

Am nächsten Tag stellte sich heraus, dass mit Lucy vielleicht doch nicht alles in Ordnung war. Sie hatte einen Herzfehler namens Situs inversus. Ihr Herz befand sich nicht links, sondern rechts in ihrer Brust. In manchen Fällen ist das nichts weiter als eine anatomische Variante. Aber zuweilen gehen damit auch Herzprobleme einher, die zum Tode führen können. Man würde Lucys Herz mit Ultraschall untersuchen müssen, um herauszufinden, welche Art von Situs inversus sie hatte. Sue, dem Himmel sei Dank, war immer noch nicht bei Kräften und bekam von alldem nichts mit.

Ich begab mich in die Abteilung, in der die Herzuntersuchungen durchgeführt wurden, und wartete. Es dauerte Stunden, bis Lucy eintraf, endlich an die Reihe kam und der Experte für die Untersuchung ausfindig gemacht war. Das Warten kam mir wie eine Ewigkeit vor.

Ich war kurz davor, unter der Last meiner Sorge zusammenzubrechen, als mein Freund Alan Brown zu mir in den Wartebereich kam. Ich weiß immer noch nicht, woher er gewusst hatte, dass ich dort war. Plötzlich war er da. Er kam zu mir, setzte sich neben mich und sagte, er habe von Lucys Herzultraschall gehört. Ich nannte ihm den Grund für die Untersuchung, und er blieb bei mir, und wir warteten gemeinsam.

Eine Weile später kam der Kardiologe in den Wartebereich und fragte: »Ist hier ein Mr. Hallowell?« Ich sprang auf, als säße ich auf einem Schleudersitz.

»Das bin ich«, bellte ich.

»Ihr Baby ist in Ordnung«, erklärte der Kardiologe.

Keine Nachricht, weder vorher noch nachher, hat mich je so begeistert. Ohne nachzudenken, fiel ich dem Kardiologen um den Hals. Ich warf mich sogar vor ihm auf den Boden und küsste dem armen Mann die Füße. Er muss wohl gedacht haben, ich hätte nicht alle Tassen im Schrank. Alan Brown zog mich sanft von ihm weg, und wir umarmten uns.

Die Tortur war vorbei, aber wie alle Eltern wissen, hatten die Sorgen erst angefangen.

Lucy ist mein erstes Kind und meine einzige Tochter. Hätte man mir vor ihrer Geburt gesagt, wie sehr ich sie lieben würde, so hätte ich das in das Reich der Märchen verwiesen. Menschen seien zu einer so großen Liebe einfach nicht fähig. Aber Lucy bewies mir das Gegenteil. Das ist eines der großen Geschenke, die Kinder uns machen: Sie wecken in ihren Eltern mehr Liebe, als diese je zu haben glaubten.

Es gibt so viele Augenblicke mit Lucy, die mich innerlich zum Strahlen bringen, wenn ich daran denke. Andere lassen mich vor Schuldgefühlen zusammenzucken, wie jener, als sie drei war und ich sie anschrie, weil sie eine Glasflasche mit Traubensaft auf den Küchenboden fallen ließ. Sie hatte es nicht mit Absicht getan. Warum schrie ich sie an? Noch immer sehe ich die verschreckte kleine Gestalt vor mir, als sie mit angstvollem Gesichtchen vor mir zurückwich und versuchte, Abstand zu ihrem schreienden Vater zu gewinnen. Wie weh diese Erinnerung tut!

Doch dann gibt es wieder andere Augenblicke – so viele Augenblicke – wie damals, als sie das Radfahren lernte. Nach dem Abendessen liefen wir die Straße entlang zu dem großen Parkplatz neben der katholischen Kirche, wo sie versuchte, das Radfahren zu lernen. Die ersten Male fuhr Lucy mit Stützrädern. Dann fragte ich sie eines Abends: »Lucy, willst du es mal ohne die Stützen probieren?«

Sie überlegte, und einen Augenblick lang sah sie etwas ängstlich aus. Aber ihre Angst konnte sie nicht aufhalten. Im nächsten Moment sagte sie: »Klar, Papa.« Sie hat ebenso viel Mut wie ihre Mutter, und sie ist genauso stur.

Ich griff zu dem Schraubenschlüssel, den ich mitgebracht hatte, und montierte die Stützräder ab. Dann hielt ich das Rad fest, als Lucy aufstieg. Wir standen ruhig da, ich hielt das Rad, und Lucy versuchte, das Gleichgewicht zu halten. Dann fing ich an zu schieben, und Lucy begann zu treten. Als wir unterwegs waren, sagte ich: »Okay, wenn du bereit bist, lass ich jetzt los.« Ich glaube, Lucy war so konzentriert, dass sie mich gar nicht gehört hatte. Ich ließ los, zuerst die eine, dann die andere Hand. Lucy schwankte wie eine Betrunkene, fuhr eine halbe Kurve und fiel hin.

»Versuchen wir's noch mal«, sagte sie, und das taten wir. Mit dem gleichen Ergebnis. »Versuchen wir's noch mal.« Und noch mal. Es war immer das Gleiche. »Noch einmal«, sagte sie entschlossen. Wieder fiel sie hin. Sie holte sich eine ganze Menge blauer Flecken. Aber jedes Mal kam sie ein kleines Stückchen weiter.

Sie stieg noch einmal aufs Fahrrad, ich schob sie an, und sie fing an zu schwanken. Dann geschah etwas Erstaunliches. Sicher passiert es Tag für Tag auf Fahrrädern überall auf der

Welt. Lucy fing an zu schwanken und korrigierte sich. Sie schwankte erneut und korrigierte sich noch einmal. Plötzlich kam sie bei diesem Versuch, dessen Vorläufer nicht weiter als zwanzig Meter gewesen waren, fünfzig Meter, hundert Meter, 150 Meter, 200 Meter weit. Sie schwankte und korrigierte sich noch einmal. 300 Meter. Lucy konnte Fahrrad fahren! Ich warf einen Blick auf die katholische Kirche neben uns und dachte, es müsse wohl das Werk Gottes sein! Ich konnte meinen Augen kaum trauen.

Was ist so außergewöhnlich daran, wenn ein Kind das Radfahren lernt? Nichts, es sei denn, dieses Kind ist zufällig Ihr erstes, die Liebe Ihres Lebens und der Beweis dafür, dass alle Ihre Hoffnungen Wirklichkeit werden können. Dann kommt es dem Teilen des Roten Meers gleich, wenn ein Kind das Radfahren lernt.

Nicht nur, dass sie an jenem Abend das Radfahren lernte. Auch ich hatte den Test bestanden, weil es mir gelungen war, es ihr beizubringen. Nicht nur, dass wir beide etwas völlig Neues gelernt hatten. Nun wussten wir auch, dass wir bis in alle Ewigkeit zusammen radeln würden und dass wir ein gutes Team waren.

Ein paar Jahre später schrieb Lucy ein Gedicht, das zu Hause in meinem Büro an der Wand hängt. Es ist wie damals, als sie das Radfahren lernte. Einem anderen Menschen würde es lange nicht so viel bedeuten, aber für mich kommt es einem Werk von Shakespeare gleich. Hier ist es:

»**Träume**
Wenn ich nachts zu den Sternen sehe
Wird es in mir so hell, oh so hell.
Meine Lider werden schwer,

Meine Gedanken drehen sich wild.
Plötzlich bin ich eingeschlafen, den Kopf faul
auf meinen Kissen, die Gedanken immer noch wild.
Ich träume von Katzen, ich träume von Hunden.
Ich träume von meinem Haus. Was, wenn es ein Blockhaus
wäre?
Oh, welch wundervolle Dinge man im Traum tun kann.
Oh, welch wundervolle Dinge man im Traum tun kann.«

Ob sie nun Fahrrad fährt, ein Gedicht schreibt oder einfach nur dasitzt und auf das Abendessen wartet – irgendetwas verleiht allem, was Lucy tut, in meinen Augen Bedeutung. Ich sage ihr das, aber es langweilt sie, das zu hören, und sie erwidert dann: »Ja, ich weiß schon, Dad.« Was mir wie Magie erscheint, ist für sie ganz alltäglich.

Und all diese wundervollen Dinge spielen sich weder in ihren noch in meinen Träumen ab. Sie geschehen Tag für Tag in unserem Leben.

Drei Jahre nach Lucys Geburt trat auch Jack durch die Tür in meinem Herzen, die Lucy geöffnet hatte, und weitere drei Jahre später stieß Tucker zu uns. Jack war zehn Tage auf der Intensivstation, weil er Kindspech eingeatmet hatte und eine Antibiotikatherapie nötig war. Er war groß, wog 4366 Gramm, aber Sue hatte ihn ganz normal zur Welt gebracht. Auch Tucker war groß, und dieses Mal griffen die Ärzte auf einen Kaiserschnitt zurück, da sein Herz bei jedem Pressen langsamer schlug. Er wog 4224 Gramm. Tucker hatte als einziges meiner Kinder sein Leben nicht auf der Intensivstation begonnen.

Was keinesfalls heißen soll, dass seither nicht auch bei ihm intensive Pflege vonnöten war. Alle unsere Kinder sind lebhaft und haben einen starken Willen. Aber ihre Lebendigkeit hält mich jung, und ihr starker Wille macht mir klar, dass eine gute Kindheit selbstbewusste Heranwachsende hervorbringen kann. In unserer Jugend mangelte es Sue und mir an Selbstvertrauen, weil wir kein so schönes Umfeld gehabt hatten. Unsere Kleinen dagegen entwickeln sich zu selbstbewussten, sicheren Kindern.

Ich möchte Ihnen eine Vorstellung davon geben, wovon ich rede. Eines Morgens im Sommer 2000 spazierte Lucy in die Küche. Sie hatte ein Handtuch um den Kopf geschlungen, weil sie gerade aus dem Bad kam. Ihr T-Shirt war mit der Comiczeichnung einer Frau, die eine Rede hielt, sowie dem Schriftzug »Die erste Präsidentin!« bedruckt. Ich betrachtete das T-Shirt, das ich noch nie gesehen hatte, und las die Überschrift laut vor: »Die erste Präsidentin!«

Als Lucy dann an mir vorbeiging, sagte sie leise in meine Richtung: »Ja, und das werde *ich* sein!«

Lucy wurde nicht selbstbewusst geboren. Sie erwarb diese Einstellung durch Erfahrung. Sie hat meine Aufmerksamkeitsdefizitstörung geerbt, und da sie anfangs nicht alles mitbekam, was vor sich ging, hielt sie sich in den ersten Schuljahren etwas zurück. Aber als das Problem einmal erkannt war und behandelt wurde – sie nimmt das Medikament Concerta –, verbesserte sich die Situation dramatisch, und sie entwickelte mehr Selbstbewusstsein, als Sue und ich je hatten.

Wir, die Eltern, genießen das in vollen Zügen. Es wiegt die schweren Zeiten, die wir beide durchmachen mussten, mehr als auf.

Als Lucy begann, mir eine Liebe und ein Leben zu schenken, die ich bis zum 16. Juli 1989 nicht gekannt hatte, kamen auch Jack und Tucker wie Botschafter aus dem Land des positiven Denkens zu mir.

Es ist noch nicht lange her, da spielte ich mit Tucker, fünf, an dem Anlegeplatz eines Sees. Er rutschte eine kleine Rampe zum Wasser hinunter. »Das macht Spaß, Dad«, sagte er. Dann fügte er hinzu: »Wenn man ein Kind ist, meine ich. Glaubst du, dass dir das als Kind auch Spaß gemacht hätte?«

»Oh, Tucker«, dachte ich, »das glaube ich schon, aber nicht halb so viel, wie dir zuzusehen oder zu hören, was du gerade gesagt hast.«

»Ja, Tuckie«, antwortete ich, »ich glaube, das hätte mir als Kind auch Spaß gemacht. Eigentlich würde mir das sogar jetzt Spaß machen!« Mit diesen Worten rutschte ich die Rampe hinunter. Weil ich nicht ganz so beweglich bin wie Tucker, rutschte ich aus und fiel ins Wasser, und am Ende lachten und plantschten Tucker und ich.

Es vergeht kein Tag, ohne dass mir eines meiner Kinder einen Augenblick der Menschlichkeit schenkt, einen jener Momente, in denen wir uns mit den besten Seiten des Lebens verbunden fühlen.

Als Jack ungefähr fünf war, rief ich einmal von unterwegs zu Hause an. Jack ging ans Telefon.

»Hallo, Jack«, sagte ich.

Jacks Antwort werde ich niemals vergessen. »Haaalloooo«, setzte er an. Dann schwieg er kurz, bevor er im Rhythmus weitersprach, »mein lieber Freund.« Seither ist »mein lieber Freund« einer meiner Spitznamen für Jack.

Ein paar Jahre später fuhren Sue, die Kinder und ich in den Frühlingsferien nach Washington, D. C. Wir fuhren später los als geplant – wie immer war es schwer, die ganze Familie dazu zu bringen, früh loszufahren –, also waren wir bis spät in die Nacht hinein unterwegs. Gegen Mitternacht hielten wir an einem Best-Western-Motel an der New Jersey Turnpike. Wir quetschten uns zu fünft in ein Zimmer und schliefen beinah noch im gleichen Moment ein, in dem unsere Köpfe in die Kissen sanken.

Um sechs Uhr wachte Jack auf. Er kam zu mir herüber und stupste mich an der Schulter an. »Dad«, flüsterte er, »ich bin wach.«

»Das sehe ich, Jack«, sagte ich, die Augen noch halb geschlossen.

»Dad«, fragte er, »darf ich den Fernseher anmachen?«

»Nein«, antwortete ich, »die anderen schlafen alle noch. Warum versuchst du nicht, auch noch ein wenig zu schlafen?«

»Geht nicht«, erwiderte Jack.

»Nun ja, warum liest du dann nicht eines von deinen Büchern oder spielst einfach ein wenig still vor dich hin?«

Jack verschwand, und ich schlief sofort wieder ein.

Eine Stunde später stupste mich Jack erneut an der Schulter an. »Dad«, sagte er, »kann ich dir was zeigen?«

»Was ist denn, Jack?«, fragte ich ein wenig genervt, weil er mich schon wieder geweckt hatte.

»Guck mal, was ich gemacht habe«, verkündete er.

Vorsichtig lugte ich unter der Bettdecke hervor. Zu meiner Erleichterung war keine unmittelbare Katastrophe in Sicht. »Was hast du denn gemacht?«, fragte ich.

»Schau!«, sagte Jack und deutete zur Tür.

Im Morgenzwielicht konnte ich sehen, dass etwas an den Türgriff gebunden war. Als ich es mit meinem Blick verfolgte, sah ich, dass es sich durch den ganzen Raum zog und schließlich am Griff des gegenüberliegenden Fensters festgebunden war.

»Das ist eine Wäscheleine«, verkündete Jack stolz. Als ich genauer hinsah, erkannte ich, dass die Leine aus all den Kleidungsstücken bestand, die in unserem Zimmer verstreut gewesen waren. Jack hatte eins an das andere gebunden und eine Art Seil oder »Wäscheleine«, wie er es nannte, daraus gemacht.

Er sah mich an und wartete auf meine Reaktion. Ich wusste, dass er sich nicht sicher war, wie ich darauf reagieren würde. »Super!«, rief ich ehrlich begeistert. »Das ist wirklich pfiffig.« Sicher, ich hätte mich aufregen können, schließlich hätten bei seiner Aktion einige der Kleidungsstücke Schaden nehmen können. Aber genau wie Sue, als ich sie aufweckte und es ihr zeigte, war ich ehrlich stolz auf das, was Jack mit dieser einen Stunde seines Lebens zwischen sechs und sieben Uhr morgens in einem Best Western an der New Jersey Turnpike angefangen hatte.

Ich machte nicht allzu viel Wirbel darum, außer dass ich ihm sagte, sein Projekt sei wirklich »cool«, andererseits wolle ich nicht, dass »Wäscheleinen« nun jeden Tag diverse Ecken unseres Hauses zierten. Mir scheint, das, was an jenem Morgen zwischen sechs und sieben Uhr in Jacks Kopf vorgegangen war, macht das Leben so außergewöhnlich. Welche Kraft die Zivilisation auch antreibt, sie leitete ebenfalls Jack bei der Konstruktion seiner »Wäscheleine«. Ob man den geistigen Vorgang, der zur Entstehung jener »Wäscheleine« führte, nun »Spiel«, »Kreativität«, »selbständiges Denken« oder einfach »Herumspielerei« nennt, es ist der gleiche, der der Geburt jeder neuen Idee vorangeht.

Wie halten wir diesen Prozess am Laufen, nicht nur bei unseren Kindern, sondern bei uns allen? Es ist eines meiner größten Ziele als Vater, diese furchtlose Neugier zu fördern. Die beste Möglichkeit dazu scheint mir zu sein, dass man den Kindern hilft, sich sicher zu fühlen, und gewährleistet, dass sie wissen, sie werden bedingungslos geliebt.

Aber das ist nicht immer leicht.

Lucy ist inzwischen elf und rollt mit den Augen, wenn ich ihr sage, dass ich sie liebe, was einige hundert Mal im Monat vorkommt. Sie verschränkt ärgerlich die Arme und macht ein wütendes Gesicht, wenn wir ihr sagen, dass nicht zum dritten Mal in einer Woche eine Freundin bei ihr schlafen darf. Doch irgendwann neigt sie ihren Kopf wieder zur Seite und fragt: »Wann fahren wir mal wieder zum Shoppen?«

Sie wissen, dass wir sie lieben, was auch immer geschieht. Diese bedingungslose Liebe ist das größte Geschenk, das Sue und ich ihnen machen können. Ich weiß nicht genau, wie wir ihnen dieses Gefühl vermitteln, aber ich bin sicher, sie können es spüren. Es sind nicht die Geschenke, die wir ihnen machen, oder die Abstecher zum Einkaufen (obwohl Lucy hier vielleicht anderer Meinung ist!). Es sind nicht die endlosen Liebeserklärungen, die ich ständig von mir gebe. Es ist weder das Geld, das wir ausgeben, noch das, was wir sagen. Es ist nicht einmal die Zeit, die wir investieren, oder das, was wir alles so tun (obwohl es eine große Rolle spielt).

Sie wissen, dass wir sie lieben, weil die Liebe unsere Herzen erfüllt und sie das spüren können, was auch immer geschieht. Ich wusste stets, dass meine Mutter mich liebte, obwohl sie nur wenig Zeit mit mir verbrachte, wenig Geld in mich investierte und manchmal vergaß, wo ich war. Sie hatte Probleme, die verhinderten, dass sie ihre Liebe so deutlich zeigen konnte, wie sie wollte. Aber ich wusste immer, *dass* sie mich liebte, und zwar bedingungslos. Woher ich das wusste? Weil diese Liebe in ihrem Herzen war. Wenn das Herz einer Mutter oder eines Vaters voller Liebe ist, spürt das Kind das – wie groß die Hindernisse auch sein mögen. Und wenn dort keine Liebe ist, wird das Kind auch das spüren – wie viel Geld es auch bekommt oder wie viele Beteuerungen es auch hört.

Wenn ich von Zeit zu Zeit darüber nachdenke, ob es einen Gott gibt, muss ich mich nur auf Lucy, Jack oder Tucker besinnen. Mehr Beweise für Gottes Existenz brauche ich nicht.

Als Sue und ich damit gesegnet wurden, Kinder zu bekommen, begann der glücklichste Abschnitt meines Lebens, und er ist noch lange nicht vorbei. Wer weiß, welche Probleme noch auf uns zukommen werden? Aber eines kann ich Ihnen sagen: Seit es Lucy, Jack und Tucker gibt, frage ich mich nicht mehr, wozu ich auf der Welt bin.

Eine Pinguinfamiliengeschichte

Mit sieben schrieb mein Sohn Jack die Geschichte über eine Pinguinfamilie, die ich weiter unten wiedergeben werde. Ich las sie zum ersten Mal, als sie zusammen mit den Erzählungen seiner Klassenkameraden an der Wand des Klassenzimmers hing, in dem Jack sein zweites Schuljahr verbrachte. Ich stand da, las die Story und wollte meinen Augen kaum trauen. Hier hing eine wundervolle Erzählung mit einem roten Faden, einer Moral und einer kräftigen Prise Humor; und Jack hatte sie ganz allein erfunden und geschrieben. Ich war so stolz, so begeistert und gefesselt, dass ich dastand und die Geschichte mit den dazugehörigen Illustrationen bewunderte wie ein Meisterwerk in einem Museum. Wenn ich so überlege, sind mir die Klassenzimmer meiner Kinder und unsere Kühlschranktür eigentlich die liebsten Museen.

Tag für Tag erfreuen wir uns an Augenblicken, in denen wir entdecken, was unsere Kinder erschaffen haben. In diesen Momenten fühlen wir uns wie in einem Zaubergarten, in dem jeden Morgen Blumen erblühen, die wir noch nie zuvor gesehen haben – einzigartige neue Gattungen, die uns überraschen und uns zeigen, wie einfallsreich und unvorhersehbar Mutter Natur sein kann. Wenn Sie einen solchen Garten hätten, würden Sie jeden Morgen aufwachen und sich fragen, was wohl über Nacht darin erblüht sein mochte. Ich habe dieses Gefühl täglich bei meinen Kindern. Was haben sie gemacht? Was werden sie tun? Was werden sie mich heute lehren und mir zeigen? Wie werden sie meine Seele zum Lächeln bringen?

Stellen Sie sich vor der Lektüre der folgenden Geschichte bitte vor, Sie hätten gerade einen richtig langen und harten Tag hinter sich. Die Leute waren besonders schwierig und haben in Ihnen überaus zynische und üble Gefühle geweckt. Fragen Sie sich dann: »Gibt es ein besseres Gegenmittel gegen diese unangenehmen Gefühle als die Geschichte eines Kindes?«

Ich präsentiere Ihnen die Geschichte genau so, wie Jack sie geschrieben hat. Ich habe lediglich ein paar Satzzeichen hinzugefügt. Leider kann ich Jacks Handschrift – die Buchstaben R und J, die gelegentlich nach links kippen, die doppelt nachgezogenen Buchstaben und die unterschiedlich großen Wörter – nicht wiedergeben. Und es fehlt auch der grüne Pinguin, mit dem Jack seine Geschichte illustriert hat. Aber ich kann genug davon wiedergeben, dass Sie sehen, was dieser siebenjährige Junge über Freundschaft und Unterschiede gelernt hat. Es ist eine hilfreiche Geschichte – besonders wenn Sie grüne Pinguine kennen, die in einer lilafarbenen Welt leben:

> »Es war einmal eine Welt voller lila Pinguine. Dort lebte eine nette Pinguinfamilie, aber ihr Jüngster war grün. Jeden Tag, wenn er zur Schule ging, wurde er verspottet. Als er eines Tages nach Hause kam, hatten seine Eltern einen großen Topf mit lila Farbe besorgt. Und er fragte: ›Wofür ist die Farbe?‹
> ›Wir werden dich lila anmalen.‹ Und das taten sie auch.
> Am nächsten Tag kam er nach Hause und badete. Als er aus der Wanne kam, war er wieder grün. Was jetzt?
> Als er am nächsten Tag aus der Schule kam, hatten seine El-

tern einen lila Filzstift besorgt, und er fragte: ›Wofür ist dieser lila Filzsstift?‹

›Wir werden dich lila anmalen.‹ Und das taten sie auch.

Aber am nächsten Tag ging er schwimmen, und der Filzstift ging ab. Was jetzt?

Am nächsten Tag hatte er Geburtstag. Sie machten ein großes Fischessen, und es gab Fischkuchen. Er und seine Freunde gingen zum Schwimmen und fingen ein paar Fische und gingen den Robben aus dem Weg. Dann sprangen sie aus dem Wasser und spielten, und dann war es Zeit für Minigolf. Sie hatten alle gleich viele Punkte, und dann holten sie sich ein Eis. Sie hatten alle Schoko-Vanille! Und alle gingen heim.

Am nächsten Tag ging er in die Schule und kam nach Hause und packte seine Geschenke aus, und hier sind ein paar von den Sachen, die er bekommen hat: einen Baseballstift, einen Footballstift, einen Mini-Baseballschläger, Stofftiere, zum Beispiel einen Fisch, einen Frosch, einen Bären, eine Robbe, eine Eidechse, einen Waschbären, Bücher und vieles mehr.

Am nächsten Tag sagte er: ›Es ist egal, dass ich grün bin. So bin ich eben.‹ Und er wurde nie wieder gehänselt.«

Leihgaben

Nichts verändert uns so sehr wie unsere Kinder. Plötzlich dienen wir – und Mann oh Mann, Eltern dienen! – einem größeren Zweck als unserem eigenen Vergnügen.

Aber die Belohnung dafür ist größer, als wir uns je hätten träumen lassen.

Ich denke da an die Zeit, als ich vor Weihnachten ein paar Tage mit Sue und unseren drei Kindern in New York verbrachte. Es war ein ganz besonderer Urlaub, ein besonderes Geschenk. Wir sahen uns den Weihnachtsbaum, die Eisläufer und die Fahnen am Rockefeller Center an. Wir waren ganz oben auf dem Empire State Building. Wir sahen ein Konzert der Rockettes in der Radio City Music Hall. Wir wanderten über die Gehsteige und blieben stehen, um die phantastischen Weihnachtsdekorationen in den Schaufenstern zu betrachten, beispielsweise bei Lord & Taylor und bei Saks. Wir aßen in einem kleinen Deli und probierten geräucherten Lachs. Wir kauften Hot Dogs bei Nathan's, wo man sie angeblich erfunden hatte. Wir sahen uns die Menschen an. Wir fuhren mit Aufzügen und Rolltreppen und ein paar Taxis. Wir kamen an vielen Hochhäusern vorbei und schauten hinauf, immer wieder, immer höher hinauf.

Manchmal waren wir auch missmutig und müde. Wir erlebten den einen oder anderen Tucker-Super-GAU, und auch Mama und Papa hatten ein paar Mama-und-Papa-GAUs. Wir gaben zu viel Geld aus und aßen zu viel. Aber das spielte keine Rolle. Der Schnee in New York war wie Zauberstaub, und die Lichter erhellten nicht nur die Straßen, sondern leuchteten auch ein Theaterstück aus, in dem jeder von uns seine Rolle hatte. Der ganze Urlaub war eine große Show. Der Big Apple und unsere Vorstellungskraft ließen ihn zu einem dreitägigen Spektakel werden, einem Schatz, an den wir uns auch dann noch lange erinnern würden, wenn wir wieder in unsere Alltagswelt zurückgekehrt waren.

Am letzten Abend aßen wir im Restaurant des Hotels. Als wir auf das Essen warteten (eine Zeit, in der es gern zu GAUs kommt [wenn man bereits bestellt hat, aber noch auf das Essen wartet]), versuchte ich, mir eine Frage auszudenken, die das Interesse der Kinder wecken würde. Ich bat sie, zu beschreiben, wie sie sich den Himmel vorstellten.

Lucy antwortete wie aus der Pistole geschossen: »Wie ein riesiges Einkaufszentrum mit vielen Klamottenläden.«

Sue stöhnte. Ich stellte Jack dieselbe Frage. Er sagte, er stelle sich den Himmel als großen weißen Palast mit einem goldenen Zaun vor.

Schließlich sah ich Tucker an, der damals vier war. Hilflos erwiderte er meinen Blick. »Den Himmel, Tucker. Wie stellst du dir den Himmel vor?«

Er schüttelte den Kopf. »Ich weiß nicht, Papa«, antwortete er. »Könntest du mir bitte draufhelfen?«

Ob ich ihm »draufhelfen« konnte? Wo hatte er nur diese Sprüche her? Aber egal, ich konnte ihm helfen. Ganz sicher sogar. »Ja, Tucker, ich kann dir draufhelfen. Ich weiß, wie der Himmel aussieht – zumindest mein Himmel. In meinem Himmel sitzen wir fünf genau hier an diesem Tisch. Wenn ihr mich fragt, ich kann mir nichts Schöneres vorstellen.«

»Nicht mal Shopping?«, fragte Sue und zwinkerte mir zu.

»Nicht mal Shopping«, gab ich glücklich zurück. Kinder machen glücklich – überglücklich –, und dabei ist es so einfach.

Diese Kleinen gehören mir nicht. Sie gehören nicht Sue. Sie sind eine Leihgabe des Himmels. Sie werden uns »geschenkt«, damit wir uns um sie kümmern, von ihnen lernen, sie fördern und uns an ihnen erfreuen. In nicht allzu ferner Zukunft werden sie jene Grenze überschreiten, die die Kindheit vom Erwachsenendasein trennt, und vielleicht bekommen sie dann selbst ein paar Leihgaben des Himmels.

Was für ein Segen sie doch sind! Wie viel Liebe in einem Kind steckt? Um das zu beantworten, muss ich von einem kleinen Jungen namens Ronnie erzählen. Er war mein Patient, als ich während meines Medizinstudiums im Charity-Krankenhaus in New Orleans auf der Kinderstation arbeitete.

Ronnie war sieben und hatte Krebs im Endstadium. Er wusste, dass er sterben würde, aber er bemühte sich, fröhlich zu bleiben. Jedes Mal, wenn ich zur Untersuchung kam, lächelte er. Er war so fröhlich, dass man manchmal hätte meinen können, er sei der Arzt und ich sein Patient.

Kurz vor seinem Tod bedeutete er mir eines Tages, mich zu ihm herunterzubeugen, und flüsterte mir ins Ohr: »Sie sind ein guuuuuuter Doktor«, sagte er. »Würden Sie mir bitte einen Gefallen tun und dafür sorgen, dass meine Mama und mein Papa nicht allzu traurig sind, wenn ich tot bin?«

Wie man Nachwuchs heranbildet

Zu den Riten der Kindheit gehört es auch, Angeln zu lernen. Diese Geschichte fängt etwas von der schlichten Magie eines morgendlichen Ausflugs ein, um Streifenbarsche und Blaubarsche zu fangen – und eine Tradition weiterzugeben.

Es war noch dunkel, als ich mich aus dem Bett rollte, das Zimmer meines Neffen nebenan betrat und ihn leicht an der Schulter schüttelte. »Aufwachen, Sam. Zeit, ein paar große Fische zu fangen.«

Sofort rieb sich Sam die Augen, rutschte aus dem Bett und machte sich auf die Suche nach etwas zum Anziehen. Eine Reaktion, die man an einem Schultag wohl kaum erwarten dürfte. Sam ist mein neunjähriger Neffe. Er war mit seiner Familie bei uns in unserem Ferienhaus in Provincetown, Massachusetts, zu Besuch, um zusammen mit uns an einem langen Wochenende Abschied vom Sommer zu nehmen.

Sam hat eine große Schwester, die sich nicht für »stinkende« Fische interessiert, und einen Bruder, der für den Ausflug noch zu klein war. So bot sich Sam die großartige Gelegenheit, allein mit seinem Onkel ein richtiges Erwachsenenabenteuer zu erleben. Wir schlichen die Treppe hinunter in die Küche.

»Also, Sam«, sagte ich, »du musst jetzt schnell etwas Müsli essen, damit du genügend Kraft hast, um einen großen Fisch an Land zu ziehen.«

Sam, der beim Essen sehr pingelig sein kann, hatte das

Müsli, das ich ihm hinstellte, in null Komma nichts verdrückt und schlüpfte in seine Jacke, bevor meine Schüssel halb leer war. Wir verließen das Haus, als über den Sanddünen im Osten der erste Hauch des neuen Morgens zu sehen war.

Zuerst mussten wir mit dem kleinen Beiboot zu unserem großen Boot hinausrudern, das ungefähr fünfzig Meter vor der Küste vor Anker lag. Wie üblich hatte sich in der kühlen Nacht der Wind gelegt, und die Bucht von Cape Cod war so glatt wie ein Ententeich.

»Schlafen die Fische denn nicht mehr, Onkel Frank?«, flüsterte Sam. Eine berechtigte Frage, denn außer uns steckten offenbar alle anderen Geschöpfe noch in ihren Betten.

»Nein, Sam«, antwortete ich. »Der große Streifenbarsch kann sehr gut sehen. Er frisst gern in der Nacht und schläft den ganzen Tag. So ähnlich wie deine großen Cousins Ned und Jake. Und Blaubarsche fressen sowohl tagsüber als auch nachts.«

In diesem Augenblick durchbrach ein kurzes Stück von Sam entfernt ein kleiner Streifenbarsch die Wasseroberfläche. Sam klammerte sich am Rand des Ruderbootes fest und fragte mit großen Augen: »Was war das, Onkel Frank?«

»Ach, nur ein kleiner Fisch auf der Jagd nach einem noch kleineren Fisch, Sam.«

»Also los, fangen wir ihn!«, kam daraufhin Sams Antwort.

»Nein, Sam, wir sind hinter den ganz Großen her. Schließlich sollen heute Abend auch alle satt werden.«

Bald hatten wir das Boot erreicht, und als wir außer Hörweite der Küste waren, schob ich den Gashebel halb nach oben und nahm Kurs auf Race Point, wo man oft sehr gut angeln kann. »Hier, Sam, du hältst das Steuerrad und steuerst direkt auf den Leuchtturm dort zu. Aber pass auf, falls du Hummerkörbe siehst.«

Ich wüsste nicht, dass jemand eine Aufgabe je ernster genommen hätte. Sam legte beide Hände auf das Steuerrad, hob sein Kinn ein paar Zentimeter, und wir flogen durch die Bucht. Bald hatten wir Race Point erreicht, und ich holte den gewünschten Köder aus meiner Angelkiste.

»Also, Sam, nimm dich vor diesen großen Haken in Acht. Ich war einmal mit deinem Cousin Eddie beim Angeln, und Eddie fing einen ganz ordentlichen Streifenbarsch. Aber als er ihn an Land zog, schüttelte der Fisch den Kopf, und der Haken grub sich tief in Eddies Hand.« Sam trat drei Schritte zurück. »Siehst du diese Widerhaken hier am Haken? Schau, wir drücken sie mit der Zange zusammen. Dann kriegen wir den Haken leichter aus dem Fisch – oder aus dir!« Wieder machte Sam große Augen. »Okay, Sam, dann lass uns Fische fangen.«

Langsam fuhren wir vor der Küste auf und ab und zogen die Schleppangel hinter uns her. Die Sonne ging gerade auf, und der Himmel hatte sich in einen wunderschönen Klecks aus Tiefrot und Lila verwandelt.

»Onkel Frank, woher weiß ich, dass ein Fisch angebissen hat?«

»Ach, das merkst du schon, Sam. Der Fisch zieht so fest, dass du beinahe aus dem Boot fällst.«

Sam rutschte noch etwas tiefer in seinen Stuhl und hielt die Angel ein wenig fester.

Als ich zusah, wie Sam aufgeregt auf seinen Fisch wartete, wie brav und ernst er war, fühlte ich mich an die Zeit erinnert, als ich ungefähr in seinem Alter war. Mr. Koshibu – oder Mr. K., wie wir ihn nannten – war in der Siebten mein Klassenlehrer gewesen. Er hatte mich für das Angeln begeistert. Mr. K. unterrichtete Naturwissenschaften und war der geborene Naturschützer. Oft weckte er im Unterricht unsere Aufmerksamkeit damit, dass er Abenteuergeschichten aus seinem Leben erzählte. Geschichten, in denen er immer nur gerade so mit dem Leben davonkam.

Einer der Tricks, mit denen er uns zum Lernen motivierte, bestand darin, dass er alle Kinder, die bei einer Prüfung gut abgeschnitten hatten, an einem Samstagmorgen zum Forellenangeln mitnahm. Ich fand erst später heraus, dass er stets gern bereit war, jeden zum Angeln mitzunehmen, und dass die Prüfungsergebnisse dabei keine Rolle spielten.

Die Fahrt zum Forellenbach dauerte beinahe zwei Stunden, und während wir durch die Nacht fuhren, Donuts aßen und Halb-und-halb-Kaffee tranken, erzählte er uns eine Geschichte aus der Natur nach der anderen. Auf diesen Ausflügen lernte ich so viel über die Schönheit und die Kraft der Welt, dass ich auch jetzt, beinahe 45 Jahre später, die Natur suche, wenn ich mich gut fühlen möchte.

Nun ja, Sam war mit mir hier rausgefahren, um Fische zu fangen, nicht, um zu sehen, wie ich mich in Erinnerungen verlor. Aber nichts geschah. Die Sonne war schon beinah ganz aufgegangen, der Himmel war tiefblau, und es wehte ein frischer Wind. Weit vor uns sah ich einen Schwarm Seeschwalben ins Wasser tauchen. »Hol die Angel ein, Sam. Ich sehe Fische«, rief ich. Bald flogen wir über das Wasser, und Sam hielt sich gut fest, aber er grinste bis über beide Ohren. Als wir näher kamen, konnten wir sehen, wie die Blaubarsche aus dem Wasser sprangen, während sie sich durch einen Schwarm Köderfische fraßen. »Sam, wir kreisen einmal um den Schwarm und lassen uns dann hineintreiben, damit wir die Fische nicht erschrecken«, rief ich. Als ich den Motor abstellte, konnten wir die Seeschwalben schreien hören. Die springenden Blaubarsche machten beinahe so viel Lärm wie das Tosen eines Wasserfalls. Schnell brachte ich einen Oberflächenköder an und warf die

Angel in den Schwarm. »Hier, Sam, du hältst die Angel, holst die Schnur ein und lässt den Köder hüpfen.« Sams Hände zitterten, aber er nahm die Angel und fing an, die Schnur einzuholen. Er hatte gerade einmal an der Kurbel gedreht, als sich die Angel bog.

»Ich habe einen, Onkel Frank!«, rief Sam.

Nun, er hatte Recht, und dieser Blaubarsch machte sich schnurstracks auf den Weg Richtung England. Ich glaube, kein Fisch zieht kräftiger als ein Blaubarsch. Ich legte meine Arme um Sam, und wir lehnten uns langsam zurück, um etwas Schnur zu gewinnen. Dann beugten wir uns wieder nach vorn und wickelten gemeinsam die Schnur auf.

Das funktionierte so lange, bis der Blaubarsch das Boot entdeckte und noch einmal mit explosionsartiger Geschwindigkeit davonflitzte – dieses Mal Richtung Spanien. Jedes Mal, wenn der Fisch sich abmachte, schrien Sam und ich anerkennend auf, und wir lachten, weil wir so viel Spaß dabei hatten. Bei der leichten Ausrüstung, die wir benutzten, konnte Sam jede Bewegung des Fischs wahrnehmen und seine Kraft direkt über die Angelschnur spüren. Ich machte mir Sorgen, dass die Schnur reißen könnte und Sam zu Tode betrübt wäre, aber er machte seine Sache ganz hervorragend.

Schließlich packte ich die Leitschnur und holte den Fisch an Bord. Ich hatte Sam vor den rasiermesserscharfen Zähnen der Blaubarsche gewarnt. Das hier war ein Achtzehnpfünder mit vielen Zähnen, und es überraschte mich nicht, dass Sam schnell auf seinen Stuhl kletterte, als sich der Fisch auf Deck hin und her warf.

»Schau, Sam«, sagte ich, »wenn ich den Fisch hier packe, kann ich den Haken mit dieser Zange herausziehen. Was für ein schöner Fisch! Ich bin so stolz auf dich. Also, fahren wir nach Hause und zeigen allen, was du gefangen hast. Und dann machen wir Frühstück.« Ich legte den Fisch in einen Eimer, ließ den Motor an, und wir fuhren nach Hause.

Sam, der auf der Hinfahrt unbedingt das Boot hatte steuern wollen, saß jetzt einfach nur da und hielt den Eimer mit seinem Fisch.

Auf dem Heimweg hatte ich das Gefühl, dass Mr. K. stolz auf mich gewesen wäre, weil ich sein Geheimnis an einen weiteren Jungen weitergegeben hatte.

In jener Stunde

Die schwierigste Entscheidung, die ich als Vater tagtäglich treffen muss, ist meiner Meinung nach die, wann ich meine Wünsche und Bedürfnisse über das stellen soll, was meine Kinder brauchen oder sich von mir wünschen. Im folgenden Kurzbeitrag schlägt sich eine Mutter mit dieser Frage herum und wird für ihre Entscheidung überraschend großzügig belohnt.

Gestern, gegen halb sechs Uhr nachmittags, wollte ich noch schnell den Rasen mähen, bevor mein Mann von der Arbeit nach Hause kam. Ich wusste, dass er dies abends tun wollte; und ich dachte, es wäre eine nette Überraschung für ihn, wenn ich die Sache schon erledigt hätte.

Mein Sohn Elliot war im Haus und sah sich einen Film an. Für mich war das eine willkommene Pause. Aber schon bald kam Elliot mit zwei Spielen in der Hand nach draußen und rief mir zu, ich solle aufhören zu mähen. Ich antwortete, er müsse sich ein paar Minuten gedulden, weil ich noch drei Reihen mähen wollte. In Wirklichkeit mähte ich heimlich noch sechs Reihen, weil ich wusste, dass er nicht mitzählen würde. Er rief noch ein weiteres Mal nach mir. Ich sagte: »Wenn ich den Rasen ganz schaffe, können wir später alle gemeinsam spielen, wenn Papa nach Hause kommt.« Ich mähte weiter.

Eine Minute später warf ich einen Blick auf ihn und sah ihn am Picknicktisch sitzen. Er starrte vor sich hin, die Spiele vor sich aufgestapelt. Er bot einen erbärmlichen Anblick. Er sah leblos aus.

Ich stellte den Rasenmäher ab und rief über den Hof: »He, Elliot, ich bin gerade fertig geworden. Möchtest du mit mir auf der Veranda ein Spiel machen?« Natürlich war ich nicht fertig, in Wirklichkeit war noch ein Viertel des Rasens ungemäht. Aber als ich ihn rief, leuchtete Elliots Gesicht auf wie ein Weihnachtsbaum. Er schnappte sich die Spiele und lief mit einem Lächeln auf mich zu, das eine Million Dollar wert war, so breit war es! Er wirkte lebendiger, als ich ihn seit einer Woche gesehen hatte.

Wir spielten das Spiel und genossen es wie nie zuvor. Menschliche Verbundenheit und eine einfache Entscheidung machten sich auf so *unschätzbare* Weise bezahlt. Ich werde die Freude in seinem Lächeln und in seiner Seele niemals vergessen. Es war das schönste Dankeschön, das ich je bekommen hatte.

Der Atem eines Babys

Wenn man sein erstes Kind aus dem Krankenhaus nach Hause bringt, sind die eigenen Fähigkeiten gering und die Herausforderungen groß. Psychologen können Ihnen sagen, dass dies das Rezept für Angst ist. Doch die Natur hat Babys und ihren Eltern einen besonderen Schutz vor ebendieser Angst mitgegeben, den ich als »›Ohhhhhhhhh‹-Effekt« bezeichne. Wenn man ein Baby, und ganz besonders sein eigenes, im Arm hält, erlebt man einen ganz besonderen Augenblick der Menschlichkeit.

Charakteristisch dafür ist das Gefühl »Ohhhhhhhh«. Grob übersetzt bedeutet »Ohhhhhhhh«: »Du bist so unglaublich anbetungswürdig und niedlich und liebenswert und so göttlich knuddelig, dass ich dich bis in alle Ewigkeit in meinen Armen wiegen möchte und mir einfach die Worte fehlen, um das transzendente Gefühl zu beschreiben, das du in mir weckst.«

Der Beitrag der folgenden Autorin ist ein hervorragendes Beispiel für den »Ohhhhhhhh«-Effekt.

Vor elf Jahren war ich eine junge Mutter. Ich hatte mir immer ein Kind gewünscht, aber wie die meisten Eltern wurde auch ich etwas überrascht, wie überwältigend es war, dafür zu sorgen, dass mein Baby 24 Stunden am Tag glücklich war. An einem Abend schien sich mein Sohn gar nicht beruhigen zu wollen, und wir waren beide erschöpft von seinem Weinen. Schließlich legte ich mich müde aufs Sofa, das Baby ausgestreckt auf meiner Brust. Das Kleine und ich fielen in tiefen Schlaf.

Etwas später wachte ich auf. Hell schien der Mond durch das Fenster. Ich öffnete die Augen, und da lag dieser kleine Körper noch immer ausgestreckt auf mir. Die kleinen Händchen hatten sich fest in die Seiten meiner Bluse vergraben. Sein Kussmund war leicht geöffnet, und bei jedem Heben und Senken seiner Brust strich der süße Atem meines Babys über mein Gesicht. Seine Haut war durchscheinend, und sein liebes, in Mondlicht getauchtes Gesicht war ein Bild der Unschuld. Tränen schossen mir in die Augen, als mir klar wurde, dass mir dieses zarte Kind, das sich an meine Brust kuschelte, tatsächlich das Herz gestohlen hatte. Ich empfand es als unglaublichen Segen, einen so wunderbaren Sohn zu haben.

Von da an versetzte ich mich jedes Mal, wenn ich von dem Versuch frustriert war, für die Zufriedenheit meines Kindes zu sorgen, in jene perfekte Nacht zurück, um noch einmal das leichte Gewicht seines warmen Körpers auf dem meinen zu spüren und seinen leichten Atem auf meinem Gesicht zu fühlen.

Loslassen

Der erste Schultag meiner Kinder war schwer genug; aber was die Frau im folgenden Beitrag beschreibt – sie liefert ihren Sohn im College ab –, scheint nahezu unerträglich. Ich weiß, es steht mir in ein paar Jahren bevor. Lucy ist jetzt in der sechsten Klasse, und der Abstand zu den beiden anderen ist nicht besonders groß. Ich versuche, mich darauf vorzubereiten. Sue und ich unterhalten uns darüber, wie schwer es werden wird.

Das Rochester Institute of Technology, New York, ist ungefähr 580 Kilometer von unserem Zuhause in Madison entfernt. Das bedeutete, die Fahrt mit Curt würde von Haustür zu Haustür ungefähr sechs Stunden dauern, dann würden wir uns voneinander verabschieden – zumindest für die nächsten drei Studienjahre und die studienbegleitenden Praktika, vielleicht für immer. Sein Zimmer hier zu Hause würde zum Gästezimmer, bis auf die Woche an Thanksgiving und an Weihnachten – oder wenn er eine Woche im März oder August nach Hause kommt. Dann würde es wieder den Schweißgeruch eines Heranwachsenden annehmen, und die Stapel von Schmutzwäsche und Müll, die ihm offenbar auf dem Fuße folgen, würden es einem gänzlich unmöglich machen, sich darin zu bewegen. Sogar Daisy, unsere dreizehn Jahre alte Katze, würde ab und zu in sein Zimmer spazieren, sich darin umsehen und es wieder verlassen, weil kein schlafender junger Mann da ist, an den sie sich schmiegen und dösen kann.

Curt verschlief den größten Teil der sechsstündigen Fahrt, denn wie üblich war er am Abend zuvor lange aufgeblieben (dieses Mal, um zu packen), und wir brachen früh am Morgen auf. Die meiste Zeit über fuhr Peter; ich las ein Buch über Familie und Kinder. Allmählich bekam ich das Gefühl, man hätte mir die letzte Chance genommen oder würde sie mir gleich nehmen, einer Rolle gerecht zu werden, mit der ich mich in den letzten 24 Jahren identifiziert hatte: die der Mutter.

Loslassen ist im besten Falle schwierig, aber ich wälzte ständig aus Panik geborene Fragen im Kopf hin und her. Hatte ich ihnen genug erzählt? Hatte ich sie genug ermutigt? Würden sie stark, schlau und vernünftig werden? Und noch wichtiger: Wussten sie, wie sehr sie mein Leben bereichert hatten? Wussten sie wirklich, wie sehr ich sie liebte? Würden sie sich an all die Momente der Nähe und an die besonderen Anlässe erinnern? Oder würden sie eine gestresste, arbeitende Mutter im Gedächtnis behalten, die mürrisch und genervt von der Fahrgemeinschaft zu den Pfadfindern raste und anschließend das Abendessen auf den Tisch stellte? Würden sie sich daran erinnern, dass ich bei jedem besonderen Anlass ihr Lieblingsessen gekocht hatte? Oder würden sie sich an die müden Augen ihrer Mutter erinnern, die auf sie gewartet hatte, wenn sie später als vereinbart nach Hause kamen, und die wegen dieser scheinbaren Missachtung ihrer Gefühle verrückt war vor Sorge und Wut? All das ging mir im Kopf herum und nagte an mir, als wir die New-York-State-Schnellstraße entlangrasten.

Als ich Curt an jenem Abend zum Abschied umarmte und küsste, konnte ich mich des Gefühls nicht erwehren, dass noch so einiges ungeklärt war. Meine 23-jährige Tochter Cori wird im nächsten Monat eine eigene Wohnung beziehen. Carly, meine Siebzehnjährige, wird im nächsten Herbst aufs College gehen. Ich denke, die Sorgen und Selbstzweifel, die dieses Loslassen in mir auslöst, stehen wie ein dickes, großes Fragezeichen hinter meinen Fähigkeiten und meinem Erfolg als Mutter. Ich denke, in meinem Fall überschneidet sich das Loslassen mit einem Gefühl des Selbstzweifels, wie gut – oder weniger gut – ich sie auf das Leben in der Welt dort draußen vorbereitet habe. Loslassen ist auch ein Zeichen dafür, dass ein Teil meines Lebens abgeschlossen ist – vielleicht sogar der beste?

Es gibt viele Dinge, an denen ich arbeiten muss: Ein- und Ausatmen sind nur zwei davon; Loslassen ein weiteres.

Die Kinderstation

Jeder hat schon einmal von Krebserkrankungen bei Kindern gehört, aber das Thema ist so herzzerreißend, dass wir uns lieber nicht näher damit befassen möchten. Doch kaum eine Erfahrung kann uns so sehr inspirieren wie die Arbeit mit diesen Kindern.

Wenn Sie je auf einer Kinderkrebsstation waren, wissen Sie, was ich meine. Ich glaube, an kaum einem anderen Ort auf Erden sind solche Extreme von Trauer und Hoffnung vereint.

Man sieht diese Kinder, ihre Familien, die Ärzte, Schwestern und das übrige Personal. Man sieht die Luftballons und die kahlen Köpfe, die Stofftiere und die Infusionen. Und man weiß nicht, ob man weinen, beten oder Freudensprünge machen soll. Man sieht die Schwestern Saft und Medikamente herumtragen. Man sieht die Ärzte eine Tabelle studieren oder dem Herzschlag eines kleinen Mädchens lauschen. Man sieht eine Mutter auf dem Feldbett neben ihrem Sohn schlafen. Man sieht einen Vater mit seinem Sohn Ball spielen, obwohl dieser kaum genug Kraft hat, um den Ball zu werfen. Und man versteht die Bedeutung des Wortes »Demut«.

Das Beispiel dieser Menschen – der Kinder, der Familien und der Menschen, die sich um sie kümmern – beschämt uns. Die Krankheit, die diese Kinder manchmal das Leben kostet, beschämt uns, ebenso wie uns die Therapien, die diese Kinder – heute öfter denn je – manchmal dem Tod entreißen, ehrfürchtig werden lassen.

Wo finden wir größeren Mut als auf einer Kinderkrebsstation? Wo finden wir tiefere Trauer, schrecklichere Niederlagen? Wo sind Freude und Triumph größer? Die Atmosphäre ist so intensiv, dass die meisten Menschen, die dort arbeiten, sich stählen müssen, damit sie weiter kritisch und vernünftig denken können. Fast jeder, der dort tätig ist, verdient damit seinen Lebensunterhalt. Aber es ist eine ganz besondere Arbeit, für die kein Gehalt je genug sein könnte. Keine Prämie könnte den Anblick eines gesunden Kindes aufwiegen, das mit dem Teddy in der Hand die Station verlässt und ein normales Leben beginnt.

Hier ist die Geschichte einer dieser Heldinnen des Lebens, einer Frau, die auf einer solchen Station gearbeitet hat. Es ist auch die Geschichte vieler weiterer Helden des Lebens – der Menschen, denen sie dort begegnete.

Als 21-jährige Krankenschwester wollte ich mehr Zeit mit jungen Patienten verbringen. Da im Kinderkrankenhaus eine Stelle auf der Krebsstation frei wurde, bewarb ich mich und bekam den Job.

In den achtziger Jahren machte man bei der Entwicklung neuer Behandlungsmethoden rasante Fortschritte: autologe Stammzellentransplantation, neue Chemotherapien, Überernährung. Die gesamte Familie wurde einbezogen, nicht nur das erkrankte Kind. All das war aufregend, aber ich hatte nicht damit gerechnet, welch großen Einfluss diese todkranken Kinder, ihre Eltern und Geschwister auf mein Leben und meine Überzeugungen haben würden.

Zu vielen dieser Familien, die jedes Jahr manchmal mehrere Monate auf unserer Station verbrachten, entstand eine enge Bindung. Indem ich ihnen meine Zeit und meine Fähigkeiten zur Verfügung stellte – und indem ich einfach nur zuhörte –, erfuhr ich, was sie durchmachten oder zumindest durchzumachen schienen.

Ich sah, mit welch wunderbarer Geschwindigkeit und Reife diese Drei- bis Achtjährigen ihrer Sterblichkeit ins Auge sahen. Ich lernte die Trauer und das Leid kennen, wenn man Zeuge wird, dass ein schönes, von Chemo, Medikamenten, Operationen und Strahlenbehandlungen gezeichnetes Kleinkind immer noch willens ist, es wieder mit einer neuen Behandlung zu versuchen, um zu leben – um des Lebens selbst und seiner Familie willen.

Ich glaube, ich liebte viele dieser Kinder, wie ich eines Tages meine eigenen Kinder lieben würde. Durch die Ehrlichkeit, den Mut und die Entschlossenheit dieser unglaublichen Kinder bekam ich mehr, als ich gab.

Sie stellten mir leichte Fragen wie: »Geht deiner nach innen oder nach außen?«, und meinten damit meinen Bauchnabel, während sie gleichzeitig versuchten, mein Schwesternkleid hochzuheben. Und sie stellten schwierige Fragen wie: »Warum tut mein Hepatoblastom nur weh, wenn es mit den anderen Sachen in meinem Bauch zusammenstößt?«

Ich danke Gott für die gewaltigen Fortschritte, die wir bei der Behandlung und Heilung einiger der häufigsten Krebserkrankungen bei Kindern wie akuter lymphatischer Leukämie, Osteosarkom, Hepatoblastom und Nerventumoren gemacht haben.

Ich freue mich darauf, alle diese Kinder – Joshua, Norton,

Christopher und die anderen – eines Tages im Himmel wieder zu sehen.

Meine Einstellung zum Leben hat sich grundlegend verändert. Ich sehe das Leben jetzt als eine Zeit des Gebens und der Liebe. Wir müssen akzeptieren, dass wir nur zu Besuch auf dieser Erde sind.

Wege zur Verbundenheit

Denkanstoß: Erinnern Sie sich an das schönste Erlebnis, das Sie in den letzten Wochen oder Monaten mit einem Kind hatten. Schwelgen Sie ein wenig in der Erinnerung.

Häufige Hindernisse: Kinder sind die größten »Kontakteknüpfer« der Welt. Sie schenken uns auch so manchen einprägsamen Augenblick der Menschlichkeit. Was Erwachsene am stärksten davon abhält, an diesem unglaublichen Fest des Lebens teilzunehmen, ist, dass sie keine Zeit dafür finden. Wenn Sie sich keine Zeit für Ihre Kinder nehmen, sind sie groß, ehe Sie sich's versehen, und dann ist es zu spät. Nehmen Sie sich die Zeit. Was immer Sie tun, nehmen Sie sich die Zeit.

Mögliche Schritte: Sie können sicher sein, dass Sie sich Zeit für Kinder nehmen, wenn Sie die entsprechenden Termine fest einplanen. Rufen Sie Traditionen und Rituale ins Leben, die dafür sorgen, dass Sie genügend Zeit mit Kindern verbringen – Ihren eigenen und/oder den Kindern anderer.

Typische Traditionen dieser Art sind das gemeinsame Frühstück oder das Abendessen mit der Familie. Vielleicht möchten Sie auch am Wochenende alle zusammen in die Kirche gehen oder einer anderen religiösen Zeremonie beiwohnen und lassen darauf eine besondere Mahlzeit in einem Restaurant oder zu Hause folgen, einen Ausflug in den Park, ein Ballspiel – oder was Sie eben alle gern tun. Die orthodoxen Juden haben einen wundervollen religiösen Brauch, der die Zeit mit der Familie schützt: Sie dürfen vom Sonnenuntergang am Freitag bis zum Sonnenuntergang am Samstag nicht arbeiten, nicht einmal Auto fahren. Erlaubt ist lediglich, die Tora zu lesen und Zeit mit der Familie und Freunden zu verbringen.

Überlegen Sie, was für eine Tradition in Ihr Leben passen würde. Vergewissern Sie sich, dass Sie nicht in die Falle tappen, Ihre Kinder einfach nur von einer »sinnvollen« Aktivität zur nächsten zu chauffieren – von den Geigenstunden zum Fußball und dann zum Karateunterricht. Sorgen Sie stattdessen dafür, dass Sie Zeit füreinander haben, Zeit zum Spielen, Zeit zum Faulenzen und Nichtstun. Die besten Dinge passieren manchmal, wenn man mit seinen Kindern gemeinsam »nichts tut«.

KAPITEL 9
Arbeit, Erfolg und Enttäuschungen

Der Mut, es zu tun

Beinahe hätte ich am ersten Tag meines ersten Jahres als Assistenzarzt alles hingeworfen. – Vier Jahre Medizinstudium waren in meinen ersten Tag als Assistenzarzt am West Roxbury gemündet, einem Krankenhaus für Veteranen und einem der Lehrkrankenhäuser, die der Harvard Medical School und dem damals als Peter Bent Bringham bezeichneten Krankenhaus angeschlossen waren.

Mein erster Arbeitstag begann an einem sonnigen Julimorgen. Der Tag versprach sommerlich warm zu werden. Die Wärme sollte sich ungefähr um die Zeit bemerkbar machen, als ich beinahe alles hingeworfen hätte. Während ich den Wagen auf dem Parkplatz abstellte und über den Rasen zum Krankenhaus ging, kam mir der Gedanke, dass dieses Backsteingebäude einen unschuldig gemütlichen Eindruck machte, wie eine in ein Wohngebiet eingebettete High School. In Wirklichkeit wurden Veteranen mit Rückenmarksverletzungen aus dem ganzen Land hierher überwiesen. Zudem spielte das Krankenhaus eine bedeutende Rolle in der Kardiologie und der Chirurgie – Fachgebieten, von denen ich nur wenig Ahnung hatte. Dennoch sollte ich von heute an darin Experte sein.

24 Stunden zuvor war ich schon einmal im Krankenhaus gewesen, um meine Papiere zu unterzeichnen, meinen Piepser, mein Namensschild sowie die weißen Kittel in Empfang zu

nehmen und die Station zu orten, der ich zugeteilt war, damit ich den Weg dorthin fand. Ich hatte nur so fürchterliche Angst vor der Tätigkeit, obwohl ich zunächst lediglich zur Visite erwartet wurde.

Und um mich allmählich um die Patienten zu kümmern.

Trotz der Hitze bekam ich bei dem Gedanken eine Gänsehaut: Ich wusste nicht, wie man Patienten behandelte! Ich konnte einen Patienten mit einer Lungenembolie nicht von jemandem unterscheiden, der sich einfach nur übergeben musste. Ich wusste nicht, was ich tun sollte, wenn jemand zu meinen Füßen zusammenbrach. Ich war unter Druck nicht besonders sicher bei der Interpretation von EKGs, und ich hatte noch nie intubiert. Sicher, ich hatte während des Medizinstudiums gesehen, wie andere diese Situationen bewältigten, und in schriftlichen Prüfungen Fragen beantwortet, was zu tun sei. Aber ich selbst hatte ich es noch nie gemacht – geschweige denn mitten in der Nacht, ohne irgendwelche Hilfe und wenn das Leben eines Menschen auf dem Spiel stand. Was, wenn ich es vermasselte?

Außerdem war mein Ziel letztlich die Psychiatrie. Alle anderen, die mit mir zusammenarbeiten würden, strebten hingegen eine Karriere in der inneren Medizin an. Das Bringham war eines der anspruchsvollsten Häuser im ganzen Land. Hierher kamen nur die Besten eines Jahrgangs, und diese Leute konnten im Schlaf EKGs lesen und intubieren – zumindest dachte ich das. Ich dagegen war ein Außenseiter. Man hatte mich nur aufgenommen, damit ich das erste Jahr absolvieren und dann in die Psychiatrie wechseln konnte. Würden meine Kollegen auf mich herabsehen?

Auf dem Weg zu meiner Station wurde ich zufällig Zeuge, wie einer der älteren Assistenzärzte durchdringend einen Mann ansah, der in einem Bett etwa zehn Schritte von ihm entfernt schlief. Plötzlich rannte er zu ihm hinüber, packte ihn am Handgelenk, rief seinen Namen, schlug ihm auf die Brust und rief dann einer Schwester zu, die ich nicht sehen konnte, dass es sich um einen Notfall handle. Sekunden später war das Bett des Mannes von Menschen in den unterschiedlichsten weißen und blauen Kitteln umringt, und all diese Leute arbeiteten zusammen, um dem älteren Herrn das Leben zu retten. Es drängten sich so viele Menschen um das Bett, dass ich bald nichts mehr sehen konnte. Ich war entzückt, weil man mich nicht brauchte. Doch dann wurde mir klar, dass das nicht die richtige Einstellung war. Ich hätte so begierig darauf sein müssen, bei meinem ersten Notfall mitzuhelfen, dass ich über die anderen hätte hinwegklettern sollen, nur um dabei zu sein.

Ich fand meine Station, machte den dienstältesten Assistenzarzt ausfindig und ging anschließend mit den anderen Neulingen auf Visite. Sie machten alle einen sehr netten, aber nervösen Eindruck, genau wie ich. Der dienstälteste Assistenzarzt war gut vorbereitet, hilfsbereit und gründlich. Ich nahm die Karteikarten aus der Tasche meines weißen Kittels, und auf unserer Runde von Zimmer zu Zimmer notierte ich mir darauf die wichtigen Informationen zu den einzelnen Patienten. Ich hatte in der fünften Klasse gelernt, mit Karteikarten zu arbeiten, und diese Arbeitsweise auch während des Medizinstudiums beibehalten. Erleichtert sah ich, dass ein paar meiner Kollegen ebenfalls Karteikarten benutzten. Die meisten von ihnen waren jedoch mit Klemmbrettern ausgestattet. Während ich verzweifelt solche Unterschiede registrierte – und dabei die ganze Zeit betete, dass wir keinem Patienten das Leben retten mussten, während ich vermutete, dass meine Kollegen um das genaue Gegenteil baten –, sackte ich allmählich in mich zusammen und sah bald aus wie eine krumme Vogelscheuche. »Tief durchatmen«, sagte ich zu mir. »Schultern nach hinten und immer schön geradeaus.«

Nach der Visite sollten wir uns der täglichen Arbeit zuwenden – all den Aufgaben, die eben anfielen. Die Bandbreite reichte davon, einen Patienten zum Röntgen zu begleiten, bis hin zu einer Spinalpunktion. Wir sollten auf der Basis unserer Aufzeichnungen Notizen zur Entwicklung der Patienten schreiben und stets auf Notfälle vorbereitet sein, bei denen wir die Gelegenheit haben würden, einem Menschen spontan das Leben zu retten.

Bei dem Gedanken an einen Notfall setzte mein Gehirn aus.

Während die anderen neuen Assistenzärzte in alle Richtungen ausschwärmten, um ihre Aufgaben zu erledigen, floh ich auf die Herrentoilette.

Noch jetzt, rund 25 Jahre später, kann ich mich an den Spiegel in jener Herrentoilette erinnern, als starrte ich gerade hinein. Ich legte beide Hände auf das Waschbecken, lehnte mich nach vorne und sah in den Spiegel. Ich fragte mein Spiegelbild: »Was hast *du hier* verloren?« Ich war weiß wie das Porzellan – und wie das Waschbecken mit einem Feuchtigkeitsfilm überzogen.

Während meine Gedanken sich überschlugen und meine Knie nachgaben, kämpfte ich darum, meine Fassung zurückzugewinnen. Angst durchlief mich wie Schockwellen. Vor meinen Augen verschwamm alles, als würde die Luft im Raum dünn, und ich klammerte mich an das Waschbecken, um meinen Beinen Halt zu geben. Ich hatte die Sache mit der Arztkarriere so weit wie möglich ausgereizt, nun musste ich es wieder geradebiegen. Aber ich glaubte nicht, dass ich das schaffen konnte.

Plötzlich kam mir eine Idee. Ich war gerettet. Ich konnte Jura studieren! Wir hatten den 1. Juli. Sicher gab es in und um Boston Universitäten, die für September noch Plätze frei hatten. Ich konnte dem dienstältesten Assistenzarzt sagen, ich hätte meine Meinung geändert, Medizin sei nicht mein Ding. Dann konnte ich nach Hause gehen und das Richtige tun, nämlich Anwalt werden. Als ich mir das Jurastudium mit seinen netten, sicheren Büchern und ohne Notfälle ausmalte, wurde ich ruhiger. Ah ja, ich hatte eine Lösung: aussteigen, Anwalt werden.

Noch immer umklammerte ich das Waschbecken. Noch immer starrte ich mein Spiegelbild an, nahm mein Gesicht aber gar nicht wahr, weil ich mich im Geiste über Gesetzeswälzern sitzen sah und mir meine Zukunft in einem Beruf ausmalte, den ich verzweifelt zu lieben versuchte.

Wenn es einen Wendepunkt in meinem Leben gab, dann diesen. Ich war ehrlich bereit, meine Stelle als Assistenzarzt aufzugeben. Ich war starr vor Angst, mein Plan B stand fest. Einzig meine Hände am Waschbecken hielten mich noch davon ab, der Medizin den Rücken zu kehren.

Es heißt, viele Selbstmörder hätten sich nicht umgebracht, wenn sie nur ein paar Minuten gewartet hätten. Das liegt daran, dass Selbstmord oft aus einem Impuls heraus geschieht. Einer der Gründe, weshalb wir selbstmordgefährdete Patienten gegen ihren Willen in Krankenhäuser stecken, liegt darin, dass es sich die meisten von ihnen nach kurzer Zeit anders überlegen. Mit der Einlieferung gewinnt man schlicht und ergreifend Zeit. Die Zeit rettet wiederum Leben. Was ich an diesem Waschbecken brauchte, war Zeit.

Irgendetwas – wer weiß, was (vielleicht das gleiche Etwas, das Charlotte Dooling dazu veranlasst hatte, mich aufzufordern, Sue zu heiraten)? – fesselte meine Hände an jenes Waschbecken, bis sich Hoffnung in meinem Herzen regte. Zum Glück kam niemand herein, solange ich dort stand. Das wäre mir sicher so peinlich gewesen, dass ich zur Tür hinausspaziert und vermutlich das Krankenhaus und mein Leben als Arzt gleich mit hinter mir gelassen hätte. Aber niemand kam und störte meine private Panikattacke.

Ich hatte das Gefühl, sehr lange dort gestanden zu haben. Aber das konnte nicht sein, da diese Herrentoilette stark frequentiert wurde; und wie ich bereits sagte, kam niemand herein. Ich weiß nicht, wie lang ich dort stand, jedenfalls lange genug, um meine Meinung zu ändern, und das sogar zweimal: einmal, dass ich die Medizin hinschmeißen würde, und schließlich, dass ich zu ihr zurückkehren würde.

Ich kehrte zur Medizin zurück, denn so wenig mir auch am Bleiben gelegen war, fürs Aufhören hatte ich noch weniger übrig.

Doch was mich bei der Stange hielt, war mehr als nur die Angst vor dem Aufhören. Es war Hoffnung. Ich wandte den Blick vom Spiegel ab, schaute zum halb geöffneten Fenster hinaus, und dort draußen im Sonnenschein sah ich einen Assistenzarzt in weißem Kittel, der einem alten Veteranen die Vordertreppe hinaufhalf. Das wollte ich tun, nicht über Gesetzeswälzern brüten. Ich hörte die Stimme meines Freundes Tom, der inzwischen orthopädischer Chirurg ist und der mir sagte, ich würde die Zeit als Assistenzarzt locker überstehen, es wäre ein Klacks. Ich erinnerte mich daran, wie ich als Medizinstudent das Legen von Infusionen gelernt und bei Notfällen ausgeholfen hatte, ohne allzu viel Mist zu bauen. Und ich erinnerte mich daran, dass ich Kinder zur Welt brachte. Ich stellte mir vor, wie ich um drei Uhr morgens mit meinen Freunden in der Cafeteria saß, wenn ich Dienst tat, und ich fühlte mich nicht mehr allein. Ein alter Rat an Assistenzärzte fiel mir wieder ein: Wenn du nicht weißt, was du tun sollst, frag eine der Schwestern – die wissen das, die kennen sich aus. Allmählich ließen die Angstwellen nach, und ich löste mich vom Waschbecken. Ich spritzte mir etwas Wasser ins Gesicht und öffnete das Fenster noch ein wenig weiter, um den wunderschönen, von Hoffnung erfüllten Sonnenschein hereinzulassen. Jetzt war es ein richtig heißer Tag.

Als ich jene Toilette verließ und mich auf den Weg machte, um Laborergebnisse abzuholen – und bis zum heutigen Tag Arzt zu bleiben –, fragte ich mich, ob sich da nicht irgendwo ein Schutzengel erleichtert die Hände rieb und rief: »Puh, das war knapp!«

Wenn ich zurückblicke, schüttelt es mich bei dem Gedanken daran, wie kurz ich davor gewesen war, das Krankenhaus zu verlassen und meinem Leben für immer eine andere Richtung zu geben. Gewisse Augenblicke, in denen ich Meisterschaft bewiesen und Erfolg gehabt hatte, sorgten seinerzeit dafür, dass ich die Hände so lange am Waschbecken ließ, bis ich die Kraft zum Bleiben fand.

Ich denke da besonders an einen Tag, an dem ich sogar die Erwartungen übertraf, die die Medizin an mich stellen sollte. Es war in der siebten Klasse. Ich spielte Fußball, aber nicht besonders gut. Ich hätte gern gut gespielt, aber mir fehlte einfach das fußballerische Können meiner Kameraden. So ähnlich fühlte ich mich auch in meinem ersten Jahr als Assistenzarzt. Ich schaffte es mit Ach und Krach in die zweite Mannschaft der Schule (die Schule ging nur bis zur achten Klasse), und das in erster Linie deshalb, weil ich willens war, alles zu tun, was nötig war, zum Beispiel Bälle, den Trinkwasserbehälter oder was sonst noch so rumlag, herumzuschleppen (einen Zeugwart oder einen ähnlichen Luxus gab es nicht).

Der Trainer der ersten Mannschaft, der aus unerfindlichen Gründen ein Auge auf mich geworfen hatte, war an unserer Schule legendär. Er hieß Harry Boyadjian und stammte aus Jerusalem. Seit acht Jahren waren seine Mannschaften ungeschlagen. Damals in den Sechzigern stand der Fußball in den Vereinigten Staaten noch ganz am Anfang, und den meisten amerikanischen Kindern war neu, dass man den Ball nicht mit der Spitze, sondern mit der Innenseite des Fußes kickte. Mr. Boyadjian war einer von jenen Trainern, die sich auch um die Kinder kümmerten, die nicht in seinem Team, sondern in der zweiten Mannschaft waren, so wie ich.

Wenn ich nach dem Training zurücklief, joggte Boyadjian oft an mir vorbei und warf mir ein paar aufmunternde Worte zu. Nur ein paar Worte, zum Beispiel: »He, Hallowell, wenn du hart trainierst, schaffst du's in mein Team.« Bis heute weiß ich nicht, wieso er das tat. In Sachen Fußball war ich an der Schule ein Niemand, ein kleiner Wicht aus der zweiten Mannschaft. Aber jede Woche nickte der legendäre Trainer mir zu, schenkte mir einen Blick oder sagte etwas zu mir. Tag für Tag hielt ich nach ihm Ausschau.

Sein Zuspruch stieg mir nicht in den Kopf. Wie auch? Ich schaffte es gerade mal, den Ball mit der Fußinnenseite zu kicken, wie konnte ich mich da auf dem Weg zu Heldenruhm in der ersten Mannschaft wähnen? Und doch schürten jene kurzen Augenblicke, in denen mir der wichtigste Mann der Schule seine Aufmerksamkeit schenkte, das Feuer meines Selbstvertrauens, als hätte ich den Segen Pelés.

Dann kam eines Tages mein Trainer, Trainer Fitts, auf mich zu und teilte mir mit, dass ich in einem Spiel als Mittelstürmer auflaufen würde. Das war die Schlüsselposition in der ersten Reihe. Der Stürmer, der sonst spielte, sei verletzt, und ich solle seinen Platz einnehmen. Und das, obwohl ich noch nie auf dieser Position gespielt hatte! Und das, obwohl ich gerade einmal wusste, wie man den Ball treten musste. Und das, obwohl mich meine Mitspieler mit einem Blick ansahen, der sagte: »*Wer* spielt Mittelstürmer?«

Während dieses Spiels passierte etwas von großer Tragweite in meinem Leben. Es veränderte mich für immer.

Manche Menschen meinen, es gäbe keine Augenblicke der Wahrheit. Momente, in denen ein Leben entweder die eine oder die andere Richtung einschlägt. Schlaglichter, die alles entscheiden. Sie haben Unrecht. Jeder von uns hat schon Augenblicke erlebt, die ihn für immer umgekrempelt haben – ob man sich dessen nun bewusst ist oder nicht. An jenem Tag erlebte ich einen solchen Moment.

Manchmal bereitet man sich lange auf einen bestimmten Augenblick vor, und dann – schwupp! – verändert man sich in diesem einen Moment, und die ganze Welt verändert sich mit. In der Sekunde eines brillanten Einfalls zum Beispiel kann sich ein Mensch für immer verändern, aber die Vorbereitung darauf kostete viel Zeit. Auch wenn man plötzlich ein ganz bestimmtes Gesicht in der Menge sieht, kann einen dies für immer verändern.

Oder wenn man bei einem Fußballspiel drei Tore schießt – wie ich mit dreizehn, geschehen an jenem Nachmittag im Oktober 1963.

Bei Spielbeginn war ich nervös. Aber als ich anfing zu laufen, vergaß ich, dass ich als nicht sehr guter Spieler galt, und gab mich dem Spielfluss hin. Trainer Fitts hatte stets betont, wie wichtig es ist, die eigene Position zu spielen, und so blieb ich auf meiner Linie und lief auf dem Spielfeld auf und ab.

Mein erstes Tor schoss ich, als der Ball aus einer Gruppe bei unserem Tor spritzte und einer der Verteidiger an mich abgab. Ich nahm den Ball im Sturm, lief damit das Feld entlang und spielte ab, als ein Verteidiger auf mich zulief, um mich anzugreifen. Mein Mitspieler nahm den Ball an und sah, dass ich auf das Tor zulief. Genau im richtigen Augenblick spielte er zu mir zurück, und ich knallte den Ball in den Kasten, ohne vorher nach einer Lücke gesucht zu haben. Ich wollte einfach schießen, solange der Torhüter noch unvorbereitet war – und bevor ich tiefer in die Trickkiste greifen musste.

Der Ball flog kaum mehr als ein paar Zentimeter über dem Boden direkt auf den Torhüter zu. Ich lief näher ans Tor heran, hoffte auf einen Abpraller, aber als sich der Goalie bückte, um den Ball aufzunehmen, wischte er direkt zwischen seinen Beinen hindurch und ins Netz. Ich konnte nicht glauben, was da gerade passiert war: Der Ball war im Netz, hinter dem verärgerten Keeper. Ich hatte ein Tor geschossen. Ich. Für mich war das ein völlig neues Gefühl. Eines, das ich bislang nur andere hatte erleben sehen.

Doch ehe ich Zeit bekam, mich über meinen Erfolg zu freuen, ging das Spiel weiter, und ich lief wieder auf dem Spielfeld auf und ab. Und noch einmal erhielt ich den Ball, als einer unserer Verteidiger an mich abgab, und ein weiteres Mal lief ich auf das gegnerische Tor zu. Jetzt ließ ich die Spieler der anderen Mannschaft hinter mir und lief ganz allein auf den Torhüter zu. Aber als ich näher kam, stolperte ich in meiner Euphorie. Verzweifelt, weil ich fiel, streckte ich mein linkes Bein aus, und es gelang mir, zu verhindern, dass der Ball in Reichweite des Keepers kam. Er tröpfelte über die Torlinie und ins Netz. Der zweite Treffer. Konnte das wahr sein? Nun lagen wir 2:0 in Führung.

Mein letztes Tor schoss ich gegen Ende des Spiels. In Amerika kickte man den Ball damals mit dem Fuß von der Seitenlinie ins Feld, statt ihn einzuwerfen, wie es heute üblich ist. Wir hatten einen Einwurf, der weit in das gegnerische Feld ging. Ich hielt meine Position in der Feldmitte, und als der wunderschön hohe, geschwungene Einwurf eines meiner Mitspieler direkt auf mich zukam, wurde mir klar, dass etwas gefragt war, was ich gar nicht gut konnte: Ich musste hochspringen, höher als der Verteidiger, und den Ball ins Tor köpfen. In Trainingsspielen hatte ich darin immer versagt. Entweder verfehlte ich den Ball völlig, oder ich köpfte ihn in die falsche Richtung. Gott sei Dank blieb mir in diesem Spiel keine Zeit, lange darüber nachzudenken, was ich tun sollte. Blitzschnell war der Ball über mir. Ich kann ihn noch jetzt, 38 Jahre später, über mir sehen, denn er ist mir all die Jahre im Gedächtnis geblieben wie ein Leuchtfeuer, das einen Wendepunkt in meinem Leben markiert.

Ich peilte ihn an, sprang hoch, sah direkt auf die Mitte des Balls, wie man es mir beigebracht hatte, und – was soll ich sagen – schaffte es, den Ball mit einem kräftigen und bestimmten Stoß in die obere linke Ecke des gegnerischen Tors zu köpfen. Unerreichbar für den inzwischen zutiefst frustrierten Torhüter.

Wir haben das Spiel 6:1 gewonnen.

Auf dem Weg in die Umkleide konnte ich kaum glauben, was gerade geschehen war. Mitspieler liefen an mir vorbei, klopften mir auf die Schulter und sagten: »Spitzenspiel«, und ich gab Dinge von mir wie: »Danke, gleichfalls« und was mir in meiner Benommenheit sonst noch so einfiel. Ein paar berauschende, goldene Augenblicke lang war ich der Held des Spiels. So gut, wie ich mich fühlte, hätte ich ebenso Julius Caesar sein können, der ruhmreich von einer Eroberung zurückkehrte.

Ich kann mich noch ziemlich genau an dieses Spiel und diese Tore erinnern. Und an das Gefühl. O ja, auch daran erinnere ich mich. So ein Gefühl vergeht nie.

Harry Boyadjian hatte mich darauf vorbereitet. Der Spieler, der sonst im Sturm spielte, hatte die Tür aufgestoßen. Trainer Fitts, der, wie ich später erfuhr, auf Anregung von Trainer Boyadjian handelte, hatte mir eine Chance gegeben.

In meinem ganzen Leben habe ich nie wieder einen so unwahrscheinlichen Sieg errungen wie an jenem Nachmittag. Aus mir wurde kein Spitzenfußballer oder der Star in irgendeiner anderen Sportart. Jener Tag war der Höhepunkt meines sportlichen Ruhms, mein einziger Vorgeschmack auf das, was manches Kind und auch mancher Erwachsene regelmäßig zu spüren bekommt.

Aber dieser Vorgeschmack, diese wenigen Tropfen des Sieges auf meine Ängste reichten mein ganzes Leben. Dieser eine Vorgeschmack bewies mir, dass das, was man mir gesagt hatte, nicht nur Nettigkeiten gewesen waren. Solange ich denken kann, hatte man mir über das Leben erzählt, dass man alles schaffen konnte, was man wollte: Wo ein Wille ist, ist auch ein Weg; David besiegt Goliath – und so weiter. Aber mit dreizehn lernte ich auch ein paar kalte, harte Lebenswahrheiten kennen und entwickelte mich zu einem richtigen kleinen Zyniker. Dass man alles schaffen konnte, was man sich vorgenommen hatte, hielt ich genau wie die Sache mit dem Weihnachtsmann für eine weitere von den Lügen, die sie einem erzählten, damit man die Hoffnung nicht aufgab. Denn jeder, der ein bisschen Grips hatte, konnte sehen, dass es die meisten eben nicht schafften. Wenn jeder reich und berühmt sein *konnte*, dann *wäre* auch jeder reich und berühmt. Wenn man, um Erfolg zu haben, lediglich den Wunsch danach verspüren musste, dann gäbe es eine ganze Menge mehr erfolgreicher Menschen. Ich entwickelte eine stichhaltige zynische Beweisführung, dass das Leben ein Spiel mit gezinkten Karten war.

Aber als Harry Boyadjian mich erst mit Kopfnicken und Blicken darauf vorbereitete und dann dafür sorgte, dass ich am Spieltag die Position im Mittelfeld hatte, und als nach dem Spiel nicht nur mein Stolz intakt war, sondern ich auch noch eine Leistung gebracht hatte, die auf dieser Ebene nur als wundersam zu bezeichnen war, nun ja, da musste ich anfangen, an

Wunder zu glauben. Der kleine Zyniker musste seine Position überdenken. Er machte dem Träumer Platz, der noch heute in mir steckt.

Seit jenem Oktobernachmittag hat mich die Erfüllung keines meiner Träume je wieder so überrascht. Größere Träume wurden Wirklichkeit – ich lernte meine Frau kennen, wir bekamen Kinder –, aber keiner davon war so unwahrscheinlich wie dieser.

Manchmal reicht ein Wunder, ein Augenblick, um einem Menschen für immer seinen Glauben zurückzugeben.

Wer weiß, ohne jenen Augenblick im Jahr 1963 hätte ich 1978 vielleicht meine Hände vom Waschbecken genommen und das Krankenhaus und meine medizinische Karriere für immer hinter mir gelassen. Wer weiß?

Die Wahl

Eine Frau namens Carolyn erzählte mir die folgende Geschichte über ihren Vater. Sie enthält einen der einfachsten, aber besten Ratschläge, den ich je gehört habe:

> »Ich weiß noch, dass mein Vater mir immer Rätsel aufgab, als ich klein war. Einmal brachte er mich zum Weinen: ›Meine Großmutter liebt Kaffee, aber nicht Tee, Narzissen, aber keine Blumen‹, und so weiter. Er hörte einfach nicht auf und drängte mich, die Lösung des Rätsels zu finden, zu der er mich hinzuführen versuchte. Irgendwann war ich so frustriert, dass ich anfing zu weinen.
>
> Er nahm meine Hand und sagte: ›Carolyn, du hast eine Wahl, du hast immer eine Wahl. Man braucht Mut, um sich fürs Weitermachen zu entscheiden. Wenn du nicht mehr

weiterkommst, kannst du entweder aufgeben oder Fragen stellen. Du kannst es als Signal verstehen, dass du einen neuen Weg finden musst.‹

Ich weiß nicht mehr, was ich damals gemacht habe oder ob ich das Rätsel löste, aber ich denke oft an diesen Rat. Ich vermisse es, seine Hand in der meinen zu spüren, aber ich weiß, dass alles, was ich bin, mit ihm und den Werten verbunden ist, für die er stand.«

Was Carolyns Vater sagte, lässt sich auf so vieles anwenden: »Du hast eine Wahl, du hast immer eine Wahl. Man braucht Mut, um sich fürs Weitermachen zu entscheiden. Wenn du nicht mehr weiterkommst, kannst du entweder aufgeben oder Fragen stellen. Du kannst es als Signal verstehen, dass du einen neuen Weg finden musst.«

Wie viele Arbeitsplätze ließen sich retten, wenn wir den Rat von Carolyns Vater befolgten! Wie viele Betriebe! Wie viele Beziehungen! Wie viele Projekte?

»Du hast eine Wahl, du hast immer eine Wahl«: Wie oft entscheiden wir uns dafür, aufzugeben, wegzugehen, wütend zu werden, uns zurückzuziehen; aber ein anderes Mal bleiben wir hartnäckig, halten durch und suchen nach einem neuen Weg!

Don Chiofaro, der sich vom Polizistensohn zum bedeutenden Bostoner Geschäftsmann hochgearbeitet hat, sagte einmal zu mir: »Ein Nein ist nur der erste Schritt auf dem Weg zu einem Ja.«

Ich frage mich, warum wir uns manchmal dafür entscheiden, es bei einem Nein bewenden zu lassen, und ein anderes Mal hart bleiben. Ich frage mich, warum wir manchmal die Kraft finden, es weiter zu versuchen, und es ein anderes Mal einfach nicht schaffen.

Vielleicht liegt die Antwort in dem Rat, den Carolyns Vater ihr gab. Er sagte mehr als nur: »Bleib am Ball.« Er sagte, wenn man aus dem Augenblick lernt, findet man den Grund zum Weitermachen. Angenommen, Sie werten einen Augenblick der Frustration – in einer Beziehung, bei der Arbeit oder mitten in einem Projekt, das Sie abschließen möchten, oder sogar, wenn Sie an Ihrem Golfschlag arbeiten – als das Signal, es mit einem neuen Ansatz zu versuchen, und nicht als Grund zum Aufgeben. Vielleicht holen Sie dann nur kurz tief Luft, vielleicht ziehen Sie sich auch eine Minute oder zwei zurück und kehren dann mit neuer Hoffnung oder zumindest der Bereitschaft zurück, es noch einmal anders zu versuchen.

»Du hast eine Wahl, du hast immer eine Wahl«: Ich habe angefangen, diese Worte zu mir selbst und meinen Kindern zu sagen. »Ja klar«, spottet der Zyniker in mir, »als ob der Betreffende sich ändern würde?«

»Ja, klar«, höre ich von meinen Kindern, »als ob sich mein Lehrer ändern würde! Absolut nicht!«

Es ist so verführerisch, aufzugeben, zynisch zu werden und anzunehmen, dass man gegen diesen Typ, Lehrer, Chef oder bei diesem Projekt einfach nicht gewinnen kann.

Und doch haben wir eine Wahl, wir haben immer eine Wahl.

Sicher, manchmal ist die beste Entscheidung die, auszusteigen. In bestimmten Fällen ist es die beste Entscheidung, sich scheiden zu lassen, zu kündigen oder ein Projekt aufzugeben. Aber all diese Möglichkeiten sind und bleiben Entscheidungen. Ich halte mich selbst dazu an, mich zu vergewissern, dass das, was ich tue, meine bewusste Entscheidung ist und nicht nur eine wütende, aus der Frustration geborene Reaktion.

Dranzubleiben ist nicht leicht. Ich habe gelernt, dass ich viel erfolgreicher bin, wenn ich mir einen Verbündeten suche, statt zu versuchen, es allein durchzuziehen. Wenn jemand hinter mir steht, kann ich weiterschuften.

Und das ist der Knackpunkt. Es fällt schwer, um Hilfe zu bitten – ganz besonders Erwachsenen. Man braucht eine spezielle Art von Stärke, um andere um Hilfe zu bitten. Ich arbeite daran, diese Stärke in meinem Leben zu entwickeln, statt zu versuchen, ein stoischer Soldat zu sein.

Dem Mann, der das Trinken aufgegeben hat und sich nach einem Schluck sehnt, der geschiedenen Frau, die schwört, nie wieder mit einem Mann auszugehen, dem Mädchen, das Mathe für so unmöglich hält, dass sie es einfach nicht mehr versuchen will, den Enttäuschten, die glauben, sie könnten niemandem mehr vertrauen – all diesen Menschen und mir selbst möchte ich sagen: »Wir haben eine Wahl, wir haben immer eine Wahl ...«

Ich sage mir: »Sorge dafür, dass dieser Augenblick zählt.«

Jeder Tag. Jeder Augenblick. Wir haben eine Wahl. Wir haben immer eine Wahl. Sorgen Sie dafür, dass dieser Augenblick zählt.

Der erste Job

Erinnern Sie sich noch an Ihren ersten Job? An den ersten Job, den Sie ernst nahmen, und – das trifft es genauer – den ersten Job, bei dem man Sie ernst nahm und tatsächlich acht Stunden harte Arbeit von Ihnen erwartete? An den Job, bei dem Ihnen zum ersten Mal bewusst wurde, wie schwer es eigentlich ist, sich seinen Lebensunterhalt zu verdienen, und wie viele unliebsame Dinge man tun muss, um einen Tageslohn zu bekommen? Erinnern Sie sich daran (so wie ich), dass Sie nach Ihrem ersten Tag dachten: »Und morgen muss ich wieder da hin, und dann geht das Ganze von vorne los? Und übermorgen und überübermorgen …«?

Meinen ersten richtigen Job hatte ich in der Küche einer Imbissbude namens »Donuts Please« in der Nähe von Fresh Pond Circle in Cambridge.

Als ich meinen ersten Lohn erhielt, empfand ich zum ersten Mal jenes bittersüße Vergnügen, sehr wenig Geld für eine Arbeit zu bekommen, bei der ich, wie mir schien, sehr hart rangenommen wurde und über sehr vieles hinwegsehen musste. Während ich mir jenen ersten Gehaltsscheck abzüglich der scheinbar absurd hohen Abgaben so ansah, wurde mir das Herz schwer. »Jetzt kann ich mich also darauf freuen, dass das den Rest meines Lebens so weitergeht?«, dachte ich. Gebührend eingeweiht, trottete ich in der Morgensonne von Cambridge zur Bushaltestelle hinunter. Trotz allem war ich ziemlich stolz auf mich.

Die Frau, die in dem folgenden Beitrag einen ähnlich entscheidenden Augenblick hinsichtlich ihres Eintritts ins Arbeitsleben beschreibt, ist heute noch so frisch und so enthusiastisch wie damals vor ein paar Jahrzehnten, als sie anfing. Ich weiß das, weil sie eine gute Freundin von mir ist.

Als ich ein Teenager war, stand fest, dass ich jeden Sommer arbeiten würde, um etwas zum Unterhalt der Familie beizutragen – in erster Linie zu meiner Collegeausbildung, die bedrohlich am Horizont aufragte. Mit fünfzehn machte ich bei einer kleinen alten Dame sauber. Mit sechzehn arbeitete ich als Kellnerin. Und mit siebzehn verkaufte ich Eisenwaren. Aber all diese Tätigkeiten in einem Urlaubsort auf Cape Cod wirkten wie Generalproben für meinen ersten richtigen Job – einen Job in Manhattan. Ich wohnte bei meinem Vater, in dem gleichen Zweipersonenhaushalt, in dem ich aufgewachsen war, einem wunderschönen kleinen Kutscherhaus in Brooklyn. Ich war achtzehn Jahre alt, hatte gerade mein erstes Studienjahr hinter mir und war bereit, die Büchertasche in die Ecke zu werfen und der Welt zu zeigen, was für eine wahrhaft weltgewandte Dame ich war.

Am Montagmorgen stolperte ich auf meinen Stöckelschuhen, mit meinen Seidenstrümpfen, meinem blauen Leinenkleid und den passenden Handschuhen in die Zweigstelle der Metropolitan-Versicherungsgesellschaft am Union Square. Verblüfft sah ich mir den düsteren Raum voller weiterer Registraturangesteller an, wo meine große Aufgabe darin bestand, eine endlose Zahl von Umschlägen aufzuschlitzen, die Schecks herauszunehmen, ein Stempelkissen sowie einen verstellbaren Datumsstempel zur Hand zu nehmen, sorgsam das aktuelle Datum einzustellen, einen der unzähligen kleinen Aktenschränke zu öffnen, die eselsohrige Karteikarte desjenigen zu finden, dessen Zahlung ich in der Hand hielt, und das Datum in ein kleines Viereck zu stempeln.

Damit ich nicht umsonst in die hohen Schuhe und die Handschuhe geschlüpft war, stöckelte ich eines Tages allein zum Mittagessen in ein berühmtes altes Restaurant in der vierzehnten Straße. Ein freundlicher Kellner zwinkerte mir zu, und ich seufzte vor Erleichterung, dass man mich als Frau von Welt erkannt hatte.

Am Freitag, dem Ende meiner ersten Woche, war ich geneigt, meine Ansichten hinsichtlich des Wertes (oder der Wertlosigkeit) der Arbeit neu zu überdenken – oder zumindest dessen, was ich mir darunter vorgestellt hatte –, als mir der Büroleiter gegen vier Uhr einen kleinen braunen Umschlag in die Hand drückte. Er war voll gestopft mit Bargeld – *Bargeld*! Es war der Lohn der ganzen Woche, in Münzen und Banknoten. Die Summe belief sich auf 65 Dollar und ein paar Zerquetschte, aber es schienen Unmengen Banknoten in dem Umschlag zu stecken – sehr viel mehr Geld, als ich jemals in Händen gehalten hatte. *Darin* also lag der Wert der Arbeit!

Ich umklammerte meine Handtasche mit ihrem wertvollen Inhalt und raste mit der U-Bahn nach Hause, in der Hoffnung, noch vor meinem Vater dort anzukommen. Ich hatte Glück, die Tür war abgeschlossen! Ich stürmte in unser gemütliches Wohnzimmer mit dem etwas zu kräftig aufgepolsterten Sofa und ebensolchen Sesseln und stieß einen Freudenschrei aus. Dann kippte ich den Inhalt des kleinen schweren Umschlags auf den Esstisch. Zehn, zwanzig, dreißig, vierzig, 45, fünfzig, 55, sechzig, 61, 62, 63, 64, 65 Dollar und 47 Cent! Ich strich jede einzelne Banknote so lange glatt, bis keine einzige Falte mehr zu sehen war. Dann nahm ich das ganze Bündel Scheine – sowie alle Fünfcent-, Zehncent- und Centstücke – und legte die

Banknoten und Münzen eine neben die andere auf die Arm- und Rückenlehnen der Wohnzimmermöbel, bis es aussah wie in einem Tresorraum.

Schließlich trat ich zurück, um die Gesamtwirkung meiner Dekoration zu bestaunen. Dann zog ich die wackligen Stöckelschuhe aus und ging in die kleine Küche, um den perfekten trockenen Martini für meinen Vater zu mixen, wenn er zur Tür hereinkam, um mir zu gratulieren.

Bewusstlos

Ich kenne den Mann, der den folgenden Beitrag geschrieben hat. Er ist einer der kreativsten Menschen, den ich kenne. Eines seiner größten Talente, das in dieser Geschichte zum Ausdruck kommt, ist seine Fähigkeit, sich vom Leben überraschen zu lassen und auf unerwartete Situationen einzugehen.

Nachdem ich den Beitrag gelesen hatte, staunte ich, wie viele Zufälle es darin gab. Ich denke, nicht das Ereignis selbst verlieh jenem Augenblick in den Augen dieses Mannes eine so große Bedeutung, sondern seine Bereitschaft, so zu handeln, wie er es getan hatte. Das ist bei Augenblicken der Menschlichkeit häufig der Fall: Sie sind nicht unbedingt an und für sich außergewöhnlich, sondern werden es erst durch unser Verhalten.

Das Büro, in dem ich arbeite, ähnelt im Prinzip einer Werbeagentur. Die Feinheiten meiner Arbeit lassen sich nur schwer erklären, aber zum Glück ist das auch nicht nötig, da für den Kern der Geschichte unbedeutend. Ich habe das mit der Werbeagentur nur erwähnt, damit Sie sich besser vorstellen können, welche Stimmung und Atmosphäre an dem Arbeitsplatz herrschen, an dem ich mich Tag für Tag einfinde, um mein Brot zu verdienen. Der Stress ist groß, und die Termine sind knapp.

Wir, die Angestellten, sind darauf getrimmt, alle Launen unserer Kunden mitzumachen, und man erwartet häufig von uns, dass wir die ganze Nacht durcharbeiten, um dem kurz vor Projektschluss geäußerten Wunsch eines leitenden Angestellten zu entsprechen, der einfach vergessen hatte, uns gleich zu Beginn des Projekts alle Details mitzuteilen.

Ich hatte gerade eine dieser Nachtschichten hinter mir. Um zehn Uhr morgens kamen die Kunden zu einer Präsentation, und wie sich herausstellte, mochten sie das, was ich ihnen zeigte. Ich empfand einige Genugtuung darüber, dass ich die Sache durchgezogen hatte, obwohl es schlecht für mich ausgesehen hatte. Der hysterische und überspannte Projektmanager hatte mir doch tatsächlich das falsche Skript gegeben. Als ich den Fehler gerade einmal fünf Tage vor dem Abgabetermin entdeckte und kaum noch genug Zeit blieb, ihn zu beheben, bekam ich dafür keinen Dank, sondern wurde auch noch offiziell dafür verantwortlich gemacht. Folglich freute ich mich zwar, ein weiteres wichtiges Projekt durchgezogen zu haben, aber ich sonnte mich nicht gerade in meinem Ruhm.

Nach Beendigung des Projekts bewies man in meiner Firma nahezu typisch Orwell'schen Rückblick und belobigte diejenigen, die sich die meisten Fehler geleistet hatten, und schob die Schuld auf alle nichtquietschenden Rädchen im Getriebe.

Nach der Vorführung normalisierte sich mein Adrenalinausstoß allmählich wieder. Ich war erschöpft und hatte ein wenig das Gefühl, neben mir zu stehen. Um wieder einen klaren Kopf zu bekommen und mich geistig auf die unangenehmen Projektnachwehen vorzubereiten, beschloss ich, ein wenig nach draußen zu gehen und einen Spaziergang um den Block zu machen. Es war gegen Mittag und ein kühler, aber sonniger Herbsttag, als ich im Herzen des schicken Bostoner Viertels Back Bay einen Gehsteig entlanglief.

Ich war gerade voll und ganz damit beschäftigt, meine Gedanken zu ordnen, als mich der Anblick einer attraktiven, gut gekleideten älteren Dame, die vor mir auf dem Gehweg lag, unsanft in die Wirklichkeit zurückholte. Um ihren Kopf hatte sich eine Blutlache gebildet. Die ganze Situation war unwirklich. Die Leute liefen einfach an ihr vorbei, als ob nichts wäre. Ich vermutete, dass sie gefallen war. Andernfalls hätte sich sicher bereits eine Menschentraube aus Polizei und Sanitätern gebildet. Da waren wir nun, meine zimperliche, tollpatschige Wenigkeit und diese Frau, die trotz des schrecklichen Anblicks, den sie geboten hatte, als sie bewusstlos in dieser Blutlache auf dem Gehweg lag, recht wach und munter schien.

Als ich begriffen hatte, dass sie am Leben und ansprechbar war, bettete ich ihren Kopf auf meine Jacke und lief in die Bank nebenan, um einen Rettungswagen zu rufen. Als ich zurückkam, hatten sich weitere Helfer versammelt, und die Frau war wieder auf den Beinen und sagte: »Ich weiß nicht, was passiert ist. Ich bin einfach hingefallen.«

Es war sehr kalt draußen, und so schlug ich vor, in der Lobby der Bank auf den Rettungswagen zu warten. Als wir im Haus waren, sah ich, dass das viele Blut aus einer eher oberflächlichen Kopfwunde gekommen und es ihr gelungen war, die Blutung mit einem Taschentuch zu stoppen, das ihr ein anderer Passant gegeben hatte. Wir plauderten ein wenig, und zu diesem Zeitpunkt wirkte sie einigermaßen ruhig, sodass ich ihr gänzlich unbegründet versicherte, alles würde wieder gut. Ich erlaubte mir sogar einen kleinen Witz. Ihr größtes Problem, so meinte ich, wären wohl die astronomisch hohen Reinigungskosten. Sie war noch sichtlich verängstigt, spielte aber die Mutige, genau wie ich.

Der Rettungswagen ließ sich Zeit (und ich musste noch zweimal zum Anrufen in die Bank gehen), tauchte aber schließlich doch auf. Ich brachte meine neue Freundin zu einem der Sanitäter und erklärte ihm kurz, was geschehen war. Als die Sanitäter die Dame in den Rettungswagen heben wollten, hielt sie sie zurück und sagte: »Einen Augenblick.« Dann beugte sie sich vor, drückte mich fest und flüsterte mir ins Ohr: »Vielen Dank für Ihre Liebenswürdigkeit.«

Ich weiß nicht, ob es an der Erschöpfung, dem Zeitpunkt in meinem Leben oder einfach dem jüngsten Beispiel üblen Büroklüngels lag, aber diese nicht weiter bemerkenswerte gute Tat meinerseits löste einen jener Momente der Erleuchtung im Leben aus. Plötzlich wurde mir klar, dass mir die Gefühle von Genugtuung, Selbstwert, Behagen und Stolz, die ich bei dieser einfachen Umarmung empfunden hatte, mehr bedeuteten als alles, was ich in meiner zwanzigjährigen Karriere als Videoproduzent erreicht hatte. Diese einfache, aus tiefstem Herzen kommende Umarmung rückte die Prioritäten in meinem Leben wieder zurecht. Gestärkt und erleuchtet kehrte ich ins Büro zurück – die Tränen, die ich vergossen hatte, waren inzwischen getrocknet.

Wenn man seine Arbeit hasst

Ich werde die Geschichte dieses Mannes erzählen, weil er sie nicht mehr selbst erzählen kann. Er starb 1978. Ich kannte ihn gut, und vor seinem Tod sprachen wir oft miteinander. Er brachte mir viel über die Arbeit und über das Leben bei.

Bens Erziehung war darauf ausgerichtet, ihn zu einem Banker, Anwalt, Investor oder einem anderweitigen Geschäftsmann zu machen. Aber er war für diese Art Arbeit nicht geschaffen.

»Jedes Mal, wenn ich es mit einem solchen Job versuchte«, erzählte er mir, »langweilte ich mich. Ich lief nicht gern in Anzug und Krawatte herum und sah nicht gern aus wie alle anderen. Ich fing an, Fehler zu machen, und früher oder später haben sie mich gefeuert.«

»Warum haben sie dich gefeuert?«, fragte ich.

»Wenn ich ehrlich bin, weil ich gefeuert werden wollte. Als ich zum Beispiel bei der Firma Morton Salt arbeitete und von Stadt zu Stadt ziehen musste, drehte ich innerlich durch. Ich wusste, die Familie erwartete von mir, dass ich einen verantwortungsvollen Posten wie diesen innehatte, aber ich hasste es. Ich begriff, Tag für Tag für Tag einen Job machen zu müssen, den man hasst, ist mit das Schlimmste auf der Welt.«

»Aber den Kindern, die die Schule hassen, geht es doch auch so«, konterte ich. »Hattest du nicht das Gefühl, dass du es einfach machen musstest?«

»Aber sicher doch. Deshalb habe ich auch so sehr damit gerungen. Ich bekam einen Job, weil ich bei den Einstellungstests der Firmen eine hohe Punktzahl erreichte und beim Vorstellungsgespräch einen guten Eindruck machte. Aber ich wusste immer, dass ich fehl am Platz war. Am besten hat mir die Arbeit in der Werft gefallen. Ich konnte draußen an den Booten arbeiten, und das gefiel mir sehr. Aber dann haben sie mich in den Innendienst versetzt. Es war eine Beförderung, sie bereiteten mich auf eine Managementposition vor. Ich hätte mich geehrt fühlen sollen. Ich bekam eine Gehaltserhöhung und bessere Karrierechancen – jedenfalls erzählten sie mir das.

Aber diese Beförderung war der Todeskuss. Zahlen zu prüfen und anderen Leuten zu sagen, was sie zu tun hatten, langweilte mich zu Tode. Ich hasste es. Sie haben mich dann auch recht bald entlassen.«

Ben sah gut aus, er war ein guter Sportler und hatte 1936 seinen Abschluss in Harvard gemacht. Er war brillant, kreativ und engagiert. Aber er litt auch an einer Psychose. Er war manisch-depressiv, was ihn manchmal sprunghaft und unzuverlässig machte. In jüngeren Jahren war es ihm fast unmöglich, einen Job zu behalten.

Er heiratete und bekam drei Kinder, aber seine Frau ließ sich wegen seiner Erkrankung von ihm scheiden. Er trieb sich eine Weile herum und wusste nicht, wo er hingehörte. Ihm war klar, dass er Talent hatte, aber er hatte keinen Plan, wie und wo er es einsetzen sollte.

Er brachte anderen mit Begeisterung das Segeln bei. Im Sommer hatte er nie Probleme, auf Cape Cod Arbeit als Segellehrer zu finden und junge Menschen das Segeln und Rennen zu lehren. Das konnte er hervorragend. Er hatte eine echte Begabung für den Umgang mit jungen Leuten und dafür, anderen Selbstvertrauen zu schenken.

Eines Winters ging eine Privatschule das Risiko ein und gab diesem Mann, der früher an einer Psychose gelitten hatte, Arbeit als Lehrer für die siebte Klasse.

»Das hat mein Leben verändert«, erzählte mir Ben. »Endlich hatte ich eine Arbeit, die mir gefiel. Lehrer zu sein fiel mir einfach zu. Ich konnte alle Fächer lehren, was es auch war. Geschichte, Englisch, Mathe, Erdkunde – ich beherrschte sie alle. Und weißt du, was mir am besten gefallen hat? Den dummen Kindern was beizubringen.«

»Wen meinst du mit den ›dummen Kindern‹?«, fragte ich.

»Die Kinder, die als etwas langsam gelten. Für mich waren sie eine Herausforderung. Außerdem waren das meist auch die nettesten. Ein paar von ihnen waren einfach nur große Tölpel direkt vom Bauernhof, und der eine oder andere Lehrer hatte sogar Angst vor ihnen. Wenn sie frustriert waren, konnten sie schon mal lebhaft werden und auf die Wand einschlagen. Aber ich verstand sie. Und ich wollte, dass sie zumindest lesen konnten, wenn sie auf ihren Bauernhof zurückkehrten. Ich mochte sie wirklich. Und weißt du, was? Sie mochten mich auch.«

»Wie hast du es angestellt, dass sie etwas gelernt haben?«, fragte ich.

»Ich bin einfach drangeblieben. Ich habe nicht aufgegeben, und ich habe nicht zugelassen, dass sie aufgaben. Außerdem behandelte ich sie immer mit Respekt. Ich wusste, dass sie dumm waren, und sie wussten, dass sie dumm waren, aber das hieß nicht, dass ich sie nicht respektierte.«

»Himmel, wie konntest du sie respektieren, wenn du sie für dumm gehalten hast?«, wollte ich wissen.

»Was für eine Frage für einen jungen, aufstrebenden Arzt! Ich habe sie respektiert, weil sie sich einer Aufgabe stellten, die ihnen schwer fiel. Ich respektiere das bei einem Menschen, du nicht?«

»Doch«, sagte ich, gebührend beschämt. Mir gefiel die Vorstellung von Ben im Kreise dieser Schüler, die niemand sonst für lernfähig hielt, wie er sein Bestes tat, um ihnen etwas beizubringen, und die Arbeit machte, die sich später als seine Lebensaufgabe erweisen sollte.

»Nach diesem ersten Jahr wusste ich, dass ich meine Berufung gefunden hatte. Damals zog ich nach New Hampshire. In meinem ersten Jahr an der staatlichen Schule in Derry bekam ich 1200 Dollar. Aber meine Arbeit liebte ich trotzdem. Bei Morton Salt hatte ich sehr viel mehr verdient, doch ich war unglücklich gewesen. Damals begriff ich: Das Einzige, was zählt, ist, die Arbeit zu finden, die man liebt.«

»Und wie lange bist du jetzt dort schon Lehrer?«, fragte ich.

»An die zwanzig Jahre«, sagte Ben. »Und die Dummies mag ich immer noch am liebsten.«

»Du solltest nicht so über deine Schüler sprechen, oder?«, sagte ich gequält.

»Warum denn nicht? Sie sind dumm. Mich stört's nicht, und sie stört's nicht. Eines Tages werden verdammt gute Menschen aus ihnen werden. Viele großartige Menschen sind nämlich dumm. Und viele richtig schlechte Menschen sind clever. Clever zu sein, wird über- und ein guter Mensch zu sein, unterbewertet.«

Ben arbeitete bis zum Schluss, als er 1978 an Krebs starb. Ein ganzer Bus voll Lehrer und Schüler kam zu seiner Beerdigung. An der Schule, an der er gearbeitet hatte, hängt eine Plakette, die ihn als eine der besten Lehrkräfte ehrt, die je dort gearbeitet haben.

Zu Beginn seines Lebens hasste er seine Arbeit. Sie war für ihn eine Qual. Aber als er seine Berufung gefunden hatte, liebte er seine Arbeit für den Rest seines Lebens. Er half anderen Menschen, indem er sein besonderes pädagogisches Talent einsetzte. Er gab Scharen von Kindern eine Ausbildung, die sonst verkümmert wären und die Schule ohne jegliche Kenntnisse und ohne Selbstrespekt verlassen hätten.

Ich kannte Ben gut. Er war mein Vater.

Wege zur Verbundenheit

Denkanstoß: Was waren Ihrer Ansicht nach die größten Hürden, die Sie im Arbeitsleben zu nehmen hatten? Auf welche Leistung sind Sie am meisten stolz?

Häufige Hindernisse: In meinem eigenen Leben und bei der Arbeit mit meinen Patienten sehe ich, dass – wenn überhaupt – ein Mangel an Selbstvertrauen das weitaus größte Hindernis auf dem Weg zum Erfolg ist. Die meisten Menschen sind talentierter, als sie glauben. Aber sie – wir – verkaufen sich unter Wert.

Ich mache das ständig. Wie steht's mit Ihnen? Statt zu handeln, grüble ich und male mir aus, was alles schief gehen könnte, oder ich hacke darauf herum, dass ich unfähig bin, die anstehende Aufgabe zu bewältigen.

Mögliche Schritte: Sprechen Sie mit anderen. Bleiben Sie mit Ihren Sorgen nicht allein. Bei mir funktioniert das, und ich habe festgestellt, dass es auch bei den meisten anderen Menschen klappt. Der große Vorteil von Gruppen – zum Beispiel Familien, Sportmannschaften oder einem eng befreundeten Kollegenkreis – liegt darin, dass die einzelnen Menschen einander Kraft geben. Sie bauen sich gegenseitig auf. So wie Trainer Boyadjian mehr in mir sah, als ich mir zugetraut hätte, und ein paar Jahre später mein Lehrer Fred Tremallo mehr in mir sah, als ich geahnt hätte, können andere Menschen uns helfen, mehr in uns zu entdecken, als wir je für möglich gehalten hätten. Wir müssen nur bereit sein, die Hilfe anzunehmen, offen dafür sein und uns der Herausforderung stellen. Geben Sie niemals auf. Die beste Möglichkeit, die dafür nötige Kraft zu entwickeln, ist ein stark vernetztes Leben.

KAPITEL 10

Selbsterkenntnis

Der fünfzigste Geburtstag

Am 2. Dezember 1999 wurde ich fünfzig. Ich hatte nicht geahnt, wie sich dieser problemlos absehbare, rein chronologische Einschnitt auf meine Gefühlswelt auswirken würde.

Ich hatte das Gefühl, in die letzte Lebensphase eingetreten zu sein. Mein Vater war mit 63 gestorben, und vielleicht glaubte ich mich deshalb an meinem fünfzigsten Geburtstag dem Tode nah. Zum ersten Mal wurde mir so richtig klar, dass ich nicht all das würde tun können, was ich mir erhofft hatte.

In der zwölften Klasse und mit achtzehn Jahren (allein diese Worte lassen mich zusammenzucken, weil es sich anfühlt, als sei ich erst vor einem oder zwei Jahren in der zwölften Klasse und achtzehn gewesen) hatte ich gewaltige Pläne. Ich wollte ein großer Schriftsteller werden. Ich las Dostojewski und schrieb selbst gequälte Geschichten. Ich stellte mir vor, ein Leben für die Literatur zu leben.

Nun, ich lebte für die Literatur, aber ein großer Schriftsteller wurde ich nicht. Stattdessen wurde ich Psychiater und schrieb Bücher anderer Art. Wie sich herausstellte, hatten die Bücher, die zu schreiben mir bestimmt war, das Ziel, Menschen auf eine andere Weise anzusprechen, als Romane es tun. Aber ich bin trotzdem nicht der große Schriftsteller und ich werde ohne einen Nobelpreis ins Grab gehen. Die Träume, die ich in der zwölften Klasse geträumt habe, werden sich nicht erfüllen.

In der zwölften Klasse war das Leben etwas, was sich *irgendwann* abspielen würde. Irgendwann würde ich dieses tun; irgendwann würde ich jenes tun. Ich fragte mich, was aus mir werden würde. Ich wollte hoch hinaus.

Als ich fünfzig wurde, begriff ich mit einem Mal, dass mein *Irgendwann* gekommen war. Irgendwann war jetzt. Mein Leben bestand nicht mehr aus Träumen und Möglichkeiten. Ich war der Mensch, der ich hatte werden sollen.

Ich machte mir nichts daraus, dass ich kein großer Schriftsteller war. Das überraschte mich, da ich immer gedacht hatte, ich würde es tief bereuen, dieses Ziel nicht erreicht zu haben. Aber als ich fünfzig wurde, begriff ich – und die Erkenntnis überraschte mich wie ein warmer Tag im Dezember –, dass die Ziele, die ich mir einmal gesetzt hatte, in meinem Leben keine Rolle mehr spielten. Es war nicht mehr von Bedeutung, ob ich ein großer Schriftsteller war oder nicht. Es zählte nicht, ob ich reich oder berühmt oder mächtig war. Was ich früher für so wichtig gehalten hatte, war völlig belanglos.

Wichtig war nur die Liebe.

Es war so einfach. Ich hatte es immer im Hinterkopf gehabt, die ganze Zeit über, aber ich war mir dessen nur selten bewusst gewesen. Schon als kleiner Junge hatte ich mir selbst gesagt, dass die Liebe das Wichtigste im Leben war. Aber ich ließ mich ablenken. Ich ließ mich von dem Bedürfnis ablenken, zu glänzen, mich hervorzutun, etwas zu leisten, und ich ließ mich dazu verführen, mich an diesen Maßstäben zu messen. Ich gestattete mir nie, die besten Seiten des Lebens voll und ganz auszukosten, weil ich dachte, ich hätte nicht genug *geleistet*.

Als ich fünfzig wurde, sah ich mir Sue, meine Kinder, meine Arbeit und meine Freunde an und dachte mir: »Danke, lieber Gott.«

Mein Ehrgeiz, wenn man das »Ehrgeiz« nennen kann, besteht nun darin, mein Leben auf so vielfältige Weise der Liebe zu öffnen, wie ich kann, und anderen zu helfen, das ebenfalls zu tun.

Ich möchte meine Familie, meine Freunde, meine Patienten und meine Arbeit als Autor, Lehrer und Arzt so sehr lieben, wie ich kann. Ich möchte meinen Garten, meine Haustiere, meine Kirche und Gott so sehr lieben, wie ich kann. Ich möchte meinen Nächsten lieben wie mich selbst. Ich weiß, es wird mir nicht immer gelingen, aber ich will es versuchen. Die Liebe soll mein Boot und sie soll mein Maßstab sein. Wenn ich versuche, gut zu lieben, werde ich weiter wachsen und weiter einen Beitrag leisten. Der Rest ergibt sich von selbst.

Was hat mich daran gereizt, ein großer Schriftsteller zu werden? Ich denke, zum Teil die Freude, etwas zu erschaffen. Es war wie ein komplexes Spiel. Ich war ein ziemlich guter Autor, deshalb konnte ich mich von Zeit zu Zeit an einem guten Satz erfreuen, den ich geschrieben hatte. Vor allem aber trieb mich mein Wunsch, zu den ganz Großen zu gehören, dazu, ein brillanter Schriftsteller zu werden. Es war mein Versuch, Beachtung zu finden. Es war meine Fahrkarte hinaus aus dem normalen Leben und hinauf auf den Olymp.

Ich wuchs mit dem Wunsch auf, es einmal weit zu bringen. Ich schätze, das geht vielen so. Es ist der amerikanische Traum. Für mich war der realistischste Weg nach oben der, ein großer Schriftsteller zu werden. Ich ging nach Harvard. Dort laufen ziemlich viele Leute herum, die ebenfalls hoch hinauswollen. Wenn ich jetzt so zurückblicke, weiß ich nicht, ob es tatsächlich mein Wunsch war, zu den ganz Großen zu gehören. Ich dachte nur, das sei nötig, um glücklich zu sein. Ich dachte, ich müsste mir mein Glück *erarbeiten*. Jetzt weiß ich, dass ich ihm lediglich erlauben muss zu wachsen. Ich darf ihm nicht im Weg stehen.

Ich möchte das tun, was ich schon immer liebe – und solange ich es noch kann. Ich möchte spielen, und zwar im weitesten Sinne des Wortes. Für die glücklichsten Menschen ist die Arbeit ein Spiel. Seit eh und je ist meine Lieblingsbeschäftigung eine Mischung aus Reden, Schreiben, Mit-Leuten-zusammen-Sein und Nachdenken. Ich liebe Wörter, und ich liebe Geschichten über Menschen. Dafür lebte ich schon damals in der Schule und auf dem College, als ich noch ziemlich schüchtern war. Bereits in dieser Zeit wollte ich wissen: Was tut sich bei ihm, bei ihr? Was gibt es Neues? Ich erinnere mich, dass ich mit vielen verschiedenen Menschen bis spät in die Nacht über das Leben oder über das neueste Streitthema sprach oder wir uns einfach über alles und jeden unterhielten.

Als ich fünfzig wurde, fiel mir auf, dass mir vielleicht nicht mehr viel Zeit blieb, um mit all diesen Menschen bis spät in die Nacht hinein zusammenzusitzen und zu reden.

Wenn Sie das lesen, denken Sie vielleicht: »Was will er damit eigentlich sagen? Dass er mit fünfzig zu der Erkenntnis gelangt ist, er sollte nur noch die ganze Zeit herumsitzen und reden?«

Nein. Ich will damit sagen: Mir wurde klar, dass mein Bedürfnis, etwas zu erreichen, und das Gefühl, ich wäre ein Niemand, wenn ich kein Jemand wäre, mir unnötig das Leben schwer machten.

Ich hoffe, ich bringe meinen Kindern nicht bei, das ebenfalls zu glauben. Ich bin mir ziemlich sicher, dass Sue und ich ihnen den Fluch dieses Denkens ersparen.

Im Sommer nach meinem fünfzigsten Geburtstag ging ich mit Lucy, Jack, Tucker und Sue im kalten Atlantik vor Cape Cod schwimmen. Tucker konnte es zwar, hatte aber ein wenig Angst, und so trug ich ihn auf dem Arm. Er war das Süßwasser von Seen gewohnt, schmatzte erstaunt mit den Lippen und sagte: »Papa, das Wasser schmeckt salzig!« Jack versuchte, auf meine Schultern zu klettern, und Lucy kämpfte mit einer Luftmatratze und versuchte, die Balance zu finden, damit sie sich hinaufziehen und darauf legen konnte. Sogar Sue watete trotz ihrer ausgesprochenen Abneigung gegen kaltes Wasser zu uns herein. Als ihr das Wasser bis über die Knöchel ging, quietschte sie, reckte mit zitternden Unterarmen die Fäuste nach oben, als trüge sie eine schwere Last auf dem Kopf, watete aber trotzdem weiter ins eiskalte Wasser hinein, um bei uns zu sein.

Da waren wir nun. Wir konnten das Provincetown-Monument sehen und schwammen in dem gleichen Ozean, in dem ich schon geschwommen war, als ich so alt war wie Tucker, Jack und Lucy.

In den letzten fünfzig Jahren hatte ich es von einer stürmischen, von Alkoholismus und Geisteskrankheit gezeichneten Familie hierher, in eine sichere Bucht geschafft. Ich war mit der Frau, die ich liebte, und den drei Kindern, die ich anbetete, beim Schwimmen. Und obwohl ich kein großer Schriftsteller war, bewirkte ich Gutes in der Welt, und Spaß hatte ich obendrein.

Der junge Mann, der ein großer Romanautor werden wollte, hatte sich eigentlich genau das gewünscht, was der Fünfzigjährige besaß, wenn er weise genug gewesen wäre, das zu erkennen: ein Leben voller Liebe, Freude und mit einem Nutzen für die Welt.

Ob ich es nicht manchmal ein klein wenig bereue, wenn mir klar wird, dass ich nicht in die Reihen der unsterblichen Literaten eingehen werde? Ja, ich denke schon. Hie und da. Dieser Wunsch ähnelt einer Frau, der ich zwar den Hof gemacht, die ich aber nicht geheiratet habe. Ich kenne ein paar Männer, die mit ähnlichen Frauen verheiratet sind. Ich bin froh, es nicht getan zu haben, aber manchmal empfinde ich doch einen Hauch von Bedauern.

Ich bin dankbar dafür, dass ich meinen Ehrgeiz nicht über alles andere gestellt habe. Ich konnte sehen, wie viele Menschen auf der Jagd nach großen Zielen, dem ganz großen Erfolg, ihr eigenes und das Leben anderer zerstörten. Auch ein paar Menschen, die es schaffen, verwandeln sich auf dem Weg zum Erfolg in Ungeheuer.

Jetzt, mit fünfzig, sehe ich so deutlich, was wirklich wichtig ist, dass ich mich diesen Dingen mehr und mehr widmen kann.

Wie widmet man sich der Liebe? Da gibt es viele Möglichkeiten. Sie entscheiden, welche die richtige für Sie ist. Ein auf Liebe gegründetes Leben zu führen kann heißen, dass man bei General Motors arbeitet und dafür sorgt, dass der Betrieb so vielen Menschen wie möglich nützt. Oder es kann heißen, dass man dem Nachbarn hilft, den man eigentlich gar nicht mag. Ich werde Ihnen sagen, was es für mich bedeutet: dass ich versuche, den besten Impulsen meines Herzens zu folgen. Es bedeutet, dass ich versuche, mich anderen so weit zu öffnen wie nötig. Dass ich (oft erfolglos) versuche zu verstehen, statt zu urteilen, und zu vergeben, statt zu zürnen. Dass ich mit Umsicht versuche, meine Beziehungen zu anderen Menschen, zu den Gruppen, an denen mir etwas liegt, zur Natur und zu allem, was mein Herz fesselt, zu vertiefen. Es bedeutet, ich lasse zu, dass etwas mein Herz fesselt.

Ich werde meine Arbeit nicht aufgeben und Missionar werden. Eigentlich möchte ich genau so weitermachen wie bisher. Ich werde einfach versuchen, mir selbst und anderen gegenüber noch ehrlicher zu sein, was die Dinge angeht, die wirklich zählen – und die, die es nicht tun.

Dieses Gefühl, dass die Liebe – im weitesten Sinne des Wortes – Vorrang hat, begleitet mich schon mein ganzes Leben lang, ob ich mir dessen nun bewusst war oder nicht. In meiner Jugend führte mich die Suche nach der Sicherheit, die ich zu Hause nicht fand, zu vielen Lehrern und Freunden, die mir im Grunde das Leben retteten. Als ich in Harvard und von den klügsten Menschen umgeben war, die ich je gesehen hatte, erlebte ich am eigenen Leib, wie viel wichtiger Liebe war als Verstand. Wie der Gründer meiner High School Exeter sagte: »Güte ohne Wissen ist kraftlos und schwach, doch Wissen ohne Güte ist gefährlich.« In Harvard entdeckte ich, dass für ein erfüllendes und fruchtbares Leben Intelligenz allein nicht reicht. Ich entdeckte auch, dass es ziemlich leicht war, schlau zu sein. Gleichzeitig schlau und liebevoll zu sein, das war schwer.

Als ich fünfzig wurde, beschloss ich, von nun an so viel Energie wie möglich dafür aufzuwenden, die abstrakte Botschaft der Liebe in konkrete, machbare Taten zu übersetzen.

Jetzt versuche ich, mir wieder jene Bucht auf Cape Cod vorzustellen und in all den Gefühlen zu baden, für die sie steht: Harmonie, seelisches Gleichgewicht und Freude. In jenem Salzwasser mit Tucker auf dem Arm, Jack auf den Schultern, Lucy vor meinen Augen und Sue auf dem Weg zu uns fand ich endlich Frieden. Ich habe genug getan. Wenn ich noch mehr tun möchte, schön und gut. Aber ich fühle und weiß jetzt, dass es im Leben nicht darum geht, wie viel man erreicht und wie gut man seine Sache macht, sondern darum, wie viel und wie gut man liebt.

Brustkrebs

Dieser Essay über den Kampf einer Frau gegen den Brustkrebs fängt nicht nur einen, sondern eine Reihe von Augenblicken der Menschlichkeit ein: Augenblicke der Liebe und Momente, in denen wir etwas über das Leben erfahren und darüber, was Menschen in Zeiten der Not am meisten hilft.

In wenigen Absätzen lehrt uns diese Autorin sehr viel. Ihr demütiger und beinah beiläufiger Bericht ist voller Zärtlichkeit und Einsicht. Als ich diesen Beitrag zum ersten Mal las, war ich sofort voller Bewunderung, nicht nur für die Autorin, sondern für alle Menschen, die sie in ihre Hoffnung machende Geschichte einbezieht. Wäre diese Geschichte nicht wahr, so könnte man fast meinen, sie sei von einem großartigen Erzähler erfunden, da sie so viele klassische Elemente enthält: den treuen Ehemann; die Mutter, die ihre Kinder vor dem zu schützen versucht, was sie durchmacht; das große Netz anderer Brustkrebsopfer; die unzähligen Freunde und Menschen, die Karten schickten; die namenlose Nonne, die ein Gebet spricht; die betagte Zimmergenossin, die in nur wenigen Stunden zu einem Menschen wird, den die Autorin nie mehr vergessen wird. All diese Charaktere und mehr werden von so einfachen, klaren Worten verknüpft, dass sich die Geschichte wie eine Flagge entfaltet, um uns zu zeigen, worin der Kern unseres Lebens besteht.

Ich war schon immer mit einer wunderbaren Familie und vielen Freunden gesegnet. Ich glaubte, sie zu schätzen, stellte aber fest, dass ich die wahre Tiefe und Bedeutung jener Wertschätzung erst erkannte, als ich krank wurde. Inzwischen bin ich mir darüber absolut im Klaren.

Bis zu meinem 52. Lebensjahr war ich munter wie ein Fisch im Wasser. Dann kam der gefürchtete Anruf: »Mrs. Seaman, es tut mir Leid, Ihnen das mitteilen zu müssen, aber Sie haben Brustkrebs – Carcinoma lobulare –, und ich empfehle Ihnen eine beidseitige Amputation.«

Meine erste Reaktion war Schock, meine zweite: »Lieber Gott, wie soll ich das meinen Kindern und meinen Eltern beibringen?« Ich wusste, dass mein Mann stark sein und mich unterstützen würde, aber meine Kinder waren 21 und 26, und ihre Stärke war noch nie auf die Probe gestellt worden. Meine Eltern, 83 und 87, sind Teil unserer sich außerordentlich nahe stehenden Familie, aber gerade meine Mutter wird langsam immer schwächer.

Zuerst rief ich meinen Mann an. Er ist mein Fels in der Brandung, und so reagierte er auch: »Mach dir keine Sorgen, mein Schatz. Wir werden das schon schaffen. Nichts wird sich ändern. Wenn überhaupt, dann werde ich dich nur noch mehr lieben, weil diese Sache uns beiden bewusst macht, wie wertvoll unser Leben zu zweit ist.« (Wie sich herausstellte, hatte er die Wahrheit gesagt.) Er gab mir die Kraft, die ich brauchte, um die gefürchteten Anrufe zu erledigen.

Für meine Kinder und meine Eltern brach eine Welt zusammen. Ich spürte, es kostete meine Mutter ein Jahr ihres Lebens, diese Worte auch nur zu hören. Mein Vater zeigt seine Gefühle weniger deutlich, aber ich wusste, dass auch er beunruhigt war. Die Reaktion meiner Kinder fiel einigermaßen unerwartet aus. Meine Tochter hatte gerade eine neue Stelle in Kalifornien angetreten, aber sie war bereit, ins nächste Flugzeug zu springen. Ihr Freund, den ich liebe wie meinen eigenen Sohn, wollte sie begleiten. Mein Sohn, der damals gerade angefangen hatte zu studieren, ist ein eher ruhiges und scheinbar weniger empfindsames Familienmitglied. Aber auch er war bereit, nach Hause zu kommen. Meine Tochter und meine Eltern riefen mich jeden Tag an, was mir mehr bedeutete als alles andere.

Die Wochen vor der Operation waren für mich am längsten und schwersten. In dieser Zeit hatte ich genug mit meinen eigenen Gefühlen zu tun, und so bat ich die Kinder, erst nach der Operation zu kommen. Ich wollte nicht, dass sie mich in einem so schlechten Zustand sahen. Im Nachhinein war das ein egoistischer Fehler, da sie diese körperliche Verbindung gebraucht hätten, auch wenn ich im Augenblick kein Bedürfnis danach verspürte. Außerdem machte sich die Krankheit ja nicht auf eine Weise bemerkbar, die zu sehen gewesen wäre. Letzten Endes litten und sorgten sie sich dadurch sehr viel mehr, als wenn sie mich mit eigenen Augen gesehen hätten. Es gab ihnen auch das Gefühl, unerwünscht und ungeliebt zu sein. Wie ich einen Monat später erfuhr, ging mein Sohn insgesamt zwei Wochen lang nicht zu seinen Seminaren.

Ich fing an, stundenlange Spaziergänge in der Nachbarschaft zu machen, um in aller Ruhe nachdenken zu können und mich körperlich auf die bevorstehende Operation vorzubereiten. Plötzlich wurde mir klar, dass die natürliche Neigung, im Selbstmitleid zu versinken, vermutlich nicht das Beste für mich war. Also entschied ich mich bewusst dafür, mich »zusammenzureißen und keine große Sache daraus zu machen«. Ich bemühte mich, meine Eltern und meine Kinder zu beruhigen, aber letzten Endes half ich mir dadurch selbst. Manchmal wurden mir die Tage vor der Operation lang, aber indem ich mir sagte, dass es »keine große Sache« sei, wurde es tatsächlich immer leichter.

Zu diesem Zeitpunkt wurde ich von vielen Freunden und sogar Fremden am Telefon, per E-Mail und bei persönlichen Besuchen mit Liebe und Mitgefühl überschüttet. Ein Mensch half mir ganz besonders, die langen Tage vor der Operation erträglich zu machen. Meine italienische Freundin Anna rief mich jeden Tag an oder schickte mir eine E-Mail – manchmal sogar zwei oder drei. Sie tröstete mich, ermutigte mich, lenkte mich ab und brachte mich zum Lachen. Ich glaube, ohne sie hätte ich die Zeit nicht annähernd so gut überstanden. Ich werde ihr, meinem Mann, meiner Tochter und meinen Eltern für ihre tägliche Unterstützung ewig dankbar sein.

Der Zusammenhalt der Brustkrebsopfer ist unglaublich stark. Als es sich herumsprach, bekam ich Anrufe von Frauen, die ich noch nie gesehen hatte. Eine dieser Damen, die Frau meines Schulleiters, nahm sich Zeit für mich und ließ mich an ihrer Erfahrung und ihrem Fachwissen teilhaben, linderte meine Angst und meine Sorgen, beantwortete Fragen und lud mich zu einem Seminar ein, das von Ärzten gehalten wurde, die selbst Brustkrebs behandeln. Eine Dame der amerikanischen Krebsgesellschaft rief an, um mir ihre Hilfe anzubieten, und schickte mir ein Päckchen mit Dingen, die sehr nützlich für eine Frau sind, der die Brust abgenommen wird. Auch die Schwester bei der Voruntersuchung vor meiner Operation war besonders freundlich. Sie spürte meine Angst und nahm sich ungeheuer viel Zeit, um meine Fragen zu beantworten. Sie besuchte mich im Krankenhaus und bat eine Kollegin, mich anzurufen und mir von ihrem eigenen Brustkrebsleiden zu erzählen. Diese Kollegin informierte mich auch über die Wahlmöglichkeit zwischen Wiederherstellung der Brust und einer Prothese. Es tauchten Menschen auf, die einfach nur gut zu mir waren oder mir Informationen gaben, welche ich damals dringend brauchte. Es ist wertvoll, diese Dinge zu lesen; Erfahrungsberichte zu hören ist aber unschätzbar.

Am Abend vor der Operation rief der ehemalige Partner aus der Tierarztpraxis meines Mannes an, der sich inzwischen zur Ruhe gesetzt hatte und den ich als meinen »spirituellen Vertrauten« bezeichne. Er sprach Worte voll Hoffnung und innerer Kraft, die ich in jenem Augenblick dringend brauchte. Er beruhigte, tröstete und ermutigte mich, Gott zu vertrauen, dass er für alles sorgen würde, was zu meiner Genesung nötig war. Dank seines Anrufs schlief ich in jener Nacht wie ein Baby. Schließlich war der Morgen der Operation da. Bis zu jenem Augenblick hatte ich mich ziemlich gut im Griff gehabt, hatte es mit *viel* Hilfe von meinen Freunden, meiner Familie und von Fremden so weit geschafft. Mein Glaube an Gott ist ebenfalls stark, und bis dato hatte ich auch mit ihm eine ganze Menge besprochen. Aber um sechs Uhr morgens wurde ich von meiner Furcht überrascht, als der Anästhesist ins Zimmer kam, um mir zu sagen, die Ärztin habe ihn angewiesen, mir keines der Beruhigungsmittel zu geben, die er üblicherweise verabreichte. (Es war die erste Operation meiner Ärztin in einem neuen Krankenhaus, und sie hatte es gern, wenn ihre Mastektomie-Patientinnen bei vollem Bewusstsein waren, falls sie es sich in letzter Minute noch anders überlegten.)

Er war gerade zur Tür hinaus, als eine liebenswürdige, kleine, alte Nonne ins Zimmer schlüpfte. Sie sah meiner Großmutter auffallend ähnlich, die meine Heldin und der netteste, liebste Mensch war, den ich je kennen gelernt habe. Es war beinahe, als sei meine Großmutter als Engel vom Himmel herabgekommen, um mir in meiner Not beizustehen. Die Nonne beugte sich über das Bett, ergriff meine Hand und fragte: »Stört es Sie, wenn ich für Sie bete, meine Liebe?« Meine Reaktion überraschte mich. Ich löste mich in Tränen auf, hatte mich aber schließlich wieder so weit gefasst, dass ich sagen konnte: »Nein, im Gegenteil, ich wäre Ihnen dankbar.« Ich bin nicht katholisch, aber in jenem Moment war ich für alle Gebete dankbar.

Als sie fertig war, trat sie näher und umarmte mich. Sie sagte: »Meine Liebe, ich bin froh, dass Sie geweint haben. Ich stehe jetzt seit über fünfzig Jahren um halb sechs auf, um mit Menschen vor ihrer Operation zu beten, und ich habe festgestellt, dass diejenigen, die weinen, es besser überstehen!« Mit diesen Worten schlüpfte sie lautlos aus meinem Zimmer wie eine Fremde in der Nacht. Plötzlich hatte ich Frieden. Ich wurde ruhig und fand zu meiner Einstellung zurück, dass es »keine große Sache« war. Die Nonne hatte Recht: Ich überstand die Operation gut, zum Teil wohl auch wegen ihr.

Ich wachte in meinem Zimmer auf, mein Mann wie immer treu an meiner Seite. Geschenke erwarteten mich – ein Korb voller Überraschungen von einer netten, jungen Lehrerin an der Schule, an der ich Nachhilfeunterricht gebe, und verschiedene andere Aufmerksamkeiten: Der Zeitpunkt war einfach perfekt. Während meines Krankenhausaufenthalts leisteten so viele Menschen Unschätzbares, dass ich sie unmöglich alle aufzählen kann: meine erstaunliche Ärztin, die ganz gewiss eine vom Himmel gesandte Heilige ist; die liebevollen, warmherzigen Schwestern, die den ganzen Tag und die ganze Nacht so aufmerksam waren; eine Anästhesieschwester, die während der Operation im wahrsten Sinne des Wortes das Atmen für mich übernahm; Mary, meine liebe, kleine 79-jährige schwarze Zimmergenossin und Mutter von zwölf Kindern, die sich von Zeit zu Zeit erkundigte: »Alles in Ordnung, Schätzchen?« Und ich antwortete dann: »Mir geht's gut, Mary, und dir?« Es klingt albern, aber während jenes Tages und jener Nacht im Krankenhaus war das sehr tröstlich, und es erleichterte mir meine Last. Wir erzählten uns glückliche und schmerzliche Geschichten, und ich fühlte mich ihr nahe, obwohl ich sie erst seit so kurzer Zeit kannte. 72 Stunden nach meiner Operation war ich wieder zu Hause, wusch und trocknete mir die Haare und tippte E-Mails!

Was mich zu Hause erwartete, war buchstäblich überwältigend: In den nächsten Tagen bekam ich 35 Blumensträuße und über 75 Karten und Nachrichten. Ich hatte selbst schon Genesungswünsche an Kranke geschickt, aber mir war nie bewusst gewesen, wie hilfreich und wichtig diese einfache Geste ist. Ich habe mich mit vielen Brustkrebsüberlebenden unterhalten, und alle sagen einhellig, dass sie sich aus irgendeinem Grund einfach nicht von jenen Karten und Nachrichten trennen können.

Kollegen, Vereine, denen mein Mann und ich angehören, sogar Freunde, von denen ich seit Jahren nichts gehört hatte, dachten an mich. Ich kann nicht sagen, wie viel mir das bedeutete. Eine Freundin aus der High School, deren Mutter drei Tage zuvor gestorben war, besuchte mich. Sie sagte, auch sie habe durch Leiden gelernt, wie wichtig die Unterstützung von Freunden ist. Sie brachte mir eine wohltuende Gemüsesuppe, nach der mein Körper damals verlangte. Auch andere Freunde wussten scheinbar genau, was ich damals brauchte: Zwei Wochen später stieg ich in ein Flugzeug Richtung Italien!

Meine Ärztin fragte mich, was meiner Meinung nach für meine rasche Genesung und meine positive Einstellung verantwortlich war. (Sie bezeichnet mich als ihr »Musterkind«.) Ich sagte, es mochte sich vielleicht sentimental anhören, aber ich zweifelte nicht daran, dass der Grund die vielen Menschen gewesen seien, mit denen ich gesegnet war. Sie erwiderte, auch sie zweifle keine Sekunde daran. Die Forschung und ihre eigene Erfahrung hätten gezeigt, dass es denjenigen, die ohne dieses Hilfssystem auskommen müssen, nicht ganz so gut ergehe. Ich bin jedem Einzelnen, der eine so schreckliche in eine so positive Erfahrung verwandeln half, für alle Zeit dankbar.

Ich muss Ihnen sagen, dass jetzt kein Tag vergeht, an dem ich nicht dankbar bin für mein Leben und die Menschen, die ich nun in einer völlig neuen Tiefe kennen gelernt habe. Ich bete nur, dass ich für andere da sein kann, so wie sie für mich da waren.

Bunny LoMinto

Einige wichtige Augenblicke der Selbsterkenntnis erleben wir in unserer Kindheit. Ihr Einfluss wird uns oft erst Jahre später bewusst.

Als ich zum Beispiel in der zehnten Klasse war und eines nachmittags vom Fußballtraining in die Umkleide zurückging, kam ein Zwölftklässler auf mich zugelaufen und deutete mit seinem Zeigefinger auf mein Gesicht. »Du bist hässlich! *«, schrie er mich an. »*Hässlich, hässlich, hässlich*! Weißt du überhaupt, wie* hässlich *du bist?« Ich kannte seinen Namen – nennen wir ihn »Buck Camillo« –, weil er der ältere Bruder eines meiner Klassenkameraden, Frank Camillo, war. Frank und ich mochten einander, weshalb ich mir nicht vorstellen konnte, warum Buck mich verspottete. Damals war es an der Tagesordnung, dass die Älteren die Jüngeren schikanierten. Vielleicht steckte also nichts weiter dahinter.*

Trotzdem war ich fassungslos über das, was Buck da sagte. Nachdem er mir seine kleine Botschaft überbracht hatte, lief er einfach lachend weiter. Für ihn war es keine große Sache. Aber seine Worte waren so nachdrücklich und so voller Hass gewesen, dass ich weder die Worte selbst noch den Augenblick jemals vergessen konnte. Ich weiß noch, wo die Sonne am Himmel stand, welche Trikots wir trugen, ich sehe sogar noch das Glitzern des Rings vor mir, der an einem von Bucks haarigen Fingern steckte.

In jenem Augenblick erkannte ich, dass ich naiv war. Zuvor war mir nicht bewusst gewesen, wie naiv ich war. Ich wusste, dass schlimme Dinge geschahen – das hatte mich Onkel Noble gelehrt –, aber ich hatte nicht wirklich gewusst, dass sie buchstäblich aus heiterem Himmel über einen hereinbrechen konnten, während man seiner Wege ging und sich um seine eigenen Angelegenheiten kümmerte.

Das Komische ist, ich bin immer noch naiv. Obwohl seit damals viele Male mit dem Äquivalent von Bucks Finger auf mich gezeigt wurde, erschüttert und überrascht mich dieser haarige Finger auch heute noch beinahe so sehr wie damals in der zehnten Klasse. Ich bin auf unmotivierte Grausamkeit immer noch nicht vorbereitet, und es erschüttert mich nach wie vor, ob man nun mir selbst oder anderen damit begegnet. Selbst wenn ich darüber in der Zeitung lese, erstaunt es mich.

Auch die Autorin dieser Geschichte lernte das schon früh. Ihre tapfere Reaktion gefällt mir.

Eines Tages im Herbst 1949 lief ich mit meinem kleinen Bruder von der Schule nach Hause. Ich war in der sechsten, mein Bruder in der zweiten Klasse, und ich war dafür verantwortlich, dass er jeden Tag wohlbehalten in der Schule und wieder zu Hause ankam. Ich muss wohl nicht extra betonen, dass ich diese Verantwortung *sehr* ernst nahm. Normalerweise begleitete uns noch eine unserer Cousinen. Sie war so alt wie mein Bruder, und auch für sie trug ich die Verantwortung. An jenem Tag war sie allerdings krank und zu Hause geblieben, und deswegen waren mein Bruder und ich allein unterwegs.

Am Morgen hatte es geregnet, und ich trug einen großen Herrenschirm in der einen Hand. Mein Bruder Joey lief fröhlich plappernd neben mir her. Ich wollte gerade eine seiner zahlreichen Fragen beantworten, als plötzlich Bunny LoMinto, der größte Schläger der ganzen Gegend, vor uns auftauchte und uns den Weg versperrte.

Ich war groß für meine elf Jahre, aber Bunny, der ebenfalls in der sechsten Klasse war, überragte mich um ein Beträchtliches, weil er ein paarmal sitzen geblieben war. Doch so leicht ließ ich mich nicht einschüchtern. Schon gar nicht, wenn meine Beschützerinstinkte als große Schwester die Oberhand gewannen.

»Hast du mir was zu sagen, Pimpf?«, fragte Bunny und baute sich bedrohlich vor meinem siebenjährigen Bruder auf, der vor Schreck erstarrt war und dem einen raren Augenblick die Worte fehlten.

Verstohlen warf mir Joey einen ängstlichen Seitenblick zu, als er den Mund aufmachte, um zu antworten. Aber es kam kein Ton heraus.

»Hä?«, bohrte Bunny nach, versetzte Joeys Schulter einen Schubs mit seiner dreckigen Pranke und stieß ihn zu Boden. Dann grinste er uns böse an, drehte sich um und wollte gehen.

»Warum legst du dich nicht mit jemandem an, der genauso groß ist wie du, du miese Schlägertype?«, schrie ich und half Joey mit meiner freien Hand auf die Füße.

»Kümmer dich um deine eigenen Angelegenheiten, Kleine«, warnte Bunny drohend und machte wieder einen Schritt auf uns zu.

»Mein Bruder *ist* meine Angelegenheit«, beharrte ich und straffte die Schultern.

»Ach ja?« Bunny ballte eine riesengroße Hand zur Faust.

»Ich warne dich, Bunny, lass uns in Frieden«, verkündete

ich, schwang den Schirm in der einen Hand und schob Joey mit der anderen hinter mich.

Bunny stürzte sich auf uns, mehr auf Joey als auf mich. Ich sprang hoch und ließ den Schirm mit einem Schlag, der härter war, als ich es mir je hätte träumen lassen, auf Bunnys Kopf heruntersausen. Im Bruchteil einer Sekunde schwoll eine Beule auf, und Bunny sah mich völlig entgeistert an, als er sich den Kopf rieb.

»Donnerwetter …«, murmelte er.

»Ich hab dich gewarnt«, sagte ich. »Hau ab.«

Langsam trat Bunny ein paar Schritte zurück, dann drehte er sich um und lief wie der Blitz davon.

Joey lugte hinter mir hervor. »Er hat den Schirm verbogen!«, war alles, was er mit großen Augen voller Bewunderung hervorbrachte.

Noch immer pumpte Adrenalin durch meine Adern, noch immer war ich bereit, zu kämpfen oder davonzulaufen, als mir bewusst wurde, was ich gerade getan hatte. Ich warf einen Blick auf den verbeulten Schirm, der sehr viel schlimmer aussah als Bunny, und seufzte. Obwohl Bunny es verdient hatte, weil er einen kleinen Jungen angriff, der nicht halb so groß war wie er, hatte ich ihm nicht wehtun, sondern ihn nur erschrecken wollen. Was, wenn er von meinem Schlag eine Gehirnerschütterung oder Schlimmeres bekam? Ich eilte mit Joey das restliche kurze Stück nach Hause. Bilder von Bunny, der in einer Seitenstraße bewusstlos im Rinnstein lag, schossen mir durch den Kopf.

Als wir zu Hause ankamen, nahm uns unsere Großmutter an der Küchentür in Empfang. Mit einem Blick erfasste sie den verbogenen Schirm und mein besorgtes Gesicht. Doch ehe sie fragen konnte, sprudelte die Geschichte schon aus mir heraus, inklusive Joeys Bewunderung und meiner Schuldgefühle.

Nach dem Ehrenkodex meiner Großmutter, einer Einwanderin, hatte ich das Richtige getan. Ich beschützte meinen wehrlosen kleinen Bruder um jeden Preis. Ihrer Ansicht nach gingen Liebe und Sicherheit vor. Sosehr ich mich auch im Glanz ihrer Anerkennung sonnte, quälte mich doch auch das schlechte Gewissen. Vielleicht war Bunny ja tatsächlich verletzt? Seine Familie war arm und bestand aus unzähligen Kindern, die keinen Vater hatten, der für sie sorgte. Sicher, die anderen Nachbarn schimpften über die Kinder, bezeichneten sie als »Raufbolde« und Bunny selbst als Schlimmeres, aber das Bild der stets erschöpften und blassen Mrs. LoMinto, die sich händeringend über den bewusstlosen Bunny beugte und hemmungslos schluchzte, ging mir nicht aus dem Kopf.

Schließlich sagte ich meiner Großmutter, ich würde bei den LoMintos vorbeischauen, um sicherzugehen, dass Bunny okay sei. Meine Großmutter versicherte mir, es gebe nichts, wofür ich mich entschuldigen müsse. Wenn ich mich aber vergewissern wolle, dass es Bunny gut ging, könne ich das tun. Sollte ich allerdings in einer Viertelstunde nicht zurück sein, käme sie nach, und sollte mir irgendetwas geschehen, würde sie mit Mrs. LoMinto das machen, was ich mit Bunny gemacht hatte – oder Schlimmeres. Der einzige Mensch, vor dem die Leute in unserem Viertel noch mehr Angst hatten als vor Bunny, war meine Großmutter.

Ich ging das kurze Stück zu den LoMintos zu Fuß. Bunny saß auf der Vordertreppe. Wir sahen uns ein paar Sekunden lang in die Augen.

»Ich wollte mich vergewissern, dass es dir gut geht«, begann ich zögernd.

»Hättste dir sparen können«, sagte er schroff. »Hab's ja kaum gespürt, Kleine.«

Ich verkniff mir eine schlagfertige Antwort, tat, als hätte ich seine letzte Bemerkung nicht gehört, und murmelte: »Das freut mich.«

Ich wollte mich gerade umdrehen und wieder nach Hause gehen, als die leidgeprüfte Mrs. LoMinto zur Tür herauskam. »Du hast das meinem Jungen angetan?!«, warf sie mir vor und deutete auf die Beule auf Bunnys Kopf, die inzwischen so groß war wie ein Ei.

Ich nickte. »Er wollte meinen Bruder verprügeln«, erklärte ich und fügte erbost hinzu: »Dabei ist er erst sieben!«

Mrs. LoMinto seufzte und sah Bunny mit einer Mischung aus Verzweiflung, Zärtlichkeit und Besorgnis an. Erst als ich selbst Kinder hatte, konnte ich diesen Blick voll und ganz verstehen, aber mein natürlicher Beschützerinstinkt gegenüber Joey lieferte mir einen ziemlich guten Ansatzpunkt. »Tut mir Leid, wenn ich ihm wehgetan habe«, erklärte ich aufrichtig. »Bunny ist zwar wirklich ekelhaft zu allen, aber wahrscheinlich lieben Sie ihn, weil er Ihr Sohn ist.«

Sie sah mich an, der anfängliche Ärger war nun ganz aus ihrem Gesicht gewichen, und nickte: »Der wird schon wieder«, versicherte sie mir. »Hat 'nen harten Schädel. Genau wie sein Vater«, fügte sie grimmig hinzu, und der Vergleich schien die Zärtlichkeit zu verdrängen, die noch ein paar Sekunden zuvor in ihrem Ausdruck gelegen hatte.

Bunny sah betreten von seiner Mutter zu mir, dann drehte er sich um und ging ins Haus. Seine Mutter folgte ihm, sah aber noch einmal über ihre Schulter und sagte: »Ich hoffe, du bekommst nie einen Sohn, der so ist wie meiner.«

Ich drehte mich um, machte mich auf dem Heimweg und fragte mich, warum ich das Gefühl hatte, jeden Augenblick in Tränen ausbrechen zu müssen. Ich hatte jetzt ein reines Gewissen. Bunny ging es gut, das hatte seine Mutter selbst gesagt. Dann dachte ich an Mrs. LoMintos Abschiedsworte, und mir wurde klar, was mich bedrückte: Es hatte mir Leid getan, Bunny wehzutun, weil es einfach schrecklich für mich war, einem anderen Schmerzen zuzufügen. Aber leider war es für Mrs. LoMinto unausweichlich, dass Bunny Schmerzen erlitt, und eine Beule am Kopf war bei weitem nicht das Schlimmste, mit dem sie rechnen musste.

Ich wurde erwachsen, heiratete und bekam selbst Kinder. Gott sei Dank war keines davon wie Bunny LoMinto. In den Jahren als Mutter musste ich meine Kinder oft beschützen, und ich stellte meine Methoden nie infrage – obwohl die Anwendung roher Gewalt, sei es mittels eines Regenschirms oder auch sonst, nie wieder nötig war.

An jenem Herbstnachmittag wurde ein Teil von mir zur Mutter. Nicht nur, weil ich meinen Bruder hatte beschützen müssen, sondern auch, weil ich die Verzweiflung einer Mutter sah, die keine Hoffnung für ihren Sohn hatte. Ich war Mrs. LoMinto für das, was sie mir wünschte, stets dankbar, und ich musste oft an sie denken. Schließlich hatte mir ihr Anblick klar gemacht, welche Rolle mir in diesem Leben bestimmt war – die der Mutter und Beschützerin. Und ich bereue keinen einzigen Augenblick.

Der Vorfall mit der Tasche

Zuweilen müssen Jahre vergehen, ehe man eine wichtige Wahrheit erfährt. Als Kinder deuten wir die Reaktionen der Erwachsenen manchmal falsch oder sehen Missbilligung, wo keine ist. Oft leiden wir ewig unter einer falschen Vorstellung oder lassen Jahre vergehen, ohne uns in dem warmen Glanz zu sonnen, den wir hätten empfinden sollen. Dieses Ereignis ist ein kleines Beispiel dafür.

In der dritten Klasse hatte ich eine beste Freundin namens Lori Beth. Wir waren seit Kindergartenzeiten befreundet und machten alles gemeinsam. Lori Beth hatte langes, braunes Haar, das ihr bis zur Taille reichte und um das ich sie beneidete. Meines war mausgrau und sehr strähnig. Außerdem hatte sie fünf Geschwister, mit denen sie spielen konnte. Ich hatte nur eine Schwester, und wir stritten oft. Lori Beths große Schwester Sue war unser Babysitter, und immer wenn Sue zu uns nach Hause kam, durfte Lori Beth mit. Wir standen uns sehr nahe.

Deshalb war ich am Boden zerstört, als eine schwarzäugige Hexe namens Tina an unsere Schule kam. Tina hatte beschlossen, dass es an der Zeit sei, sich ebenfalls eine beste Freundin zu suchen. Dreimal dürfen Sie raten, an wen sie dabei dachte … Lori Beth! Sie versuchte, Lori Beth mit Geschenken oder Einladungen zu sich nach Hause und von mir wegzulocken. Es fiel Lori Beth schwer zu widerstehen, und ich spürte, wie wir uns immer weiter voneinander entfernten.

Eines Tages hatte ich die Nase voll. Ich stapfte auf den Spielplatz und stellte Tina zur Rede: »Wie kannst du es wagen, mir meine beste Freundin wegzunehmen?«, schrie ich sie an. Natürlich gab sich Tina nicht so einfach geschlagen, und ehe wir uns versahen, steckten wir mitten in einer lautstarken Auseinandersetzung. Dabei kam mir Tina zu nahe, und ich packte sie am Kleid, um sie wegzuschubsen. Ihr Körper bewegte sich in die eine, die Tasche ihres Kleides aber in die andere Richtung! Als ich hinuntersah, entdeckte ich, dass ich die Tasche von Tinas Kleid in der Hand hatte. »Das wirst du bezahlen!«, kreischte Tina und lief davon.

Und tatsächlich bekam ich an jenem Abend einen Anruf von Tinas Mutter. Ich wusste, dass ich im Recht war, aber ich leistete dem Befehl von Tinas Mutter widerstandslos Folge, mich bei ihr zu entschuldigen. Es brachte mich fast um! Als ich auflegte und mich umdrehte, sah ich, dass mein Vater hinter mir gestanden und die ganze Unterhaltung mitgehört hatte. Er war freundlich, aber bestimmt. Letzten Endes wäre das niemals passiert, wenn wir uns nicht gestritten hätten, sagte er.

Jahre später unterhielt ich mich als erwachsene Frau mit meinem Vater über alte Zeiten, als die Sprache auf »den Vorfall mit der Tasche« kam. Mein Vater konnte sich noch genauso gut daran erinnern wie ich, aber sein Kommentar überraschte mich. »Du weißt ja nicht«, sagte er, »wie schwer es mir gefallen ist, ernst zu bleiben, als ich dir sagte, dass du keinen Streit hättest anfangen sollen. In Wirklichkeit«, fuhr er fort, »fand ich es ganz schön mutig von dir, dich so zu behaupten! Ich musste mich schon sehr zusammenreißen, um nicht mit der Faust in die Luft zu boxen und zu sagen: ›Gut gemacht!‹ Ich war wirklich stolz auf dich.«

Noch all die Jahre später war es wunderbar, dieses Lob von meinem Vater zu hören und zu wissen, dass er auf meiner Seite war! Dieses kleine Zeichen seiner Unterstützung bedeutete mir wirklich viel. Und falls mir Tina noch einmal über den Weg läuft, dann sollte sie besser hoffen, dass ihre Taschen gut angenäht sind! Was auch geschieht, ich weiß, mein Vater würde es gutheißen.

Das Richtige tun

In der Kirche singen wir manchmal ein Lied mit einer Zeile, die mir stets zu denken gibt. Sie lautet: »Für jeden Menschen, jedes Land kommt dereinst der Augenblick der Entscheidung.« Anschließend preist das Lied, dass, wenn sich ein Mensch für die richtige Seite entscheidet, sich gegen die Falschheit auf die

Seite der Wahrheit stellt, er das Richtige tut. Doch die Zeile, die mir immer wieder durch den Kopf geht, ist die erste: »Für jeden Menschen, jedes Land kommt dereinst der Augenblick der Entscheidung.« Sie beschäftigt mich deshalb so sehr, weil ich mich frage, wann für mich dieser Augenblick kommen wird und wie ich mich entscheiden werde.

Wenn wir erwachsen sind, fällt es uns nicht so leicht, das Richtige zu tun, wie wir uns das als Kinder gedacht hatten. Wissen Sie noch, wie Sie sich beim Fernsehen oder Comiclesen auf die Seite der Guten geschlagen und die Bösen gehasst haben? Aber das war, bevor das Leben kompliziert wurde und Sie selbst genügend Schlimmes getan hatten, um zu wissen, dass auch Sie ein klein wenig von dem Bösen in sich hatten und es nicht mehr so einfach war, die Bösen zu hassen. Und bevor Sie oft genug das Falsche getan und erkannt hatten, dass es nicht ganz so einfach war, das Richtige zu tun.

Wenn wir versäumen, zu tun, was wir hätten tun sollen, stellen wir uns nicht hin und posaunen es hinaus. Wir brüsten uns nicht damit, zusammen mit den anderen jemanden zum Sündenbock gemacht oder den kleinen Wicht verprügelt oder etwas genommen zu haben, weil niemand zusah, oder einfach weggesehen zu haben, während andere etwas taten, von dem wir wussten, dass es falsch, falsch, falsch war.

All das macht den Augenblick in dieser Geschichte umso außergewöhnlicher. Jeder kann ein Held sein. Jeder kann ein großartiger Mensch sein.

In Wirklichkeit hat das Kirchenlied Unrecht. »Einmal«, so heißt es darin, müsse jeder Mensch und jedes Land entscheiden. Es sollte heißen, der Augenblick der Entscheidung kommt jeden Tag.

Als ich auf die High School ging, arbeitete ich ehrenamtlich am örtlichen Zentrum für Holocaust-Studien. Es befand sich in einem Vorort von New York City. In der Gemeinde gab es viele Holocaust-Überlebende, die für die Einrichtung des Zentrums aufgekommen waren und seine Arbeit finanziell unterstützten. Die ehrenamtliche Arbeit dort war eine unbeschreibliche Erfahrung, ganz besonders an einem unvergesslichen Sonntagnachmittag im Februar.

Es war bitterkalt, sogar zu kalt für Schnee, und ich saß am vorderen Empfang und klebte Adressaufkleber auf die Anschreiben für eine Spendenaktion. Als die Türglocke läutete, sah ich überrascht auf. Die Kälte hatte die Menschen den ganzen Tag fern gehalten. Eine ältere Dame trat ein. Sie war winzig und hatte weißes Haar, aber ihr würdevolles Auftreten verlieh ihr etwas Imposantes. Ich ging um meinen Schreibtisch herum, um sie zu begrüßen.

Sie erzählte mir, sie habe die Zeit selbst erlebt und brauche keine Einführung. In ihrer Stimme lag kein Groll, nur die Resignation und Trauer eines Menschen, der sich vor langem mit einer Tragödie abgefunden hatte.

Ich nahm an, dass sie als Überlebende ihre Geschichte aufzeichnen lassen wollte. Viele Überlebende kamen, um genau das zu tun. Ich wollte nicht aufdringlich wirken, indem ich sie nach dem Grund ihres Besuchs fragte, aber sie faszinierte mich genau wie alle anderen Holocaust-Überlebenden. Wie man solch unaussprechliche Schrecken überleben konnte, überstieg meine Vorstellungskraft.

Wenig später sagte die Frau: »Ich bin hier, um meine Geschichte zu erzählen«, genau wie ich vermutet hatte.

»Selbstverständlich«, sagte ich und ging mit ihr in den Aufnahmeraum. Ich merkte, dass sie beim Gehen das linke Bein etwas nachzog.

»Sie humpeln *auch* ein wenig«, bemerkte sie.

»Ich hatte als Kind einen Unfall«, erwiderte ich verlegen. Die beiden Jahre Physiotherapie, die hinter mir lagen und die eine Qual für mich bedeuteten, waren nichts im Vergleich zu den Qualen, die sie, wie ich wusste, erduldet haben musste.

»So jung und kennt schon das Schmerzen der Knochen«, sagte sie leise und tätschelte mir die Wange. »Wie ich.«

Ich fühlte mich so schuldig, dass ich kein Wort herausbrachte. »Aber Ihnen hat man diese Qualen vorsätzlich zugefügt«, wollte ich rufen. »Bei mir war es nur ein Unfall.«

Als könne sie meine Gedanken lesen, sagte sie: »Meine Geschichte ist anders, als Sie glauben. Würden Sie mir Gesellschaft leisten, während ich sie erzähle?« Ich nickte, machte es ihr in dem Stuhl bequem und bereitete den Cassettenrecorder vor. Als sie ihre Geschichte erzählte, saß ich neben ihr und lauschte gebannt:

»Ich war vierzehn, als Hitler in Deutschland an die Macht kam. Mein Vater war Geschichtsprofessor an der Universität Heidelberg. Wir waren Christen, aber viele Kollegen meines Vaters und die besten Freunde meiner Eltern waren Juden. Mein Vater und ein paar andere christliche Professoren taten ihr Bestes, um ihre jüdischen Freunde davon zu überzeugen, dass sie Deutschland verlassen mussten. Aber es ist nicht so leicht, jemandem klar zu machen, dass er in dem Land, das für ihn – und seine Vorfahren seit mehr Generationen, als er denken kann – die Heimat ist, nicht mehr sicher ist.

Als ich achtzehn war, konnte sich in Deutschland kein Jude mehr sicher fühlen. Meine Eltern hatten sich bereit erklärt, die Tochter ihrer besten Freunde zu verstecken. Sie wussten, ihre Freunde würden bald in den sicheren Tod gehen. Lili, die

Tochter, war meine beste Freundin. Ich liebte sie wie eine Schwester. Wir versteckten sie in einem kleinen Schrank, der hinter einer Treppe verborgen war. Dort war kaum genug Platz für ein fünfjähriges Kind, aber besser ging es nicht. Es war gefährlich für Lili und mich, uns lauter als im Flüsterton zu unterhalten, also schrieben wir uns Zettelchen. Ich verbrannte die Zettel im Kamin, wenn wir sie gelesen hatten.

Eines Nachmittags war ich allein zu Hause – bis auf Lili natürlich, in ihrem Versteck. Ich werde nie vergessen, was für ein schöner Tag es war. Beinah schön genug, um einen das Böse vergessen zu lassen, das über Deutschland hereingebrochen war. Das dachte ich, als ich ein Hämmern an der Tür hörte, das Tote aufgeweckt hätte. Ich wusste, dass nur die SS so laut klopfte. Eine Angst, wie ich sie weder je zuvor gespürt hatte noch je wieder spüren sollte, ergriff mich und hielt mich wie in einem Schraubstock gefangen. Im Bruchteil einer Sekunde beschloss ich, ihnen Lili niemals auszuliefern – was sie mir auch antun mochten.

Ich öffnete die Tür, und einer von ihnen stürmte herein, um mir sein Gewehr vor die Nase zu halten. Die beiden anderen standen draußen auf der Straße.

›Dein Vater ist Professor an der Universität‹, sagte der Soldat, der ins Haus gekommen war, und ich nickte.

›Kennst du irgendwelche Juden?‹, knurrte er.

›Nicht mehr‹, antwortete ich und bereute meinen aufsässigen Ton sofort.

›Klingt, als täte dir das Leid. Tut es dir Leid, dass der Führer das Vaterland für die guten Deutschen säubert?‹, wollte er wissen, und sein selbstgerechter Zorn wuchs.

Ich schüttelte den Kopf. Ich war wütend über meine Gedankenlosigkeit und meine Dummheit und außerdem zu Tode erschrocken. Ich murmelte schnell eine Entschuldigung, aber der Schaden war angerichtet. Er drängte sich grob an mir vorbei und ging direkt auf die Treppe zu, wo Lili versteckt war, die noch mehr Angst hatte als ich. Ich wusste, wenn ich einen Schritt auf die Treppe zumachte oder auch nur in die Richtung sah, wäre Lili im Handumdrehen gefunden. Ich hielt den Atem an und betete zu Gott, er möge Lili beschützen, diese SS-Männer fortschicken … und dafür sorgen, dass sie auch fortblieben. Ich versprach flehentlich, alles zu tun, was Gott von mir verlangte. Für meine Freundin war ich bereit, alles zu ertragen.

Wie durch ein Wunder öffnete plötzlich einer der SS-Männer draußen die Tür und rief nach demjenigen, der sich Lilis Versteck näherte. Ich zitterte so sehr vor Erleichterung und Angst, dass ich gar nicht mitbekam, warum sie gehen mussten. Ich erinnere mich nur noch an das böse Grinsen des ersten, als er mich zu Boden stieß, brutal nach mir trat und mir dann seinen Gewehrkolben in die Hüfte rammte und meine Knochen zertrümmerte. Anschließend verschwanden sie so schnell, wie sie gekommen waren. Lange Zeit lag ich da, die Schmerzen waren unerträglich, aber ich dachte an das Versprechen, das ich Gott gegeben hatte.

Die zertrümmerten Knochen wuchsen nie wieder richtig zusammen. Ich weigerte mich, ins Krankenhaus zu gehen. Ich wusste, man würde uns fragen, warum ich die SS verärgert hatte, und das brächte uns – und Lili – in höchste Gefahr. Ein befreundeter Arzt, dem meine Eltern vertrauten, tat sein Bestes, meine Hüfte zu schienen und zu bandagieren, aber es half nicht viel.

Der Rest des Krieges verlief für uns ereignislos. Wir erzählten den Leuten, ich sei beim Eislaufen gestürzt, hätte es meinen Eltern aber nicht sagen wollen, weil sie mir das Eislaufen verboten hatten. Lili wurde nicht entdeckt. Nach dem Krieg ging sie mit mir und meinen Eltern nach Amerika, und nachdem wir geheiratet hatten, wohnten wir Tür an Tür. Wir waren nicht einen einzigen Tag getrennt. Gestern ist sie an Krebs gestorben. Sie hätte heute ihren 65. Geburtstag gehabt.«

Die Frau sah gelassen zu mir auf, das Gesicht ohne eine Spur von Tränen, obwohl ich unverhohlen weinte. Ich schaltete den Cassettenrecorder ab und drückte ihre Hand.

»Weinen Sie nicht«, flüsterte sie. »Unsere Geschichte ist eine der wenigen, die auch ihr Gutes hat.«

Ich erkannte, dass sie Recht hatte, aber nur im Vergleich zu den anderen Schrecken.

»Es war ein Segen für Lili, eine solche Freundin zu haben«, sagte ich.

»Es war auch für mich ein Segen. Ohne Lili hätte ich nie herausgefunden, wer ich bin. Ich fand einen Mut, dessen ich mir ohne sie nie bewusst geworden wäre. Sie sehen also, sie hat mich ebenso sehr gerettet wie ich sie. Durch sie wurde ich zu einem Menschen, auf den ich stolz sein kann.« Sie lächelte mich heiter an. »Werden Sie den Rat einer alten Dame befolgen?«, fragte sie, und die Frage war beinahe rhetorisch. »Das Leben ist kurz. Verschwenden Sie keinen Augenblick damit, sich darüber zu sorgen, was Sie tun sollen. Bitten Sie einfach Gott, Ihnen den Mut zu geben, stets das Richtige zu tun, und bitten Sie ihn, das Richtige *für Sie* zu tun, wenn Sie selbst zu viel Angst haben.«

Ich habe weder die Dame noch ihre weisen Worte je vergessen. Sie haben mir gute Dienste geleistet und auch mir geholfen, ein Mensch zu werden, der auf sich stolz sein kann.

Hoffnung

Was gibt Ihnen Hoffnung? – Man kann sie nicht einfach im Laden an der Ecke kaufen (wenn dort überhaupt einer ist!). Ärzte wie ich können sie nicht verschreiben. »Hoffnung« steht nicht in den Gelben Seiten, und wenn es eine Internetseite namens www.hoffnung.com gibt, dann können Sie sich nicht darauf verlassen, dass sie Ihnen tatsächlich das gibt, was Sie brauchen.

Wir wissen nicht immer genau, wie wir dieses Bedürfnis – und Hoffnung ist ohne Zweifel lebensnotwendig – stillen sollen, wenn es uns an Zuversicht fehlt. Es ist schon merkwürdig: Wir legen für den Notfall Vorräte aller Art an, aber es ist nicht üblich, sich für den Notfall einen Vorrat an Hoffnung zuzulegen.

Viele Menschen, die sich mit beruflichen Sorgen an mich wenden, haben nur wenig Zuversicht. Ihnen neue Hoffnung zu geben ist mit das Wertvollste, was ich tun kann. Aber das ist zuweilen schwierig.

Manche Menschen werden durch die gängigen Redensarten oder Sprüche aufgemuntert, zum Beispiel: »Morgen ist auch noch ein Tag«, »Auch das geht vorbei« oder »Jeden Morgen geht die Sonne auf«. Aber normalerweise helfen diese Sprüche nur, wenn man bereits etwas Hoffnung hegt.

Wer die Hoffnung verloren oder kaum noch Hoffnung hat, braucht meist mehr als nur einen Spruch.

In solchen Fällen hilft es mir persönlich, meinen Kindern in die Augen zu sehen. Wenn ich die Hoffnung verliere, sehe ich mir eines meiner Kinder oder gleich alle drei auf einmal an, und sofort spüre ich, dass sich die Zuversicht in mir regt wie der neue Schlag eines Herzens nach dem Elektroschock. Wenn meine Kinder nicht in der Nähe sind, versuche ich, mir ihre kleinen Gesichter vorzustellen. Oder das Gesicht meiner Frau Sue.

Es gibt auch andere Möglichkeiten. Manchmal bete ich. Oder ich gehe spazieren. Oder beides. Ein andermal lese ich die Briefe von Menschen, die mir schreiben, dass ich ihnen in ihrem Leben weitergeholfen habe. Denken Sie nur nicht, es gebe Ihrem Arzt keine Kraft, wenn man sich bei ihm bedankt. Das tut es. Ich hebe mir diese Briefe für Zeiten auf, in denen mir die Hoffnung fehlt. Sie erinnern mich schwarz auf weiß daran, dass ich anderen von Nutzen sein kann.

Oft brauchen wir genau das, wenn wir die Hoffnung verlieren: eine Erinnerung. Wir haben die guten Seiten des Lebens vergessen, sie sind aus unserem Bewusstsein verschwunden.

Es folgt eine kurze Geschichte, wie ein Mensch zu einer solchen Erinnerung kam.

Nach zwei oder drei Jahren, in denen ich meinem Sohn durch eine schwere Zeit geholfen hatte (außerdem arbeiten gegangen war sowie Hausfrau und Mutter für meine Mädchen gespielt hatte), verfiel ich in jenem Winter in eine unerklärliche Depression. Es widerte mich an, dass ich mich fühlte, wie ich mich fühlte, weil es eigentlich keinen Grund dafür gab.

Ich flog für eine Woche allein zu meinen Eltern nach Florida und fragte mich, ob ich überhaupt in der Lage sein würde, wieder nach Hause zu fliegen. Morgens machte ich einen Spaziergang, und anschließend saß ich den ganzen Tag allein am Strand und bekam immer mehr Angst vor meinen Gefühlen.

Eines Morgens brach ich beizeiten zu meinem Spaziergang auf und kam an einem kleinen Jungen vorbei. Er war nicht älter als fünf und angelte in einem winzigen Teich in der Nähe des Apartmentblocks meiner Eltern. Er war ganz aufgeregt und lächelte und winkte mir zu. Sein Lächeln war voller Hoffnung und Vorfreude. Als ich Stunden später zurückkam, war er immer noch da. Wieder winkte und lächelte er. Ich ging zu ihm. Er hatte noch nichts gefangen, aber er war immer noch da... lächelnd und voller Hoffnung.

Es war, als hätte jemand vor meinen Augen ein Licht der Hoffnung entzündet. Immer wenn alles trostlos scheint, versuche ich, mich an das Gesicht dieses kleinen Jungen zu erinnern.

Wege zur Verbundenheit

Denkanstoß: Können Sie sich an einen Augenblick in Ihrem Leben erinnern, als Sie etwas über sich selbst oder das Leben im Allgemeinen herausfanden, was Ihnen zuvor nicht bewusst gewesen war?

Häufige Hindernisse: Wenn es darum geht, uns zu sehen, wie wir wirklich sind, haben wir alle unsere blinden Flecken. Sonderbarerweise fällt es uns nicht nur schwer, unsere Macken zu sehen. Viele Menschen sehen ihre Schwächen nur zu deutlich, sind aber ihren Stärken gegenüber blind. Sie lassen sich von anderen kritisieren und überhäufen sich darüber hinaus auch noch selbst mit Kritik. Komplimente dagegen können sie nicht akzeptieren, und sie sind auch nicht fähig, sich freundlich zu trösten.

Andererseits gibt es Menschen, deren Leben wegen des einen Fehlers, den zu sehen sie nicht in der Lage sind, eine tragische Wendung nimmt. Sie werden wütend und defensiv, statt den Fehler zu erkennen und zu beheben, und verweigern sich auf diese Weise der einen Erkenntnis, die ihnen tatsächlich weiterhelfen könnte. In der englischen Literatur ist die Eröffnungsszene von Shakespeares *König Lear* das berühmteste Beispiel dafür. Darin weist Lear seine Tochter Cordelia ärgerlich zurück, weil sie die Wahrheit spricht, und erwärmt sich gleichzeitig für die falschen Schmeicheleien ihrer Schwestern Regan und Goneril. Die tragische Ironie in diesem Stück – und wie so oft im richtigen Leben – ist, dass Cordelia die einzige Tochter ist, die Lear wirklich liebt und die ihm die unangenehme Wahrheit sagt.

Mögliche Schritte: Versuchen Sie es einmal mit der folgenden Übung, wenn Sie sich trauen. Überlegen Sie, welche drei oder vier Menschen Sie am besten kennen und wem Sie darüber hinaus vertrauen. Versichern Sie sich, dass diese Menschen Sie wirklich mögen und keinen Grund haben, Ihnen wehzutun. Dann nehmen Sie sich fest vor, sich in den nächsten Wochen mit jedem Einzelnen von ihnen unter vier Augen zu unterhalten. Erklären Sie im Gespräch, dass Sie auf der Suche nach einer ehrlichen Meinung sind. Bitten Sie den anderen dann, Ihnen zu sagen, ob Sie eine Eigenschaft oder einen Charakterzug besitzen, den zu ändern Sie seiner Meinung nach in Betracht ziehen sollten.

Man braucht Mut, um sich einem solchen Feedback zu stellen; man braucht auch Mut, ein solches Feedback zu geben. Vergewissern Sie sich also, dass Ihre Gesprächspartner sorgfältig ausgewählt sind, und bereiten Sie sie auf das Gespräch vor. Lassen Sie Ihre Freunde wissen, dass Sie nicht verrückt geworden sind, keine Depression haben, sondern einfach – ob sie's glauben oder nicht – auch in Ihrem fortgeschrittenen Alter noch wachsen möchten. Dass Sie nicht wie König Lear sein wollen.

Die meisten Menschen haben eine oder zwei Eigenheiten, die alle ihre Freunde kennen, über die diese aber nicht sprechen, weil sie sie nicht beunruhigen möchten oder weil sie glauben, ein Erwachsener sei nicht mehr lernfähig. Gewöhnlich ist es etwas, was sofort ins Auge fällt. Im Zimmer steht ein Elefant, und alle tun, als hätten sie nichts bemerkt.

Vielleicht ist Ihre herrische und dominierende Art berüchtigt, aber niemand wagt es, das Thema anzuschneiden. Stattdessen halten die anderen lieber Abstand. Oder vielleicht sind Sie für Ihr hitziges Temperament berühmt, doch keiner erwähnt es in Ihrem Beisein, aus Angst, sich Ihren Zorn zuzuziehen. Vielleicht sind Sie auch übermäßig sanft und unterwürfig, aber niemand sagt etwas, weil man befürchtet, Ihre Gefühle zu verletzen, und glaubt, es sei sowieso nicht zu ändern.

Aber viele dieser Dinge lassen sich ändern. Vielleicht nicht dramatisch, aber doch so weit, dass es einen Unterschied macht. Die meisten Menschen kennen ihre negativen Eigenschaften einfach nicht. Wenn sie darüber nur Bescheid wüssten, könnten sie auf eine Veränderung hinarbeiten.

Selbsterkenntnis lässt sich auch durch Selbstbeobachtung und Nachdenken gewinnen. Gehen Sie jedoch behutsam mit dieser Möglichkeit um, denn wenn Sie zu Ihren Schlussfolgerungen nicht noch eine zweite Meinung einholen, werden Sie womöglich bitter. Viele Menschen halten das, was sie tun, für Selbstbeobachtung – eine objektive Prüfung der eigenen Person. In Wirklichkeit fallen sie aber oft nur in unfairer und zerstörerischer Weise über sich selbst her. Eine der großen Ironien des menschlichen Daseins ist es, dass diejenigen, die sich tatsächlich einer strengen, objektiven Prüfung unterziehen sollten, es niemals tun. Und dass diejenigen, die weniger hart zu sich sein sollten, am selbstkritischsten sind.

Verwechseln Sie Selbsterkenntnis also nicht mit vernichtender Selbstkritik. Eine gute Möglichkeit zur Vermeidung einer Selbstdemontage ist es, enge Beziehungen zu den Menschen zu unterhalten, die Sie wirklich mögen. Nicht zu den Menschen, mit denen Sie mithalten zu müssen glauben. Nicht zu den Menschen, die Ihre Zeit beanspruchen. Nicht zu denen, die Ihnen Schuldgefühle einreden, wenn Sie sich längere Zeit nicht gemeldet haben. Sondern zu denjenigen, die Sie tatsächlich mögen, wie Sie sind. Deren Meinung von Ihnen kann ansteckend sein.

KAPITEL 11
Spiritualität

Was Tucker mich lehrte

Meine beiden Jungs dazu zu bringen, still in einer Kirchenbank zu sitzen, ist, als wolle man in einer offenen Pfanne Popcorn machen: Nicht viel bleibt da, wo man es haben will.

An einem Memorial-Day-Wochenende, dem Volkstrauertag, kam ich wohl zum x-ten Mal zu diesem Schluss. Viele Familien waren unterwegs. Die wenigen Kinder, die übrig gebliebenen waren, mussten mit den Erwachsenen den Gottesdienst besuchen, da niemand da war, um die Sonntagsschule zu übernehmen. Lucy war bei einer Freundin, aber Tucker und Jack begleiteten Sue und mich.

Als der Gottesdienst begann und wir die Lesungen aus der Bibel hörten, hoffte ich, dass meine Jungs zuhörten. An jenem Tag trafen die ausgewählten Bibelstellen zufällig genau den Kern meines religiösen Glaubens und nannten den Grund, warum ich Christ war. Selbst wenn ich gewollt hätte, ich konnte keine Stellen finden, die wichtiger für meinen Glauben sind. Aber hörten die Jungs zu? Ich glaube nicht.

Als der Geistliche zu der Stelle kam: »Wenn wir uns untereinander lieben, so bleibt Gott in uns, und seine Liebe ist völlig in uns…«, piekten sich Jack und Tucker mit Bleistiften. Als er bei »Gott ist Liebe; und wer in der Liebe bleibt, der bleibt in Gott und Gott ist in ihm« angelangt war, veranstalteten Jack und Tucker einen Ringkampf auf dem Boden unserer Kirchenbank.

Die Mitglieder der Pfarrei sahen verärgert zu uns herüber. Als Sue und ich sie auf die Füße zogen und sie streng aufforderten, still zu sitzen und zuzuhören, folgte die nächste Bibelstelle: »Jesus sprach zu seinen Jüngern: ›Gleichwie mich mein Vater liebt, so liebe ich euch auch. Bleibet in meiner Liebe!‹« Jack und Tucker sahen einander an, bliesen die Backen auf und versuchten, einander zum Lachen zu bringen. Der Priester fuhr fort: »Solches rede ich zu euch, damit meine Freude in euch bleibe und eure Freude vollkommen werde.« An diesem Punkt platzte Tuckers Mund, heraus kamen ein Schwall Luft und aufgestautes Gelächter, dass die ganze Gemeinde zusammenfuhr. Schnell verließ ich die Kirche mit Tucker im Schlepptau.

Das ist der Augenblick, in dem die Kinder früherer Generationen nach Hause gebracht worden wären und eine Tracht Prügel bekommen hätten. Oder man hätte ihnen gesagt, dass sie den Rest des Tages auf ihrem Zimmer bleiben müssen. Sue und ich haben uns für einen anderen Weg entschieden – ohne Wenn und Aber. Wir schlagen unsere Kinder nicht. Wir setzen auf andere Weise Grenzen. An jenem Tag begab ich mich mit Tucker vor die Kirche und erklärte ihm, dass er sich während des Gottesdienstes nicht so benehmen dürfe.

Zu seiner Ehrenrettung sei gesagt, dass normalerweise niemand von ihm erwartete, die Lesungen in der Kirche mit den Erwachsenen durchzustehen. Und ich wollte Tucker die Botschaft vermitteln, dass der Kirchgang nicht aus strenger Disziplin, langweiligen Lesungen und ernsten Blicken aus den traurigen Augen Erwachsener bestand. Ich wollte ihm die Botschaft vermitteln, dass die Kirche Sicherheit und Freude schenkte.

So saßen wir draußen, ich hielt Tucker im Arm und erzählte ihm von der Liebe. Ich erklärte ihm, dass dies das Thema der Lesungen gewesen sei. Tucker sah auf den Rasen und dachte an wer weiß was.

In diesem Augenblick humpelte ein zerlumpter Stadtstreicher in diversen zerschlissenen schwarzen Kleidungsstücken um eine Ecke der Kirche und auf den Kirchhof. Von unserem Platz aus bekamen wir zwar mit, was vor sich ging, waren aber selbst nicht zu sehen. Laut fragte der Mann John, ein Mitglied der Kirchengemeinde, der zufällig draußen gestanden und schnell eine Zigarette geraucht hatte, ob das eine Kirche sei. John legte den Finger auf die Lippen, als wolle er sagen: »Pssst!« Dann nickte er. Ja, das ist eine Kirche. »Wo ist die Toilette?«, fragte der humpelnde Fremde. John machte Anstalten, ihm den Weg zur Toilette zu erklären, ließ dann aber seine Zigarette zu Boden fallen, trat sie aus und begleitete den Mann in ein Rückgebäude, das etwas von der Kirche und dem Gottesdienst entfernt war. Tucker machte große Augen, denn der Stadtstreicher sah gemeingefährlich aus. So, als wolle er Schwierigkeiten machen.

Ein paar Minuten später kamen John und der Fremde wieder heraus. Beide lächelten, und der Mann von der Straße wirkte überhaupt nicht mehr gefährlich. Ich sah, wie John seine Geldbörse herausnahm, dem anderen ein paar Scheine zusteckte und die Hand hob, als wolle er sagen: »Nichts zu danken.« Sie klopften sich gegenseitig auf die Schulter und gingen ihrer Wege. Der eine machte sich auf in die Straßen von Cambridge, John ging wieder in die Kirche, um den Rest der Predigt zu hören.

Ich fragte Tucker, ob er verstanden hatte, was gerade vor sich gegangen war. Tucker schüttelte den Kopf. Als ich es ihm erklären wollte, wurde mir wie so oft klar, dass es sehr viel simpler gewesen wäre, die Sache einfach auf sich beruhen zu lassen. Wer wusste schließlich, was der Mann mit dem Geld anfangen würde oder ob man allen Menschen Geld geben sollte, die es brauchten, oder ob es eine gute Idee war, während des Gottesdienstes eine Zigarette zu rauchen?

Doch ich machte das Beste aus diesem Augenblick der Menschlichkeit. Ich wusste nicht viel von John, aber ich erklärte Tucker, er sei einer von den Guten. John habe gerade einem Menschen geholfen, den er nicht kannte. Einem Mann, der vom Pech verfolgt war. Ich erzählte Tucker, Gott tue dasselbe für jeden von uns, die ganze Zeit, und verlange dafür lediglich, dass wir versuchten, ebenfalls füreinander da zu sein.

Tucker lächelte mich an. »So wie Mami für mich da ist«, sagte er. Ich hielt mich zurück und fragte nicht: »Und was ist mit Papi?« Stattdessen drückte ich Tucker nur kurz. »Genau«, stimmte ich ihm zu.

Plötzlich sah Tucker zu mir auf, und seine kleinen Augen glänzten. Wenn Sie selbst ein Kind haben oder es in Ihrem Umfeld kleine Kinder gibt, wissen Sie, wie Kinderaugen glänzen können. Wie bei einem See, der frühmorgens im Sonnenlicht glitzert, leuchtet das Licht niemals ruhig, sondern flackert mal hier, mal da auf.

Die Predigt war vorüber. Das wusste ich, weil die Gemeinde jetzt ein Kirchenlied sang. Wir konnten es von draußen hören. Es war leicht gedämpft, aber dieses besondere Lied war unverwechselbar: Drinnen sangen sie »Amazing Grace«, und draußen glänzten Tuckers Augen.

Wie sind wir hierher gekommen? Ich, der Sohn eines Psychotikers, eines alkoholkranken, ausfallenden Stiefvaters und einer lieben, alkoholkranken Mutter? Wie bin ich hierher gekommen, zu meinem Sohn, dem kleinen Jungen mit den glänzenden Augen? »Verdammt«, dachte ich, »welchen Beweis brauchst du denn noch, dass es einen Gott gibt?« In diesem Augenblick wurde drinnen wie auf Kommando die Strophe des Liedes gesungen, welche die Frage beantwortete, wie ich es unversehrt bis zu diesem Morgen geschafft hatte: »Gefahren, List und Müh und Not, die habe ich gesehn. Die Gnade wies mir wohl den Weg, sie wird nach Haus mich führ'n.«

John, ein Mitglied der Pfarrgemeinde, das ich kaum kannte, hatte sich mit einem anonymen Stadtstreicher zusammengetan, um Tucker und mir das Wirken des Heiligen Geistes in dieser Welt zu demonstrieren. Und für den Fall, dass die Nachricht nicht bei mir angekommen war, hatte ein Engel Tuckers Augen manipuliert, damit er mir einen seiner unvergesslichen Blicke zuwarf. Der Engel ließ Tuckers Blick sogar von einem meiner liebsten Kirchenlieder begleiten, um mir mitzuteilen, dass dieser Blick eine Sonderlieferung war.

Möge dieser Engel uns niemals verlassen, was auch kommt. Und mögen wir immer singen.

Die Macht der Liebe

Hatten Sie je das Gefühl, einen Geist zu sehen? Ich meine damit nicht unbedingt, dass Sie ein Traumbild heraufbeschworen haben, obwohl das der Fall gewesen sein könnte. Ich meine damit, hatten Sie je das Gefühl, dass ein Geist aus der Welt jenseits der unseren Kontakt mit Ihnen aufgenommen hat? Vielleicht lachen Sie über so etwas. Oder es passiert Ihnen ständig.

Ich liege irgendwo dazwischen. Ich lache ganz bestimmt nicht darüber, aber es passiert mir auch nicht jeden Tag. Allerdings habe ich den Verdacht, dass es überall täglich passiert. Wir wissen einfach noch nicht, wie wir diese Besucher mit größerer Regelmäßigkeit wahrnehmen können.

Ich glaube, der Geist meiner Tante Duckie besuchte mich bald, nachdem er seine sterbliche Hülle hinter sich gelassen hatte. Wenn sie noch am Leben wäre, würde sie sich über diese Vorstellung lustig machen, aber ich bin mir sicher, es ist passiert.

Das kam so: Ein paar Wochen nach Duckies Tod unternahm ich mit Jack, Tucker und einem von Jacks Freunden einen Wochenendausflug zu einem Footballspiel der New York Giants. Dieser Ausflug war etwas ganz Besonderes. Mein Freund Mike Pope, einer der Trainer-Assistenten, hatte uns Ausweise besorgt, mit denen wir tatsächlich vor dem Spiel auf das Feld und uns unter die Spieler mischen durften, während diese sich aufwärmten.

Am Abend vor dem Spiel fuhren wir von Boston in ein Mo-

tel in der Nähe des Giants-Stadions. Am Morgen des Spiels machten wir uns für den Stadionbesuch bereit, und die Jungs quetschten sich ins Auto, als brächen sie zum aufregendsten Abenteuer ihres Lebens auf.

Ich zahlte meine Motelrechnung, kaufte etwas zum Trinken für die Kinder und wollte gerade in den Wagen steigen, als ich noch einmal nachsah, in welche Tasche ich die Eintrittskarten und Feldausweise gesteckt hatte: Sie waren weg.

Ich sah in jeder Tasche zweimal nach, dann brach ich in Panik aus. Dieser Verlust wäre schlimmer als schlimm – er wäre eine Katastrophe gewaltigen Ausmaßes. Mike Pope war nicht zu erreichen, um die Tickets und Feldausweise zu ersetzen. Er hatte sich mit der Mannschaft eingeigelt. Die Jungs wären am Boden zerstört, und kein Alternativplan konnte auch nur andeutungsweise mithalten.

Ich lief zur Motelrezeption, um nachzusehen, ob ich die Eintrittskarten dort hatte liegen lassen. Fehlanzeige. Ich bat die Kassiererin, auf dem Boden nachzusehen. Wieder nichts. Ich lief in den Souvenirladen, wo ich die Getränke gekauft hatte. Noch immer nichts. Ich fragte den Portier, ob er die Eintrittskarten gesehen hatte oder sie von jemandem abgegeben worden seien. Er schüttelte den Kopf. Dann erklärte ich ihm, dass bei den Eintrittskarten auch Feldausweise waren und der Verlust von Karten und Ausweisen drei Jungen das Herz bräche. Ich dachte wohl, meine rührselige Geschichte könne den Portier irgendwie dazu bringen, auf wundersame Weise aufzutreiben, was ich verlegt hatte! Doch er schüttelte nur noch einmal traurig den Kopf.

In meiner Verzweiflung sah ich zum Himmel und flehte: »Bitte, bitte, hilf mir, diese Karten zu finden.«

Als ich nach unten sah, lagen die Eintrittskarten samt Feldausweisen direkt vor meinen Füßen.

Der Portier blinzelte. »Das *sind* Karten?«, *fragte er. Ich nickte, ja.* »Die *Karten?« Wieder nickte ich.* »Mit *den Feldausweisen?« Ja. »Mann, Sie haben vielleicht ein Glück, Kumpel«, meinte er und klopfte mir auf den Rücken. »Die sind hier Gold wert. So was liegt keine Sekunde auf dem Boden, bevor es sich jemand schnappt!«*

Tief in meinem Herzen wusste ich, woher sie gekommen waren: Duckie hatte sie geschickt. Es war ihre Art, mir zu sagen, dass sie an ihrem Ziel angekommen und alles in Ordnung war. Ich spürte ihre Gegenwart so deutlich, als hätte sie direkt neben mir gestanden.

Das Witzige ist wie geagt, wenn ich ihr vor ihrem Tod eine ähnliche Geschichte erzählt hätte, hätte sie gelacht und gesagt: »Papperlapapp! Sei nicht albern. Die Karten waren die ganze Zeit auf dem Boden gelegen. Du hast sie nur nicht gesehen.«

Ich glaube, wir verweigern tagaus, tagein, Jahr für Jahr, die Annahme aller möglicher Botschaften aus dem Jenseits. Aus Respekt vor wissenschaftlichen Begründungen klammern wir uns an unseren Unglauben, und wenn wir den Beweis bekommen, wie ich ihn in Form jener Eintrittskarten auf dem Boden fand, lehnen wir ihn als fadenscheinig, unzureichend oder sogar als Einbildung ab. Je gebildeter wir sind, desto häufiger tun wir das.

Aber aus irgendeinem Grund tat ich es an jenem Tag nicht. Stattdessen nahm ich die Botschaft entgegen. Ich verstand. Duckie hatte mir diese Karten gesandt.

In der nachfolgenden Geschichte bekommt eine Frau eine andere Art Botschaft. Wie Duckies Botschaft an mich war es die Antwort auf ein Gebet.

Ich lag still in dem abgedunkelten Krankenhauszimmer und hatte das bestimmte Gefühl, dass dies meine letzte Nacht auf Erden sein würde. Nur wenige Stunden zuvor hatte der Arzt meinen Eltern und mir mitgeteilt, auf den Aufnahmen des Notfall-CTs sei eine riesige Masse in meiner linken Niere zu sehen. Man sei sich nicht sicher, was es ist. Nur eine Ultraschalluntersuchung der Niere könne endgültig darüber Aufschluss geben. Aber es war Weihnachten, und bis sechs Uhr am nächsten Morgen war kein Techniker für die Untersuchung im Haus.

Der Reisewecker neben meinem Bett leuchtete grün: 23:45. Noch etwas mehr als sechs Stunden bis zu der Untersuchung, die den Ärzten verraten würde, wie es weiterging. Seufzend fragte ich mich, ob ich noch so lange durchhalten würde. Das Einzige, was mich am Leben hielt – was mich in den letzten schrecklichen Tagen am Leben gehalten hatte, seit ich wegen eines stechenden Schmerzes in meiner linken Seite das Bewusstsein verloren hatte –, war das Wissen darum, wie furchtbar es für meine Eltern wäre, ohne mich weiterleben zu müssen. Doch mit jeder Minute, die verging, fühlte ich mich schlechter, schwächer, und meine Schmerzen waren größer.

»Jetzt kann ich wohl nur noch beten!«, dachte ich. Ich fühlte mich sogar zu schwach zum Flüstern, und so betete ich stumm: »Lieber Gott, wenn ich das hier überleben soll, dann hilf mir. Gib mir ein Zeichen, dass ich kämpfen soll. Ich bin zu krank und habe zu viel Angst, um das allein durchzustehen. Bitte schick mir einen helfenden Engel.« Dann schloss ich die Augen, zu erschöpft, um fortzufahren, und wartete darauf, dass es sechs Uhr wurde.

Einige Zeit später – ich weiß nicht, wie viel – spürte ich eine Veränderung in mir, die ich nicht ganz zu erklären vermag. Ich kann nur sagen, dass sich der Schmerz irgendwie verändert hatte. Nicht, dass er verschwunden wäre. Er war noch immer da, aber zuvor war er mir größer erschienen als ich selbst – so groß, dass er mich zu verschlingen schien. Jetzt fühlte sich der Schmerz an wie ein Teil von mir, nicht umgekehrt. Ich atmete ein wenig leichter, fügte mich ohne Angst in den Schmerz.

Plötzlich wurde die Luft um mich herum samtweich, als hätte mich jemand sanft mit einem Schleier aus fein gesponnener Seide zugedeckt. Lavendelduft durchzog die Luft, und durch meine geschlossenen Lider sah ich, dass ich von einem blasslila Licht umgeben war. »Wahrscheinlich sind das Wahnvorstellungen vom Fieber«, dachte ich und zwang mich, die Augen zu öffnen.

Doch noch immer war das Zimmer sowohl von der Farbe als auch vom Duft des Lavendels erfüllt.

»Oma …«, hörte ich mich schwach und erstaunt flüstern. Die Luft antwortete mit einem kaum wahrnehmbaren Schimmern. Ich wusste, dies war die Antwort auf mein verzweifeltes Gebet von zuvor. Meine Großmutter, die beinahe 25 Jahre zuvor gestorben war, kam zu mir, damit ich nicht allein sein musste. Ich schloss die Augen und spürte, wie Tränen meine Wangen herabliefen. Ich lag da, jenseits von Raum und Zeit, und vernahm nur diese magische, samtene, leuchtende Luft, die nach meiner Großmutter roch – die von ihrer Liebe erfüllt war. Allmählich verflog der Duft, und das Licht wurde schwächer, aber das Gefühl, geliebt und beschützt zu sein, blieb. Ich wusste, dass ich überleben würde. Woher ich das wusste, konnte ich allerdings nicht sagen. Langsam erfüllte mich Kampfeswille. »Oma, bitte sag Mama, dass alles gut wird«, betete ich stumm. Dann schlief ich endlich ein.

Am nächsten Morgen hatte ich den Nierenultraschall, der einen so großen Abszess zutage förderte, dass sofort eine Notoperation angesetzt wurde, um ihn zu öffnen. Wenn mir das Ganze ein paar Monate zuvor passiert wäre, vor der Verfeinerung einer neuen Operationsmethode, hätte die komplette Niere entfernt werden müssen. Und als ich unter dem CAT-Gerät lag, damit der Abszess operativ entleert werden konnte, erklärte mir der Chirurg ernst, wenn man mich noch ein paar Minuten länger auf der Rollbahre herumgeschaukelt hätte, wäre die Eiterblase geplatzt, der Inhalt in mein Blut gelangt und hätte mich sicher umgebracht.

Ich murmelte aufrichtige Worte der Dankbarkeit, konnte aber nur an die übernatürliche Begegnung der letzten Nacht denken.

Nach der Operation wurde ich in mein Zimmer zurückgebracht. Ich bekam hoch dosierte Antibiotikainfusionen, um alle Krankheitserreger zu beseitigen, die möglicherweise in meinen Körper gelangt waren und nun darin umherschwirrten, und man machte es mir so bequem wie möglich. Die Schwestern kümmerten sich rührend um mich. Sie waren sichtlich darüber besorgt, wie krank ich im Grunde noch war. Aber ich machte mir weder Sorgen, noch hatte ich Angst. Ich war völlig sicher in dem festen Glauben an die göttliche Botschaft meiner vollkommenen Genesung, die mir meine Großmutter überbracht hatte.

Bald darauf kam meine Mutter mit einem breiten Lächeln ins Zimmer. Ihre Miene war besorgt, drückte aber nicht die große Angst aus, die ich erwartet hatte. Sofort war mir klar, dass meine Großmutter meine letzte Bitte erhört hatte.

»Ich habe heute Nacht von Oma geträumt«, sagte meine Mutter. »Sie hat mir gesagt, dass alles gut wird«, versicherte sie mir und küsste mich sanft auf die Stirn.

»Ich weiß. Sie war hier«, flüsterte ich zurück.

Mein Weg zur Genesung war lang und mühevoll, und ich fragte mich oft, ob ich je wieder so viel Energie haben würde wie früher. Doch dann erinnerte ich mich an jene wundersame Nacht und daran, wie meine Großmutter Zeit und Raum überwunden hatte, um mich wissen zu lassen, dass ich leben und gesund werden würde. Mehr musste ich nicht wissen.

Unsichtbare Kräfte

Ob Sie nun an Gott glauben oder nicht, vermutlich gab es in Ihrem Leben mindestens ein, zwei Augenblicke unerklärlicher Gnade. Momente, die manche Menschen als »Wunder« und andere als »verdammt großes Glück« bezeichnen. Diese Geschichte von Claudia Crawford, einer Frau aus Maine, handelt von solchen Ereignissen.

Ich fühle mich dem Mann sehr nahe, mit dem ich nur sechs Tage verheiratet, vor der Ehe aber eineinhalb Jahre befreundet und noch einmal eineinhalb Jahre verlobt gewesen war. Auf der Rückfahrt aus den Flitterwochen hatten wir einen Autounfall. Er wurde getötet, ich wurde wie durch ein Wunder aus dem Wagen auf die Straße geschleudert. Ich hatte das Gefühl, meinen Körper zu verlassen, sah ein helles Licht und den Umriss einer Gestalt, die mich aufforderte: »Geh zurück, geh zurück.« Ich kam am Straßenrand zu mir und sah, dass mein Mann um sein Leben kämpfte. Er starb im Rettungswagen, seine Hand in der meinen.

Ein Jahr später kam eine Frau zu mir und behauptete, ich hätte ihr das Leben gerettet. Ich kannte sie nicht, aber sie sagte, sie habe von mir und der schrecklichen Tragödie gehört, die ich mit zwanzig erlebte. Eines Tages sei sie in ihrem Bad gestanden, entschlossen, sich die Pulsadern aufzuschneiden, weil ihr

Mann, ein Geistlicher, 30 000 Dollar unterschlagen hatte und mit der Kirchensekretärin durchgebrannt war. Sie habe gerade ansetzen wollen, als sie das Gefühl überkam, Gott greife ein und zwinge sie, an mich zu denken. Sie dachte: »Wenn Claudia diese schreckliche Tragödie überstehen kann, kann ich das auch. Sie hat Schlimmeres erlebt als ich.«

Ich war überwältigt, dass das bloße Wissen um mein Schicksal diese Frau rettete, die ich nicht einmal kannte. Damals entschied ich, wie ich anderen helfen konnte. Ich beschloss, Therapeutin zu werden.

Meine Tragödie hilft mir, mitfühlender zu sein, und meine eigene Erfahrung hilft mir, tiefen menschlichen Schmerz zu verstehen. Ich kann die Gegenwart meines Mannes noch immer fühlen. Jeden Tag spüre ich seinen Einfluss wie den eines »Schutzengels«.

Was in einem Garten wachsen kann

Hier erzählt ein Mann, was ihm sein Garten gibt. Wie oft vergessen wir unseren Platz in der Ordnung der Natur. Mit dem Bild seines Gartens erinnert uns der Autor dieses Beitrags auf wunderschöne Weise daran, wo wir stehen. Er ruft uns ins Gedächtnis, dass wir niemals einsam sind, selbst wenn niemand bei uns ist, wir die Hände in der Erde vergraben haben und den Blumen beim Wachsen helfen. Dieser Mann glaubt an Gott, aber selbst wenn er es nicht täte, könnte ihm sein Garten die gleiche Verbindung zu etwas Jenseitigem ermöglichen. Man muss nicht an Gott glauben oder offizielles Mitglied einer Religionsgemeinschaft sein, um eine tiefe spirituelle Verbindung zu den Kräften jenseits der eigenen Person zu haben.

Mein Blumengarten macht meine Seele stark. Mein Garten erlaubt mir, das Leben zu sehen, wie es ist: von der Geburt bis zum Tod – mit allem, was dazugehört, von der Wärme des Sonnenscheins bis hin zu den sich verändernden Farben im Herbst.

Die Gartenarbeit hilft mir, die Probleme meiner Klienten und ihrer Familien zu verstehen. In meinem Garten kann ich auch den Stress loslassen, weil ich über meine Hände mit diesem blühenden, sich wandelnden Leben kommuniziere.

Wenn ich im Garten bin, erwacht mein Stolz. Ich weiß, dass ich meinen eigenen kleinen Beitrag zu dieser Welt leiste, indem ich die Erde mit meinen Blumen hübscher, schöner mache. Es bereitet mir große Freude, die Blumen blühen zu sehen.

Am meisten Freude aber macht mir, dass ich hier Gottes Plan und den Weg alles Irdischen besser verstehe. Wir sind nie allein. Mein Garten ist meine Verbindung zum Leben. Jede Blume ist anders, hat ihre Schwächen und ihre Anfälligkeiten. Doch jede Blume hat auch ihre Stärken, ist schön und einzigartig.

Die Zeit stiehlt mir meine Blumen, aber das spielt keine Rolle, denn alle Blumen (und ich stelle das überall im Leben fest) durchlaufen Zyklen. Es wird immer eine neue Jahreszeit kommen. Der heutige Tag ist wichtig, aber das Leben kann sich nicht an einem einzigen Tag abspielen. Wir brauchen Geduld. Und Liebe. »Blumen blühen, wo man sie pflanzt.«

Ich liebe die Gartenarbeit. Ich finde darin nicht nur mein eigenes Glück, sondern ich genieße auch die Freude, die Blumen anderen Menschen schenken. Die Schönheit von Blumen (und Menschen) ist ein Geschenk, an dem alle teilhaben sollen. Wenn ich mich mit einer Blume beschäftige, wird sie zu einem Teil *von* mir und ist nicht mehr nur etwas *für* mich.

Der tägliche Beweis

Wenn ich in seinem Untertitel behaupte, dieses Buch könne Ihnen helfen, Liebe und Bedeutung im Leben zu finden, dann, weil ich glaube, dass diese Geschichten halten, was ich verspreche. In unserer zynischen, sprunghaften Zeit ist es gut, sich an das zu erinnern, was die Autorin des nächsten Beitrags so kurz und prägnant erzählt. Sie erfindet keine hübsch klingenden Phrasen für Grußkarten. Sie schreibt aus der Tiefe ihres Herzens über das, was wirklich für sie zählt. Wie die meisten von uns hat sie das durch Schmerz und Leid gelernt. Doch Schmerz und Leid lehrten sie nicht, zynisch und bitter zu sein. Vielmehr zeigten sie ihr, wo Sinn und Liebe zu finden sind. Dem Weg, den sie aufzeigt, können wir alle folgen.

Gottes Gegenwart bedeutet mir sehr viel. Ich habe gelernt, sie jeden Tag von neuem zu entdecken.

Um diese Entdeckung machen zu können, musste ich alles verlieren: mein Traumhaus (bei einem Brand), ein Leben, das aus Wohltätigkeitsbällen, Hindernisrennen mit dem Pferd und Ballett bestand, die Fähigkeit zu tanzen (wegen eines unglücklich gebrochenen Knöchels) und sogar ein Baby.

All diese Verluste zeigten mir, dass unsere Freude am Leben nicht an Dingen hängt (von dem Baby natürlich abgesehen). Freude liegt in einem Sonnenuntergang. Ich sage meinen Kindern: »Das hat Gott für euch gemalt.« Freude liegt in der Musik, in einem Lobgesang zu Ehren Gottes. Freude liegt in dem Wunder, dass ein Kolibri kurz vor meinem Fenster schwebt, oder im Raureif des Winters. Freude liegt in der Umarmung und dem Lächeln Ihres Kindes. Wenn jeder Tag voller Freude und Wunder ist, wird Dankbarkeit zu Ihrer Grundhaltung. Sie sind dankbar für das leise Schnarchen Ihres Ehemannes in der

Nacht und für die Katze, die in Ihrem Schoß schnurrt. Ich finde jeden Tag den Beweis für die Gegenwart Gottes in meinem Leben – und in Ihrem.

Das Museum of Science

Ich mag diese Geschichte, in der ein Wissenschaftler seine kurze theologische Diskussion mit seinem Sohn wiedergibt, sehr. Die »Gretchenfrage« im Leben eines jeden Menschen ist, ob er an Gott glaubt oder nicht. Manchmal braucht es das Gespräch mit einem Kind, um uns zu veranlassen, unsere Gedanken zu ordnen. Ich unterhalte mich liebend gern mit Kindern über die großen Fragen: Was passiert nach dem Tod? Woher kommen wir? Warum gibt es die Bösen? Man muss sich keine Gedanken über die Dogmen anderer machen, sondern kann den Fragen einfach zusammen mit dem Kind auf den Grund gehen.

Mein Sohn Josh ist elf. Er ist sehr aufgeweckt, kreativ und intuitiv. Eines Tages hörten wir auf dem Weg zum Museum of Science in Boston eine Radiowerbung, die eine Diskussion über den Trojanischen Krieg auslöste. Zu meinem Entzücken kannte sich Josh gut damit aus und wusste über Helena, das Trojanische Pferd und Achilles Bescheid.

Als wir über Achilles sprachen, fragte mich Josh, ob er tatsächlich an der Ferse in den Fluss getaucht worden sei. Ich erklärte ihm, dass es sich bei der Geschichte um einen Mythos handelte, und wir vertieften uns in eine Diskussion über Mythologie und die Götter der Antike als eine Möglichkeit, das Unerklärliche zu erklären.

Im Laufe unseres Gesprächs erläuterte ich, dass manchmal die Vorstellung eines Gottes nötig sei, um den Führern der

Menschen Richtlinien und Autorität zu geben. Wenn Gott Moses nicht die Zehn Gebote gegeben hätte, um den Hebräern nach der Flucht aus Ägypten einen Verhaltenskodex zu geben und so für Ordnung zu sorgen, dann hätte Moses Gott erfinden müssen, um sich die nötige Autorität zu verschaffen, seine Verhaltensregeln durchzusetzen.

Daraufhin fragte Josh, ob ich als Wissenschaftler an Gott glaube. Ich sagte, dass ich als Wissenschaftler den Ursprung des Menschen bis zum »Urknall« zurückverfolgen könne. Aber ich könne nicht erklären, woher die Materie kam, die den riesigen explodierenden Feuerball bildete, aus dem das Universum entstand. Meiner Meinung nach, so sagte ich, müsse Gott den Anstoß gegeben haben.

Josh hörte mir aufmerksam zu und stellte intelligente Fragen. Als wir schließlich den Gang zum Eingang des Museums entlangliefen, fragte er: »Papa, woher kommt Gott?«

Als ich auf ihn herabsah, durchströmte mich ein Gefühl großer Freude und Wärme. »Gerade hast du den Nagel auf den Kopf getroffen, Josh. Wenn man an die Vorstellung von einem Gott glaubt, dann gab es Gott laut Definition schon immer.« Das war ein großartiger Tag, den mir eine halbstündige Diskussion mit meinem Sohn unvergesslich machte.

Nach dem Tod meines Mannes

Wie bewältigt eine Frau den Tod ihres Mannes? Hier erzählt eine Witwe kurz, tapfer und sehr ehrlich, wie sie diese Zeit überstand.

Diese Geschichte, eine der kürzesten in diesem Buch, behandelt ein großes Thema: wie wir auf den tragischen, frühen Tod eines Menschen reagieren. Die Autorin des Beitrags hätte ein Buch darüber schreiben können, und in der Tat wurden viele Bücher über Erfahrungen verfasst wie die, die sie und ihre Kinder durchmachen mussten.

Das Außergewöhnliche an diesem Bericht ist meiner Meinung nach seine Kürze. Die Autorin erzählt einfach, was passiert ist, schildert ihre Gefühle und ihr Handeln mit absoluter Ehrlichkeit, wirft die schreckliche Frage auf, die ihre Kinder natürlich stellten, beantwortet sie und belässt es dabei.

Meine beiden Söhne – Todd, inzwischen sechzehn, und Craig, vierzehn – waren vier und zwei, als ihr Vater, mein geliebter Mann, an Krebs starb. Damals sagte ich allen Ernstes zu einer verwitweten Freundin, ich würde nur noch die Kinder großziehen und dann *sterben*. Das schien mir absolut sinnvoll, da sich weder mein Herz noch mein Kopf ein Leben ohne meine »wichtigste Verbindung« zu Sam, ihrem Vater, vorstellen konnten. Gott sei Dank bin ich mittlerweile zu dem Schluss gekommen, dass das Leben lebenswert ist. Das liegt vor allem daran, dass ich nicht einen einzigen Augenblick im Leben meiner Söhne verpassen möchte. Ich will für sie eine Quelle bedingungsloser positiver Wertschätzung sein. Ich möchte sie begleiten, in stillen und in lauten Momenten, in Freude und Trauer und bei allen Abenteuern, die das Leben so bringt. Zum Teil ist es richtig, zu sagen, dass sie mich am Leben hielten, weil sie mich brauchten, weil sie so jung und so abhängig von mir waren. Der Luxus aufzugeben, war mir nicht vergönnt. Ich musste stark sein für sie, als ich mich alles andere als stark fühlte. Für dieses Geschenk werde ich immer dankbar sein.

Wenn die Jungen mich fragen, warum ich an Gott glaube, »obwohl er uns Papa weggenommen hat«, antworte ich: »Nicht Gott hat uns Papa weggenommen, sondern der Krebs. Und Gott gab mir andere Menschen, damit ich nicht vergaß, dass ich nicht allein war, und Gott schenkte mir euch wunderbare Jungen, damit ich Papa immer nahe sein kann – auch jetzt, nach seinem Tod.«

Beethoven

Manche Menschen erleben Augenblicke tiefster spiritueller Verbundenheit durch die Kunst. Musik, Literatur, Malerei, Tanz, Film, Bildhauerei – all das kann uns »wissen« lassen, was uns anderenfalls entgangen wäre, und uns mit den Dingen bekannt machen, die jenseits der Worte, jenseits dessen liegen, was sich beweisen oder mit unseren fünf Sinnen erfassen lässt. Wir benutzen unsere Sinne, um uns der Kunst zu nähern. Die Kunst verschafft uns dann ihrerseits Zugang zu einer Welt jenseits unserer Sinne.

Weil der Künstler – unabhängig von seinem Medium, von Worten über Farbe und Musiknoten bis hin zu Tanzschritten – eine Auswahl trifft und das Ausgewählte in einer besonderen Art und Weise ordnet, hat die Kunst dem Leben gegenüber einen entscheidenden Vorteil. Die Kunst entfernt das Unwichtige. An großer Kunst ist nichts zufällig. Wie Tschechow sagte: »Wenn im ersten Akt eine Pistole an der Wand hängt, muss mit ihr im dritten Akt geschossen werden.«

Da die Kunst das Leben auf das Wesentliche beschränken kann, verschafft sie uns eine einzigartige Perspektive. Nicht einmal der Aufmerksamste kann tagaus, tagein die Tiefe und Bedeutung dessen, was um ihn herum geschieht, erkennen. Doch in einem Stück, einem Gedicht, einem Bild, einem Roman, einem Film oder jedem anderen Kunstwerk lüftet der Künstler den Schleier des Unwichtigen und Zufälligen, der über dem wahren Geschehen liegt. Der Künstler ringt dem Chaos Ordnung ab. Er kämpft gegen die Entropie – das Gesetz der Thermodynamik, wonach alles Leben sehr leicht in unge-

ordnete Zustände übergeht – und meißelt die Statue aus dem Steinbrocken.

Die Welt, zu der uns die Kunst Zugang verschafft, ist ein Märchenreich der Phantasie. Die Kunst führt uns in Welten, die auf keine andere Weise zugänglich sind. Wie wollte man in das Land Oz gelangen, wenn nicht durch die Kunst? Wie in die Welt Hamlets reisen, wenn nicht durch seine Worte? Wie die Kraft van Goghs spüren, wenn nicht beim Betrachten seiner Bilder?

In dem folgenden Essay schildert ein Mann seine Liebe zu Beethoven. Vielleicht fällt Ihnen bei der Lektüre ein Ort ein, an dem Sie die Inspiration und Kraft finden, die dieser Mann in Beethoven findet. Vielleicht finden Sie sie in den Werken eines Schriftstellers, den Sie lieben – oder den Werken eines Malers oder eines Filmemachers. Vielleicht in einem Lied oder der Arbeit einer Sängerin. Wenn Sie Glück haben, finden Sie in vielem Inspiration und Kraft. Wo Sie sie auch finden, wenn Sie diesen Ort aufsuchen, sind Sie einem Leben ohne Chaos – die einen sagen dazu »Schönheit«, die anderen »Wahrheit« – so nahe, wie ein Mensch es nur sein kann.

An der Schilderung dieses Mannes gefällt mir ganz besonders, dass sie Beethoven menschlich und zugänglich macht. Hier ist Beethoven nicht nur ein großes Genie, das unsterbliche Meisterwerke für uns bloße Sterbliche schreibt. Hier wird Beethoven zu »einem von uns«. Und durch seine Kunst erhebt uns dieser bloße Mensch über unsere weltlichen Grenzen in neue Höhen hinauf.

Ich möchte meine Verbindung zu Ludwig van Beethoven schildern, wie ich ihn durch seine Musik erlebe, besonders durch die zahlreichen Chorwerke seiner späten Schaffensperiode, die »Missa Solemnis« und die »Neunte Sinfonie«.

Ich kann mich noch lebhaft an das erste Mal erinnern, als ich diese Werke hörte, und den Eindruck, den beide bei mir hinterließen. Es war schwer vorstellbar, dass sie von einem Menschen geschaffen waren, denn sie schienen sich zum Himmel selbst aufzuschwingen und etwas Transzendentes auszudrücken.

Seit meiner ersten Begegnung mit der »Missa« und der »Neunten« habe ich diese Werke buchstäblich hunderte Male gehört. Wenn ich erschöpft, zynisch, niedergeschlagen bin und mich von der Welt abgeschnitten fühle, geben sie meinem Körper, meiner Seele und meinem Geist neue Frische und Kraft. Während ich diesen Stücken lausche, mit ihrem Zusammenspiel von Orchester und Chor, werde ich zu einem anderen Menschen, werde ich auf eine höhere Ebene versetzt. Manchmal spüre ich beim Zuhören, dass alles eins ist.

Ich bin weit gereist, um beide Werke zu hören, und manchmal habe ich mir dasselbe Konzert sogar zweimal angehört. Diese Aufführungen kommen, wenn sie in einem öffentlichen Rahmen stattfinden, für mich einer religiösen Erfahrung am nächsten. Der verstorbene Dirigent Robert Shaw sagte, Beethoven habe die Musik zur Religion erhoben. Vielleicht glaube ich deshalb, dass seine Musik transzendente Bedeutung hat.

Sowohl in der »Missa« als auch in der »Neunten« hat man den Eindruck, dass ein Kampf stattfindet, für den eine Lösung gefunden und der schließlich überwunden wird. Diese Werke rühren mich jedes Mal zu Tränen, wenn ich an den, um es mit Nietzsche zu sagen, »menschlichen, allzu menschlichen« Komponisten denke, der sie, seiner eigenen Not und Verzweiflung zum Trotz, geschaffen hat: seiner unerwiderten Liebe, seiner persönlichen Isolation, der schweren Kindheit, seinem eigenen Alkoholmissbrauch und der Taubheit, die verhinderte, dass er diese späten Meisterwerke hören konnte.

Für mich verkörpert Beethoven, was es heißt, Mensch zu

sein: Er hatte seine Fehler, war oft unfreundlich – sogar unehrlich – und schuf doch einige der bedeutendsten Kunstwerke der Welt. Es sind seine Beharrlichkeit angesichts schier unüberwindbarer Widerstände, seine Weigerung zu kapitulieren, seine Integrität, sein stetes Streben nach Vollendung, die mich so sehr bewegen. Und der Optimismus und der Sieg, den diese Werke ausdrücken. Er verleiht den besten Seiten des menschlichen Geistes Ausdruck und feiert, was uns eint.

Ich denke oft an die Premiere der »Neunten«. Nachdem das Publikum in schallenden Applaus ausgebrochen war, musste einer der Solisten Beethoven umdrehen, weil er es nicht gehört hatte. Ich fühle mich diesem Mann mit all seinen Fehlern verbunden, als würde ich ihn wirklich kennen, wenn auch nur durch seine Musik. Ich glaube, seine Kunst spricht uns alle an, was dieses Stück zum beliebtesten Musikstück in Japan macht und erklärt, warum wir auf Beethoven zurückgreifen, wenn wir historische Ereignisse wie den Fall der Berliner Mauer markieren möchten.

Drei Pfingstrosen

Als ich diese Geschichte las und mir die drei Pfingstrosen vorstellte, dachte ich an die Autorin, nicht die Blumen. Ich empfand die Art von Bewunderung, die man einem Menschen entgegenbringt, der mehr ertragen musste, als man sich selbst zutrauen würde – noch dazu mit Mut und Grazie. Ich traf die Frau, die diesen Beitrag geschrieben hat, bei einem meiner Vorträge. Sie ist in der Tat voller Grazie und Mut. Sie ist von einer Art friedlicher Aura umgeben. Ich möchte Sie nicht verschrecken, aber als ich dieser Frau begegnete, spürte ich Gottes Gegenwart in ihr. Um es ganz klar zu sagen: Ich hatte das Gefühl, wer oder was Gott auch sein mochte, in dieser Frau zeigte er sich sehr viel vollständiger als in den meisten von uns.

Wenn Sie sich darauf einlassen, können Sie die Gegenwart Gottes in den Menschen spüren, denen Sie begegnen. Falls Sie diesem Gefühl folgen und es nicht als verrückt oder skurril abtun, fühlen Sie sich vielleicht zu diesen Menschen hingezogen. Einige, von denen Sie sich auf diese Art angezogen fühlen, werden Betrüger und Scharlatane sein, lediglich charismatische Führungspersönlichkeiten, die in Wirklichkeit gewaltigen Schaden anrichten, indem sie unser schwaches menschliches Verlangen ausnutzen, an etwas glauben zu wollen. Das Misstrauen, das wir solchen Menschen entgegenbringen, ist aus gutem Grund beinahe wie ein Reflex: Im Laufe der Geschichte haben sie Milliarden Leben zerstört.

Andererseits tragen ein paar von ihnen Gottes Wort und Liebe tatsächlich in einem höheren Maß in sich, als man es irgendwo sonst auf der Welt findet. Hoffentlich rollen Sie jetzt nicht mit den Augen. Ich spinne nicht. Ich weiß nur, dass manche Menschen über ein außerordentliches Maß an liebender Güte und Mut verfügen, was ich gern als »Gegenwart Gottes« bezeichne. Solche Menschen gibt es überall. Ich hatte das Glück, einen davon gut zu kennen. Er war jahrelang Hausmeister an einer staatlichen Schule in Roslindale, Massachusetts. Ein anderer war mein alter Lehrer Bill Alfred. Ein weiterer ist die Autorin dieses Beitrags, die ich nur kurz kennen gelernt habe. Es war eine Begegnung von Minuten, und doch spürte ich die unmissverständliche Kraft ihrer Seele allein dadurch, dass ich diese paar Minuten in ihrer Nähe war.

Der letzte Satz dieses Beitrags drückt auf einfachste und prägnanteste Weise aus, was ich mir selbst erhoffe und allen Menschen wünsche, die ich kenne. Das, was Ihnen die Lektüre dieses Buches hoffentlich gibt. »Die Gartenarbeit«, schreibt sie, »die ich früher vielleicht als langweilig empfunden hätte, bereitet mir jetzt große Freude.«

Die Gartenarbeit. Das Leben leben. Wir können es genauso gut genießen.

Mein Sohn starb im vergangenen Jahr, drei Tage vor Muttertag. Er wusste, wie sehr ich Blumen liebte, und schenkte mir drei Pfingstrosenstauden zum Muttertag. Er pflanzte sie sogar für mich. Als er diese Pfingstrosen pflanzte, dachte ich an alles andere, nur nicht an seinen Tod – seinen Selbstmord. Seither frage ich mich oft, ob er plante, seinem Leben ein Ende zu setzen, als er diese Blumen pflanzte.

Obwohl ich Blumen liebte, nahm ich mir nie Zeit für den Garten. In meinem ausgefüllten Leben konnte ich mir diesen Luxus nicht leisten, und es war immer so viel einfacher, Blumen zu kaufen. Nachdem der gewaltige Schock und der Schmerz über seinen Tod etwas nachließen, konnte ich über so manches, was er zurückgelassen hatte, Verbindung zu meinem Sohn aufnehmen. Über seine vielen Aufsätze über das Leben im Allgemeinen, seine Gedichte, seine Musik und seine »Sachen«.

Doch der größte Quell der Verbundenheit ist für mich der Garten, den ich um diese drei Pfingstrosen, sein letztes Geschenk, seine letzte liebevolle Tat, angelegt habe. Ich pflanzte seither viele schöne Blumen. Ein paar davon habe ich gekauft, ein paar bekam ich von Freunden – sowohl Freunden meines Sohnes als auch von der Familie.

Als der Winter dem Frühling wich, wartete ich gespannt, welche Blumen blühen würden. Mein Garten mit seiner stattlichen Anzahl Blumen in verschiedenen Farben, Größen und Formen verbindet mich auf greifbare und einzigartige Weise mit meinem Sohn. Er war ein wundervoller Junge. Mein Garten erinnert mich in vielerlei Hinsicht an ihn und sorgt dafür, dass die Verbindung nicht abreißt. Die Gartenarbeit, die ich früher vielleicht als langweilig empfunden hätte, bereitet mir jetzt große Freude.

Wege zur Verbundenheit

Denkanstoß: Wie stellen Sie sich Gott vor?

Häufige Hindernisse: Viele Menschen klammern Religion und Spiritualität aus ihrem Leben aus, weil sie von den etablierten Religionsgemeinschaften vergrault wurden und keine Alternative finden, mit der sie sich wohl fühlen. Also umgehen sie die großen Fragen, zum Beispiel, was nach dem Tod passiert oder warum es das Böse in der Welt gibt. Das ist ein Fehler. Man muss keiner offiziellen Kirche beitreten, um ein spirituelles Leben zu führen. Es ist falsch, sich vor den großen Fragen zu drücken. Man muss die Antworten nicht wissen – oder wie ein Mann betete: »Herr, hilf mir, stets nach der Wahrheit zu suchen, aber erspare mir die Gesellschaft derer, die sie gefunden haben.«

Mögliche Schritte:

Sehen Sie einem Kind in die Augen.

Legen Sie einen Garten an und pflegen Sie ihn – mindestens drei, vier Jahre lang.

Hören Sie Beethoven oder Louis Armstrong.

Machen Sie Strandspaziergänge.

Besuchen Sie das Grab eines Menschen, den Sie geliebt haben.

Werden Sie fünfzig.

Halten Sie ein Baby im Arm.

Verlieben Sie sich.

Nehmen Sie Ungerechtigkeiten hin, ohne einfach dem Übeltäter die Schuld zu geben.

Versuchen Sie, Wohlwollen für einen Menschen zu empfinden, den Sie wirklich nicht leiden können.

Hören Sie nicht auf, die Fragen zu stellen, auf die Sie keine Antwort wissen.

Sagen Sie einem Menschen Lebewohl, den Sie ganz sicher nie wiedersehen werden.

Tauchen Sie ungefähr fünf Meter weiter, als Sie sich zutrauen. Tauchen Sie dann auf und holen Sie Luft.

Gewinnen Sie, wenn Sie sicher glaubten, Sie würden verlieren.

Verlieren Sie, wenn Sie sicher glaubten, Sie würden gewinnen.

Sprechen Sie mit Gott, auch wenn Sie keine Ahnung haben, wer oder was das ist.

Ein letztes Wort: Augenblicke der Menschlichkeit vergehen nie

Kurz bevor ich die Arbeit an diesem Buch beendet hatte, starb eine meiner Tanten. Ihr voller Name lautete Mary Francis McKey Hallowell, aber für mich war sie immer nur »Duckie«. Diesen Namen hatte man ihr bereits vor meiner Geburt gegeben, als die ganze weitläufige Familie noch auf einer Farm lebte. Mary Francis hatte weißes Haar, und irgendjemand dachte wohl, sie sehe aus wie eine Ente, und der Name war ihr geblieben.

In der Woche vor ihrem Tod fuhren Sue und ich nach Providence, um sie zu besuchen. Wir wussten, dass sie sterben würde – und sie wusste es auch. Wir saßen zusammen und sprachen über alles Mögliche.

Selbst in Nachthemd und Morgenmantel sah sie so elegant aus wie immer. Sie war gebrechlich, hörte schwer und war manchmal verwirrt, aber ihre Augen leuchteten noch immer, als Sue und ich unseren Abschiedsbesuch machten.

Ich goss uns einen Scotch – ihren Lieblingsdrink – ein, während Sue ein Glas Wein trank, und stellte eine kleine chinesische Porzellanschüssel mit Goldfischli auf den Tisch. Duckie hatte immer Goldfischli im Haus, und Scotch.

In ihrem kleinen Wohnzimmer waren wir von Fotos umgeben. Eines davon hing auch bei mir zu Hause an der Wand: ein Foto von Duckies Vater, dem Mann, den ich »Skipper« nannte.

Auf den ersten Seiten dieses Buches habe ich über Skipper geschrieben – und wie er mir das Händeschütteln beibrachte.

Es ist also nur angemessen, zu Skipper und seiner Tochter Duckie zurückzukehren, um das Buch mit einem Händedruck zu beschließen.

Als ich an jenem Abend Skippers Gesicht auf dem Foto betrachtete und Sues Gesicht und Duckies Gesicht (das bald verschwunden sein und von dem nur ein Foto bleiben würde), spürte ich einen Hauch von Ewigkeit durch den Raum wehen – vom Gesicht zum Foto zum Gesicht, von der Vergangenheit über die Gegenwart zur Zukunft war alles miteinander verbunden. Machte sich der Scotch bemerkbar? Vielleicht. Aber ich spürte die Gegenwart von etwas, was niemals enden würde – *niemals enden konnte*. Es war zu stark, um verloren zu gehen. Skipper war vor uns gekommen und dann »gestorben«, wie wir dazu sagen. Bald würde Duckie ihm folgen. Sue und ich würden noch etwas mehr Zeit haben und dann gehen, genau wie Lucy, Jack und Tucker. Sosehr ich diese Todesfälle fürchtete, ich konnte Skippers Stimme beinahe hören, der uns beruhigte: »Habt keine Angst. Alles wird gut.«

Was ich an jenem Abend spürte, war nichts Neues. Es war nichts, was ich nicht schon immer gespürt hatte, wenn auch nur schwach, während ich mein Leben lebte. Es war die ganze Zeit über da gewesen. Aber an jenem Abend war es so lebendig, dass ich es nicht verwechseln konnte.

Was es auch ist – diese Kraft, die niemals vergeht, ist Gegenstand dieses Buches. Es ist die Lebenskraft, und sie zeigt sich am deutlichsten in intensiven Augenblicken der Menschlichkeit.

Sue, Duckie und ich unterhielten uns ungefähr eine Stunde, bis Duckie allmählich müde wurde. Ich fragte sie, wie ich sie in Erinnerung behalten sollte, und sie sagte, den Blick in die Ferne gerichtet: »Ach, du weißt schon, wie ich immer war, wie wir immer waren. Die Wahrheit eben.«

Mehr ist in einem Augenblick der Menschlichkeit nicht nötig. Die Wahrheit eben. Die Wahrheit ist mehr als genug, um die Seele zu nähren, wenn man es zulässt, wenn man in jedem Augenblick der Menschlichkeit empfindet, was John Keats »die Heiligkeit der Neigungen des Herzens« nannte.

Bevor wir gingen, brachten wir Duckie zu Bett. Ich beugte mich zu ihr hinunter und küsste sie, während Sue ihr die Kissen richtete. Wir sagten Duckie, dass wir sie liebten. Sie nahm Sues und meine Hand und drückte sie fest – mit demselben festen Händedruck, den ihr Vater Skipper mir vor Jahren beigebracht hatte. Dann sah sie uns nacheinander an und sagte mit den Worten der Quäker, mit denen sie sich stets an die Menschen wandte, die ihr nahe standen: »Ich liebe dich, und ich liebe dich.« Sie schwieg einen Augenblick und fügte dann hinzu: »Gute Nacht.« Das waren ihre letzten Worte. Aber es waren nur die letzten Worte, die sie laut aussprach. Ich werde ihre Worte stets im Geiste hören und sie für immer in meinem Herzen tragen.

Augenblicke der Menschlichkeit vergehen nie.

Dank

Den größten Dank schulde ich den vielen Menschen, die mir ihre Geschichten erzählt haben. Auch wenn die Autoren im Text nicht genannt werden, möchte ich ihnen allen hier danken. Ohne sie gäbe es dieses Buch nicht.

Ich stehe auch tief in der Schuld Lisa Druckers, meiner Lektorin bei Health Communications. Je nachdem, was Sie unter einer Überarbeitung verstehen, haben wir dieses Manuskript, vorsichtig geschätzt, siebenmal vollkommen überarbeitet. Dabei gelang es ihr jedes Mal, mich zu bitten, ich solle »noch einmal drübergehen«, und gleichzeitig einen Nervenzusammenbruch abzuwenden. Das beweist nicht nur ihren hohen Anspruch als Lektorin, sondern auch, wie gut es ihr gelingt, zart besaitete Autoren emotional zu unterstützen. Danke, Lisa.

Ebenso großen Dank wie Lisa schulde ich Tom Sand, dem Vice-President und General Manager von Health Communications. Tom ermutigte mich, die Idee zu diesem Buch weiterzuentwickeln, als es noch eines meiner Hirngespinste war. Während ich ihm erzählte, dass ich ein Buch namens *Was wirklich zählt* auf mein Buch *Connect: 12 Vital Ties That Open Your Heart, Lengthen Your Life, and Deepen Your Soul* folgen lassen wollte und ihm das außergewöhnliche Konzept beschrieb, das mir dafür vorschwebte, sagte Tom sofort Ja, noch bevor ich mein Vorhaben weiter ausgeführt hatte.

Anschließend ermunterte und beruhigte er mich – je nachdem, was gerade nötig war. Dass er das Potenzial des Buches sofort erkannte, gab mir während der unvermeidlichen Durststrecken beim Schreiben den Mut zum Weitermachen.

Wenn ich ein Buch schreibe, folgt auf die große Begeisterung am Anfang im langen Mittelteil gewöhnlich eine Zeit heftiger Unzufriedenheit. Meist bezweifle ich, dass aus dem Buch je etwas wird, grüble und laufe unruhig auf und ab, wie ein Bauer, dessen Korn einfach nicht wachsen will. In dieser schrecklichen Zeit standen mir sowohl Tom als auch Lisa stets mit hilfreichen Worten zur Seite, und dafür bin ich ihnen zutiefst dankbar. Ihr Glaube an dieses Projekt sorgte dafür, dass es schließlich Früchte trug.

Darüber hinaus drängten mich viele Leser meiner früheren Bücher, diese Idee weiterzuverfolgen. Ich tausche mich mit ihnen oft per E-Mail aus; die meisten kenne ich also nicht persönlich. An dieser Stelle möchte ich ihnen allen danken, besonders Heidi Pastore, die mir eine so große Hilfe war.

Schließlich danke ich wie immer meiner Familie für ihre Liebe und dafür, dass sie mich schreiben lassen. Sie gewähren mir die Stunden in meinem Büro im zweiten Stock, in denen ich auf meinen Laptop einhacke, und beklagen sich nie darüber. Eigentlich bin ich der Einzige, der sich beklagt, wenn ich mit einem Buch kämpfe und mich abmühe, alles richtig zu machen. Falls aus dem Buch etwas wird, dann nur, weil ich weiß, dass Sue, Lucy, Jack und Tucker immer bei mir sind. Sogar wenn sie unterwegs sind – wenn sie sich unten im Haus, im Garten, bei der Arbeit, in der Schule aufhalten oder spielen. Und weil ich weiß, dass wir immer vereint sind. Danke, Sue. Danke, Lucy. Danke, Jack. Danke, Tucker. Mögen wir auf alle Zeit gemeinsam Augenblicke der Menschlichkeit erleben.

Der Autor ist zu erreichen unter folgender Anschrift:

The Hallowell Center
142 North Road
Sudbury, MA 01776
www.drhallowell.com